ver.2017 2D 도면작업 & 3D 형상모델링을 위한

인벤터 활용

한규상 저

머리말

Autodesk사의 Inventor는 AutoCAD와 데이터 호환이 용이하고 메뉴나 아이콘도 같아 쉽게 접할 수 있는 3D 기계설계 프로그램으로서 쉽게 배우고 활용 할 수 있는 장점이 있다.

저자는 오랜 기간 강의하면서 학생은 물론 교육대상자들에게서 느끼고 얻은 답은 알고 나면 쉬운 내용도 초보자에게는 접근하기가 쉽지 않고 많은 메뉴 때문에 찾기도 쉽지 않음을 알 수 있었다.

이 책에서는 3차원 모델링 프로그램인 Inventor 2017을 처음 접하는 초보자나 중급자를 대상으로 만들었으며, 처음에는 가능한 쉽게 이해할 수 있게 용어설명 및 아이콘 설명, 예제와 그림을 중심으로 따라하면서 혼자서도 익힐 수 있게 구성하였다.

특히, 편심동력전달장치로 부품작성하기, 조립하기, 프리젠테이션 작성하기, 도면 작성하기, 도면인쇄 등을 따라하면서 다양한 메뉴와 사용법을 접하고 숙지할 수 있도록 정리하고 그에 맞는 실습과제를 제시하여 국가기술 자격증에 응시하려는 기능사, 산업기사, 기사, 기능장 수험자의 요구에 맞추어 하나하나 해결할 수 있도록 실기시험 준비서적으로도 친근한 멘토를 자처한다.

Inventor Studio, 응력해석 등은 범위를 두지 못했지만 다음 기회로 미루고 이번 교재에는 아쉽지만 집필범위를 한정하였다.

끝으로 원고가 좋은 책으로 인쇄되어 나오기까지 수고하신 복두출판사 편집국 여러분께 깊은 감사를 드리고 학습자 여러분의 건승을 기원합니다.

2017년 8월

저자

목 차

1 Autodesk Inventor란?

2 Autodesk Inventor란?

3 파트 모델링

4 편심 동력 전달 장치 - 부품 작성하기

5 편심 동력 전달 장치 - 조립하기

6 편심 동력 전달 장치 - 프리젠테이션 작성하기

7 편심 동력 전달 장치 - 도면 작성하기

8 모형 및 도면 인쇄

9 실습과제 도면

Chapter

01

Autodesk Inventor란

사용이 간편하고 배우기도 쉬운 Autodesk Inventor 소프트웨어 제품은 3D 기계 설계, CAD 생산성, 설계 커뮤니케이션, 제품 시뮬레이션, 라우팅 시스템, 금형 설계를 위한 유연한 소프트웨어 도구 세트를 제공한다. Inventor에서는 2D AutoCAD 도면과 3D 데이터를 단일 디지털 모델로 통합해 최종 제품의 가상 형태를 만들 수 있기 때문에 실제 제품 제작에 앞서 제품의 형태, 적합성 및 기능을 검증할 수 있다.

Autodesk Inventor에서는 다음과 같은 기준 환경을 사용할 수 있다

- 부품(판금 부품 포함)
- 조립품(용접물 조립품 포함)
- 도면
- 프리젠테이션

추가적으로 부품, 조립품 및 도면 기준 환경 내에서 2D 및 3D 스케치 환경에 액세스할 수 있다.

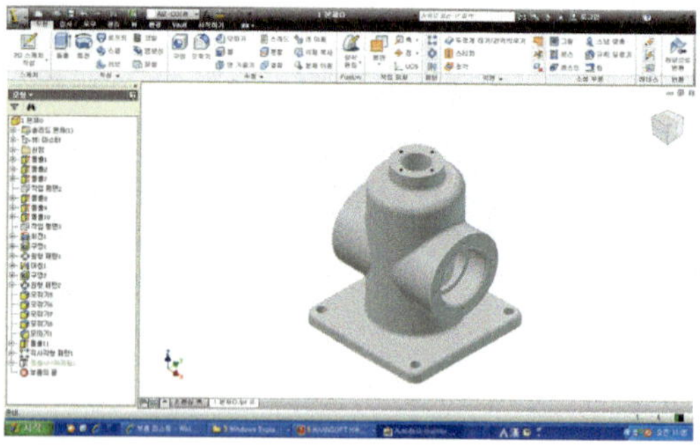

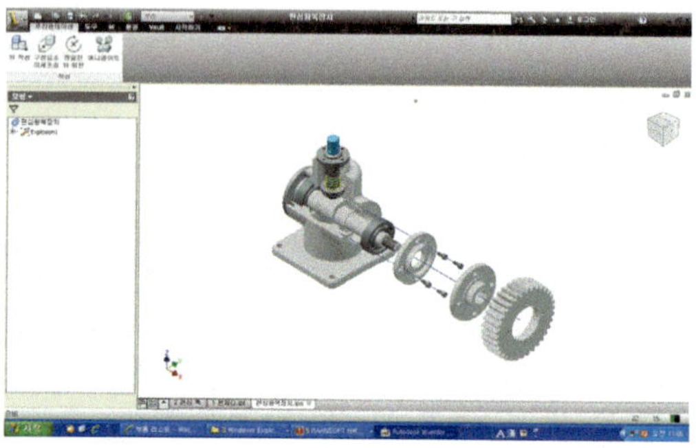

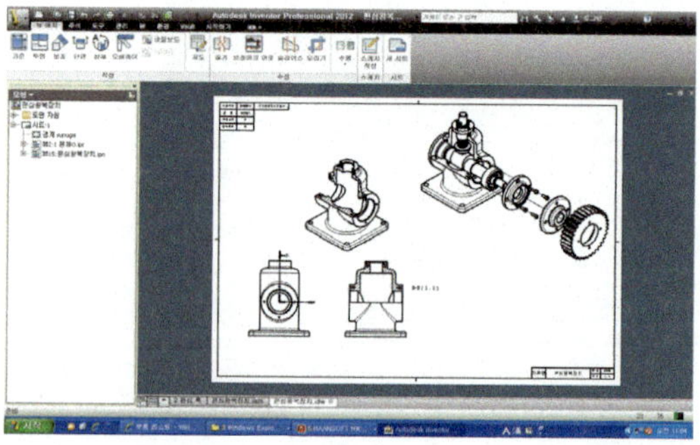

1.1 Autodesk Inventor 실행

◇ Window 시작에서 실행

시작 ⇨ Autodesk ⇨ Autodesk Inventor 2017 ⇨ Autodesk Inventor Professional 2017

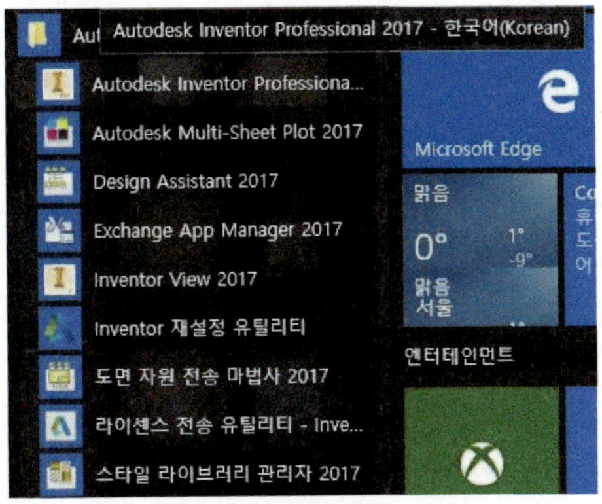

◇ 마우스 왼쪽 버튼을 이용해서, 데스크 탑에 있는 Autodesk Inventor Professional 2017 단축 아이콘을 더블 클릭한다.

Autodesk Inventor Professional 2017 실행되면, 초기화면이 나타납니다.

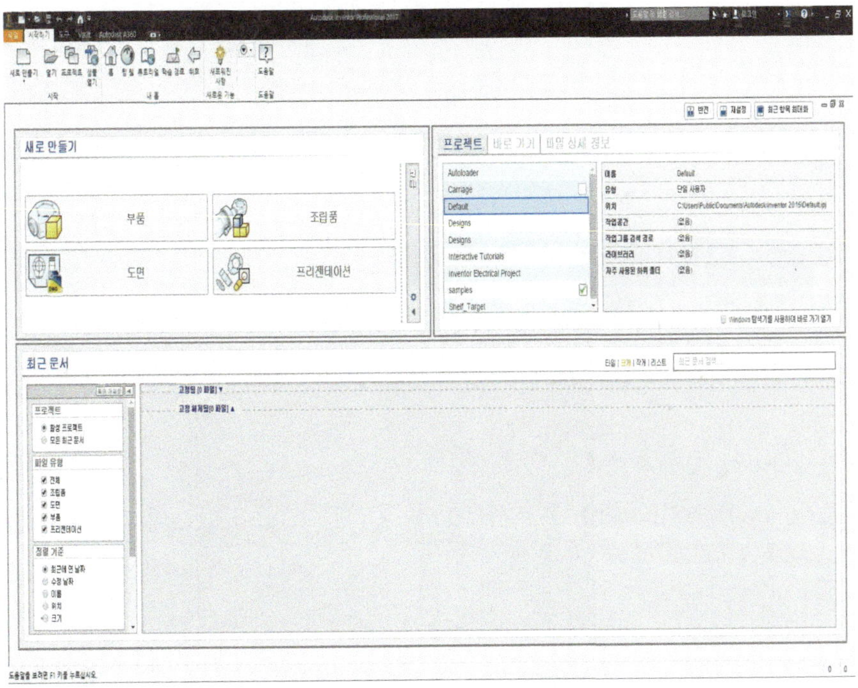

1.1.1 Inventor 시작하기

시작하기 화면에서 부품, 조립, 도면 파일 생성하기 화면으로 이동할 수 있는 바로가기 아이콘이 있지만, 화면 상단의 새 파일 아이콘을 통해 전체적인 템플릿을 나열하여, 선택할 수 있다.

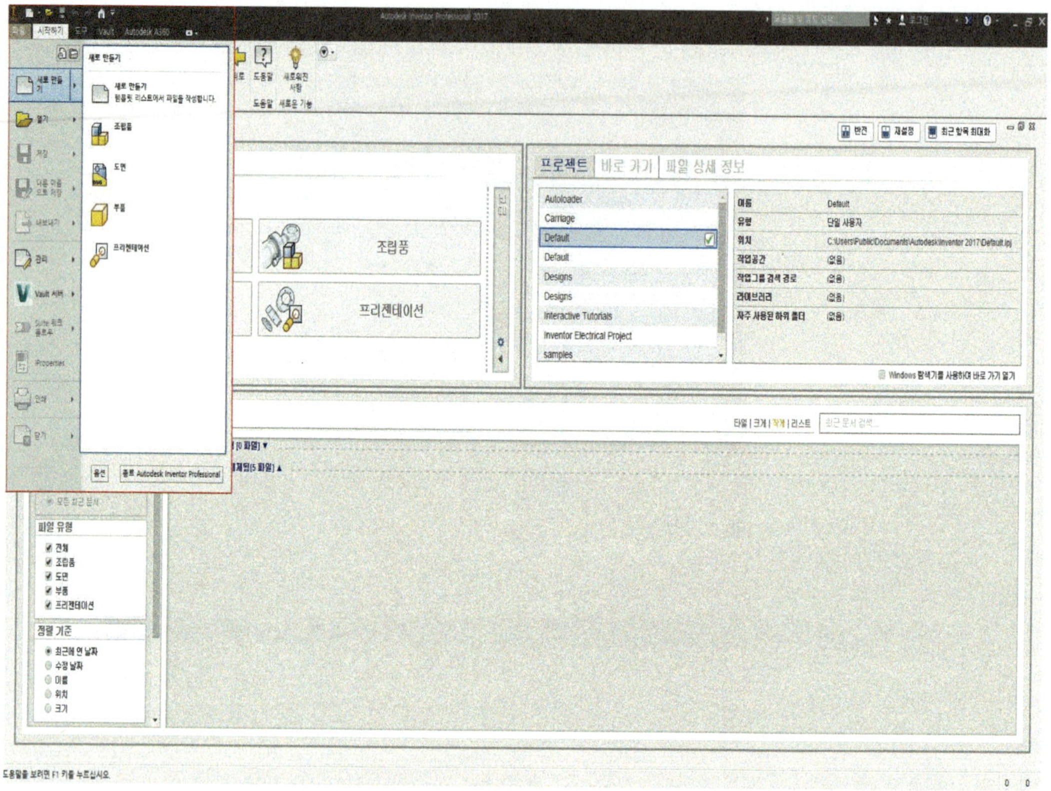

나타난 대화상자의 창에서 '시작하기'에는

새로 만들기(New), 열기(Open), 프로젝트(Project)라는 Icon이 있는데 각각의 역할은 다음과 같습니다.

가. 새로 만들기(New)

시작하기 ⇨ 새로 만들기 버튼 클릭하면 다음 화면이 나타난다.

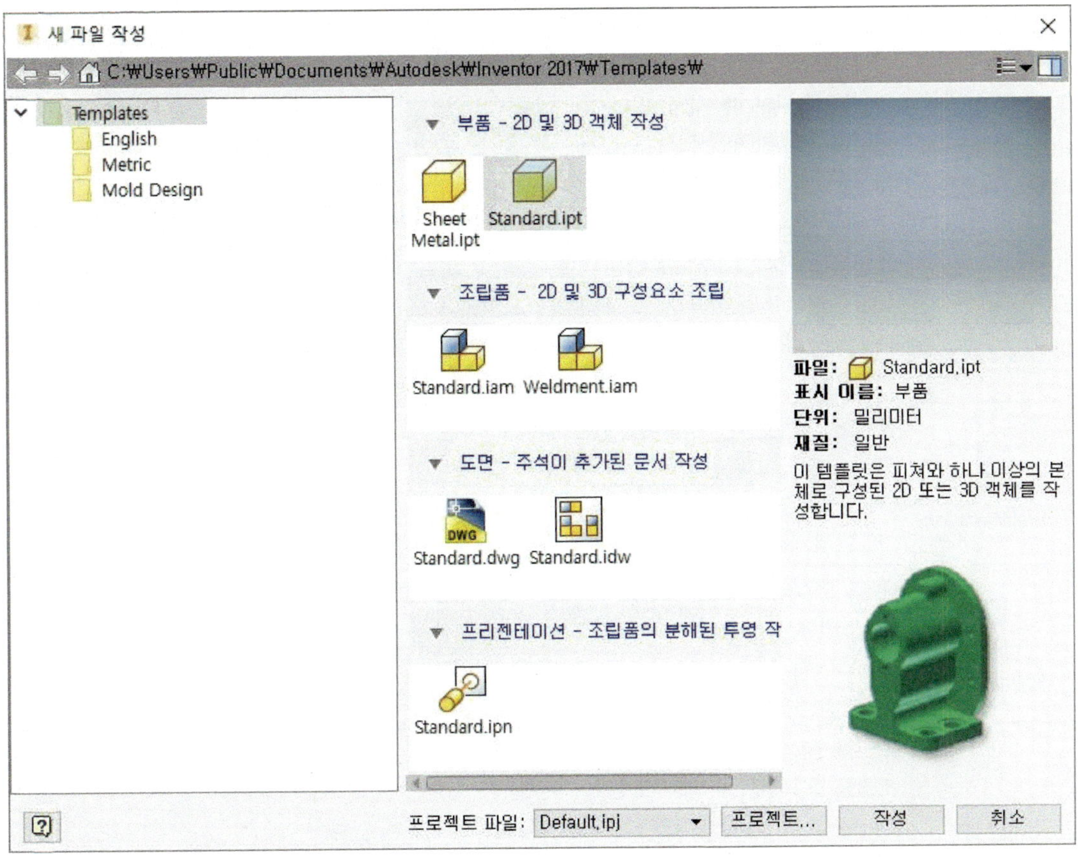

- 좌측 템플릿 대화상자에는 기본값, English, Metric, Mold Design이라는 탭이 나타남.

  기본값 : 프로그램을 설치할 때 지정한 기본 단위로 템플릿을 구성.

  English : 영국식 단위인 인치와 피트 단위로 템플릿을 구성

  Metric : 밀리미터와 미터 단위로 템플릿을 구성.

- 각 탭에는 필요한 단위와 제도표준이 적용된 부품, 조립품, 도면, 프리젠테이션의 템플릿 파일 존재

☞ 템플릿 파일은 단위를 미리 구성할 수 있기 때문에, 새로운 작업을 하기 전 미리 선택하여 시작한다.

 Standard.ipt	부품을 작성할 때 사용하는 기본 템플릿 파일 하나의 부품으로 구성하여 모델링 할 수 있다. • 조립품에서 사용하기 위한 표준 구성 요소이다. • 부품 명령을 사용하여 다양한 모델링을 구현할 수 있다.
 Sheet Metal.ipt	판금을 작성할 때 사용하는 기본 템플릿 파일 명령을 사용하여 편리하게 접기, 플랜지 등을 할 수 있다. • 판금으로 작성된 모델은 플랫 패턴을 사용하여 펼친 도면을 만들 수 있다. • 펼쳐진 도면은 바로 .dwg로 만들어 현장에 제공할 수 있다.
 Standard.iam	조립품을 작성할 때 사용하는 기본 템플릿 파일 1개 이상의 부품이나 서브 조립품을 포함한다. • Top Down 방식과 Bottom Up 방식으로 작성할 수 있다. • 조립품 구속 조건을 사용하여 부품을 위치시키고 피처를 적용할 수 있다.
 Weldment.iam	용접을 작성할 때 사용하는 기본 템플릿 파일 모델링에서 실제 용접 작업을 할 수 있다. • 용접으로 작업된 모델링은 도면에서 자동으로 용접기호가 도면에 표시가 된다. • 실제 용접을 시각화 할 수 있다.
 Standard.dwg	DWG 형식의 도면을 작성할 때 사용하는 기본 템플릿 파일 • 도면에서 사용자 기호, 주, 리비전 테이블 등 도면 시트의 주석을 유지하는 .dwg 도면의 템플릿을 작성할 수 있다. • 사용자의 경계, 제목블록 및 뷰 정의도 템플릿에 유지할 수 있다.
 Standard.idw	도면을 작성할 때 사용하는 기본 템플릿 파일 조립품이나 부품에 대한 도면을 작성할 수 있다. • 한 도면 파일에 1개 이상의 시트를 가질 수 있다. • 3D 모델링의 업데이트에 바로 적용이 가능하다. • 도면작업에 필요한 여러 가지 뷰를 다양하게 편리하게 작성할 수 있다
 Standard.ipn	분해도를 작성할 때 사용하는 기본 템플릿 파일 프리젠테이션 파일은 조립품의 분해된 뷰나 다른 스타일의 뷰를 구성할 수 있다. • 자동 분해와 수동 분해로 나누어져 있다. • 분해된 구성 요소를 통해 에니메이션 동영상을 만들 수 있다. • 카메라 설정이 가능하다.

나. 열기(Open)

- 부품, 조립품, 도면, 프리젠테이션 파일들의 목록 표시
- 선택된 파일의 미리보기가 좌측 하단에 표시

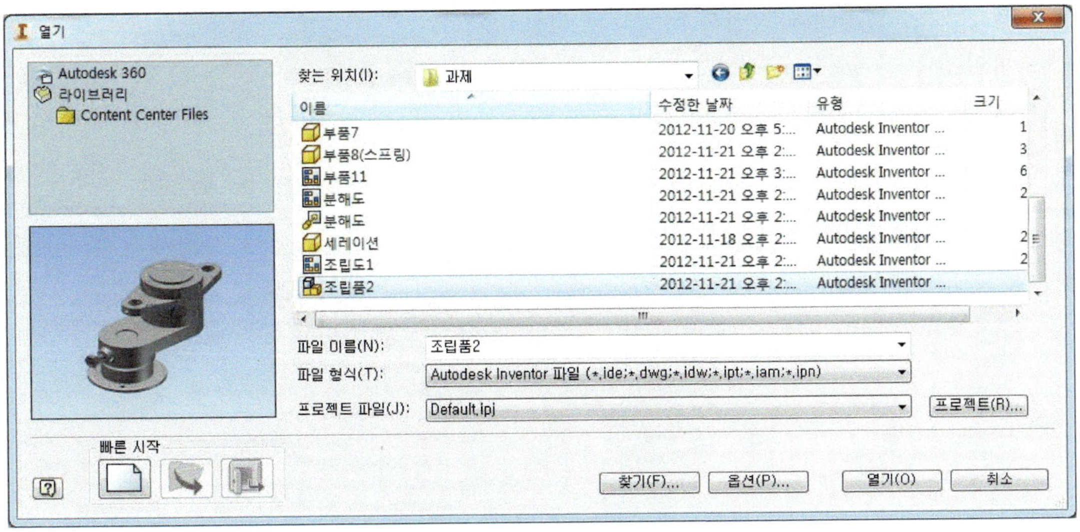

- [찾기] 버튼을 이용하여 위치, 네트워크, 폴더에 있는 Inventor 파일 검색
- [찾기] 대화상자를 이용하여 설계자는 설계 작업 중 필요한 부품, 조립품, 도면, 프리젠테이션 및 설계요소 파일을 정확하고 신속하게 찾아 원하는 작업가능

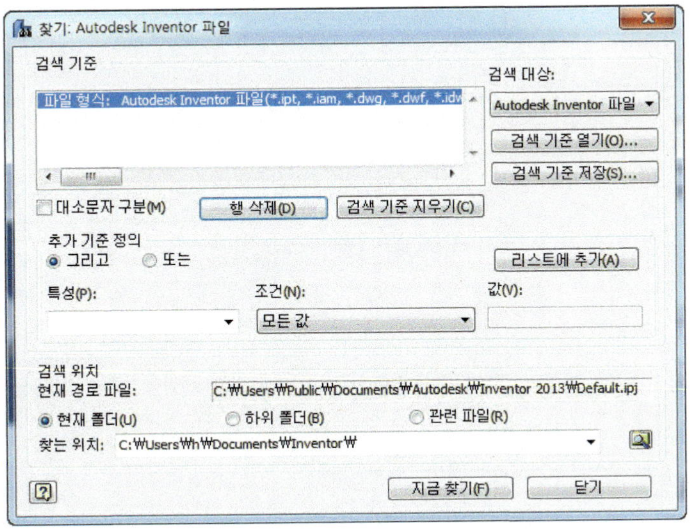

다. 프로젝트(Project)

- <u>프로젝트</u> : Inventor가 작성하고, 저장한 파일들을 관리하도록 관련된 파일들을 조직화하는 것을 도와줌
- 현재의 프로젝트를 선택하거나 새로운 프로젝트를 추가
- Inventor가 파일을 찾는 장소 정의

- 공동 작업 환경에서 작업시 사용되는 핵심 도구
- 파일을 논리적으로 구성하고, 파일간의 적합한 링크를 유지
- 작업을 관리하는데 필요한 만큼의 프로젝트 사용 가능

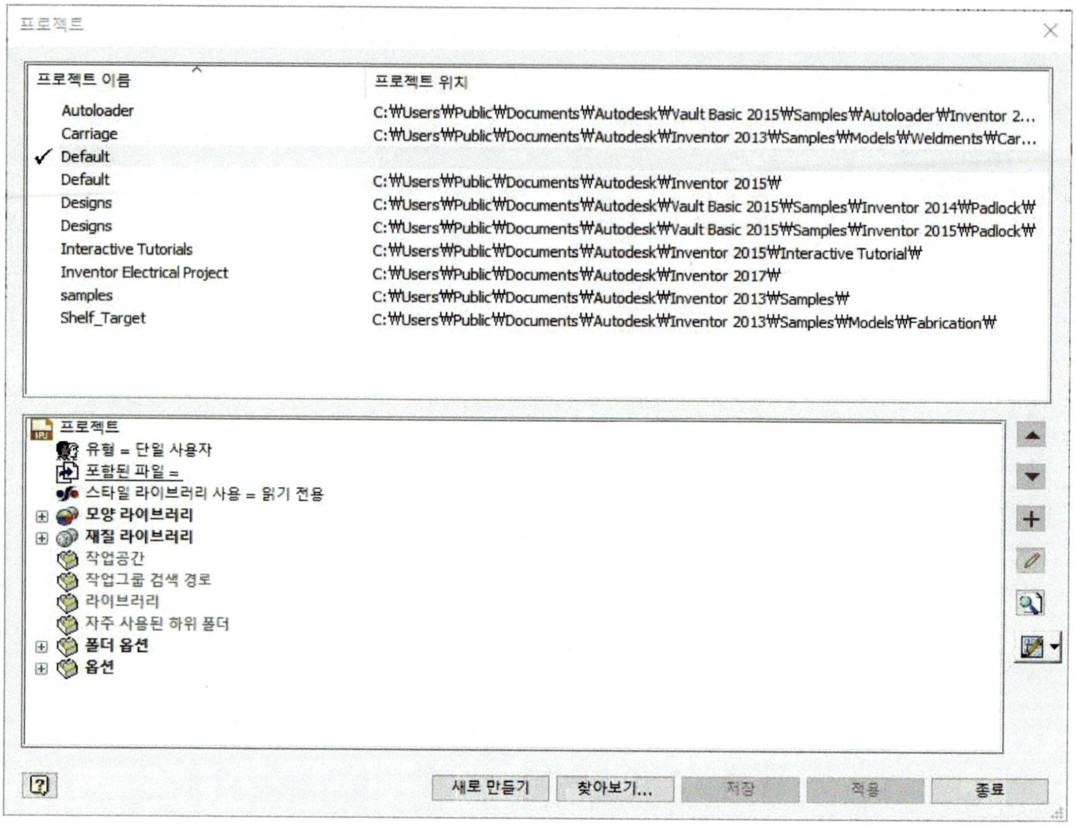

▌프로젝트 설정방법

스케치 화면으로 이동하기 전, 시작화면에서 프로젝트를 먼저 구성하도록 한다.
프로젝트 실행 및 구성 화면

✣ 리본메뉴 시작하기→ 시작→ 프로젝트

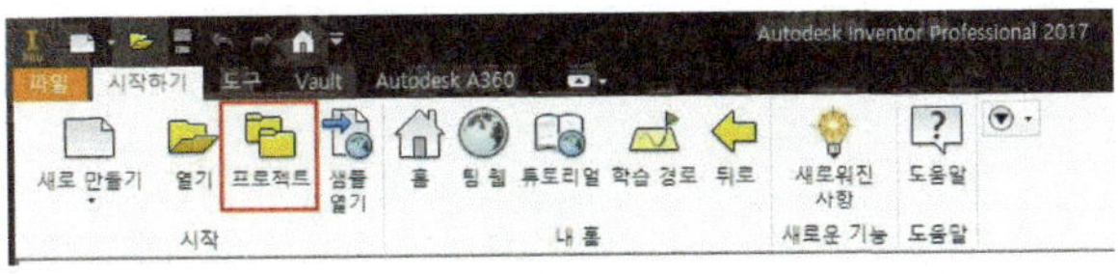

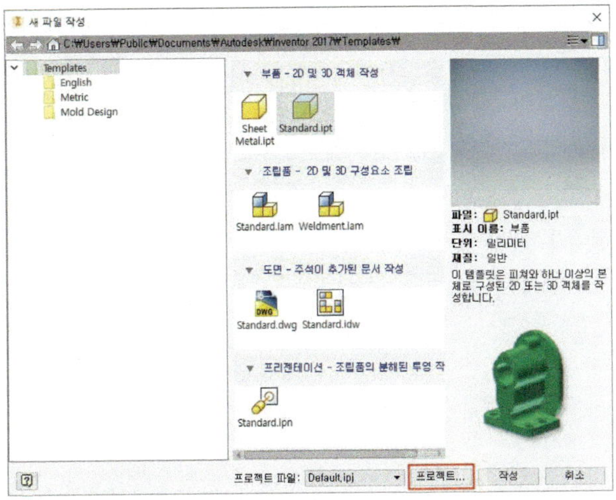

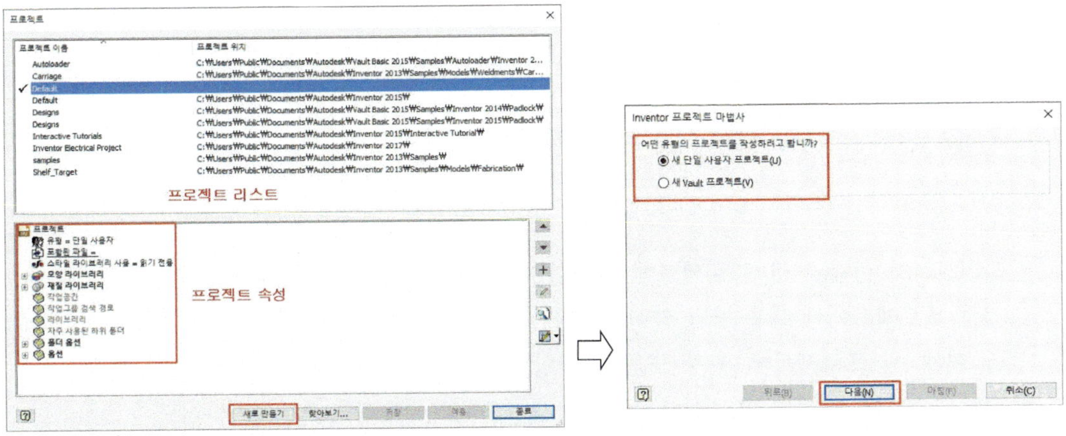

- 새 단일 사용자 프로젝트 : 프로젝트의 기본 유형으로 작업 공간과 하나 이상의 라이브러리를 작성하고 프로젝트 유형을 단일 사용자로 설정한다.
- 새 Vault 프로젝트 : 도면 관리 및 PDM 전문 소프트웨어인 Autodesk 사의 Vault를 공유하여, 프로젝트를 설정한다.

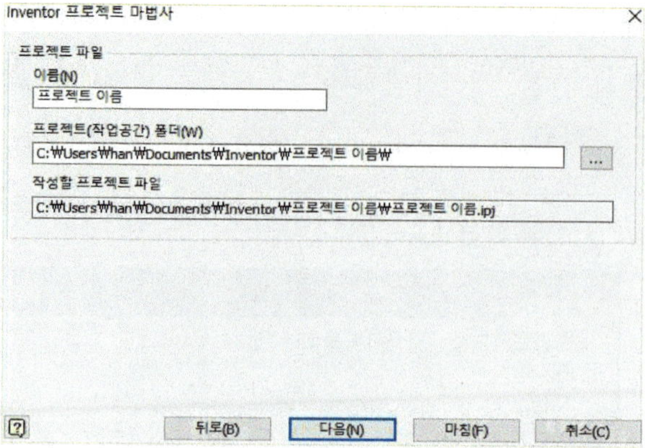

- 이름 : 프로젝트 이름을 기재한다.
- 프로젝트(작업공간 폴더) : 작업공간 경로를 지정한다. 이 경로에 프로젝트 파일(폴더)가 생성된다.
- 찾아보기 : 경로를 변경할 수 있다.

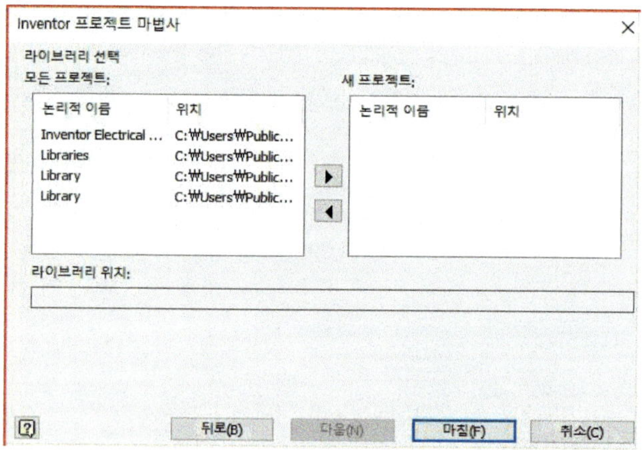

- 라이브러리 선택 : 새 프로젝트에 포함할 기존의 라이브러리를 지정한다.
  기존 프로젝트에서 사용 중인 라이브러리 폴더가 지정되어 있다면, 기존의 라이브러리 폴더를 현재 새 프로젝트에 추가 또는 제거할 수 있다.
- 모든 프로젝트 : 현재 프로젝트 목록 상에 있는 라이브러리 폴더를 나타낸다.
- 새 프로젝트 : 현재 생성하고 있는 프로젝트에 적용할 라이브러리 폴더를 나타낸다. 기존의 프로젝트에서 라이브러리 폴더가 디폴트로 지정되어 있는 경우, 새 프로젝트 구성 시에 나타나지 않는다.
  라이브러리 폴더 변경은, 프로젝트 관리 화면에서 변경할 수 있다. 별도의 라이브러리 구성이 필요하지 않다면 이대로 마침을 클릭하여 새 프로젝트 생성을 마친다.

▌프로젝트 속성

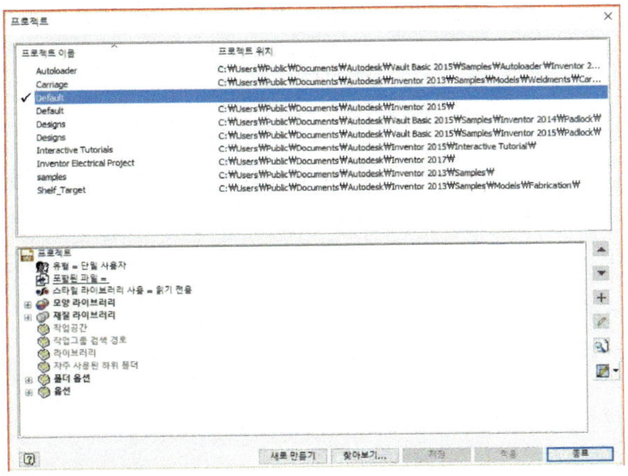

- 유형 : 프로젝트의 설정 타입을 설정한다.
- 위치 : 현재 프로젝트에 설정되어있는 작업공간을 나타냅니다. 재편집이 불가하며, 작업공간에서 위치를 변경할 수 있다.
- 포함된 파일 : 현재 프로젝트에 다른 프로젝트 파일에 대한 검색 경로를 포함할 수 있다. 해당 리스트를 선택하고, 마우스를 우클릭해서 편집을 선택하면, 다른 프로젝트 파일을 찾을 수 있는 파일 창이 나타낸다.
- 스타일 라이브러리 사용 : 스타일 라이브러리의 사용 유무 설정을 변경한다. 기본적인 스타일 라이브러리를 읽기 전용으로 설정되어 있다. 읽기전용으로 설정되어 있을 경우, 스타일을 변경하여 저장할 수 없다. 따라서, 스타일 라이브러리를 직접 변경하고 변경된 내용을 지속적으로 사용해야 한다면, 읽기 전용을 "읽기-쓰기"로 변경한다.
- 작업공간 : 현재 선택된 프로젝트의 작업 공간을 상대경로로 나타냅니다. 현재의 경로를 변경할 때, 작업공간 폴더를 선택하고, 마우스 우클릭을 하면 경로를 추가할 수 있다.
- 작업그룹 검색경로 : 작업그룹에 속한 멤버가 같은 조립품을 오픈하여, 데이터를 공유하고 작업할 수 있도록 경로를 지정한다. 단일 사용자 환경에서는 설정하지 않는다.
- 라이브러리 : 읽기 전용 파일의 표준 라이브러리와 사용자 라이브러리에 대한 경로를 지정한다. 여기서 라이브러리 폴더를 지정하면, 파일 편집이 불가하다.
- 자주 사용된 하위 폴더 : 프로젝트 폴더 내에 자주 사용하는 하위 폴더를 지정한다.
- 폴더 옵션 : 현재 프로젝트 내에서 사용하는 설계 데이터, 템플릿, 컨텐츠 센터 파일의 경로를 변경할 수 있다.

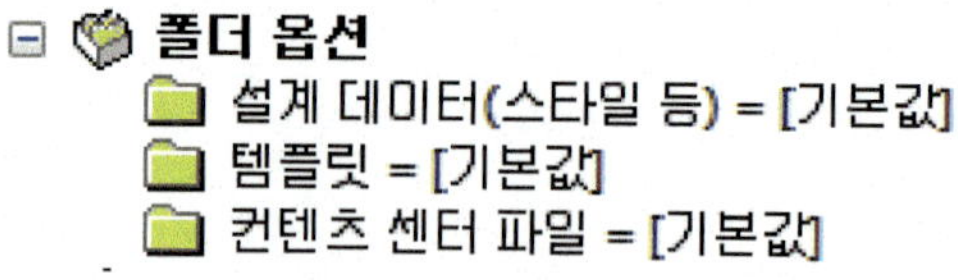

- 설계 데이터(스타일 등) : 사용자가 지정하는 폴더로 경로를 변경할 수 있다.
- 템플릿 : 시작화면에서 새로 만들기를 클릭하면 나타나는 템플릿 파일의 경로를 지정한다. 기본적으로 인벤터의 기본 경로로 지정되어 있으며, 사용자가 직접 템플릿 파일 경로를 변경 또는 편집할 수 있다.
- 컨텐츠 센터 파일 : 조립파일 작성 시 인벤터에서 제공하는 규격품을 가져올 때, 경로를 지정한다. 인벤터의 기본 경로로 지정되어 있다.
- 옵션

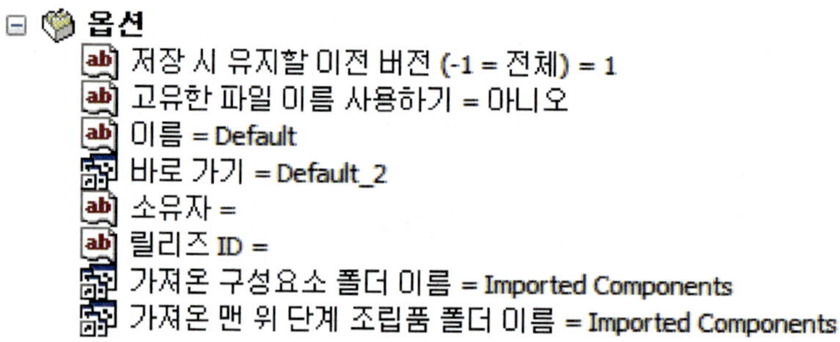

- 저장 시 유지할 이전 버전 : 파일 저장할 때마다, 프로젝트 경로내의 Old Version 폴더에 생성되는 파일의 개수를 지정한다. 지정한 숫자만큼 저장할 수 있다.
  - -1: 저장할 때마다 이전 버전도 저장.
  - 0: 이전 버전을 저장하지 않음.
  - 1: 이전 버전을 1개만 저장.
  - 2: 이전 버전을 2개만 저장.
- 고유한 파일 이름으로 저장하기 : "예"로 설정되어 있으면, 프로젝트 내에서 중복된 파일 이름을 사용하지 않고, 파일이 이동된 경우에도 프로젝트 내에서 모든 경로를 검색한다. "아니오"로 설정되어 있으면, 중복된 파일 이름이 존재한다고 표시하고, 중복된 파일이 발견되면 파일 해석 대화상자에 의해서 수동으로 링크를 변경할 수 있다.
- 이름 : 프로젝트 이름을 변경한다.
- 바로가기 : 바로가기 이름을 변경한다.
- 소유자 : 소유자를 지정한다.
- 릴리즈 ID : 릴리즈 ID를 지정한다.

- 가져온 구성요소 폴더 이름 : 가져온 구성요소 폴더이름을 변경한다.
- 가져온 맨 위 단계 조립품 폴더 이름 : 가져온 맨 위 단계 조립품 폴더 이름을 변경한다.

편집

 : 작업그룹, 라이브러리 등 폴더에 대한 경로를 추가한다.

 : 각 선택된 속성의 값을 변경한다. 마우스 우클릭과 동일하다.

 : 프로젝트 내에 중복된 파일을 검색하여 표시한다.

 : 선택된 프로젝트의 컨텐츠 센터 라이브러리 구성을 추가, 변경한다.

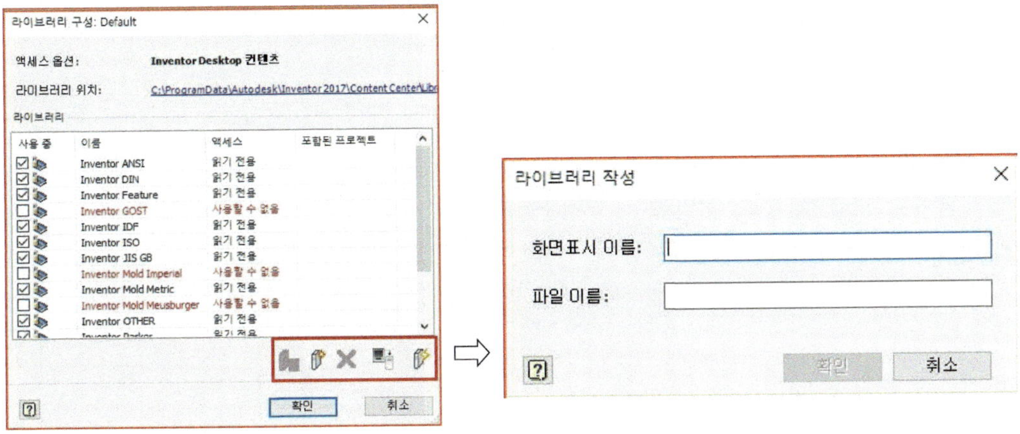

- 라이브러리 작성하기 : 읽기/쓰기가 가능한 새로운 라이브러리를 생성한다.
- 라이브러리 전송안내서 : Vault 프로그램을 공유하여 라이브러리 전송 작업을 수행한다.
- 업데이트 도구 : 활성 프로젝트를 저장하고, 업데이트 도구를 실행한다. 프로젝트를 구성하면, 하단에 있는 저장을 클릭하여, 마친다. 구성한 내용으로 *.ipj 라는 확장자를 가진 폴더내의 파일이 저장된다.

1.1.2 Inventor 파일 구성

Inventor는 설계 작업 완료 후 파일 저장 시 기존의 AutoCAD와는 다른 새로운 파일 확장자를 사용한다.

가. Inventor 파일의 확장자

- *.ipt : 부품 파일 (Part File), 판금 부품 파일 (Sheet Metal Part File)
- *.iam : 조립품 파일 (Assembly File)
- *.dwg : 도면 파일 (AutoCAD File)
- *.idw : 도면 파일 (Drawing File)
- *.ipn : 프리젠테이션 파일 (Presentation File)
- *.ide : iFeature File

(1) 부품 파일 (*.ipt)

- 개별적인 부품 설계를 구현하기 위해 부품파일을 작성하거나 이용
- 표준 구성품(라이브러리)을 만들기 위해 이용
- 조립품 레이아웃으로 활용 및 판금부품 작성

(2) 조립품 파일 (*.iam)

- 하나 혹은 다중 부품 파일들을 포함하거나 부분 조립품 파일을 포함
- 최종 조립품과 부분 조립품 파일들을 만들기 위해 조립품 파일 작성
- 가변 피처 제어, 부품 위치 제어 및 조립품 구속을 추가하기 위해 이용
- 도면이나 프리젠테이션 파일을 만들기 위해 이용

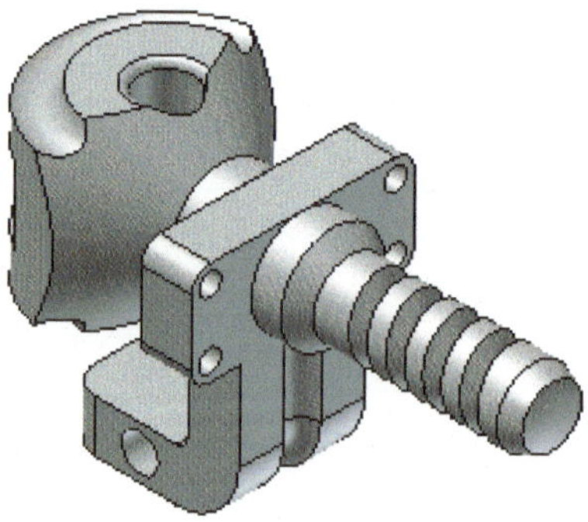

(a) Part File

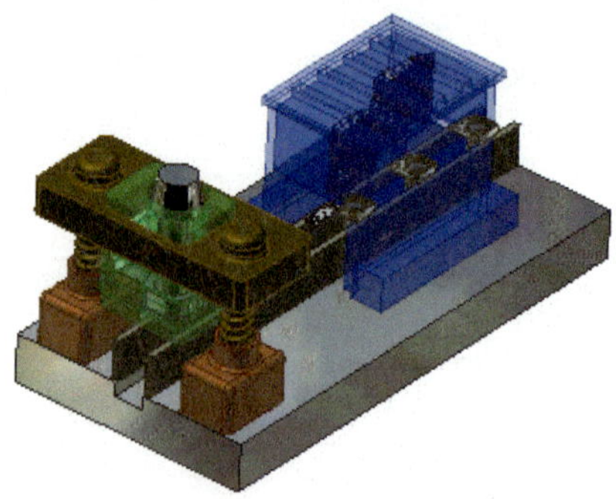

(b) Assembly File

(3) 프리젠테이션 파일 (*.ipn)

- 분해된 조립품이나 정리된 뷰들의 조립품 포함
- 조립품 디자인 뷰 및 조립품이 분해된 뷰 작성
- 구성품의 미세 조정 에니메이션을 제작

(4) 도면 파일 (*.idw)

- 푸품이나 조립품의 뷰를 포함하고 하나 이상의 시트를 포함
- 설계의 최종작업으로 디자인 의도를 문서화하기 위해 도면 파일 작성

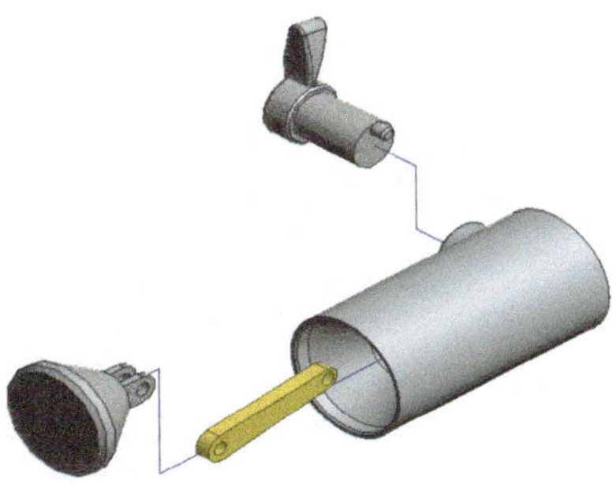

(c) Presentation File

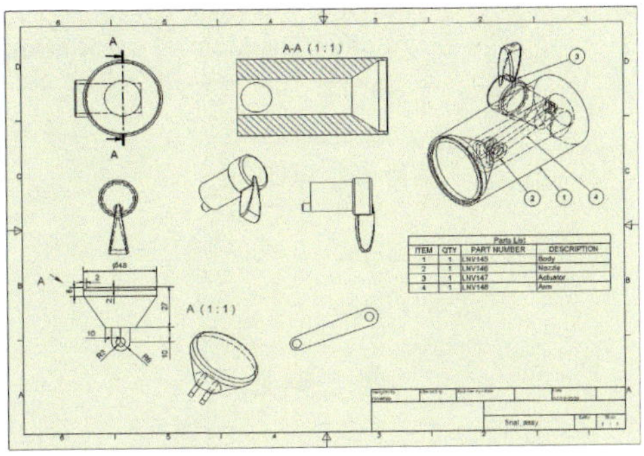

(d) Drawing File

1.2 AutoDesk Inventor 화면 구성

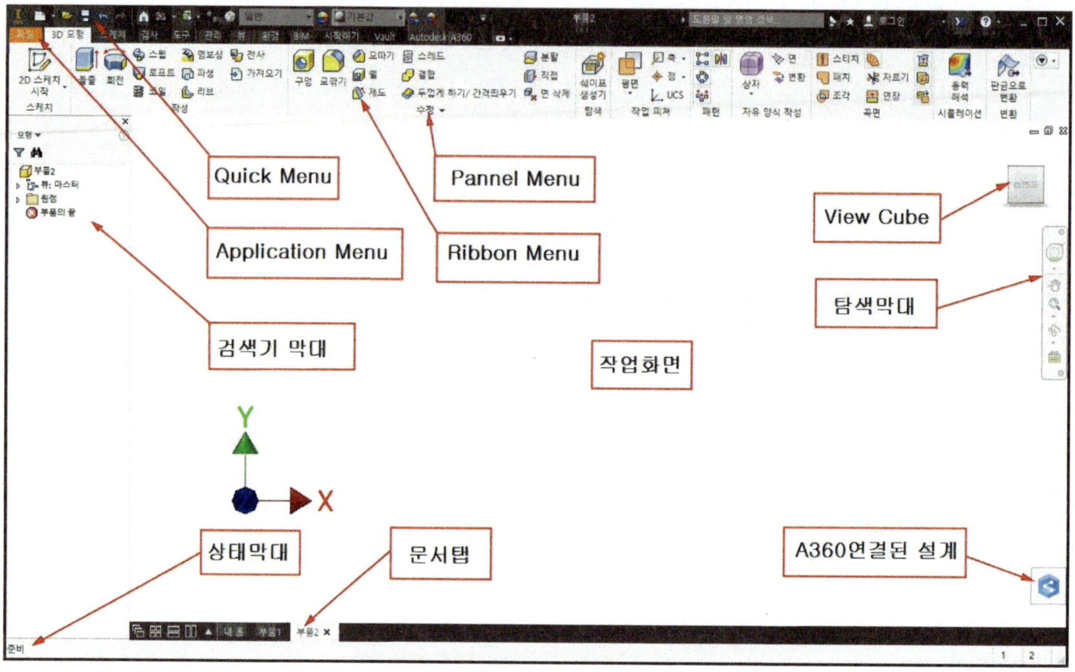

- Application Menu : 일반 명령어에 접근하여 다음 작업을 할 수 있다.

- Quick Menu : 자주 사용하는 명령을 퀵 메뉴막대에 저장하여 사용할 수 있다.

- Pannel Menu : 표준형식으로 설정을 쉽게 호출하여 사용할 수 있다.

- Ribbon Menu : 현재 작업공간과 관련 있는 작업을 위한 도구 아이콘 배치이다.

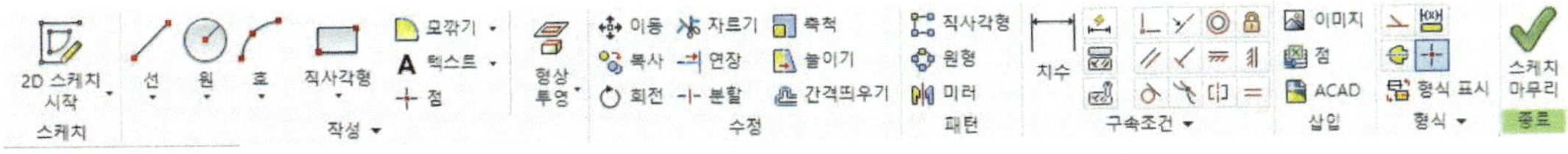

명령 실행에 맞는 아이콘을 선택, 클릭하여 실행할 수 있다. 원하는 아이콘에 마우스를 옮겨두면 설명과 함께 도구 아이콘의 예제가 표시되는 학습모드로 표시된다. 퀵 메뉴막대 우측의 순환 아이콘을 클릭하여, 리본메뉴를 최소화 변경할 수 있다.

- View Cube, Navigation bar : 활성 부품, 조립품, 도면의 작업 영역을 화면 축소, 확대, 초점이동, 회전 뷰를 사용할 수 있다.

- 검색기 : 부품의 이름, 기준평면, 축에 대한 정보와 작업내역을 계층 구조로 표시한다.

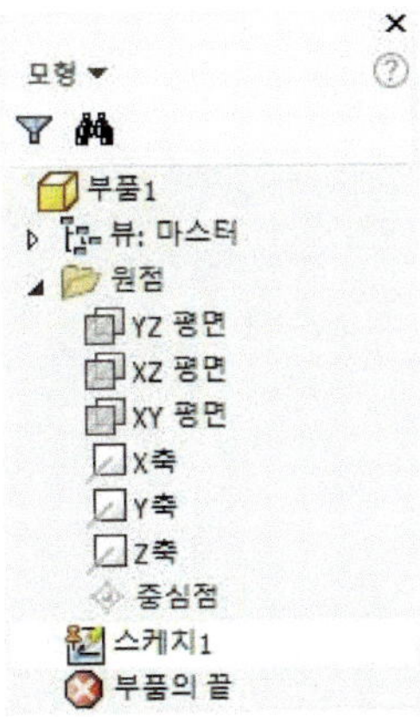

- 상태표시줄 : 현재의 작업상태를 표시(대화식으로 요구사항 표시)

- 작업영역 : 스케치, 부품, 조립품 등의 형상을 작업하는 공간(작성, 편집, 수정 등)

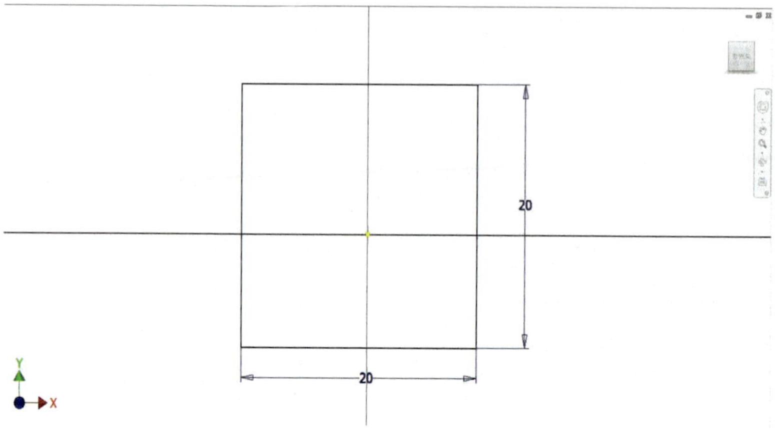

1.2.1 Inventor 옵션 중 화면설정

✣도구 ⇨ 응용프로그램 옵션 클릭

▌스케치 탭 조정

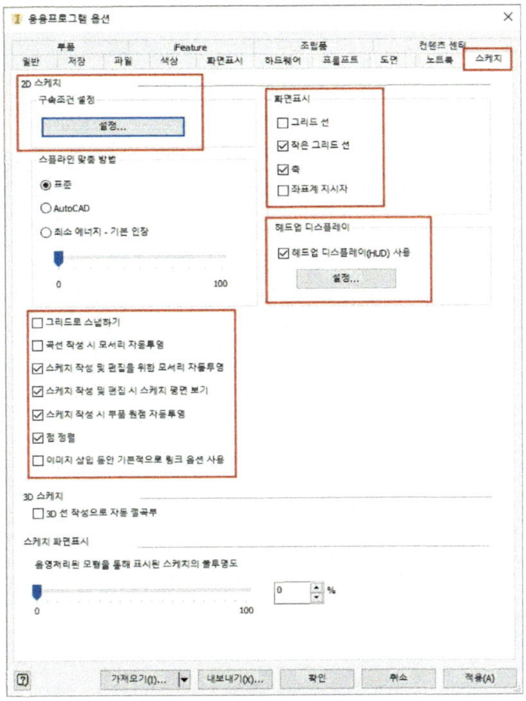

▌2D 스케치

- 구속조건 설정 아이콘 상세메뉴

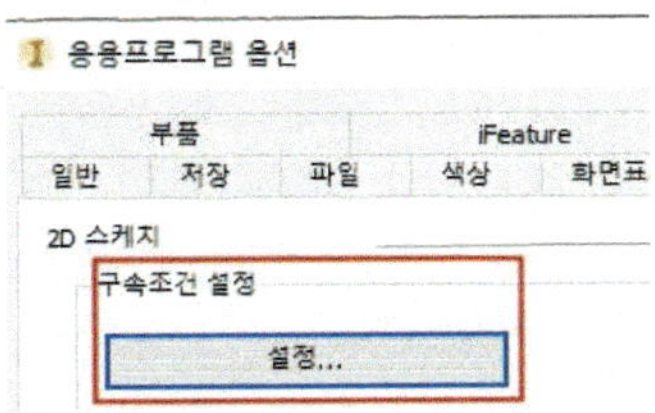

⇨

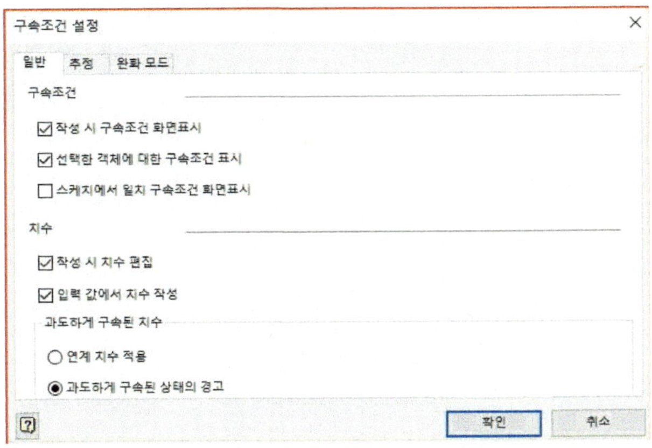

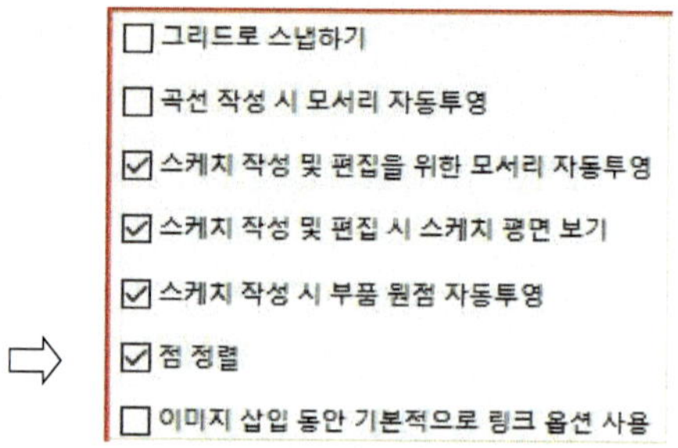

- 화면표시

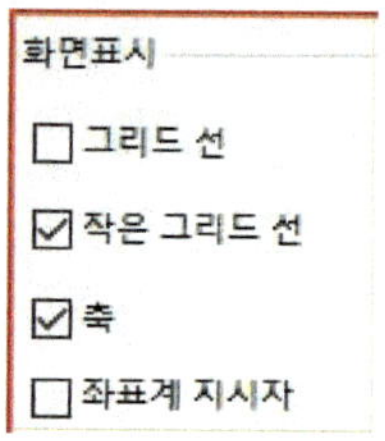

그리드선 - 스케치에 모눈표시
작은 그리드선 - 모눈 안에 더 작은 모눈표시
축 - 평면 기준 십자축 표시
좌표계 지시자 - 평면 기준 원점에 좌표축 표시

- 헤드업 디스플레이 설정

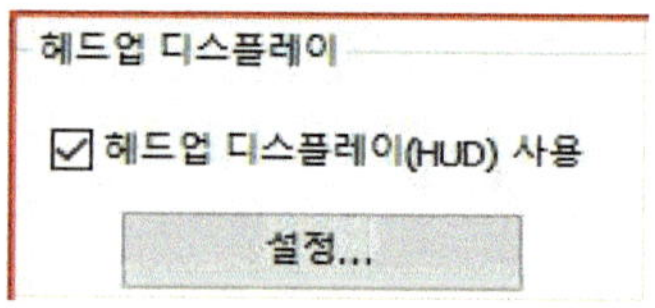

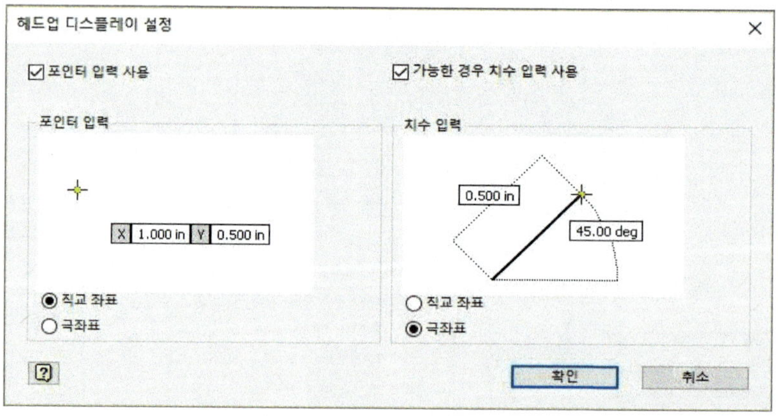

▌색상 탭 조정

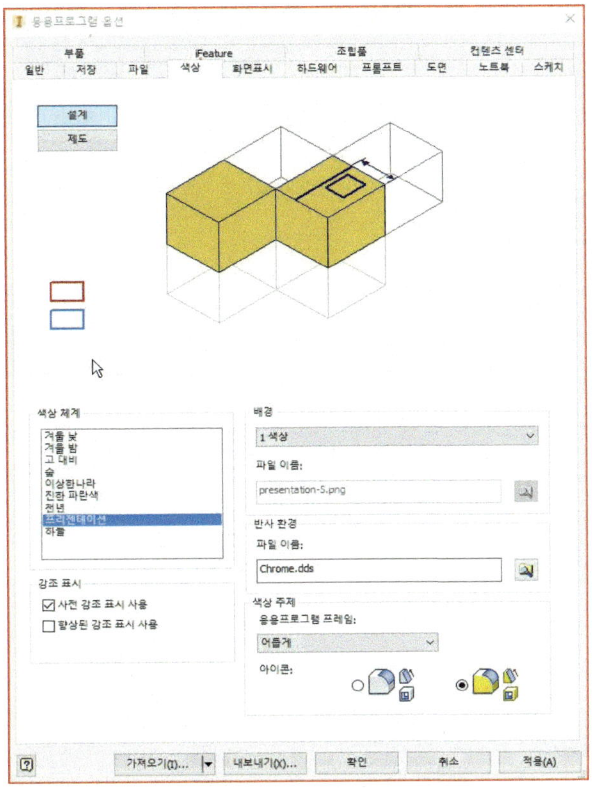

- 설계 / 제도 : 설계 또는 제도 환경에서 색상 선택의 효과를 표시
- 색상체계 : 사용가능한 색상체계 나열
- 강조표시 : 객체 선택 동작을 설정한다
- 배경 : 색상 - 단일 색상을 배경에 적용한다.

  그라데이션 - 채도 그라데이션을 배경 색상에 적용한다.

  배경 이미지 - 그래픽 창 배경에 비트맵을 표시한다.

  파일 이름 - 배경 이미지 옵션을 선택한 경우에만 사용할 수 있다.
- 반사환경 : 반사 맵에 대한 이미지 및 이미지 형식을 지정한다.

- 색상주제 : 응용프로그램 프레임의 색상을 제어한다. 응용프로그램 프레임은 리본 주위의 영역이다. 옵션에는 밝게와 어둡게가 있다.

1.2.2 Autodesk Inventor 화면 탐색하기

✣ 리본메뉴 : 뷰 〉 탐색

활성 부품, 조립품, 도면의 작업 영역을 화면 축소, 확대, 초점이동, 회전 뷰를 작성한다.

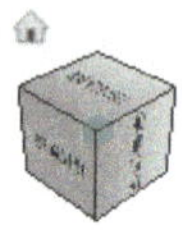

	전체탐색휠	Steering wheels는 쐐기라는 여러 부분으로 분할된 추적 메뉴이다. 전체탐색휠은 기존 컨트롤에 새로운 컨트롤 제공한다. (보행시선, 둘러보기, 위쪽/아래쪽, 뒤로 등) 
	초점 이동	커서를 작업영역에서 뷰를 이동하는데 사용되는 4방향 화살표로 변경한다.
	줌 선택	부품 또는 조립품에서 줌을 사용하여 배율을 변경한다.
	회전 선택	부품 또는 조립품에서 뷰에 회전 기호 및 커서를 추가한다. 뷰를 중심 표시, 수평 또는 수직 축, X 및 Y 축을 중심으로 화면에 평면형으로 회전시킬 수 있다. 도면에서는 사용할 수 없다.
	면 보기	부품, 조립품에서 선택된 도면요소를 화면에 평면형으로 표시하거나 선택된 모서리 또는 선을 화면에 수평으로 표시한다. 도면에서 사용할 수 없다.
	이전 뷰	작업 중인 뷰를 이전 뷰로 복원할 수 있다.
	홈 뷰	최적에 등각투영 뷰로 전환할 때 사용한다.

Tip

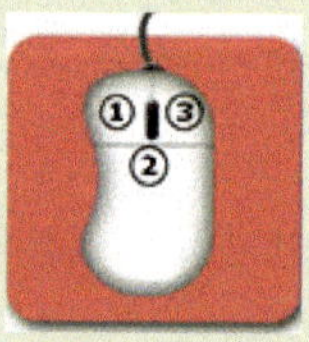

마우스 화면 조작법

②휠을 아래 위로 움직이면 줌 선택과 같은 역할이다.

②휠을 누르고 있는 상태에서 원하는 위치로 이동 시킬 수 있다.
초점 이동과 같은 역할이다.

F4+①을 같이 사용하면 회전 선택과 같은 역할을 할 수 있다.

1.2.3 Autodesk Inventor 화면모양 설정

비주얼 스타일

부품 및 조립품에 화면 표시를 설정한다.

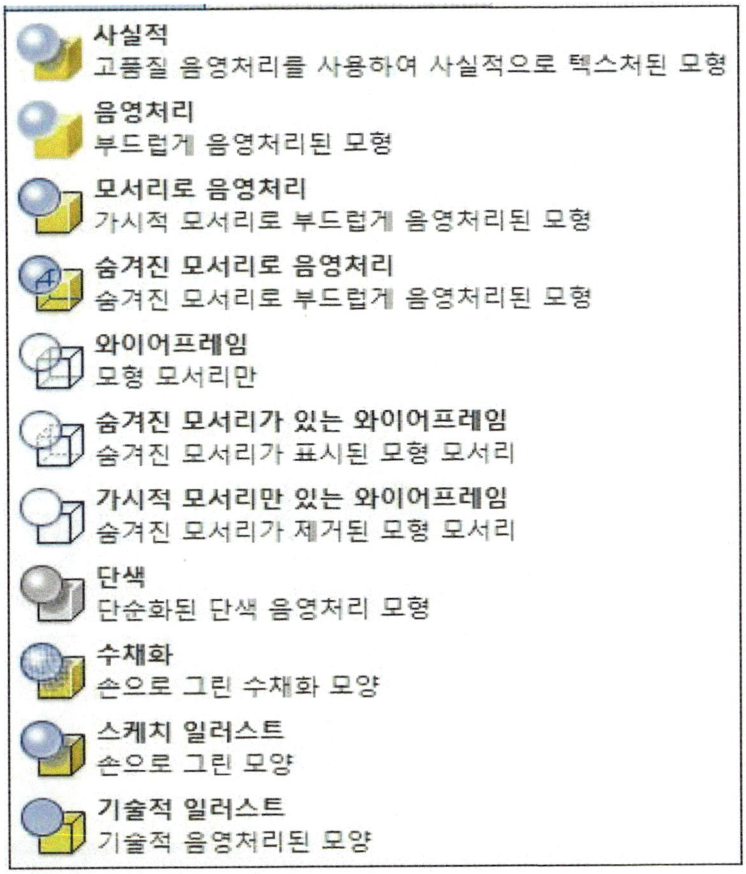

사실적	음영처리	모서리로 음영처리
	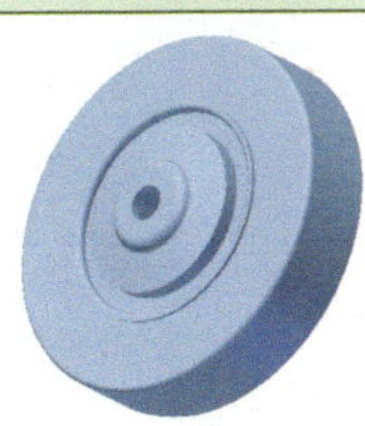	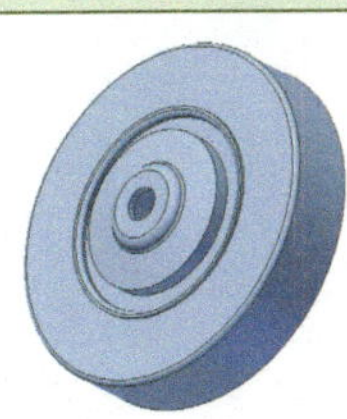

숨겨진 모서리로 음영처리	가시적 모서리만 있는 와이어프레임
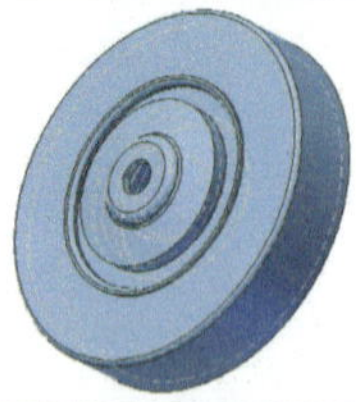	

와이어프레임	숨겨진 모서리가 있는 와이어프레임
	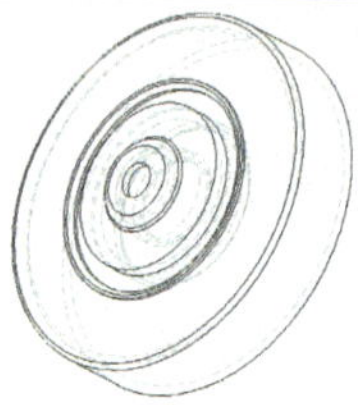

단색	수채화	일러스트
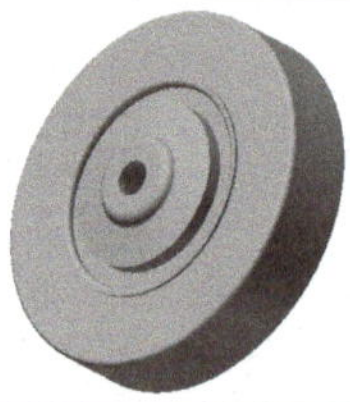	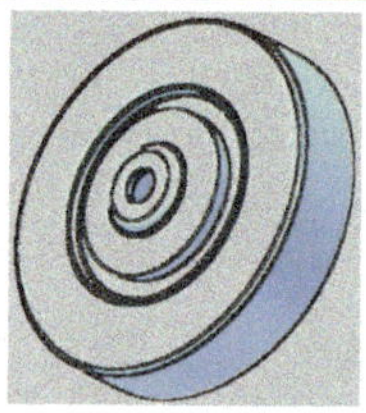	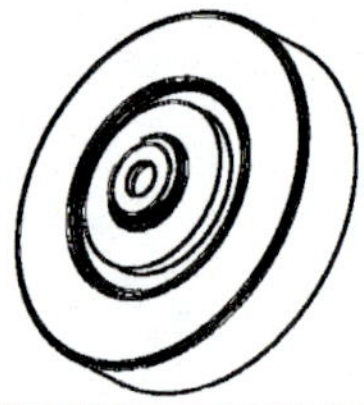

☞ 만약, 검색기 또는 탐색막대 등, 인벤터 인터페이스를 구성하는 메뉴를 화면에서 없애거나, 오픈되게 할 경우, 선택 또는 해제하여 제어할 수 있다.

✣ 리본메뉴 : 뷰→ 사용자 인터페이스→ 사용자화

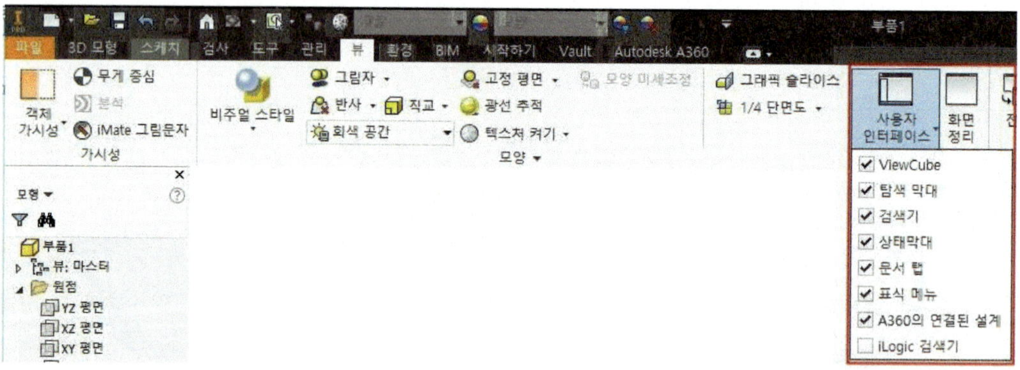

1.3 단축 아이콘 알아보기

1.3.1 단축키

가. Windows 단축키

Ctrl + C	복사	Ctrl + Z	명령 취소
Ctrl + V	붙여넣기	Ctrl + Y	명령 복구
Ctrl + X	잘라내기	Ctrl + A	전체 선택
Ctrl + F	찾기	Ctrl + O	새문서 열기
Ctrl + P	인쇄	Ctrl + N	새문서 작성
Ctrl + S	저장		

나. Views 단축키

F2	초점 이동	Home	줌 전체
F3	확대 또는 축소	Ctrl + W	Steering
F4	객체 회전	Delete	선택한 객체 삭제
F5	이전 뷰	Shift+마우스 오른쪽 클릭	선택 도구 메뉴 활성화
Shift + F5	다음 뷰	Shift+회전도구	뷰 자동회전
F6	등각투영 뷰	Space Bar	마지막 명령 재실행
F10	메뉴 바로 가기	Esc	명령 종료
Page Up	면보기		

다. Sketch 단축키

F7	그래픽 슬라이스	T	텍스트
F8	전체 구속조건 표시	O	간격띄우기
F9	전체 구속조건 숨기	D	일반치수
L	선 또는 호 작성	X	자르기
Ctrl+Shift+C	중심점원	I	수직구속조건
A	중심점호	=	동일구속조건

라. Features 단축키

S	2D스케치	Alt + /	사용자 작업축
E	돌출	Alt + .	사용자 작업점
R	회전	Ctrl+Shift+L	로프트
H	구멍	Ctrl+Shift+S	스윕
F	모깎기	Ctrl+Shift+F	모깎기
]	작업평면	Ctrl+Shift+K	모따기
/	작업축	Ctrl+Shift+R	직사각형 패턴
.	작업점	Ctrl+Shift+O	원형 패턴
Alt +]	사용자 작업평면	Ctrl+Shift+M	대칭

마. Assembly 단축키

P	구성요소 배치	.	작업점
N	구성요소 작성	E	돌출
C	구속조건 배치 활성화	HF	구멍
V	구성요소 이동		모깎기
G	구성요소 회전	Ctrl+Shift+K	모따기
]	작업평면	Q	iMate작성
/	작업축	Alt+마우스 끌기	조립품에서 메이트 구속조건 적용. 스케치에서는 스플라인 쉐이프점들을 이동

바. Presentation 단축키

T	구성요소 미세조정		

사. Drawing 단축키

B	품번 기호	F9	전체 구속조건 숨기기
D	일반 치수	B	도면에 품번 기호 추가
F	형상 공차	D	스케치 또는 도면에 치수 추가
Ctrl+Shift+T	지시선 텍스트	F	도면에 형상 공차를 추가
Ctrl+Shift+N	시트 삽입	L	선 또는 호 작성
F1	활성 명령 또는 대화상자에 대한 도움말	O	간격띄우기
F2	그래픽 창을 초점 이동	Delete	선택한 객체 삭제
F3	그래픽 창에서 줌 확대 또는 축소	Shift+마우스 오른쪽 클릭	선택 도구 메뉴 활성화
F5	이전 뷰로 되돌아감	Space Bar	마지막 명령 재실행
F8	전체 구속조건 표시		

1.3.2 단축키/바로가기 사용자화

인벤터에서는 바로가기 또는 단축키를 사용자화 할 수 있습니다. 사용자 지정에서 명령어의 바로가기 키 및 별명을 지정 및 변경, 또는 제거할 수 있다.

✣ 리본메뉴 도구→ 옵션→ 사용자화

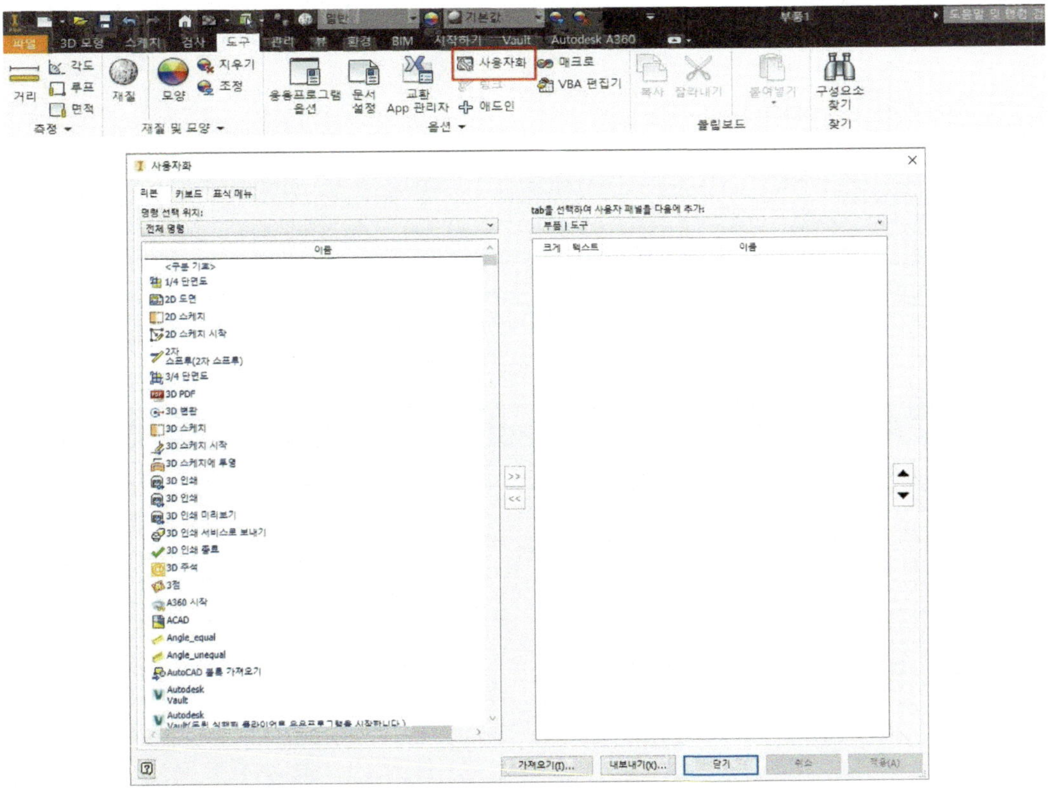

- 리본탭 : 리본메뉴 오른쪽 마우스 클릭- 생성하고자 하는 명령 아이콘 선택- tab을 선택하여 사용자 패널에 추가.

  생성하고자 하는 리본메뉴에 사용자 메뉴생성 패널이 나타난다.

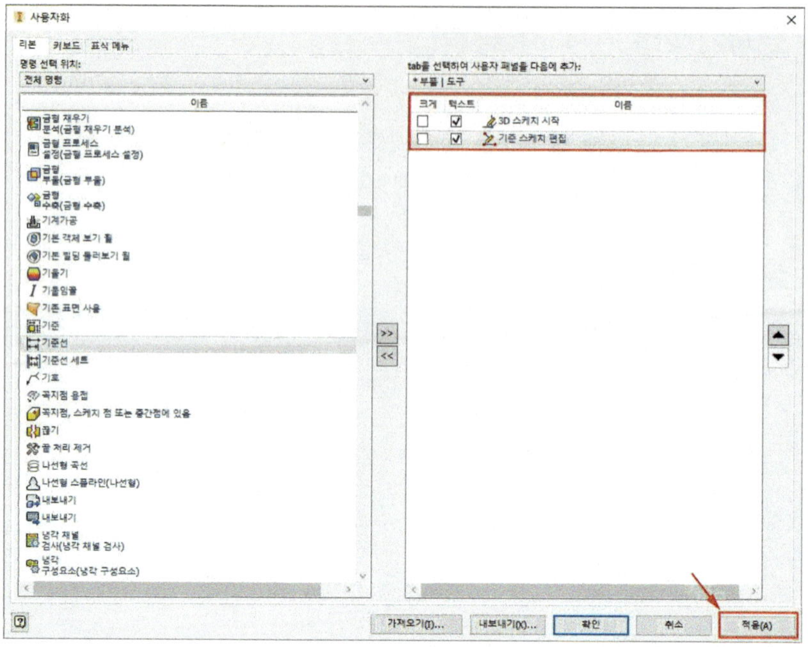

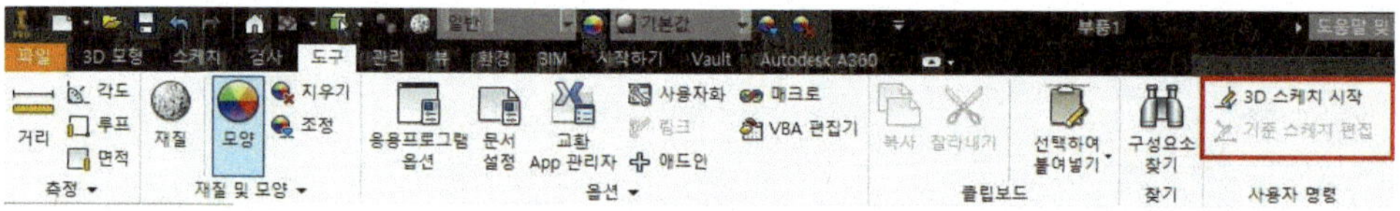

1.3.3 명령 내 표식 메뉴

명령 내 표식 메뉴는 확인, 종료, 취소 및 적용 옵션이 일관되게 배치된 상태로 정렬된다. 명령이 활성화되어 있을 때 마우스 오른쪽 버튼을 클릭하면 명령 내 표식 메뉴가 표시된다. (뷰 탭 ⇒ 창 패널 ⇒ 사용자 인터페이스를 선택하고 드롭다운 메뉴에서 표식 메뉴 확인란의 선택 ☑ 표식 메뉴)

1.3.4 오버플로우 메뉴

오버플로우 메뉴는 표식 메뉴 아래에 표시된다. 간단한 버전의 오버플로우 메뉴가 Inventor용으로 정의되어 있어 인터페이스를 간소화한다. 기본적으로는 원래의 긴 오버플로우 메뉴가 켜져 있다. 간단한 오버플로우 메뉴에 액세스하려면 사용자화 대화상자의 표식 메뉴 탭을 사용한다.

사용자화 대화상자에서 오버플로우의 화면표시를 제어하는 데 사용할 수 있는 옵션은 다음과 같다.

- 전체 메뉴
- 방사형 메뉴 전용
- 단축 메뉴

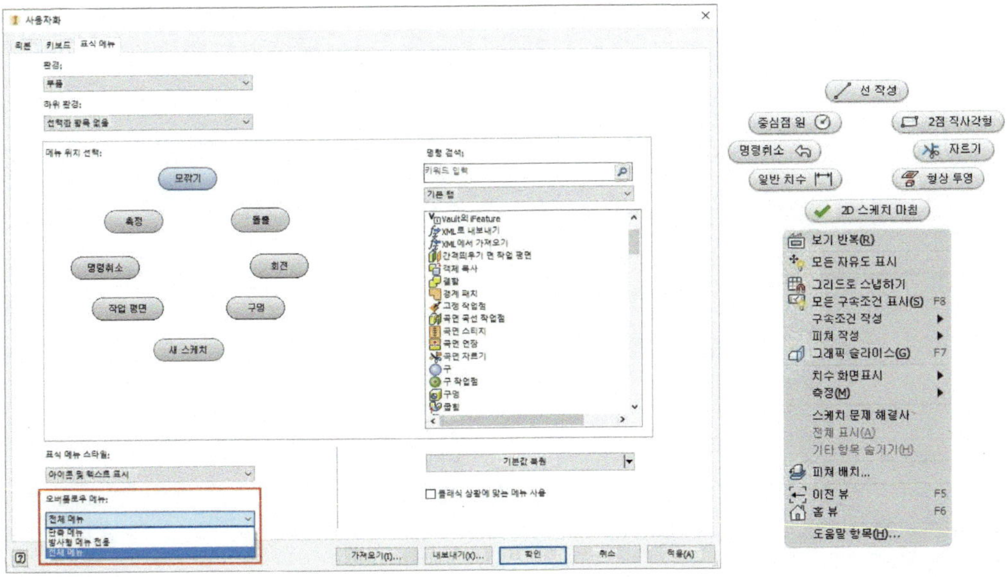

Chapter

02

스 케 치

2.1 2D 스케치 작업

2.1.1 원점 평면 표시

새 부품 파일에서 스케치 평면은 사전 설정되므로 스케치를 시작할 수 있다. 기준 피쳐(파일에서 첫 번째 피쳐)가 포함된 부품 파일에서 스케치할 평면형 면 또는 작업 평면을 선택한다. 원통 또는 원환 위처럼 표면 위인 경우 작업 평면을 작성한 후 작업 평면 위에 스케치한다.

조립품 파일에서 구성요소의 면, 부품 파일의 작업 평면 또는 조립품 작업 평면에 스케치를 작성한다. 먼저, 작업 평면을 클릭하여 스케치 평면을 설정한다. 검색기의 원점 폴더를 클릭하여 확장하고 마우스 오른쪽 버튼을 클릭한 다음 가시성을 선택하여 작업 평면을 표시한다. 스케치 도구를 클릭하고 작업 평면의 모서리를 선택하여 스케치 평면을 설정한다.

새로운 스케치 작성은 [2D 스케치 시작]를 클릭하면 원점 평면(XY, YZ, XZ PLANE 등)이 표시된다. 평면의 모서리나 면을 선택하여 새로운 2D 스케치를 시작한다.

스케치를 생성한 후 [스케치 마무리]를 클릭하면 피쳐 모드로 전환된다. 피쳐 모드에서 좀 전 생성한 스케치를 편집할 경우에는 검색기 막대에서 생성된 스케치에 마우스 오른쪽 버튼을 클릭하여 스케치 편집을 선택하고 다시 스케치 모드로 전환할 수 있다.

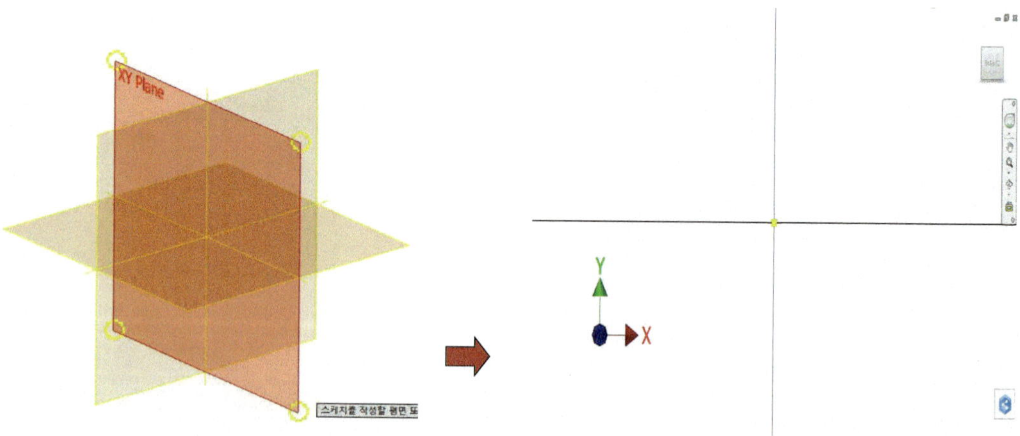

2.1.2 선 그리기

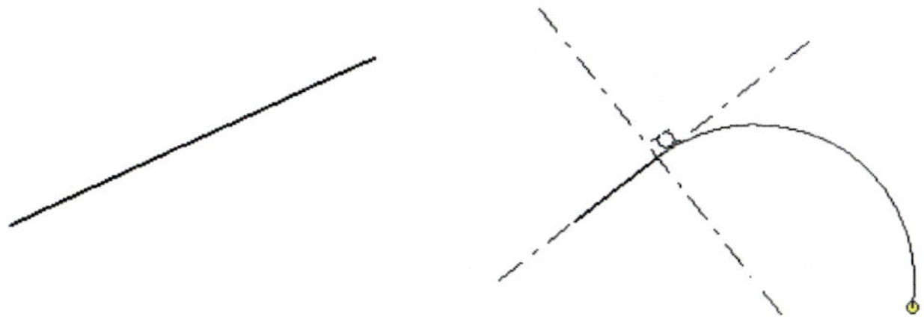

- 리본에서 선 선 를 클릭하거나 단축키 L을 한다.
- 그래픽 창을 클릭하여 선의 시작점을 설정한다.
- 다시 클릭하여 두 번째 점을 설정하고 선 세그먼트를 종료한다. 계속 클릭하여 연속 세그먼트를 작성하거나 두 번 클릭하여 세그먼트 종료한다.

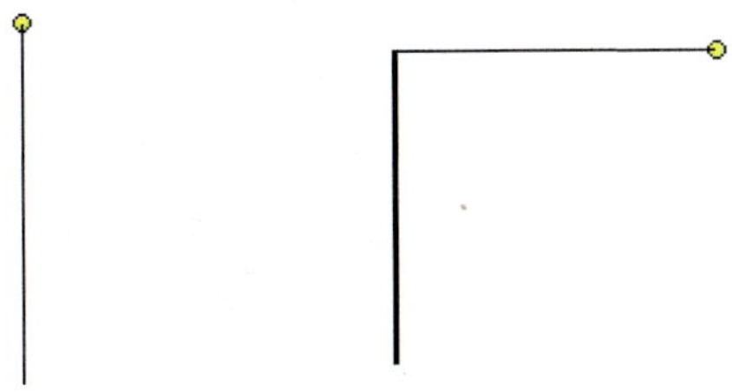

- 라인이 끝나는 지점에서 마우스①버튼을 누른체 그림과 같이 좌, 우, 아래 ,위로 움직이면 다음과 같은 호를 그릴 수 있다.

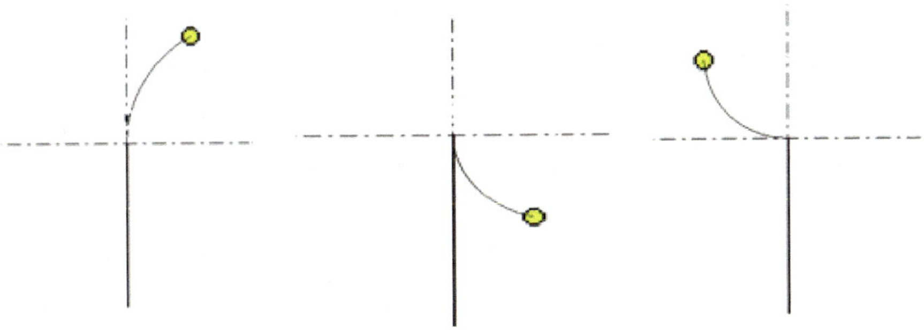

- Inventor에서 제공하는 선의 종류
  - 일반선(Normal Line) : 솔리드 피처 작성이 가능한 프로파일 구성
  - 구성선(Construction Line) : 스케치 작업을 용이하게 하는 참조선
  - 중심선(Center Line) : 회전 피처의 중심이 되는 선

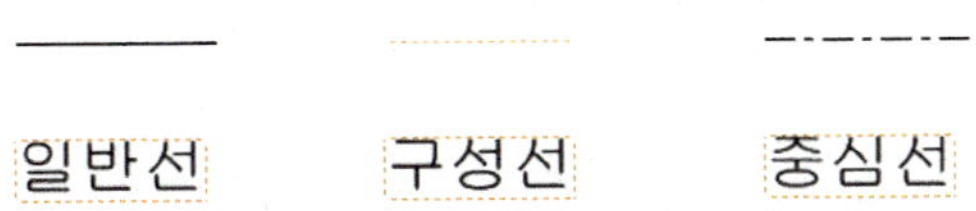

스케치 탭, 형식 패널에서 구성, 중심선을 클릭하여 구성, 중심선과 일반선(기본값)간의 선 스타일을 전환한다.

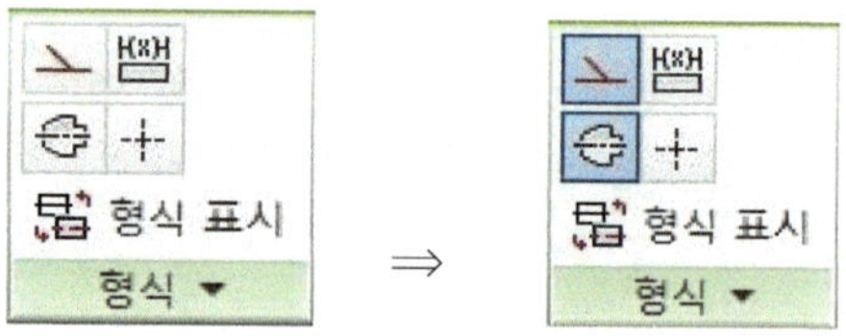

2.1.3 스플라인(Spline) 그리기

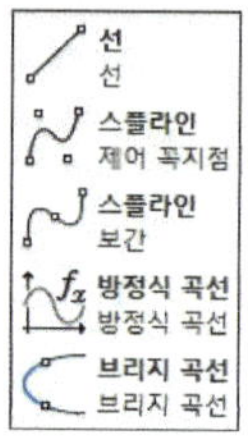

2D 및 3D 스플라인은 계속 변경되는 반지름의 곡선이다. Inventor에서는 두 가지 유형의 스플라인, 즉 보간 및 조정 정점을 지원한다. 보간 스플라인은 일련의 점을 통과한다. 조정 정점 스플라인은 스플라인 곡선에 영향을 주는 공차에 의해 정의된다.

- 그래픽 창에서 클릭하여 첫 번째 점을 설정하거나 기존 점을 선택하고 계속 클릭하여 스플라인에 많은 점을 작성한다.
- 스플라인을 작성하고 명령을 종료하려면 확인을 클릭하며, 스플라인을 작성한 다음 스플라인 명령을 유지하려면 적용을 클릭한다.

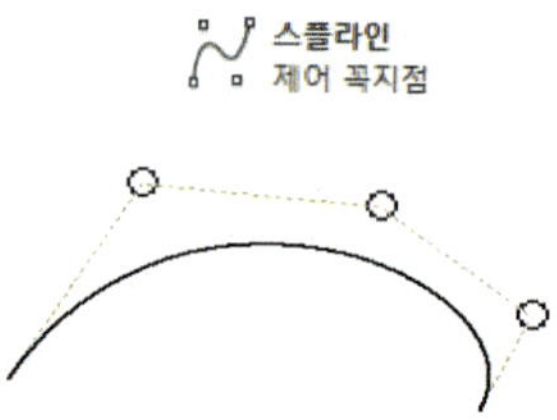

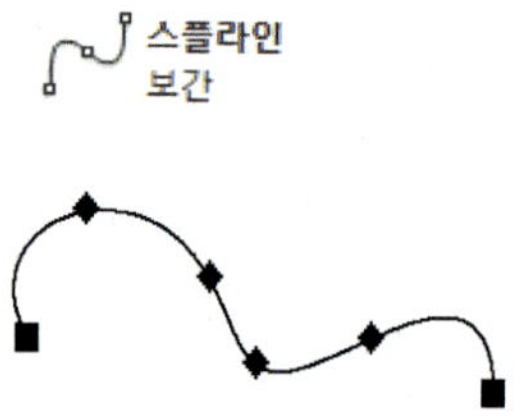

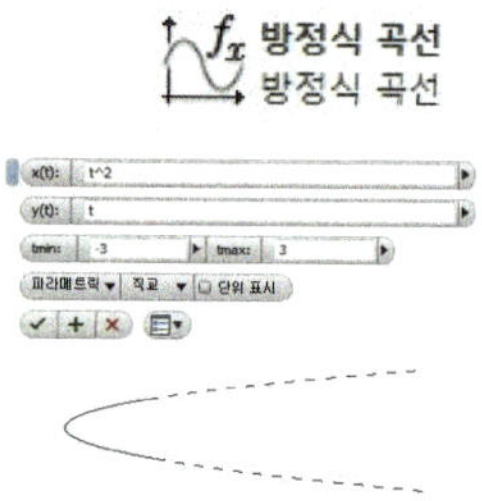

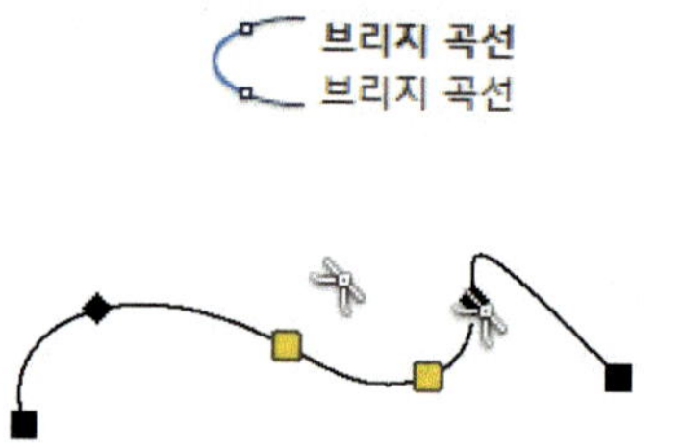

2.1.4 원(Circle), 타원(Ellipse) 그리기

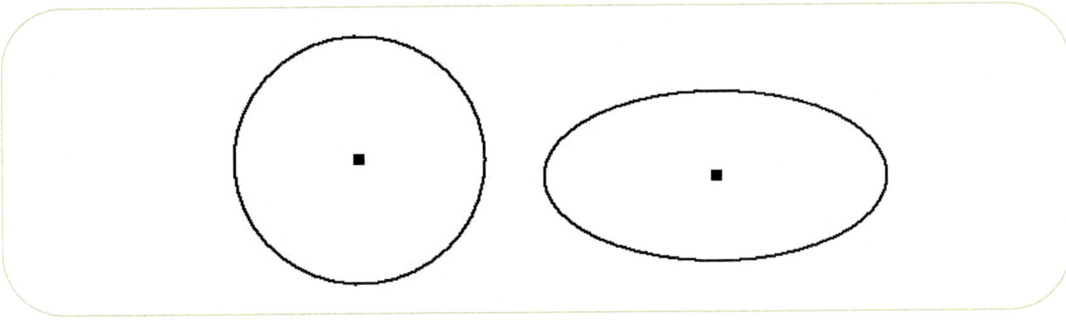

원 중심점 중심점 원 작성 : 중심점을 설정한 후 반지름을 설정하여 원을 작성한다.

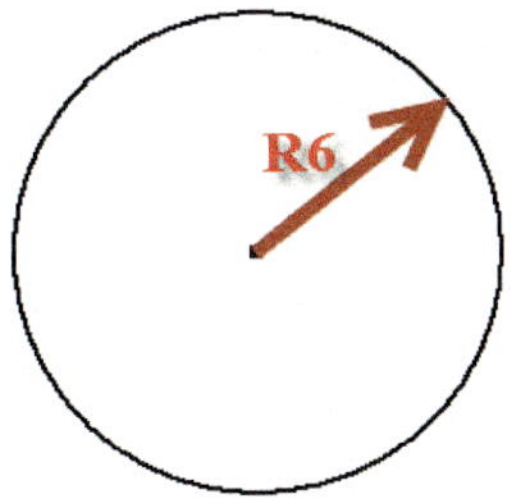

원 접선 세 선에 접하는 원 작성 : 세 선에 접하는 원을 작성한다.

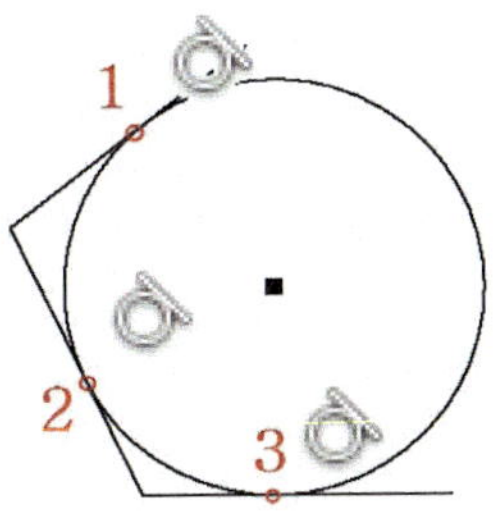

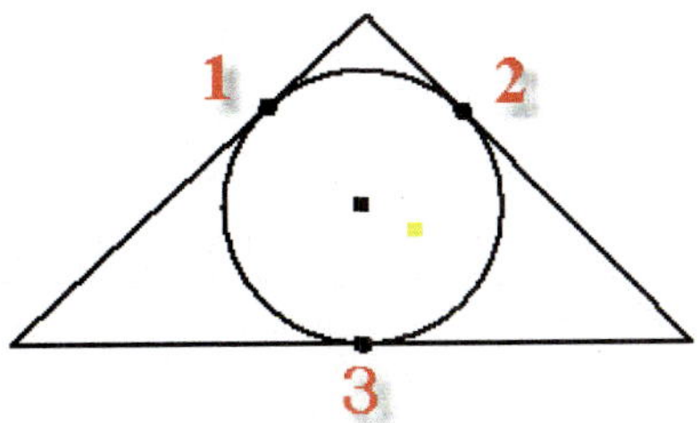

타원 타원 타원 작성 : 타원 정의한 중심점, 장축 및 단축을 사용하여 타원을 작성한다.

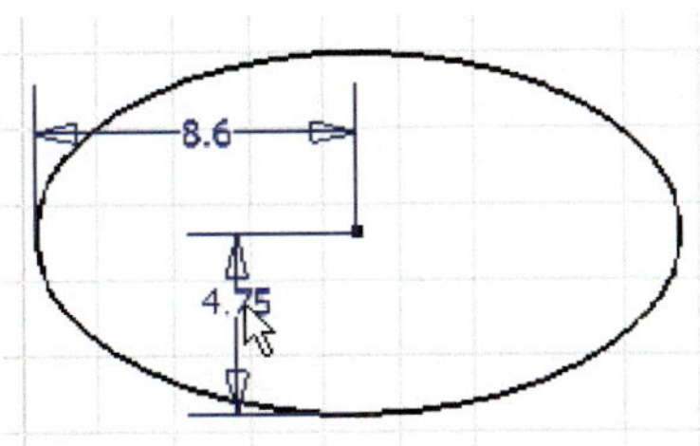

2.1.5 원호(Arc) 그리기

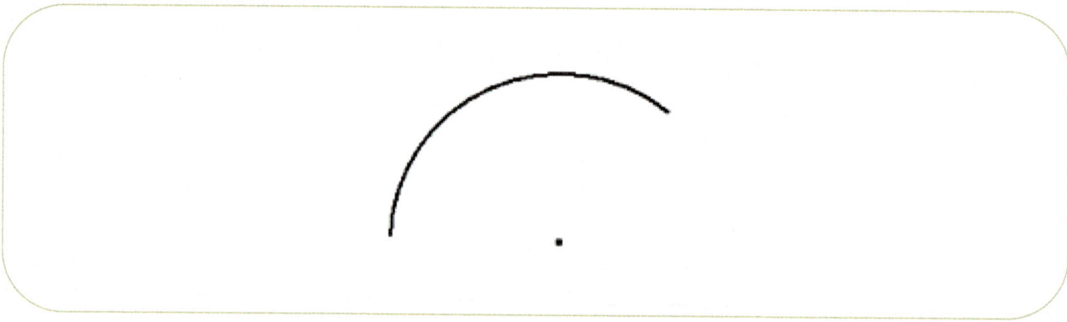

3점 호 : 3점을 이용하여 호를 생성한다.

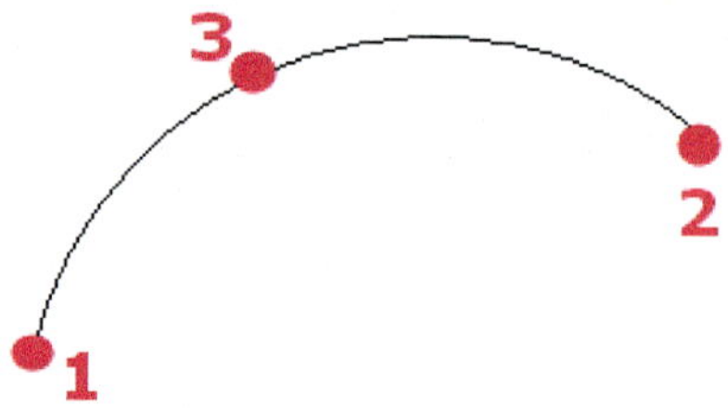

접선 호 : 다른 도면요소에 접하는 호를 작성한다.

중심점 호 : 호의 중심점을 기준으로 반지름과 시작점, 끝점을 설정한다.

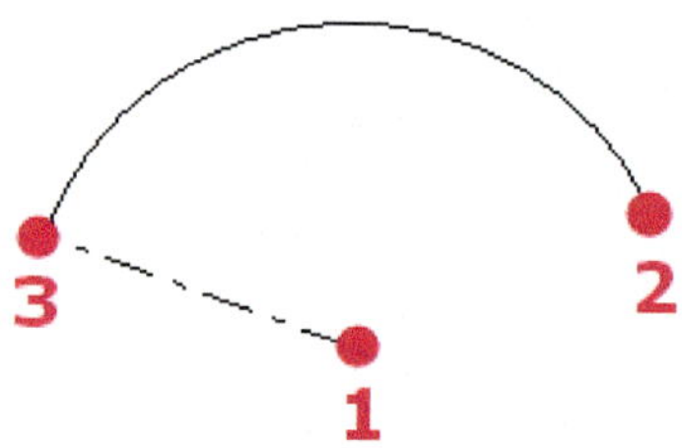

2.1.6 직사각형(Rectangle) 그리기

스케치 탭에 있는 네 가지 직사각형 명령을 사용하여 직사각형을 작성한다. 각 직사각형 면은 선 세그먼트이다.

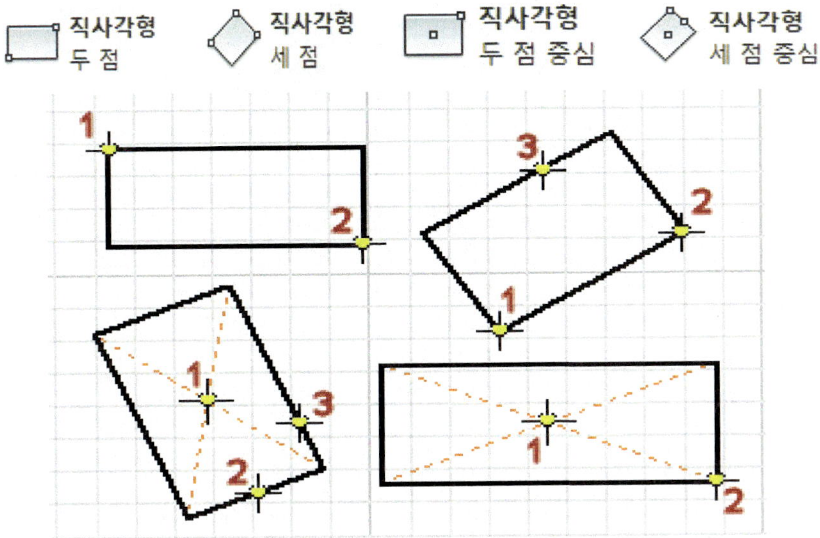

2.1.7 슬롯(Slot) 그리기

스케치 탭에 있는 다섯 가지 슬롯 명령을 사용하여 슬롯을 작성한다.

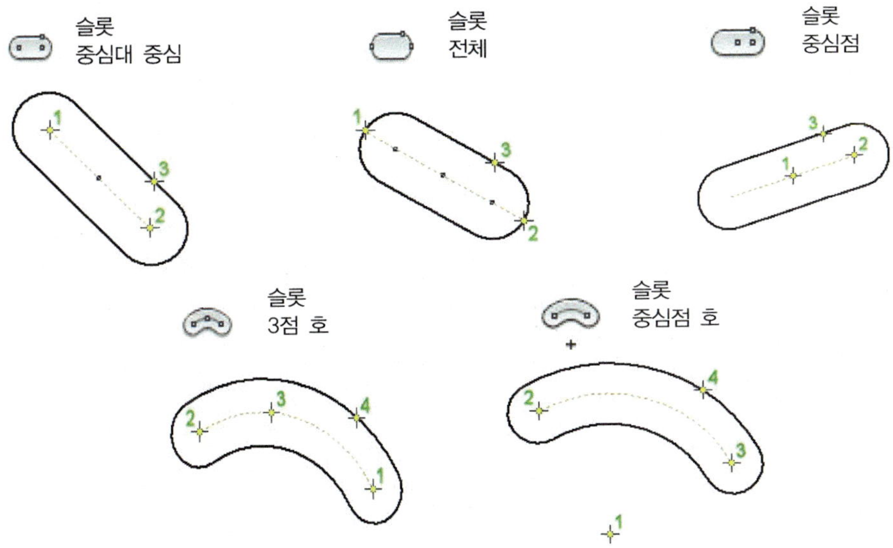

2.1.8 다각형(Polygon) 그리기

최대 120개의 면을 갖는 스케치된 다각형을 작성할 수 있다.

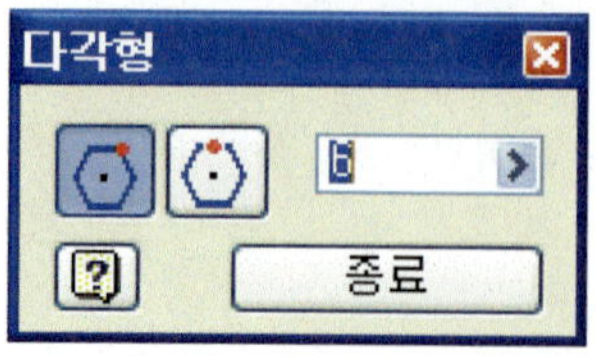

내접 : 두 모서리 간의 꼭지점을 사용하여 다각형의 크기와 방향을 결정한다.

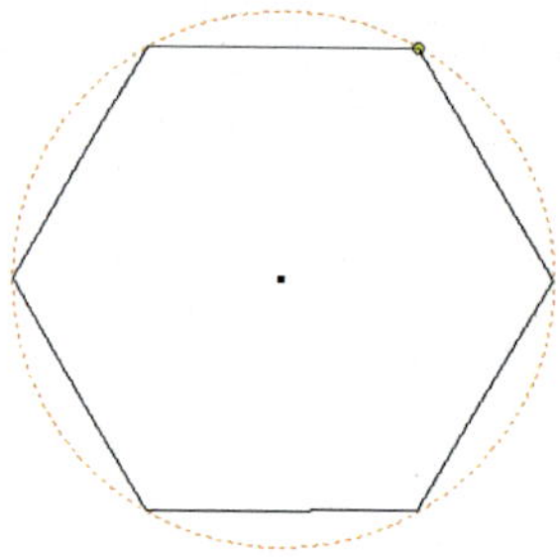

외접 : 모서리 세그먼트의 중간점을 사용하여 다각형의 크기와 방향을 결정한다.

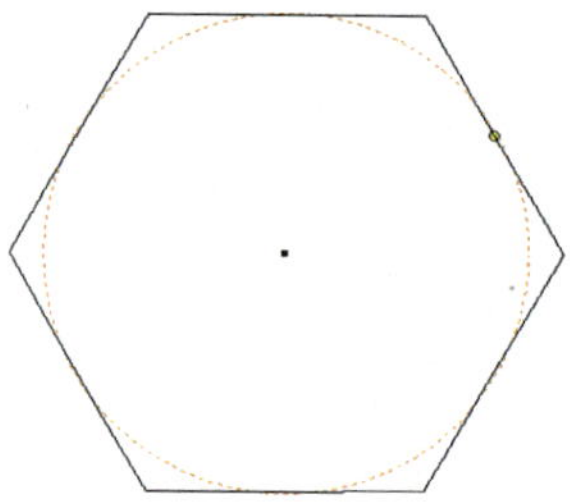

2.1.9 점(Point) 그리기

그래픽 창에 점을 작성한다.

- 중심점 : 구멍 피쳐의 구멍 중심
- 스케치 점 : 스케치 형상을 배치하는 데 도움이 되는 구성점
- 연결점 그립 : 도면 스케치에서 연결 핸들을 작성하여 스케치 기호, 제목 블록 및 도면 경계를 함께 스냅한다.

스케치 탭, 형식 패널에서 중심점을 클릭하여 스케치 점과 중심점(기본값) 간의 점 스타일을 전환한다.

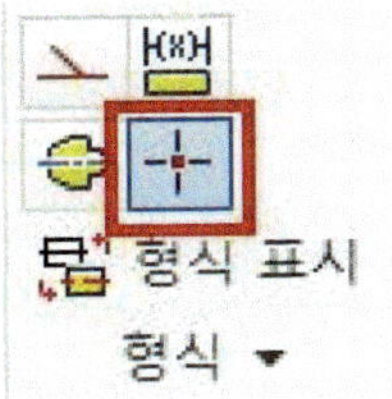

2.1.10 모깎기(Fillet)

- 모서리를 입력하는 반지름을 이용하여 Round 생성.
- 모깎기 후 잘려지거나 확장된 곡선에 접선을 이루며 연결됨
- 수직·수평선, 평행선, 동심호, 교차 및 교차하지 않는 호, 타원형 호, 스플라인이나 호와 선 사이에서 작성됨

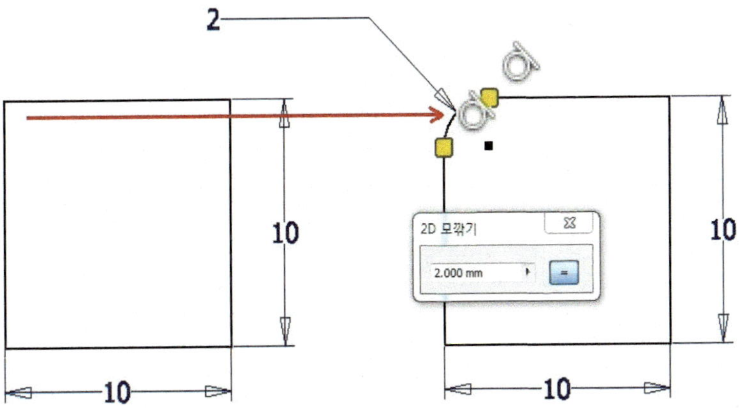

2.1.11 모따기(Chamfer)

- 모서리를 지정하는 방법에 의해 모따기 처리함
- 동일한 두 변, 동일하지 않은 두 변, 한 변과 각도의 방법으로 수행

등거리 선택된 선의 점 또는 교차점으로부터 동일한 간격띄우기 거리

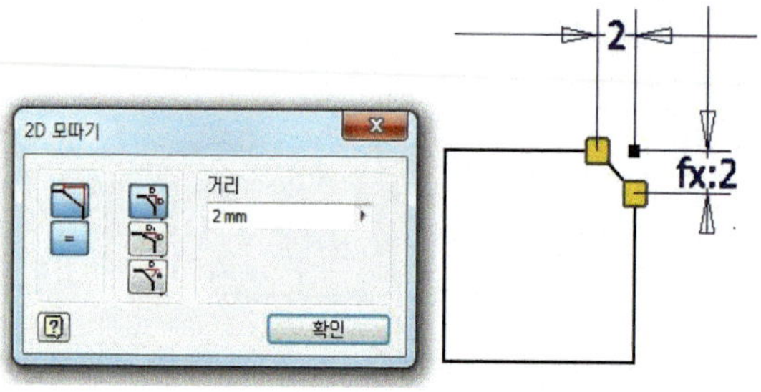

부등거리 선택된 선 각각의 점 또는 교차점으로부터 지정된 거리

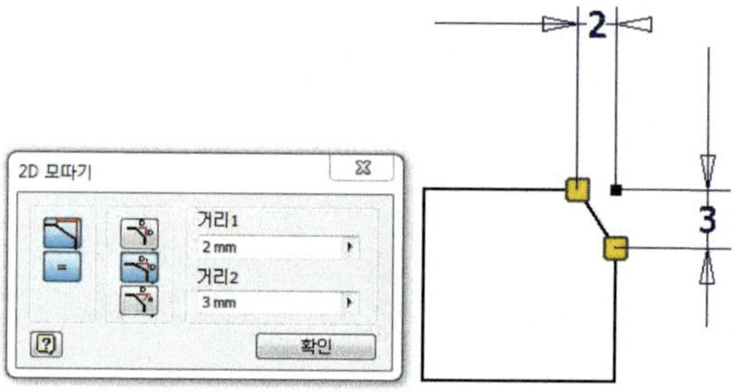

거리 및 각도 첫 번째 선택된 선으로부터의 각도와 두 번째 선택된 선의 교차점으로 부터의 거리

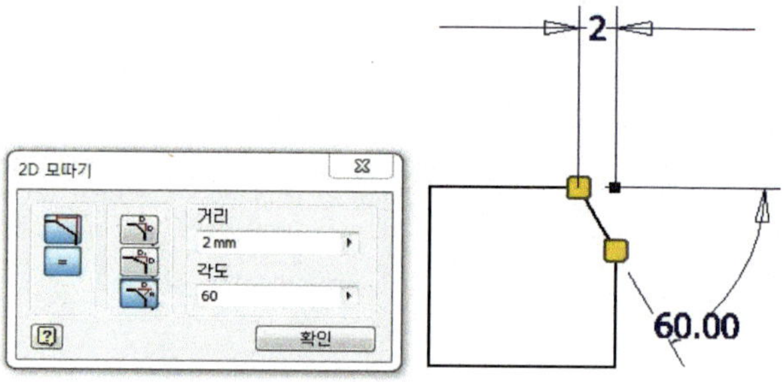

2.1.12 스케치 특성 도구막대 참조

선택한 또는 새로 작성한 스케치 형상의 선 색상, 선 종류 및 선 가중치를 표시, 적용 또는 변경한다.

<table>
<tr><th>선의 종류</th><th>선 색상</th><th>선가중치</th></tr>
<tr>
<td>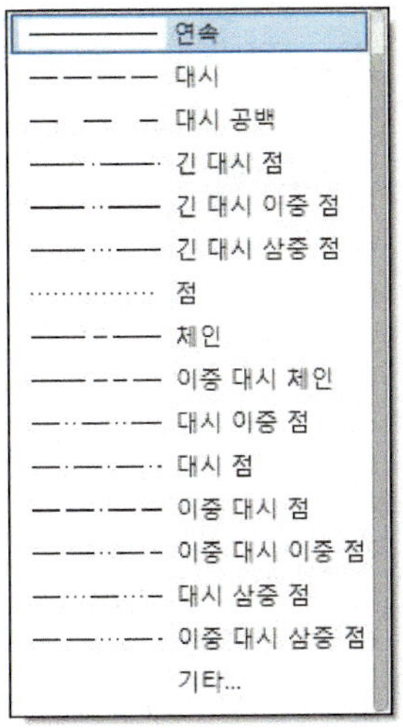
</td>
<td>
</td>
<td>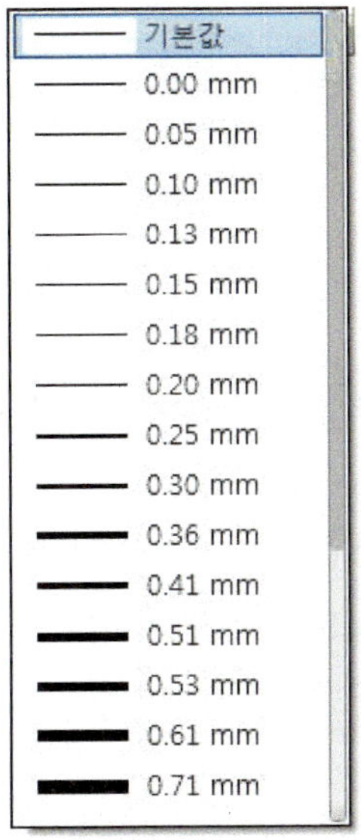
</td>
</tr>
</table>

형식 표시 ⇒

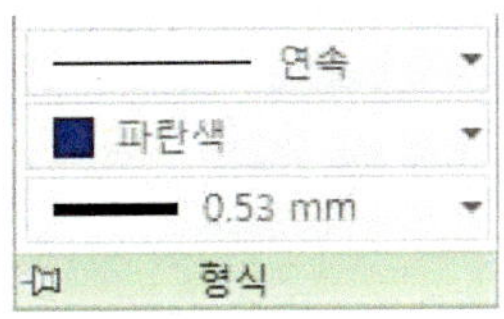

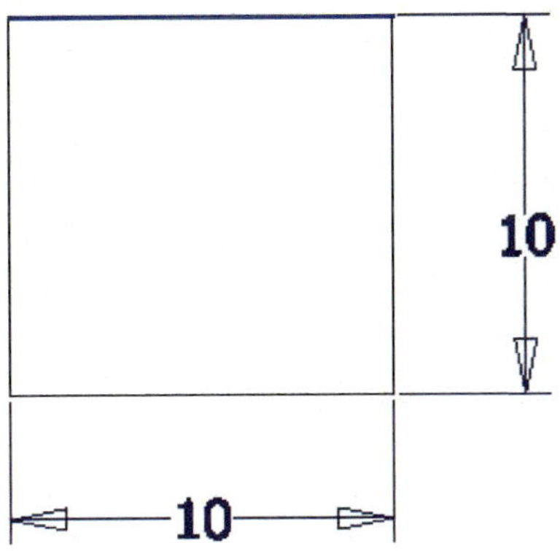

2.2 구속조건(Constraints)

Inventor에서의 스케치는 일반 2D CAD인 AutoCAD와 다르게 그 형상과 치수를 정확하게 그리지 않으며 단지 형상위주로 임의의 치수와 형상으로 그린 후에 구속을 통하여 정확한 형상과 치수를 작성한다.

즉, 구속이란, 스케치의 형상이나 위치를 수평, 수직, 직각, 평행, 접선 등의 형태로 고정시키는 것을 의미하며 구속에는 치수구속과 형상구속 2가지가 있다.

2.2.1 치수 기입하기(General Dimension)

치수구속은 치수기입에 의해 크기 및 위치를 구속시키는 것을 의미하며 치수는 부품의 크기를 조정한다. 치수는 숫자 상수나 방정식의 변수 또는 매개변수 파일로 표현될 수 있다.

- 일반적인 치수기입을 위해 사용
- Inventor에서 치수작업의 형상이 선인지 호인지를 자동으로 인식
- 마우스 우측 버튼 : 각 작업에 대한 단축 메뉴 제공
  - 원이나 호 : 지름 / 반지름 지정
  - 선 : 정렬(Align) / 수직(Vertical) / 수평(Horizontal) 지정

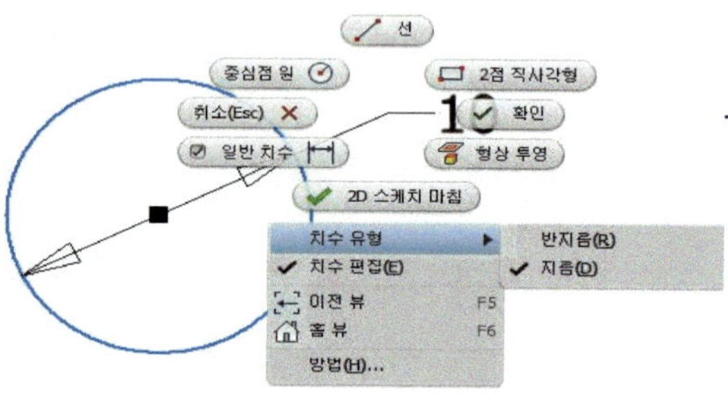

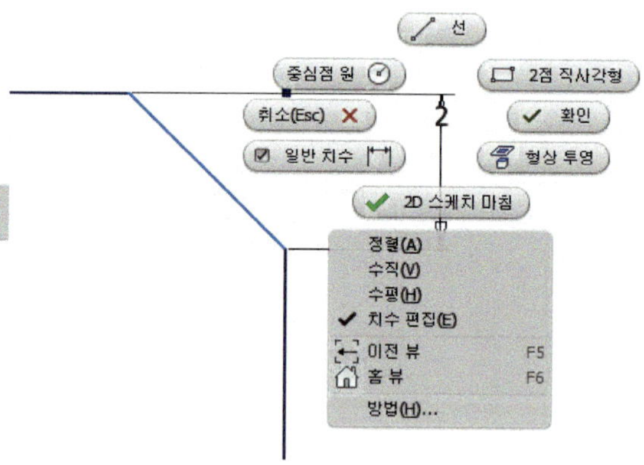

• 일반 치수를 클릭하여 다음과 같은 유형의 치수를 배치할 수 있다.

요소 하나의 선형 치수	두 요소 간의 선형 치수
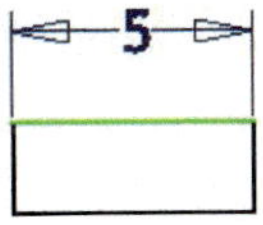	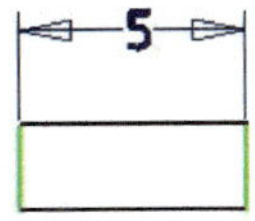
두 요소 간에 정렬된 치수	두 모서리 간의 각도치수
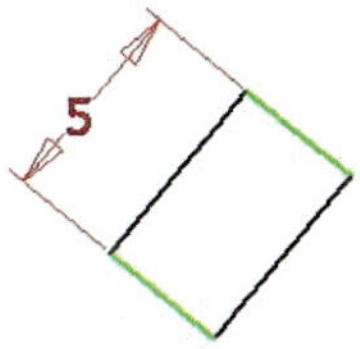	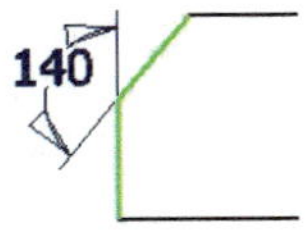
세 점 사이의 각도치수	내부 각도의 각도치수
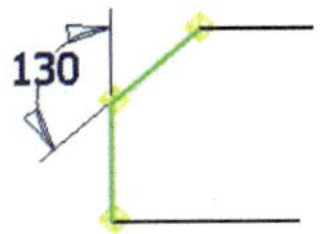	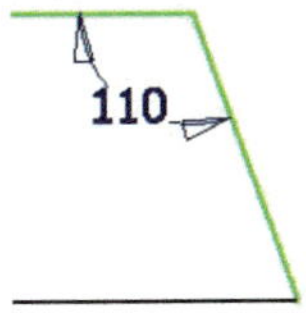
외부 각도의 각도치수	참조선에서 나온 각도치수
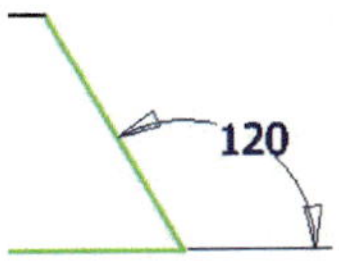	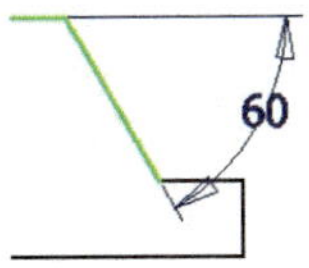
반지름 치수	지름치수
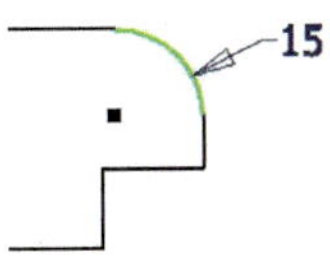	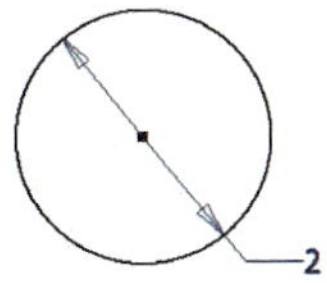

- 치수 편집 : 치수 값을 더블클릭하여 치수 편집 대화상자에서 치수 값 수정

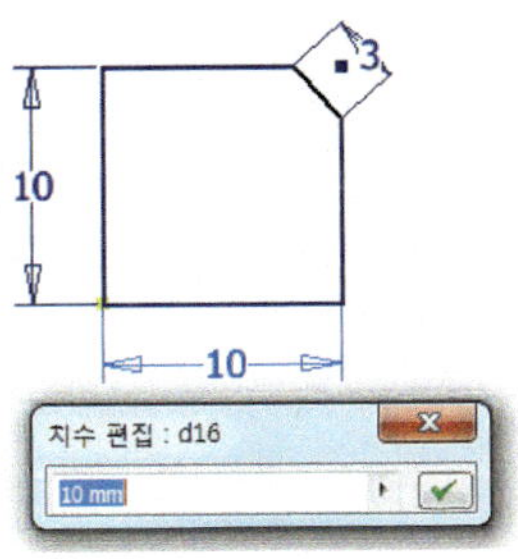

☞ Inventor에서 치수를 수정하게 되면 치수에 의해 형상이 변형됨.

2.2.2 자동 치수기입 (Auto Dimension)

Autodesk Inventor는 자동으로 스케치 형상을 완전히 정의하고 구속하기 위해 필요한 치수개수와 구속조건을 인식하고 알려줌

▌ 자동 치수기입 예

- 자동 치수기입 선택
- 필요한 치수 개수를 알려줌
- 확인 후 [적용] 버튼을 클릭하면 자동으로 모든 치수작업을 완료함

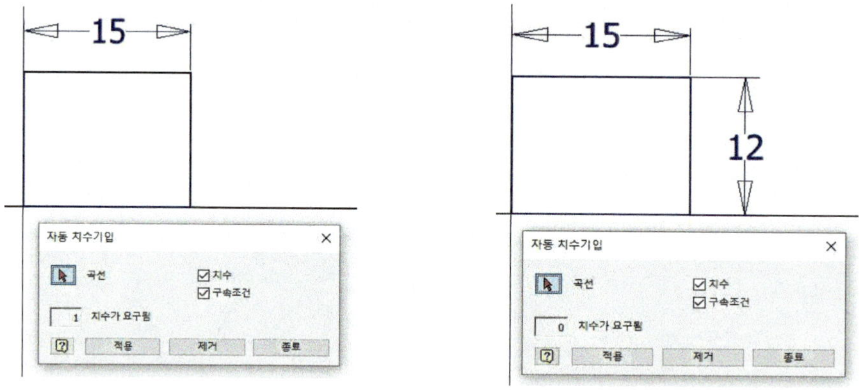

(a) 필요한 치수 개수 분석 : 1개

(b) 자동으로 높이 치수기입

☞ 자동 치수 기입 창에서 바로 적용을 클릭하면 스케치에 모든 치수가 기입되어, 사용자가 원하는 위치에 치수가 부여되지 않음.

사용자가 특정 객체에만 치수부여를 원한다면 자동치수기입창의 [곡선]이 선택되어 있는 상태에서 원하는 객체를 선택 후 적용을 클릭.

▌ 스케치 형상에 치수기입을 위한 지침

- 일반 치수 도구를 이용하여 중요한 치수를 우선 스케치에 기입하고 자동 치수기입 도구를 이용하여 마무리
- 자동 치수기입 도구 이용 시 기본 스케치 치수 값을 수용하고, 스케치 형상을 제어하면서 큰 값에서 작은 값으로 치수 수정
- 가능한 치수 구속보다 형상 구속 추가
- 치수 사이의 관계식 적용
- 설계 의도가 구현되도록 치수와 형상 구속을 병행해서 적용

2.2.3 형상 구속

Inventor에서는 형상 및 치수 구속들이 추가됨에 따라 각 곡선들의 자유도가 제한되게 된다. 스케치가 완전하게 구속되면, 기존 스케치의 색상이 다른 색으로 변하게 되며, 형상이나 크기가 스케치 모드에서 곡선을 드래그 하는 것에 의해 절대 수정되지 않는다.

가. 스케치 환경에서 구속조건의 적용 지침

- 스케치 요소들 간의 관계를 결정하기 위해 스케치 형상을 분석
- 스케치 요소들에 요구되는 구속들만을 추가하거나 적용
- 치수 구속을 적용하기 전 형상 구속을 우선 적용
- 설계 의도를 반영하기 위해 치수 및 형상 구속을 병행하여 적용

나. 형상 구속의 종류

구속조건	역 할
	첫 번째 지정 요소의 한 점을 다른 요소의 특정점과 일치
	선택된 2개의 요소를 동일선상으로 구속(선, 타원축)
	선택된 2개의 원호를 동심으로 구속(호, 원, 타원)
	선택된 요소를 고정
	선택된 2개의 직선이 서로 평행하도록 구속
	선택된 2개의 직선을 서로 직각이 되도록 구속
	선택된 선을 수평으로 구속
	선택된 선을 수직으로 구속
	선택된 2개의 원이 서로 접하도록 구속
	선택된 2개의 요소가 서로 부드럽게 접하도록 구속
	선택된 요소를 기준선에 대하여 대칭이 되도록 구속
	선택된 2개의 요소의 크기를 동일하게 구속

다. 형상구속조건 표시 및 숨기기

- 형상에 적용된 구속 조건을 확인하고, 표시 및 숨기기
- 형상에 적용된 구속 조건을 확인하고, 불필요한 구속조건을 제거
- 실행 방법

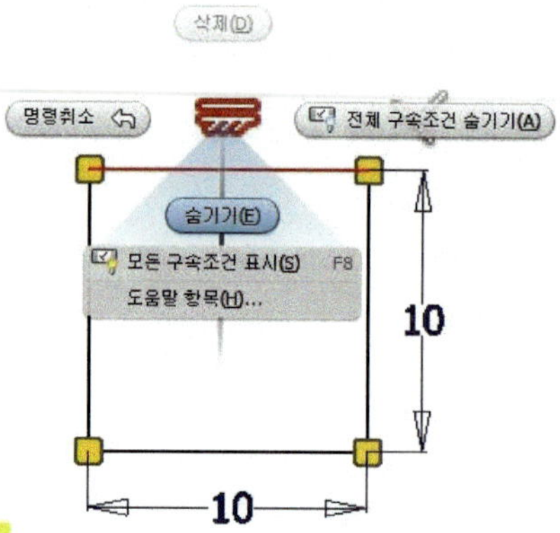

형상구속조건 숨기기

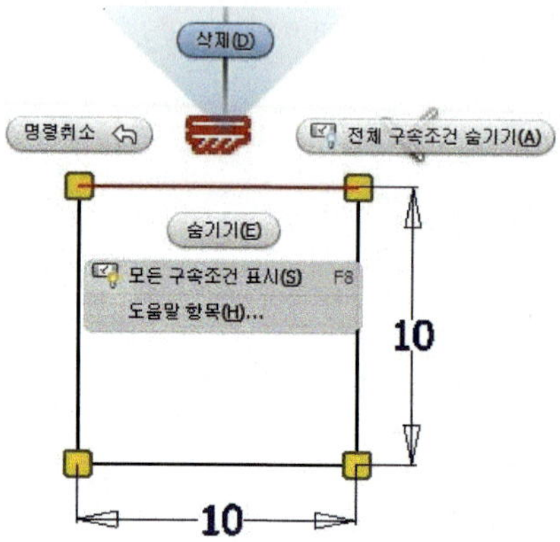

형상구속조건 삭제

라. 구속조건 설정

구속조건

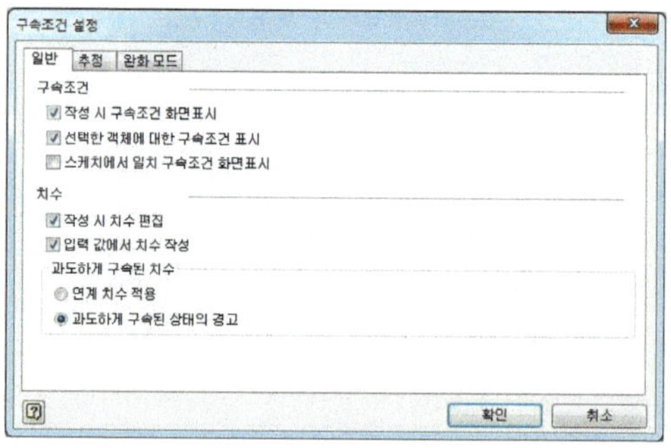

- 작성 시 구속조건 화면표시
  - 형상 또는 구속조건을 작성할 때 구속조건이 표시된다.
  - 현재 명령을 끝냈을 때 새 스케치 도면요소를 그렸거나 새 구속조건을 적용한 경우처럼 그래픽이 변경되면 구속조건 표시가 자동으로 숨겨진다.

- 선택한 객체에 대한 구속조건 표시
  - 그래픽 창에서 선택한 형상에 대한 구속조건이 강조 표시된다. 구속조건이 표시되면 삭제할 구속조건을 선택할 수 있다.
- 스케치에 일치 구속조건 표시
  - 구속조건을 작성할 때 일치 구속조건 그림문자의 자동 화면표시를 설정한다.

※ 형상을 선택하면 상황에 맞는 메뉴에서 구속조건 삭제에 액세스하여 모든 구속조건을 제거할 수 있다. 일치 구속조건은 제거되지 않는다.

치수

- 작성 시 치수 편집
  - 배치 중에 치수 편집 대화상자가 자동으로 표시되고 치수를 배치하기 위해 클릭할 때마다 치수 편집 대화상자가 자동으로 나타나며 실제 치수 또는 방정식을 지정할 수 있다.
- 입력 값에서 치수 작성
  - 입력 상자에 입력한 값에서 영구 치수가 자동으로 작성되고 Tab 키를 눌러 값 입력 필드 간을 전환해야 한다.
  - 이 옵션을 선택하지 않으면 스케치 형상에 영구 치수가 배치되지 않는다.
- 과도하게 구속된 치수
  - 연계 치수 적용

    괄호 안에 들어 있는 비파라메트릭 치수를 적용한다. 치수는 스케치가 변할 때 업데이트되지만 스케치 크기를 조절할 수 없다.
  - 과도하게 구속된 상태의 경고

    치수를 추가하면 스케치가 과도하게 구속되는 경우 경고 메시지가 표시된다.

구속조건 추정 및 지속성

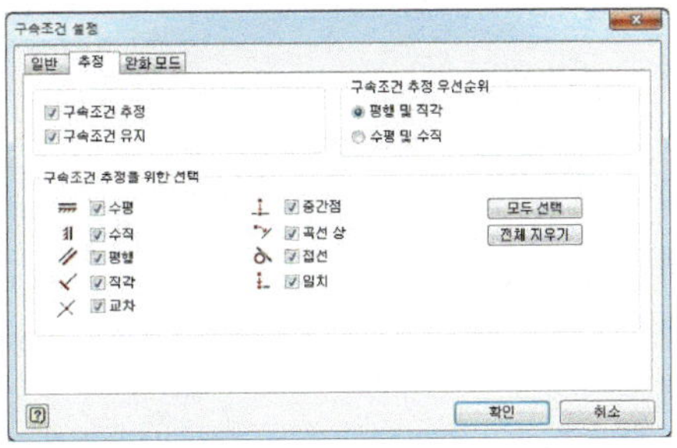

- 구속조건은 새 형상을 스케치하거나 기존 형상을 수정할 때 추정된다. 이러한 추정 프로세스는 쉐이프 및 방향이 바뀔 때 형상에 사용할 수 있는 구속조건을 결정한다. 구속조건이 추정될 때 구속조건 기호와 점 정렬 선(해당되는 경우)이 표시된다.
- 구속조건 지속성은 형상 작성 후 추정된 구속조건의 유지 여부를 결정한다. 구속조건 지속성이 해제된 경우 구속조건이 자동으로 작성되지 않는다. 추정 및 지속성 설정을 변경하면 스케치 작업 결과에 영향을 줄 수 있다.

완화 모드

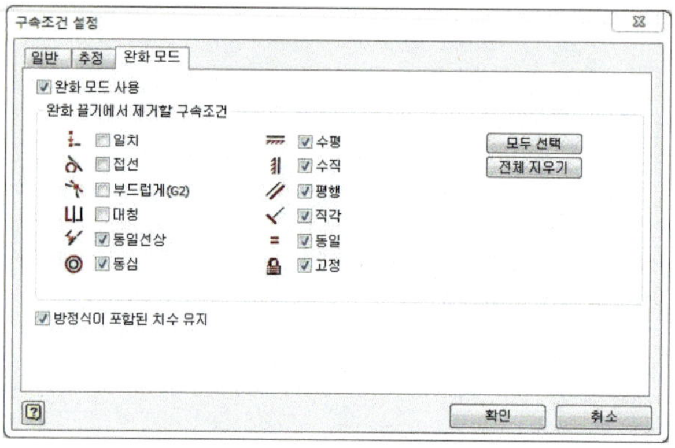

완화 모드에서는 형상을 수정하고 이미 구속된 형상에 새 구속조건을 적용할 수 있다.

- 완화 모드를 켠 경우
  - 새 치수를 추가할 때 충돌하는 구속조건이 제거된다.
  - 이미 구속된 경우에도 선택한 스케치 형상을 자유롭게 끌어 기존 모형의 구속조건을 수정할 수 있다.
- 완화 모드를 끈 경우
  - 형상을 끌어도 기존 구속조건과 치수가 제거되지 않는다.

2.2.4 투영 도구(Project Tools)

Inventor에서는 모서리, 정점, 작업 피처 및 곡선을 기존의 스케치에서 현재의 스케치 평면으로 투영할 수 있다. 투영된 형상은 윤곽이나 경로로 현재의 스케치에서 사용 할 수 있으며 스케치 곡선 또는 점을 구속하거나 치수기입 하는데 사용할 수도 있다. 투영된 형상의 크기와 위치는 원래 스케치에 상대적으로 고정된다.

스케치 형상을 투영된 형상으로 구속할 수 있다. 투영된 형상의 원래 스케치가 이동되거나 변경되면 투영된 형상도 이동되거나 변경된다.

또한 투영된 형상에 구속된 스케치 형상도 함께 이동되게 된다.

가. 형상 투영 형상 투영

- 모서리, 꼭지점, 작업 피처, 루프 및 곡선을 기존객체에서 현재의 스케치 면으로 투영함으로써 참조 형상을 만드는 기능 제공
- 참조 형상은 다른 스케치 형상을 구속하거나 직접 윤곽과 스케치 경로로 이용할 수 있음
- 형상 투영 예

기존모델과 떨어진 스케치 평면 정의

형상 투영으로 생성된 참조 형상

나. 절단 모서리 투영 절단 모서리 투영

- 스케치 면에 의해 절단된 모서리들을 현재 스케치 면으로 투영
- 모서리가 스케치 평면을 교차할 때 단면에 의해 절단된 구성요소의 활성 스케치 평면에 모형 모서리 투영

- 절단 모서리 투영 예

기존모델을 가로지르는 스케치 평면

절단 모서리 투영으로 생성된 형상

다. 3D스케치에 투영 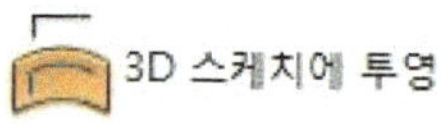

- 활성 2D 스케치의 형상을 선택된 면에 투영
- 2D 스케치를 종료하면 투영된 형상이 포함된 3D 스케치가 생성
- 3D스케치에 투영 예

라. 플랫 패턴 투영 

이 명령은 판금 모드를 선택한 경우에만 활성화된다.

선택한 면은 절곡부가 있는 스케치 평면에 연결되어야 하며 스케치 평면과 동일한 판금 면에 있어야 한다.

2.3 2D스케치 수정(Modify Tools)

2.3.1 수정(Modify Tools)

가. 이동 (Move) 이동

- 선택된 점에서 특정 스케치를 이동하거나 복사
- 구속조건도 동일하게 이동
- 이동 대화상자

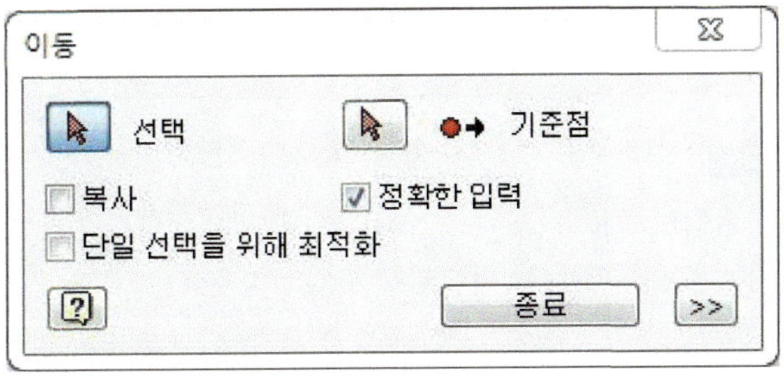

- 선택 : 이동 대상 선택
- 기준점 : 이동시키고자 하는 기준점 선택
  시작점 : 이동시키고자 하는 기준점 선택
  끝점 : 종착점 선택
- 복사 : 선택사항의 사본을 이동(원본 형상을 유지)
- 단일선택을 위해 최적화 : 기준점을 선택하기 전에 하나의 형상만 선택해야 하는 경우 선택
- 정확한 입력 : 기준점의 X,Y 좌표를 정확한 입력 도구막대에 입력

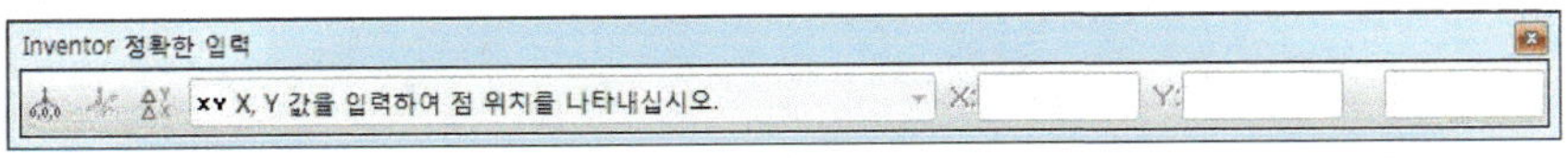

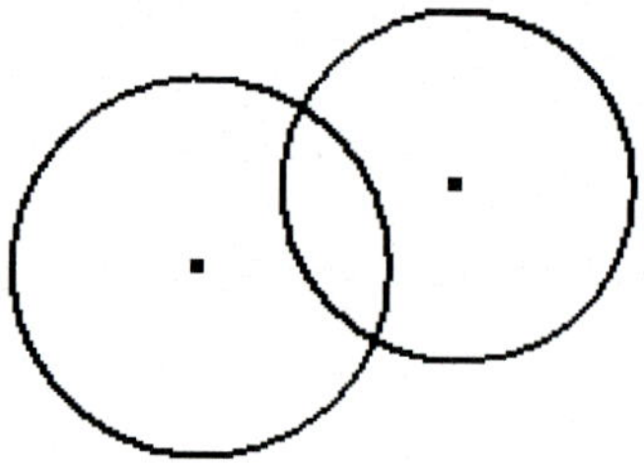

이동 전

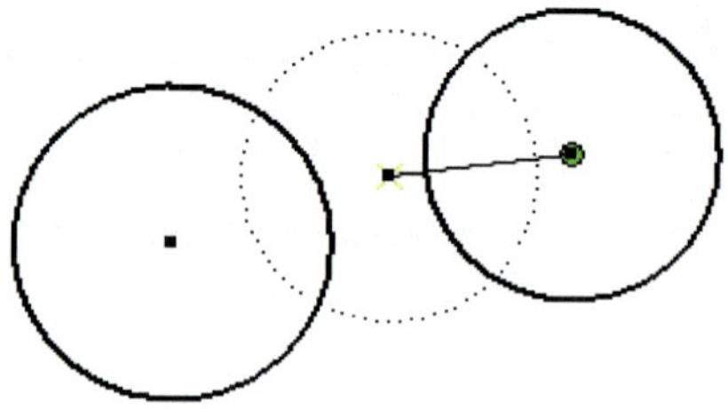

이동된 형상

나. 복사 (Copy) 복사

- 선택된 점에서 특정 스케치를 이동하거나 복사
- 구속조건도 동일하게 이동
- 복사 대화상자

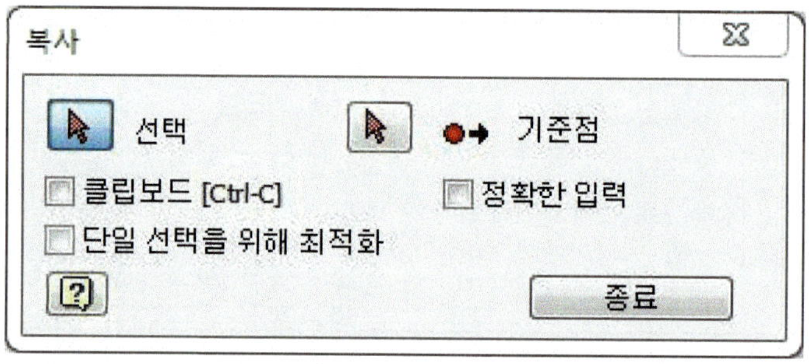

- 선택 : 복사 대상 선택
- 기준점 : 복사 이동시키고자 하는 기준점 선택
  시작점 : 이동시키고자 하는 기준점 선택
  끝점 : 종착점 선택
- 클립보드[Ctrl–C] : 스케치에 붙여 넣을 선택한 형상의 임시 사본을 저장
- 단일선택을 위해 최적화 : 기준점을 선택하기 전에 하나의 형상만 선택해야 하는 경우 선택 (형상을 선택한 후 기준점 선택으로 자동 이동)
- 정확한 입력 : 기준점의 X,Y 좌표를 정확한 입력 도구막대에 입력

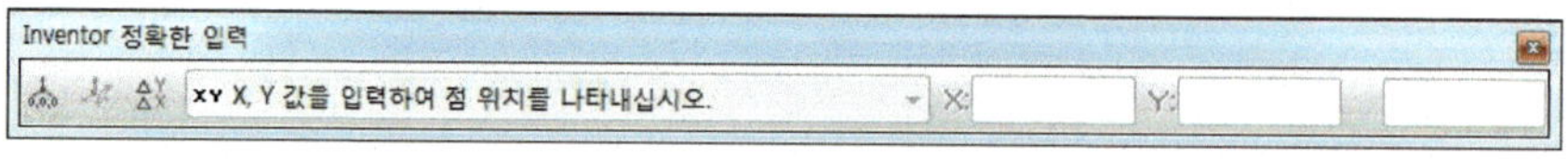

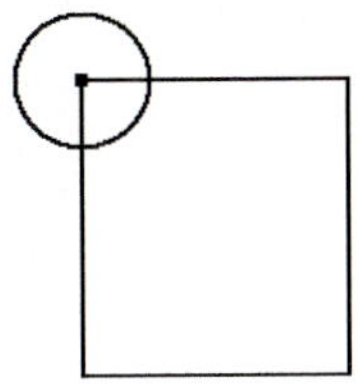

복사 전

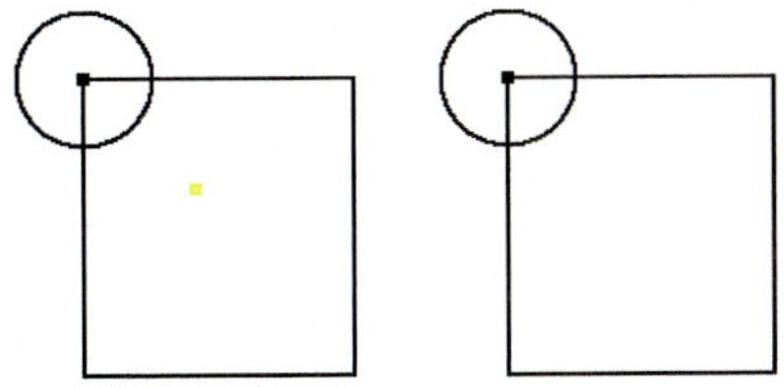

복사된 형상

다. 회전 (Rotate) 회전

- 지정한 점에 대하여 특정 스케치를 회전시키거나 회전 복사
- 구속조건도 동일하게 회전
- 회전 대화상자

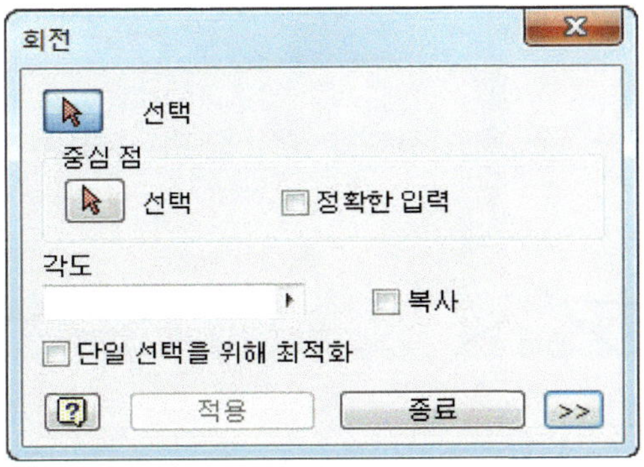

- 선택 : 회전 대상 선택
- 중심점 : 회전중심 선택
- 각도 : 회전각 입력
- 복사 : 원본 형상을 유지 (사본을 회전)
- 정확한 입력 : 기준점의 X,Y 좌표를 정확한 입력 도구막대에 입력

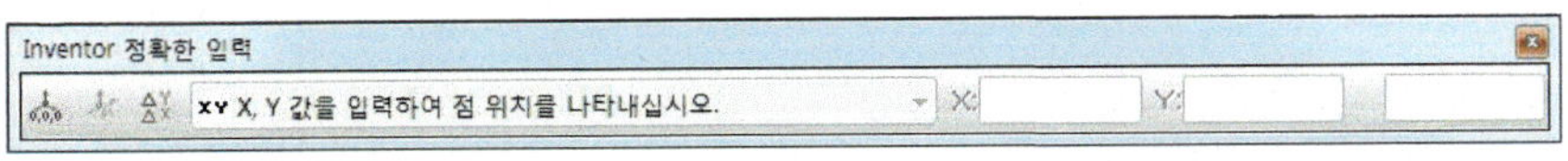

- 단일선택을 위해 최적화 : 기준점을 선택하기 전에 하나의 형상만 선택해야 하는 경우 선택

- 회전 예

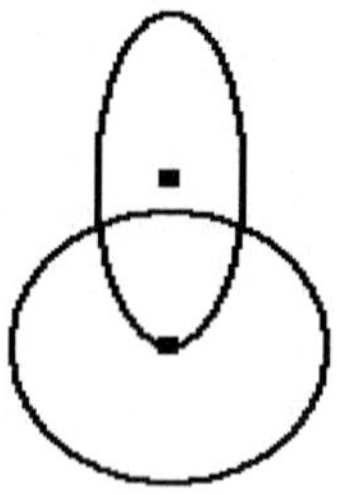

회전 전 (회전각 90°)

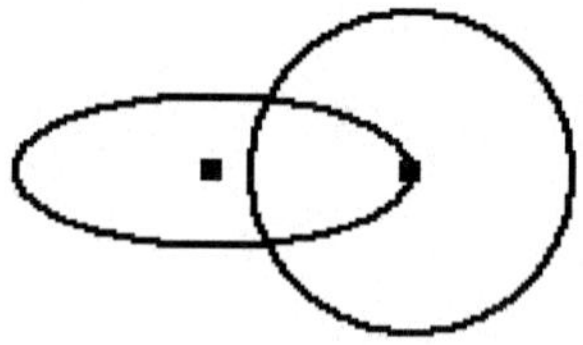

회전된 형상

라. 자르기 (Trim) 자르기

- 필요하지 않은 선을 잘라 스케치를 정리하는 도구
- 자르기 도구 실행 중 [Shift] 키를 누르면 연장 도구로 일시 전환되며 연장 도구에서도 동일함
- 실행 방법
  - 자르기 도구 클릭
  - 대상 선 위에 마우스를 올려 잘려질 형상을 미리 확인 후 클릭
- 자르기 예

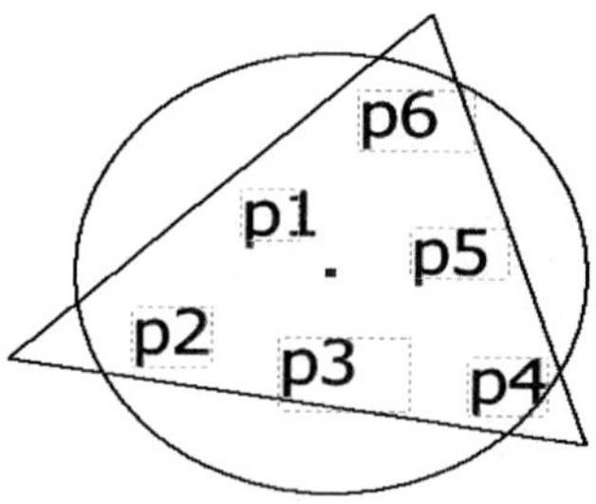

자를 선 선택

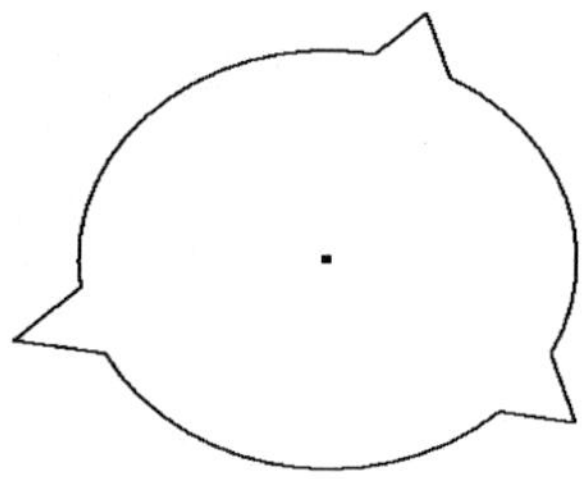

자른 후 형상

마. 연장 (Extend) 연장

- 선을 연장하여 스케치를 지우거나 열린 스케치를 닫음
- 실행 방법
  - 연장 도구 클릭
  - 연장 대상 선 위에 마우스를 올려 연장될 형상 확인 후 클릭

- 연장 예

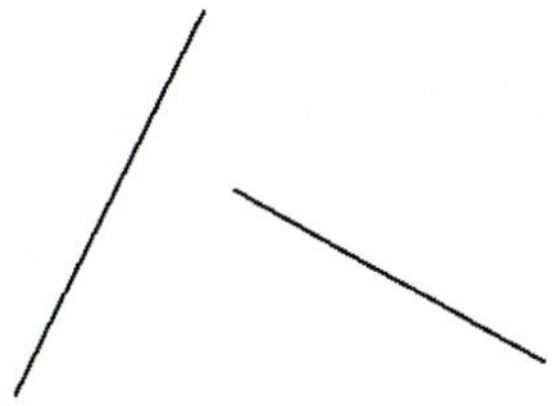

선의 연장 도구 실행 전

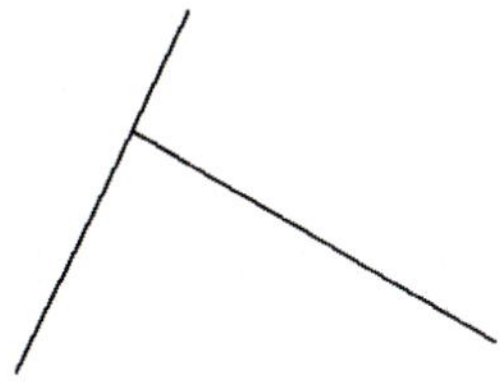

선의 연장 도구 실행 후

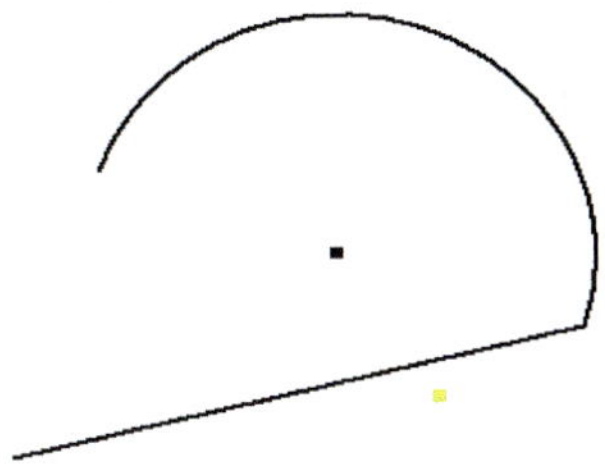

호의 연장 도구 실행 전

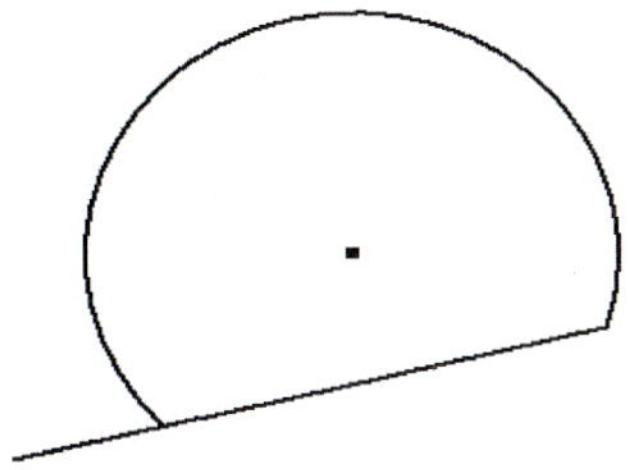

호의 연장 도구 실행 후

▌스케치 형상 동적으로 자르기, 연장

자르기 도구를 사용하여 선과 곡선을 동적으로 자른다.

스케치를 작성하거나 편집한다. 그런 다음 리본에서 스케치 탭 수정 패널 자르기를 클릭 한다. 그래픽 창에서 커서를 클릭하고 끌어 스케치 형상을 자른다.

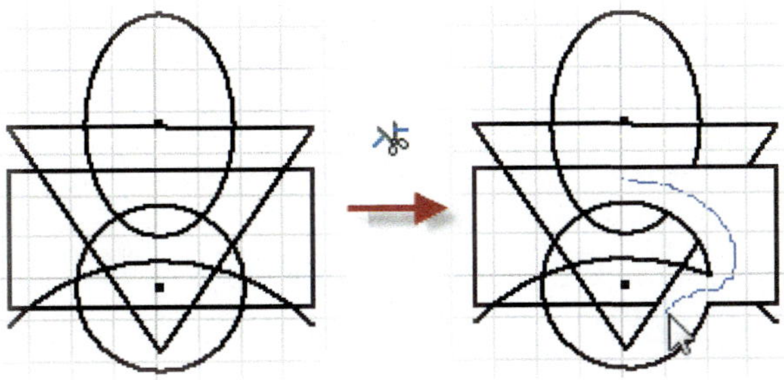

연장을 사용하여 선과 곡선을 동적으로 연장한다.

스케치를 작성하거나 편집한다. 그런 다음 리본에서 스케치 탭 수정 패널 연장을 클릭 한다. 왼쪽 그래픽 창에서 마우스 왼쪽 버튼을 누른 채 커서를 이동하여 스케치 형상을 연장한다.

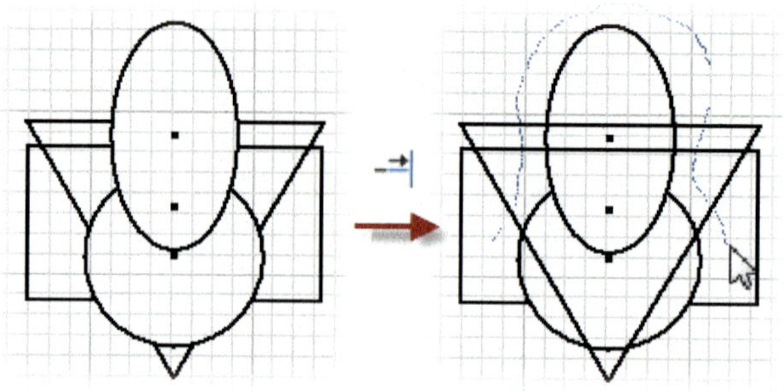

바. 분할 ⊣⊢ 분할

- 선택된 곡선을 가장 가까운 교차 곡선까지 분할
- 분할 도면요소의 두 세그먼트는 모두 원래의 수평, 수직, 평행, 직각, 동일선상 구속조건을 계승(단, 동일 및 대칭 구속조건은 필요에 따라 끊어짐)
- 3D 스케치에서 선, 호 또는 스플라인을 면, 작업 평면 또는 곡면과의 교차점까지 분할

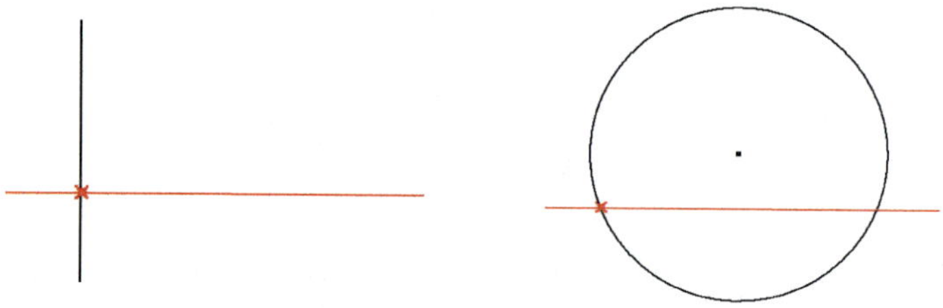

사. 축척 축척

- 선택한 스케치 형상의 크기를 균등하게 확대나 축소
- 선택한 형상과 연관된 구속조건은 축척 작업에 영향을 줄 수 있다.
- 선택한 2D 스케치 형상에서 모든 치수의 크기를 일정하게 변경

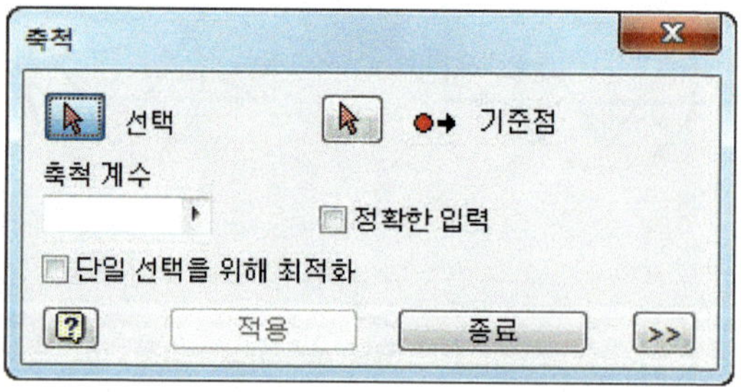

- 선택 : 축척 대상 선택
- 기준점 : 축척시키고자 하는 기준점 선택
- 축척계수 : 선택된 형상의 치수를 곱할 정확한 값을 설정
  값이 1보다 크면 확대, 값이 1보다 작으면 축소
- 단일선택을 위해 최적화 : 기준점을 선택하기 전에 하나의 형상만 선택해야 하는 경우 선택
- 정확한 입력 : 기준점의 X,Y 좌표를 정확한 입력 도구막대에 입력

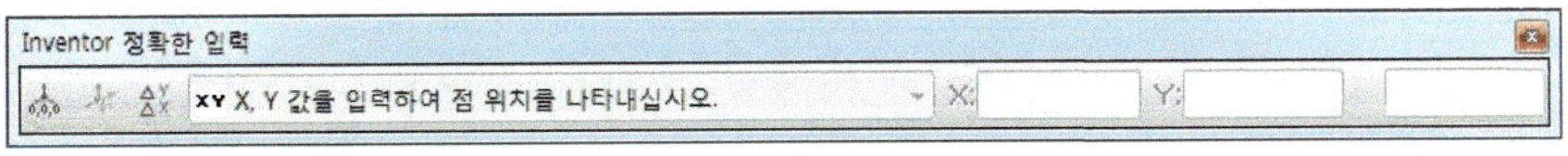

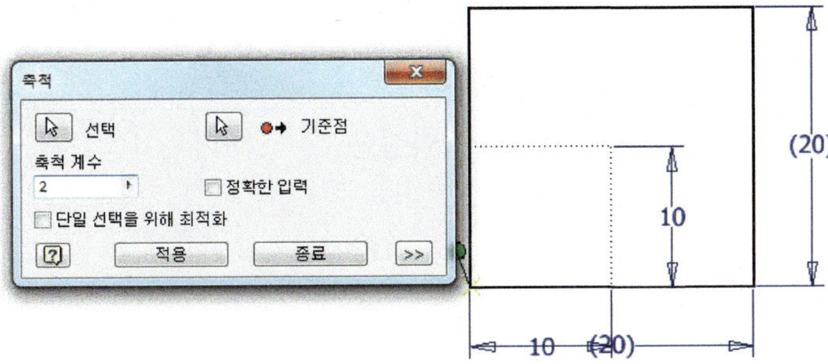

축척 결과

아. 스케치 형상 늘이기 늘이기

- 선택한 2D 스케치 형상을 늘인다.
- 선택한 형상과 선택하지 않은 형상 간에 공유된 구속조건은 늘이기 결과에 영향을 줄 수 있다.

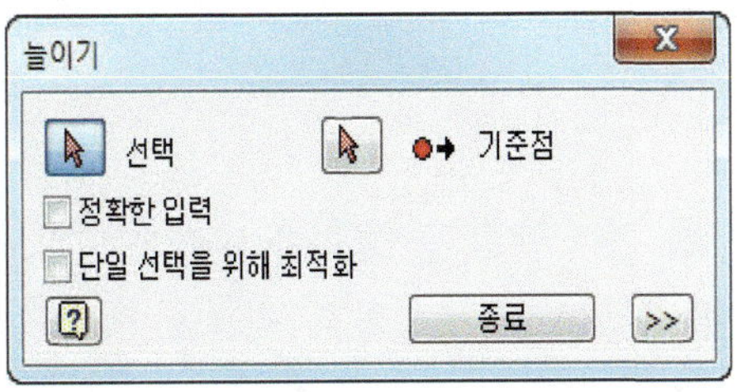

- 선택 : 늘일 형상을 선택
- 기준점 : 늘이기 작업에 대한 시작점을 설정
- 단일선택을 위해 최적화 : 기준점을 선택하기 전에 하나의 형상만 선택해야 하는 경우 선택

- 정확한 입력 : 기준점의 X,Y 좌표를 정확한 입력 도구막대에 입력

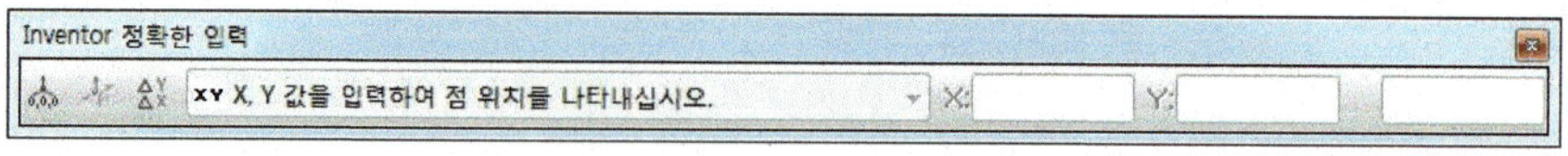

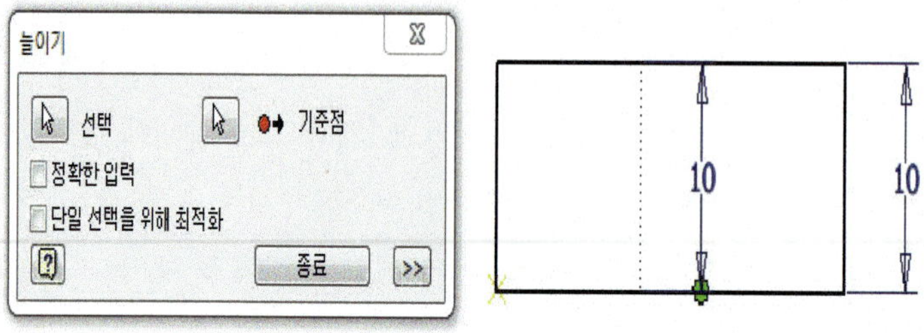

자. 간격띄우기 (Offset) 간격띄우기

- 특정 스케치를 복사하여 원점으로부터 일정한 간격을 띄우며 배치
- 간격이 띄워진 형상은 원 형상에서 등거리로 구속됨(동일 구속조건)
- 실행 방법
  - 간격띄우기 도구 클릭
  - 복사할 스케치 형상 클릭
  - 간격띄우기 형상을 배치할 방향으로 커서 이동 후 새 형상 클릭
  - 치수 도구를 사용하여 지정된 간격띄우기 거리 설정

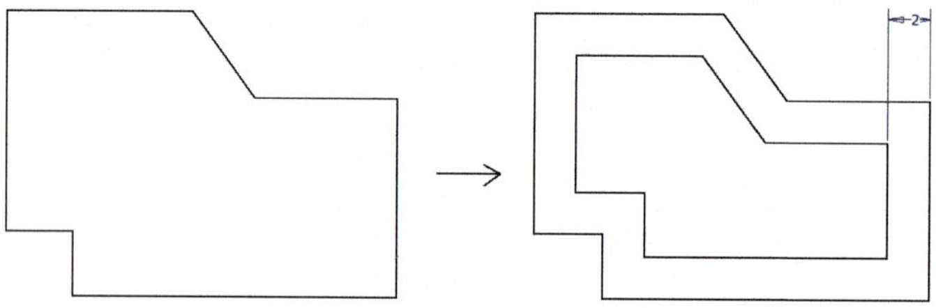

- 스케치 패널 막대에서 간격띄우기 를 클릭한 후 생성 된 사각형을 클릭.
  - 오른쪽 마우스 버튼을 클릭하여 루프선택 체크를 해제.
  - 간격 띄우기 할 라인을 선택하고 오른쪽 마우스를 클릭하고, 계속을 선택.
  - 마우스를 움직이면 선택된 라인들만 간격 띄우기가 됨.
  - 간격 띄우기를 완료 할 위치를 클릭.

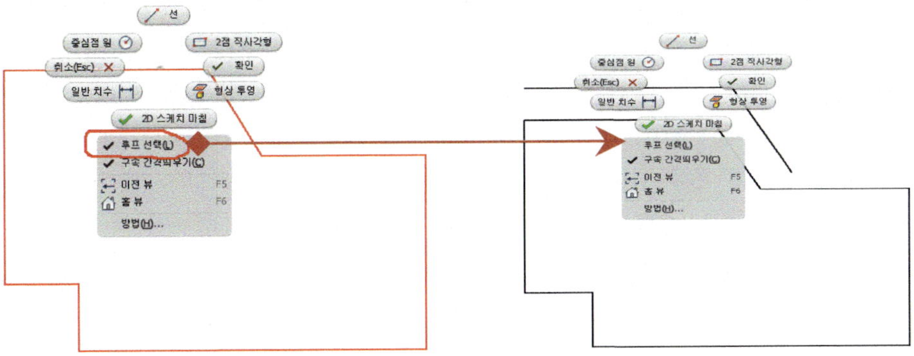

☞ 루프선택을 체크 해제함으로써 루프가 아닌 선택한 객체만을 간격 띄우기 할 수 있음

2.3.2 패턴(Pattern)

스케치 형상의 직사각형 및 원형 패턴을 작성한다.

가. 직사각형 패턴(Rectangle Pattern) 직사각형

- 특정 스케치를 이용하여 직사각형 패턴 작성
- 직사각형 패턴 대화상자

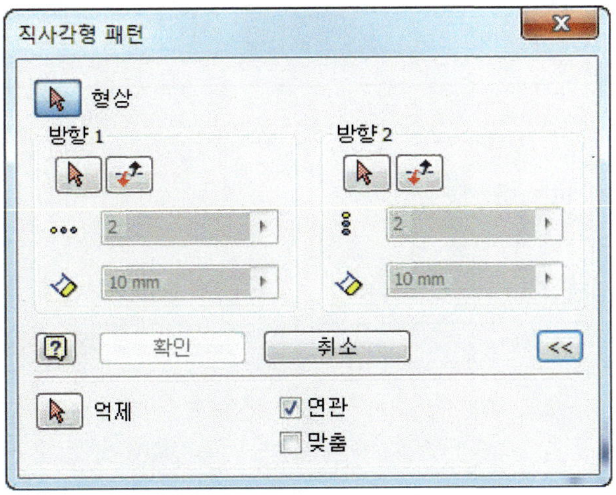

- 형상 : 패턴을 작성할 근원 형상 선택
- 방향 1 : 첫 번째 방향, 반복되는 합계 및 패턴 거리 지정

- 방향 : 첫 번째 방향을 정의하는 스케치 형상 선택
- 방향 반전 : 패턴 방향 반전
- 합계 : 패턴의 첫 번째 방향에서 선택된 형상을 포함한 반복 개수
- 간격 : 첫 번째 방향에 대한 거리 지정

● 방향 2 : 두 번째 방향, 반복되는 합계 및 패턴 거리 지정
- 방향 : 두 번째 방향을 정의하는 스케치 형상 선택
- 방향 반전 : 패턴 방향 반전
- 합계 : 패턴의 두 번째 방향에서 선택된 형상을 포함한 반복 개수
- 간격 : 두 번째 방향에 대한 거리 지정

● 자세히 : 형상을 억제하고 패턴 작성 방법을 제어하는 도구 제공
- 억제 : 패턴에서 선택한 항목을 억제하여 작성되지 않게 함
- 연관 : 패턴의 연관 여부 지정
- 맞춤 : 패턴 항목들이 지정된 거리 내에 균일하게 맞춰지는지 여부 지정

직사각형 패턴	요소억제	요소억제 실행 형상
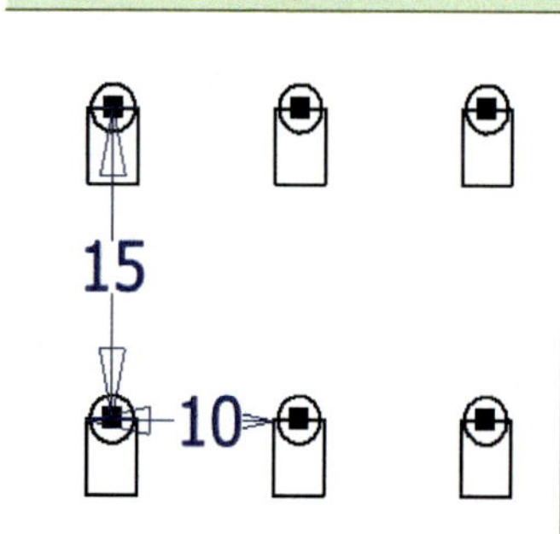	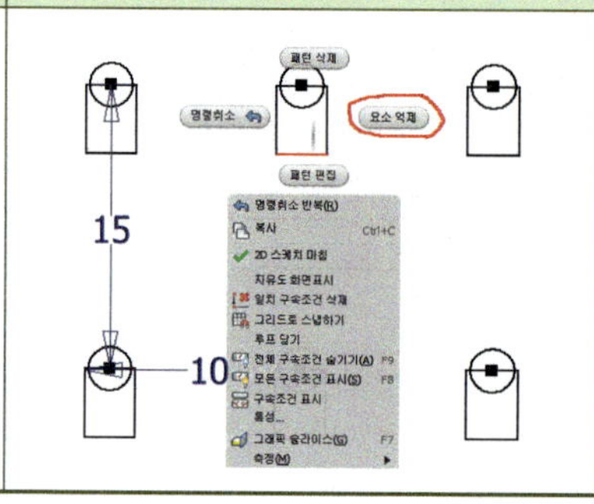	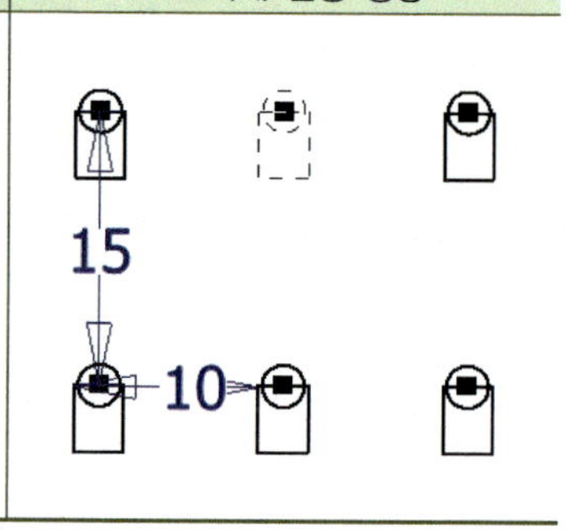

나. 원형 패턴(Circular Pattern) 

● 특정 스케치를 이용하여 원형 패턴 작성

● 원형 패턴 대화상자

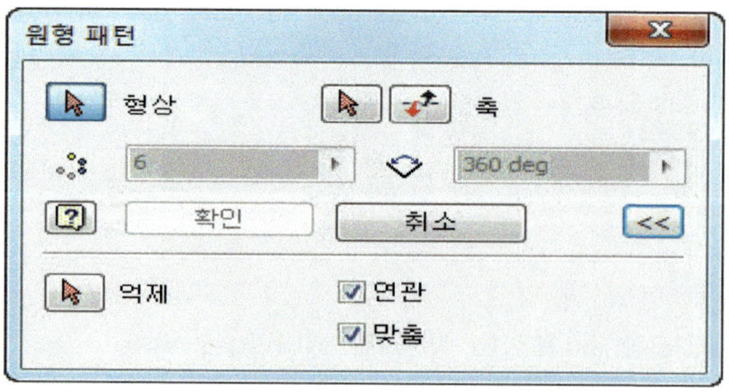

- 형상 : 패턴을 작성할 근원 형상 선택
- 축 : 패턴을 작성할 중심축 선택
- 방향 반전 : 패턴 방향 반전
- 개수 : 패턴에서 선택된 형상을 포함하여 반복되는 개수
- 간격 : 반복되는 첫 번째 항목과 마지막 항목간의 각도 지정

● 패턴 예

원형 패턴 실행 형상	요소억제 실행 형상
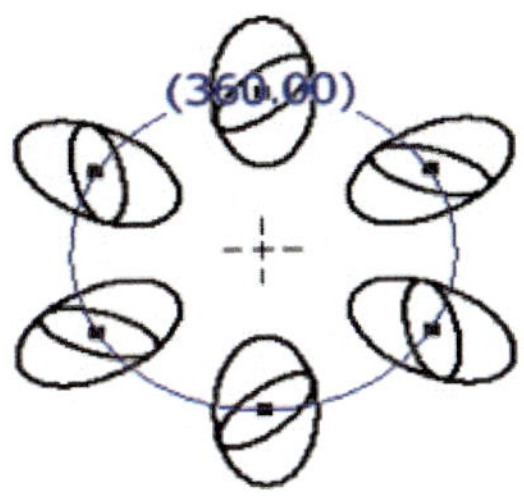	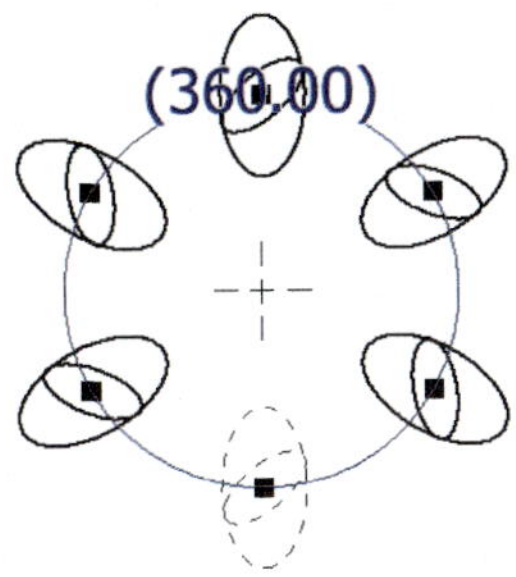

다. 미러(Mirror) 미러

● 선택한 선을 기준으로 선택한 스케치 형상을 대칭시킨다.

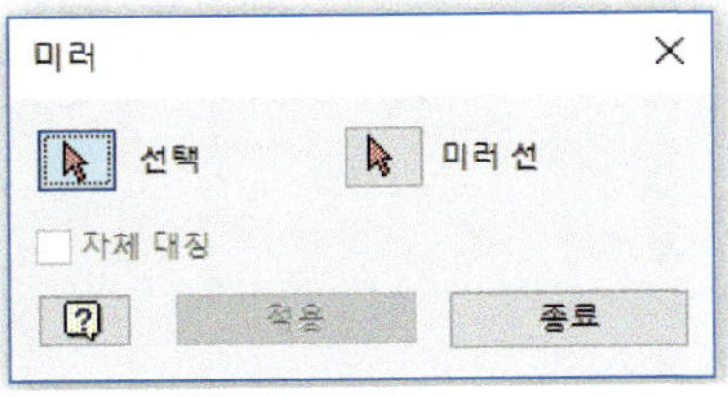

- 선택 : 미러 시킬 스케치 형상을 선택한다.
- 미러선 : 스케치 형상을 미러시킬 미러선을 선택한다.

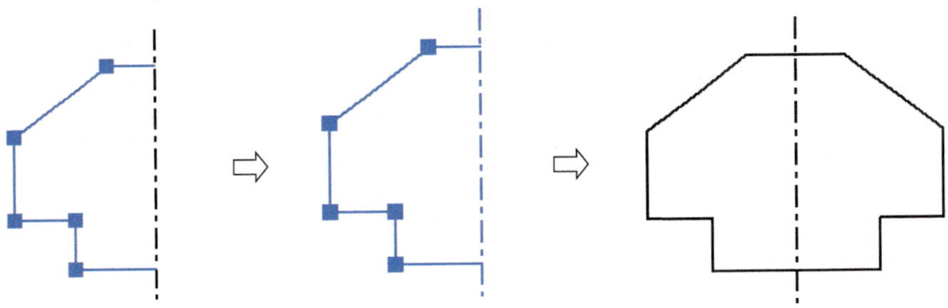

2D 대칭 자체 대칭

2D 스케치 환경의 대칭 명령에는 자체 대칭 옵션이 있다. 이 옵션은 선택한 형상이 열린 스플라인인 경우 대칭선을 교차하면 사용할 수 있다. 이 옵션을 선택한 경우에는 대칭 명령이 대칭선을 기준으로 대칭인 단일 스플라인을 작성한다.

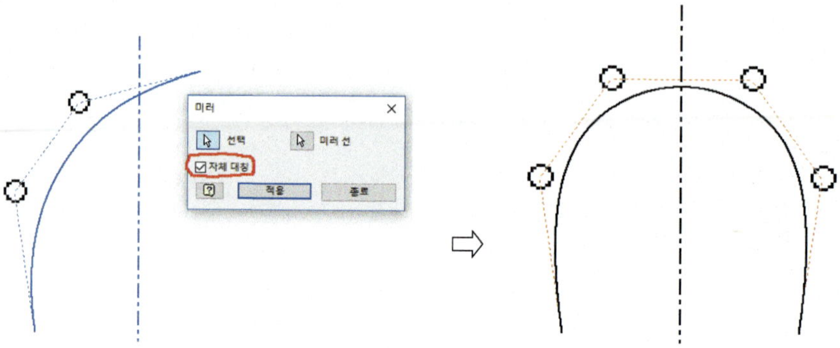

Chapter

03

파트 모델링

3.1 3D파트 모델링 작성

3.1.1 돌출(Extrude)

돌출 기능은 스케치로 작성된 프로파일의 영역을 이용하여 높이나 깊이를 이용하여 솔리드를 생성한다. 테이퍼 각도를 주어 피처를 생성할 수 있으며, 기존 피처를 기준으로 결합할지? 자를 것인지? 교차할 것인지?에 대하여 정의를 내리고, 범위를 지정할 수도 있다.

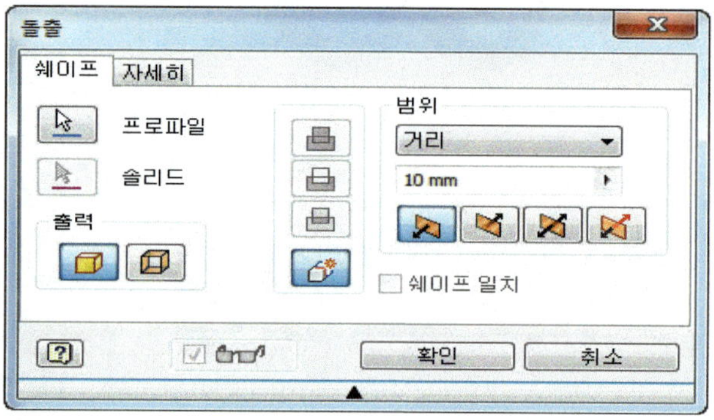

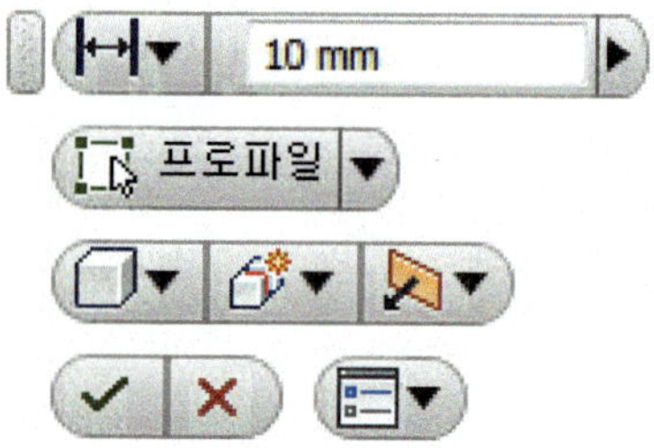

- 쉐이프
  - 프로파일 : 돌출 영역을 선택한다.
  - 솔리드 : 다중 본체 부품에 포함된 본체를 선택한다.

- 출력
  - 솔리드 : 피처 형상을 솔리드로 생성한다.
  - 곡면 : 피처 형상을 곡면으로 생성한다.

- 피쳐관계 :
  - 접합 : 돌출 피쳐로 작성된 체적을 다른 피쳐 또는 본체에 추가하여 형상을 만든다.
  - 절단 : 돌출 피쳐로 작성된 체적을 다른 피쳐 또는 본체에서 제거하여 형상을 만든다.

- 교차 : 돌출 피쳐와 다른 피쳐의 공유 체적으로부터 형상을 만든다.
- 새 솔리드 : 새 솔리드를 만든다.

- 방향 : 돌출시킬 방향을 선택하여 결정한다.

- 범위
  - 거리 : 현재 스케치 평면에서 정해진 거리만큼 수직 방향으로 프로파일을 돌출한다.
  - 다음 면까지 : 스케치 평면에서 다음의 사용 가능한 평면까지 돌출한다.
  - 지정 면까지 : 사용자가 정해주는 평면까지 프로파일을 돌출한다.
  - 사이 : 돌출이 시작되는 평면과 끝나는 평면을 지정하여 돌출한다.
  - 전체 : 정해진 방향으로 모든 피처를 통해 프로파일을 돌출한다.

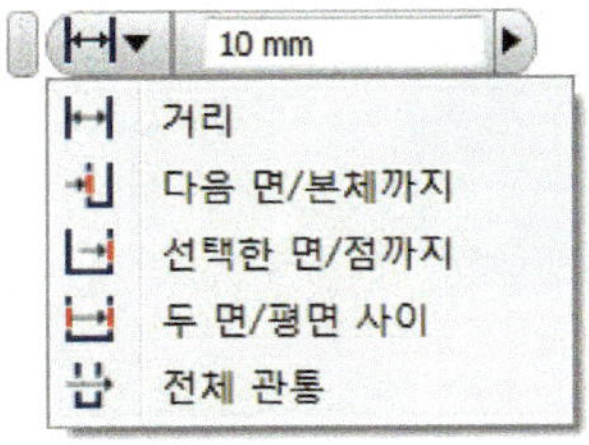

- 쉐이프 일치

  부품 환경에서 열린 프로파일을 선택할 때 사용할 수 있다.

  프로파일의 열린 끝이 공동 모서리 또는 면으로 연장된다. 필요한 면이 함께 퀼트되어 돌출된 본체와의 완전한 교차를 형성한다.

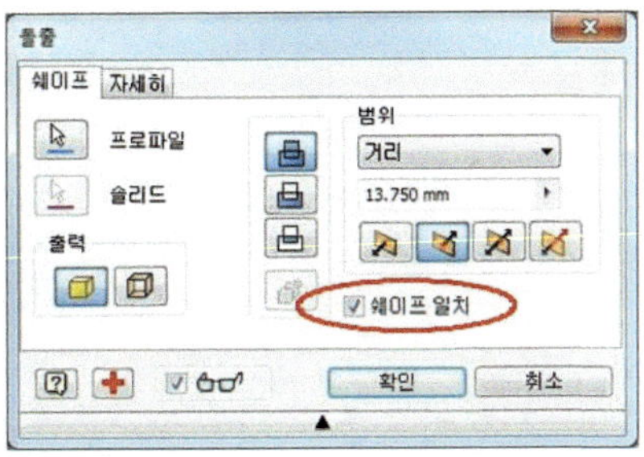

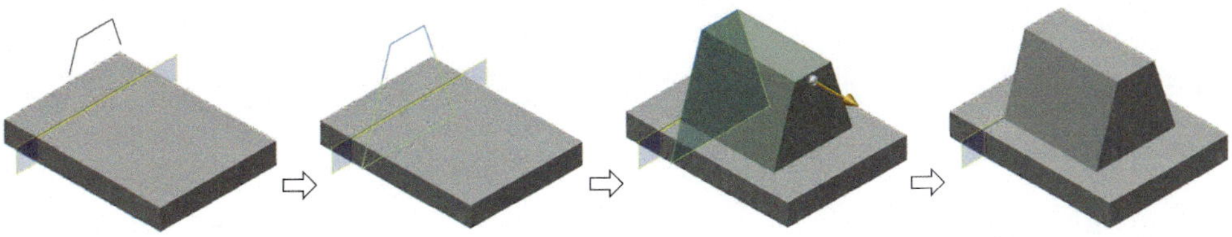

- 자세히
  - **대체 솔루션** : 지정 면까지 및 사이 범위의 경우 불규칙 곡면 또는 원통의 종료와 같이 솔루션이 모호할 때 대체 종료 평면을 지정한다.

  거리, 거리-거리, 다음 면까지 및 전체 범위에 대해서는 사용할 수 없다.
  - **반전** : 돌출의 방향과 범위를 설정한다. 기본적으로 최대 거리에 있는 면에서 돌출이 종료된다.
  - **최소 솔루션** : 종료 면에 대한 옵션이 모호한 경우 돌출이 가장 가까운 거리의 면에서 종료되도록 지정한다.

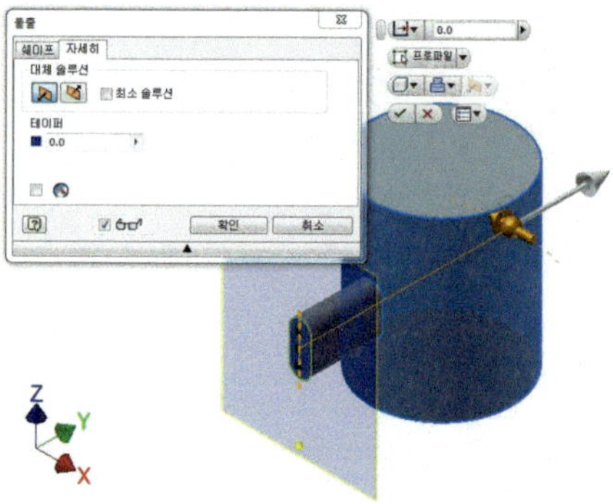
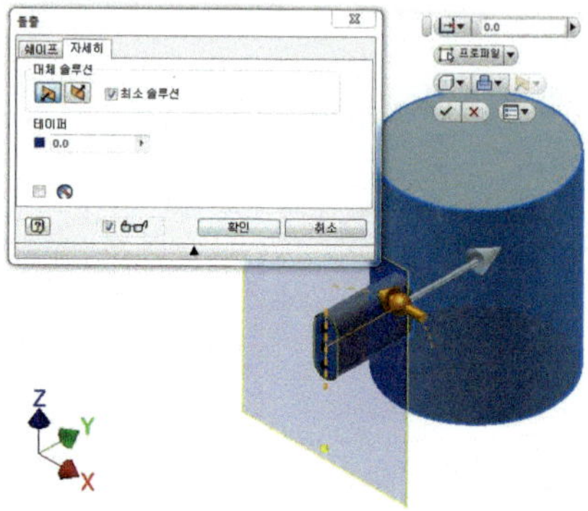

- 테이퍼 : 생성되는 피처의 돌출 각도를 지정한다.

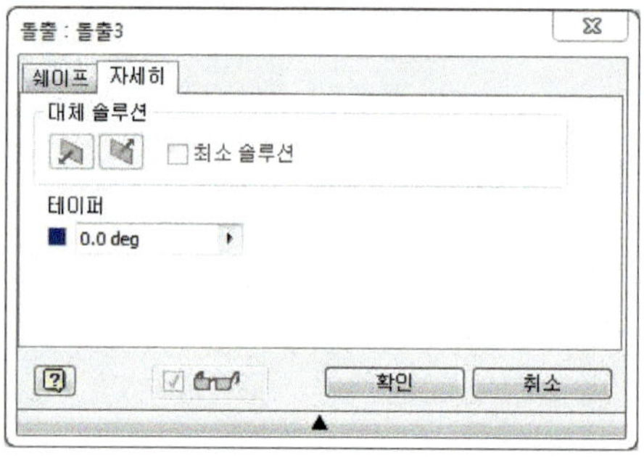

  - **양의 각도** : 양의 테이퍼 각도는 돌출 벡터를 따라 단면 영역이 증가된다.
  - **음의 각도** : 음의 테이퍼 각도는 돌출 벡터를 따라 단면 영역이 감소된다. (-5°)

- 미리보기  : 현재 선택을 기반으로 돌출의 솔리드 미리보기를 제공한다.

3.1.2 회전(Rovolve)

회전 기능은 프로파일을 지정하고, 축을 이용하여 지정한 각도만큼 프로파일을 회전시켜 피쳐 형상을 만든다. 선택할 수 있는 축은 스케치의 선이나 축을 이용할 수 있으며, 회전도 이미 존재하는 피쳐 형상에 결합할 것인지?, 자를 것인지? 교차할 것인지?를 결정하고 범위를 정의 할 수 있다.

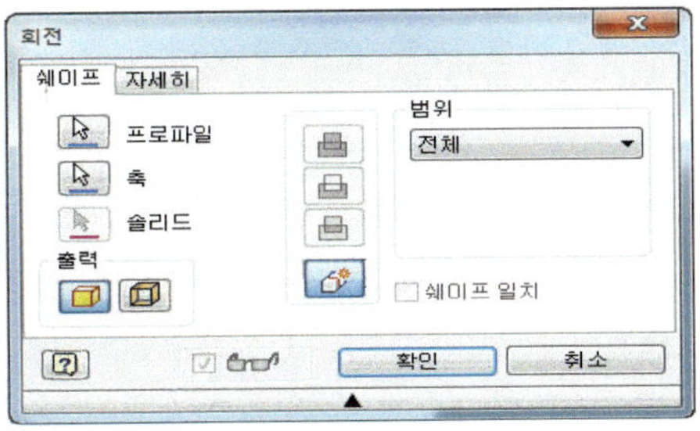

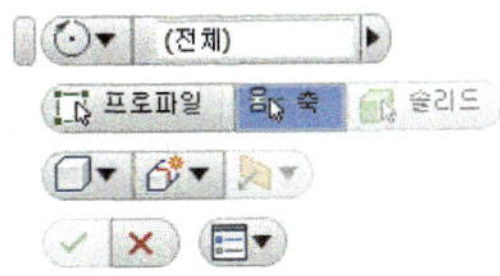

- 쉐이프
  - 프로파일 : 회전 영역을 선택한다.
  - 축 : 회전의 중심이 되는 축을 선택한다.
  - 솔리드 : 다중 본체 부품에 포함된 솔리드 본체를 선택한다.

- 결과
  - 솔리드 : 피쳐 형상을 솔리드로 생성한다.
  - 곡면 : 피쳐 형상을 곡면으로 생성한다.

- 피쳐관계 :
  - 접합 : 회전 피쳐로 작성된 체적을 다른 피쳐 또는 본체에 추가하여 형상을 만든다.
  - 절단 : 회전 피쳐로 작성된 체적을 다른 피쳐 또는 본체에서 제거하여 형상을 만든다.
  - 교차 : 회전 피쳐와 다른 피쳐의 공유 체적으로부터 형상을 만든다.
  - 새 솔리드 : 새 솔리드를 만든다.

- 범위
  - 각도 : 지정각도만큼 회전한다.
    - 방향 : 회전시킬 방향을 선택하여 결정한다.

- 다음 면까지 : 지정된 방향에서 회전을 종료할 수 있는 다음 면이나 평면을 선택한다.
- 지정 면까지 : 선택된 면 또는 평면이나 곡면까지 프로파일을 회전한다.
- 사이 : 회전의 시작되는 평면과 끝나는 평면을 지정하여 회전한다.
- 전체 : 프로파일을 360도 회전한다.

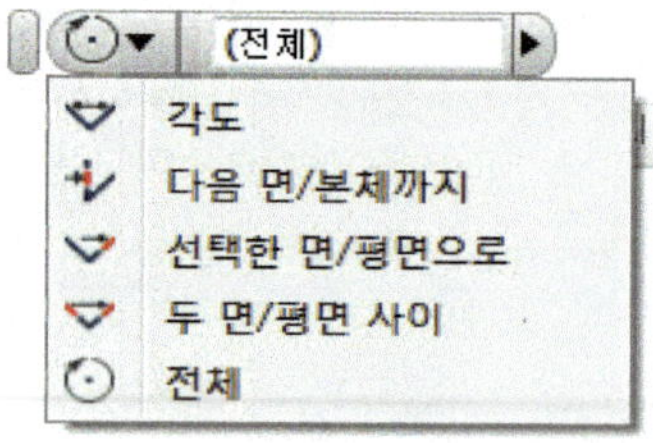

- 쉐이프 일치 : 열린 루프로 생성 시 기존 피처와 쉐이프를 일치한다.

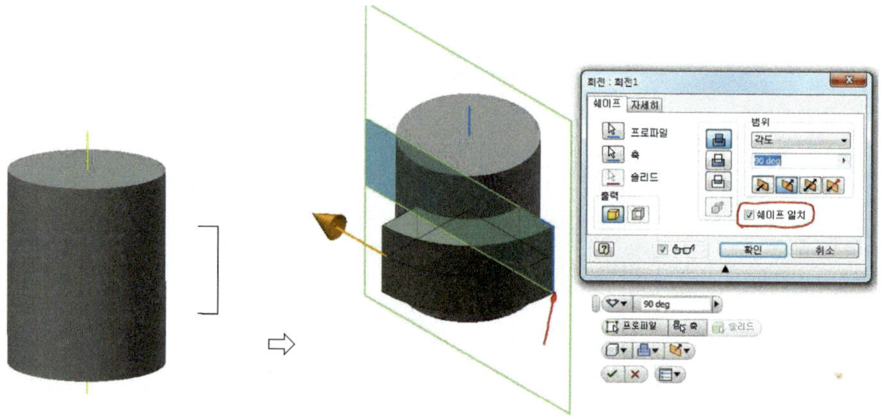

- 미리보기  : 현재 선택을 기반으로 회전 피처의 솔리드 미리보기를 제공한다.

3.1.3 스윕(Sweep)

피처 패널 막대에서 스윕 도구를 사용하여 하나 이상의 스케치 프로파일을 선택한 경로를 따라 스윕하여 피처를 작성한다. 다중 프로파일을 사용하는 경우 해당 프로파일이 동일한 스케치에 있어야 한다. 닫힌 프로파일은 솔리드 또는 곡면 스윕 피처를 작성하는 데 사용할 수 있으며 열린 프로파일은 곡면 스윕 피처를 작성하는 데만 사용할 수 있다.

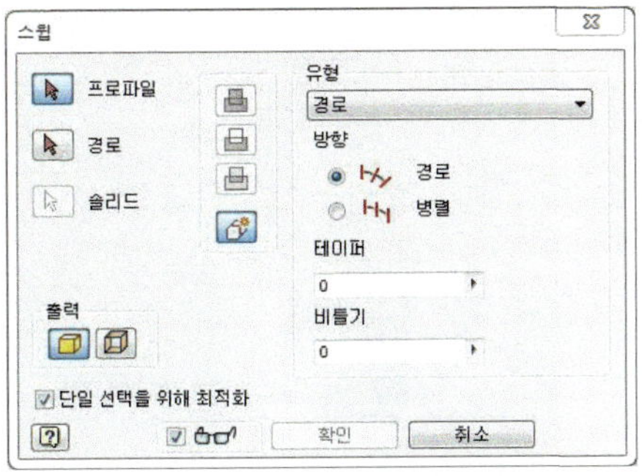

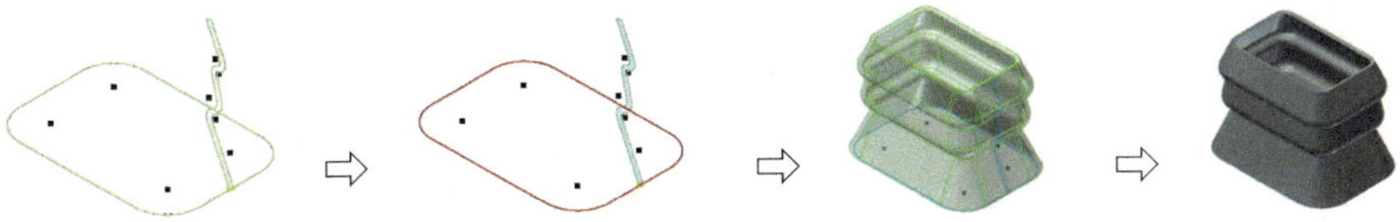

- 쉐이프
  - 프로파일 : 선택된 경로를 따라 스윕할 스케치 프로파일을 하나 이상 선택한다.
  - 경로 : 프로파일이 스윕되는 궤적 또는 경로를 선택한다. 경로는 열려 있거나 닫힌 루프일 수 있지만 프로파일 평면을 관통해야 한다.
- 유형
  - 경로 : 경로를 따라 프로파일을 스윕하여 스윕 피처를 작성한다.
    - 방향

      경로 : 스윕된 프로파일을 스윕 경로에 대해 일정하게 유지한다. 모든 스윕 단면은 경로에 대한 원래 프로파일의 관계를 유지한다.

      병렬 : 스윕된 프로파일을 원본 프로파일과 평행하도록 유지한다.
    - 테이퍼 : 스케치 평면에 수직인 스윕에 대한 테이퍼 각도를 설정한다

  - 경로 및 안내 레일
    - 안내 레일 : 스윕된 프로파일의 축척 및 비틀림을 제어하는 안내 곡선 또는 레일을 선택한다. 안내 레일은 프로파일 평면을 관통해야 한다.
    - 프로파일 축척 : 스윕된 단면이 안내 레일과 일치하도록 축척되는 방법을 지정한다.

      X 및 Y : 스윕이 진행될 때 프로파일 축척을 X 및 Y 방향으로 조정한다.

      X : 스윕이 진행될 때 프로파일 축척을 X 방향으로 조정한다.

      없음 : 스윕이 진행될 때 프로파일을 일정한 쉐이프와 크기로 유지한다. 이 옵션을 선택하면 레일이 프로파일 비틀림만 제어한다.

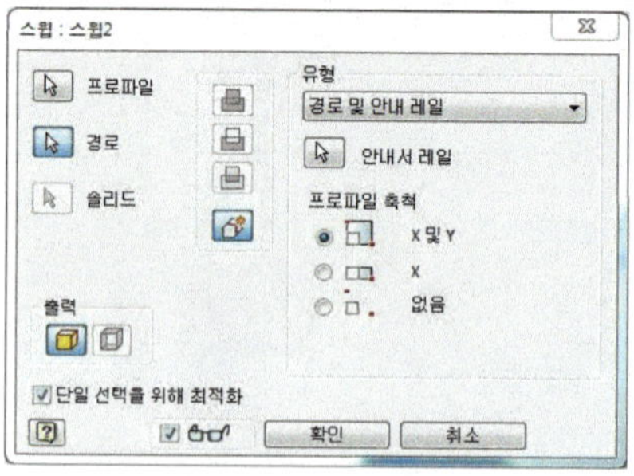

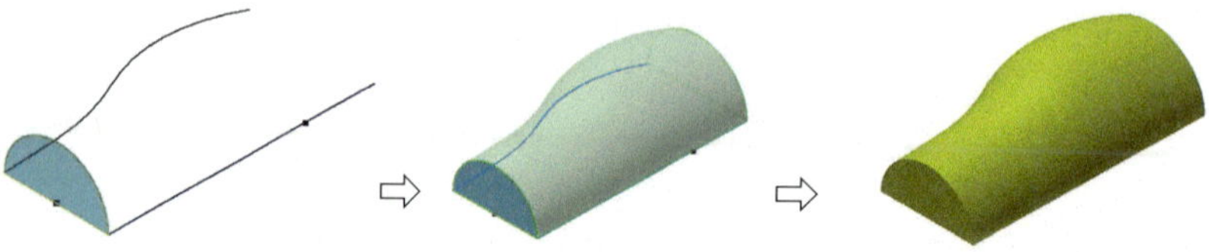

- 경로 및 안내 곡면
  - 경로 및 안내 곡면을 따라 프로파일을 스윕한다.
  - 안내 곡면 : 법선이 경로를 중심으로 스윕된 프로파일의 비틀림을 제어하는 곡면을 선택한다.

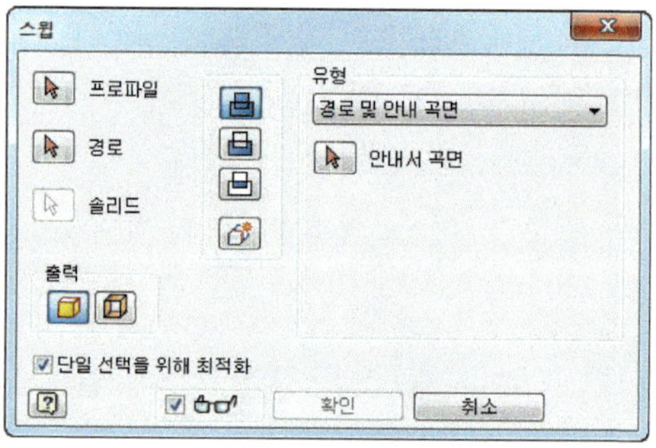

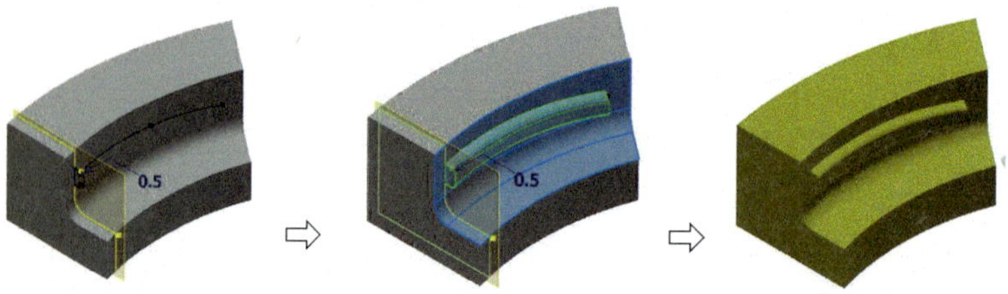

- 출력
  - 솔리드 : 피쳐 형상을 솔리드로 생성한다.
  - 곡면 : 피쳐 형상을 곡면으로 생성한다.

- 피쳐관계 :
  - 접합 : 스윕 피쳐로 작성된 체적을 다른 피쳐 또는 본체에 추가하여 형상을 만든다.

- 절단 : 스윕 피처로 작성된 체적을 다른 피처 또는 본체에서 제거하여 형상을 만든다.
- 교차 : 스윕 피처와 다른 피처의 공유 체적으로부터 형상을 만든다.
- 새 솔리드 : 새 솔리드를 만든다.

- 단일 선택을 위해 최적화 : 한 번의 선택이 끝나면 자동으로 다음 선택자로 이동한다. 다중 선택을 하려면 확인란의 선택을 취소한다.
- 미리보기 : 현재 선택을 기반으로 스윕의 솔리드 미리보기를 제공한다.

3.1.4 로프트(Loft)

로프트

피처 패널 막대의 로프트 도구를 통해 단면이라고 하는 다중 프로파일을 혼합하고 이를 프로파일 또는 부품 면 사이의 부드러운 쉐이프로 변이하여 로프트 피처를 작성한다. 스케치된 프로파일 외에 로프트 단면으로 포함할 객체 면과 점을 선택할 수도 있다.

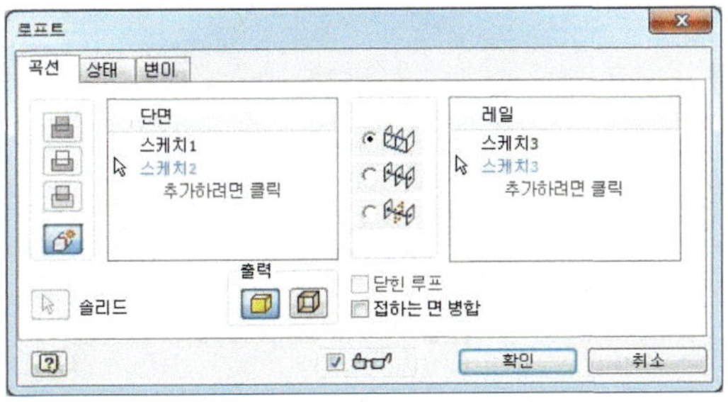

- 단면 : 로프트에 포함할 단면 프로파일을 지정한다.
- 레일
  - 레일 : 레일은 단면 사이의 로프트 쉐이프를 정의하는 2D 곡선, 3D 곡선 또는 모형 모서리이다.

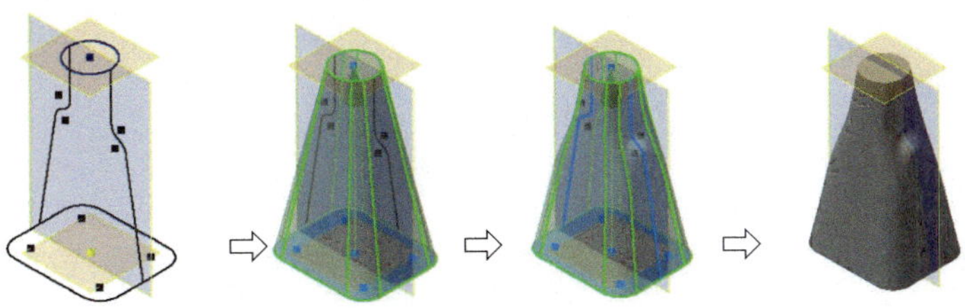

- 중심선 : 중심선은 로프트 단면이 수직을 유지하여 스윕 경로와 같은 동작을 발생시키는 레일의 한 유형이다.

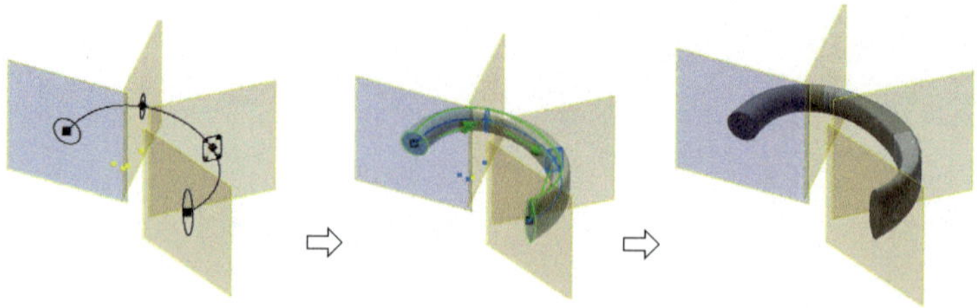

- 면적 로프트 : 면적 로프트를 사용하면 지정한 점의 횡단면 영역을 중심선 로프트를 따라 조정할 수 있다. 면적 로프트를 솔리드 및 곡면 출력과 함께 사용하고 단일 레일이 중심선으로 필요하다.

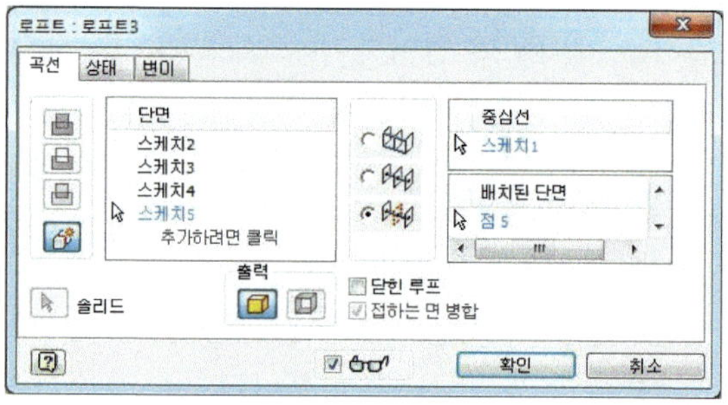

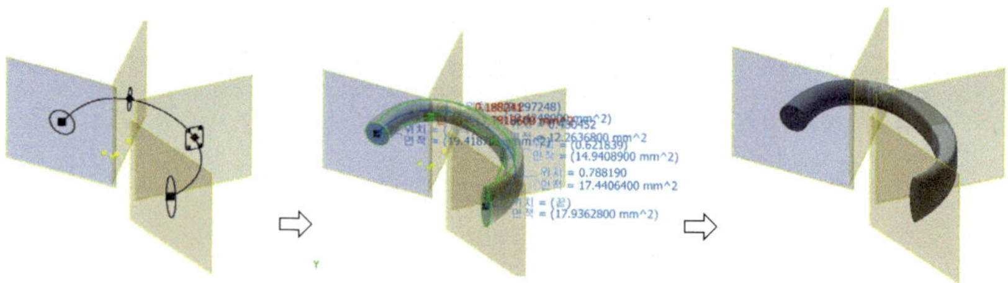

- 결과
  - 솔리드 : 피쳐 형상을 솔리드로 생성한다.
  - 곡면 : 피쳐 형상을 곡면으로 생성한다.

- 작업
  - 결합 : 로프트 피쳐로 작성된 체적을 다른 피쳐에 추가한다.
  - 절단 : 로프트 피쳐로 작성된 체적을 다른 피쳐에서 제거한다.

- 교차 : 로프트 피쳐와 다른 피쳐의 공유 체적으로부터 피쳐를 작성한다. 공유된 체적에 포함되지 않은 재질은 삭제된다.

- **닫힌 루프** : 로프트의 처음과 끝 단면을 결합하여 닫힌 루프를 형성한다.

- **접하는 면 병합** : 피쳐의 접하는 면 사이에 모서리가 작성되지 않도록 로프트 면을 병합한다.

- 상태 탭에서 나열된 단면과 레일에 대한 경계 상태를 지정한다.
  - 자유 상태 경계 조건을 적용 안함.
  - 접하는 상태 인접 면에 접하는 로프트를 작성한다. 그런 다음 상태의 가중치를 설정한다.
  - 방향 상태 단면 또는 레일 평면을 기준으로 각도와 상태의 가중치를 설정한다.
  - 부드러운(G2) 상태 인접 면에 로프트 곡률 연속을 작성한다.

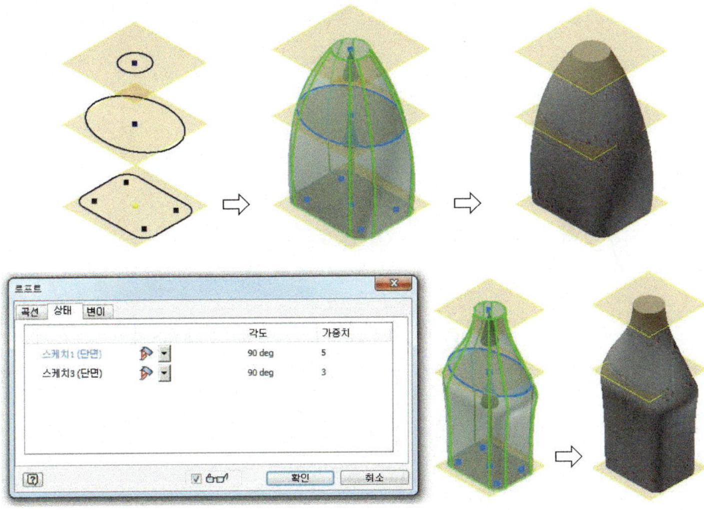

※ 가중치 : 로프트의 모양을 제어하는 단위가 없는 계수이다. 단면 쉐이프가 다음 쉐이프로 전환되기 전 연장되는 거리를 결정한다. 높은 가중치 값은 로프트 표면의 비틀림이나 자체 교차 표면을 발생시킬 수 있다. 일반 가중치 계수 범위는 1~20 사이이다.

3.1.5 코일(Coil)

부품 피처 패널 막대의 코일 도구를 사용하여 나선 기반 피처를 작성한다. 코일 스프링과 스레드를 작성하려면 이 피처를 사용한다. 코일이 작성된 첫 번째 피처이면 기준 피처가 된다.

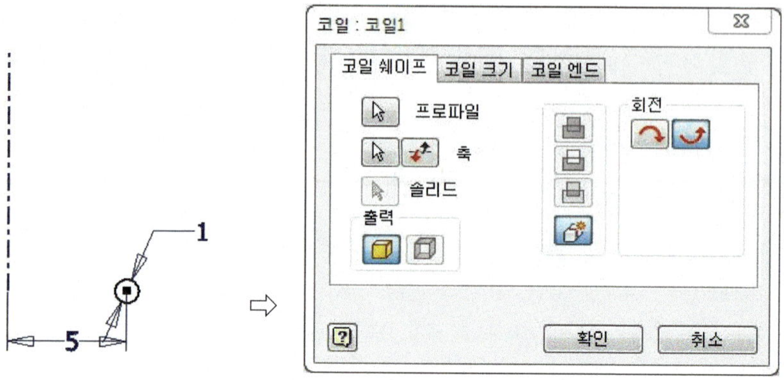

코일 쉐이프

- 쉐이프
  - 프로파일 : 단일 프로파일을 자동으로 선택한다.
  - 축 : 회전축을 정의하는 직선 또는 작업축이다. 프로파일을 교차할 수 없다.
- 회전

  코일을 시계방향이나 반시계방향으로 회전할지 지정한다.
- 출력
  - 솔리드 : 피처 형상을 솔리드로 생성한다.
  - 곡면 : 피처 형상을 곡면으로 생성한다.

코일 크기

- 유형

  피치 및 회전, 회전 및 높이, 피치 및 높이 또는 스파이럴과 같이 지정할 매개변수 쌍을 선택한다.
- 피치

  나선의 각 회전에 대한 높이 증가를 지정한다.
- 높이

  프로파일의 시작 부분 중심에서부터 끝 부분 중심까지의 코일의 높이를 지정한다.
- 회전

코일의 회전 수를 지정한다. 0보다는 커야 하지만 소수(예: 1.5 회전)를 포함해도 된다. 회전 수에는 끝 조건(지정된 경우)이 포함된다.

- 테이퍼

  테이퍼 각도를 지정한다. 필요한 경우 스파이럴을 제외하고 모든 코일 유형에 1을 지정할 수 있다.

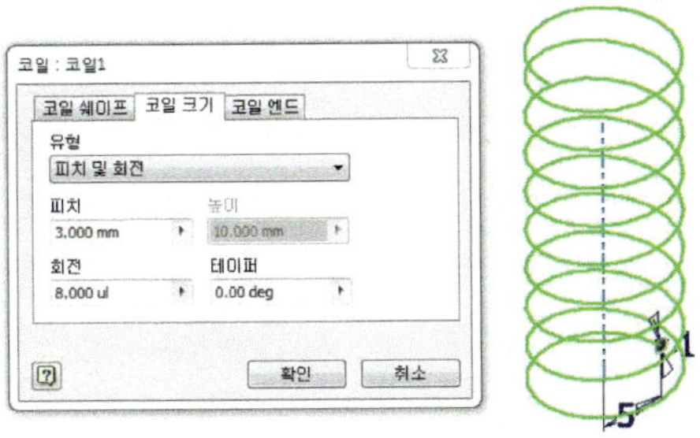

▌코일 엔드

코일의 시작과 끝에 대한 끝 조건을 지정한다. 헬릭스만 평평하고 코일의 프로파일은 평평하지 않다.

- 일반 또는 플랫

  아래쪽 화살표를 클릭하여 코일의 양쪽 끝 모두에 대해 일반 또는 플랫을 지정한다. 양 끝은 다른 끝 조건을 가질 수 있다.

- 변이 각도

  코일이 이전을 이루는 각도 단위의 거리이다.

- 플랫 각도

  피치 없이(플랫) 이전한 다음 코일이 확장되는 거리(각도)이다.

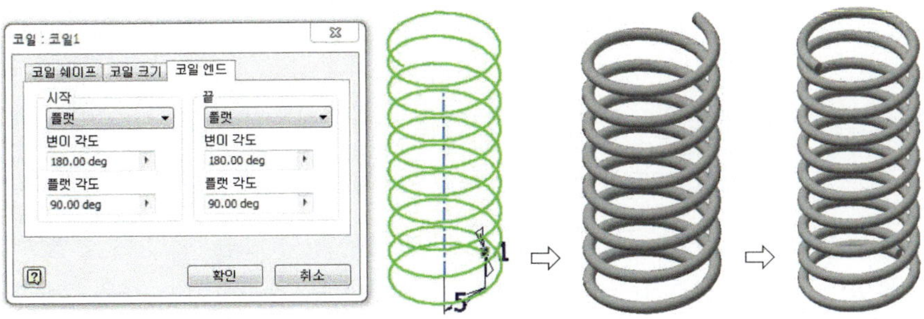

3.1.6 엠보싱(Embossing)

지정된 깊이와 방향으로 모형 면에 상대적으로 프로파일을 볼록하게 하거나 오목하게 하여 엠보싱 피처를 작성한다. 엠보싱 영역은 전사나 채색할 수 있는 표면을 제공할 수 있으며 오목한 영역은 조립품의 다른 구성요소를 배치하는 데 사용될 수 있다.

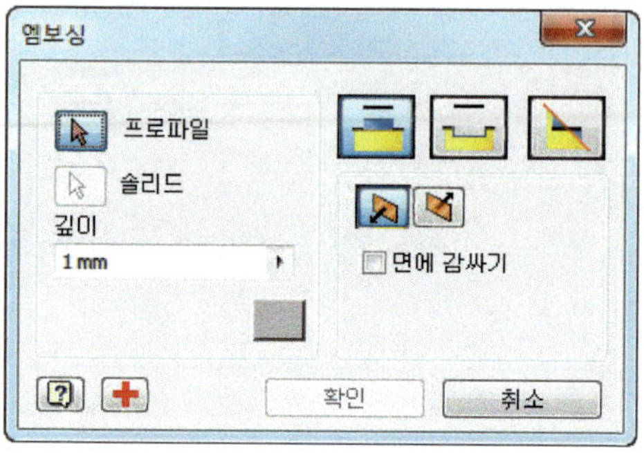

- 프로파일

  스케치에서 엠보싱 이미지로 사용할 프로파일을 선택한다.
  - 텍스트 명령으로 작성한 텍스트
  - 스케치 명령으로 작성한 쉐이프

- 깊이

  면으로부터 엠보싱 및 면으로부터 오목 유형을 선택한 경우 프로파일을 엠보싱 또는 오목하게 만들 간격띄우기 깊이를 지정한다.

- 형태

  엠보싱 영역의 방향을 지정한다.

 : 면으로부터 엠보싱은 프로파일 영역을 볼록하게 만든다.

 : 면으로부터 오목은 프로파일 영역을 오목하게 만든다.

 : 평면으로부터 볼록/오목은 스케치 평면에서 한 방향 또는 두 방향을 돌출시킴으로써 모형에서 재질을 추가하고 제거한다. 두 방향으로 돌출시키는 경우 부품에 상대적인 프로파일의 위치에 따라 재질이 제거되거나 추가된다.

• 면에 감싸기

면으로부터 엠보싱 및 면으로부터 오목 유형을 선택한 경우 프로파일을 표면에 감쌀지 여부를 지정한다. 이어진 면에는 사용할 수 없으며 단일 면에만 사용할 수 있다.
평면형 면이나 원추형 면은 가능하지만 스플라인은 면이 될 수 없다.

• 면 모양

선택한 부품 면의 모양을 지정한다. 부품 모양을 재지정하며, 해당되는 경우 선택된 면의 피처 모양을 재지정 한다.

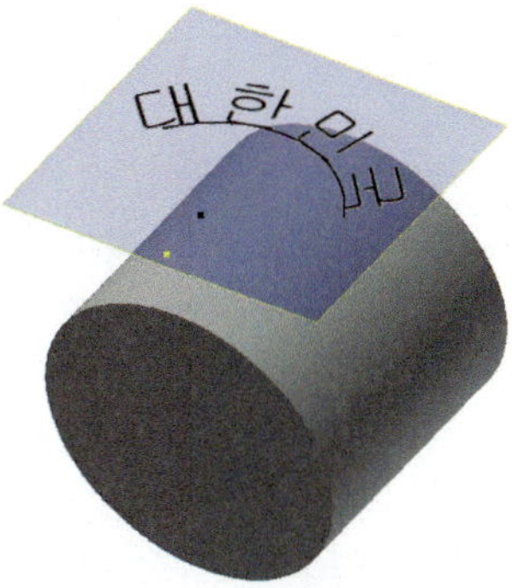

프로파일

면으로부터 엠보싱

면으로부터 오목

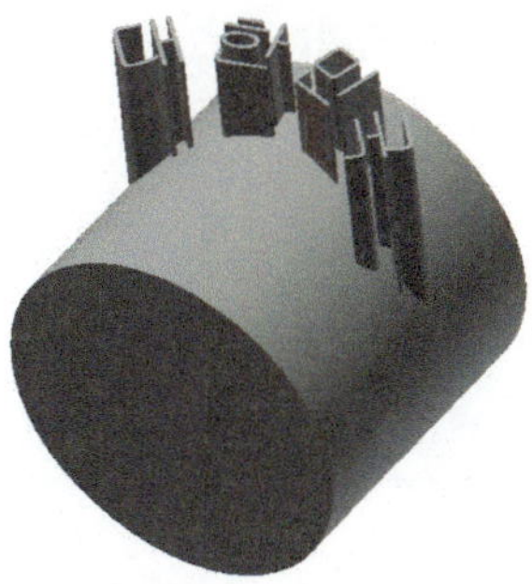

평면으로부터 볼록/오목

3.1.7 전사(Decals)

전사

모형 면에 레이블, 상표명 아트, 로고, 보증 스티커를 나타낸다.
스케치에 이미지를 삽입하고 구속조건 및 치수를 사용하여 배치한 다음 전사로 적용할 수 있다. 전사는 부품 스케치에만 사용할 수 있으며 조립품 스케치에는 사용할 수 없다.

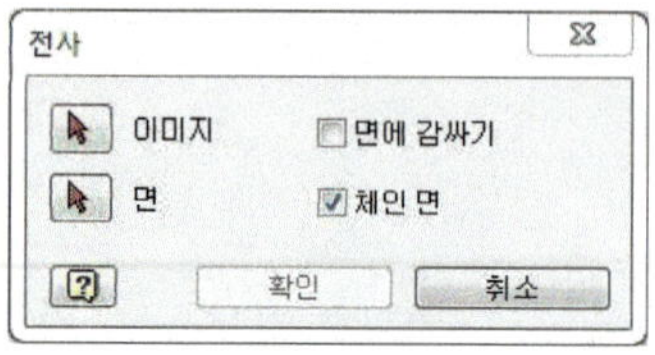

- **이미지** : 비트맵(.bmp), Word 문서(.doc) 또는 Excel 스프레드시트(.xls) 형식이어야 하는 이미지를 지정한다. doc 및 .xls 파일에서 인쇄 가능 영역이 선택되어 있으며 고유 형식을 유지하고 있다. 크기를 조정해도 이미지 종횡비는 그대로 유지된다. 치수 및 구속조건을 사용하여 스케치에 이미지를 배치한다.
- **면** : 전사를 적용할 면을 선택한다.
- **면에 감싸기** : 이미지를 하나 이상의 표면에 감쌀지 여부를 지정한다. 감싸지 않고 하나 이상의 면에 이미지를 투영하려면 확인란의 선택을 취소한다.
- **체인 면** : 모서리 위와 같은 인접 면에 전사를 적용한다.

3.1.8 파생

기존 Autodesk Inventor 부품에서 파생된 새로운 부품의 기준 피처. 파생 부품을 작성할 때에는 부품을 기준 피쳐로 가져온다. 기준 피쳐는 검색기에서 파생 부품 피쳐로 나열된다. 부품 모델링 피쳐는 추가적으로 파생 부품 피쳐를 수정할 수 있다.

파생 부품은 기존 부품을 참조하여 본체 및 스케치, 작업 피처, 매개변수 등의 기타 정보를 연관적으로 복사하는 새 부품이다. 파생 조립품은 기존 조립품을 참조하는 새 부품이다. 파생된 부품 또는 조립품에 피쳐를 추가할 수 있다. 새 피쳐가 기준 구성요소에 추가되거나 파생 피쳐가 편집된 경우 변경 내용이 파생 부품에 업데이트된다.

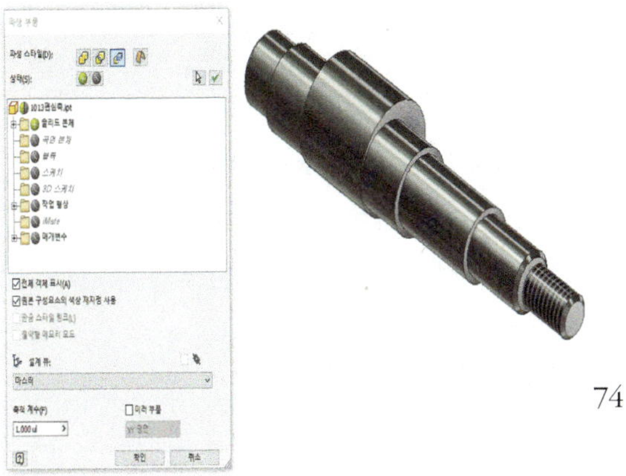

- 파생 스타일
  - : 평면형 면 간의 이음매 없이 단일 솔리드 본체 파생 부품을 작성한다.
  - : 평면형 면 간의 이음매가 있는 단일 솔리드 본체 파생 부품을 작성한다.
  - : 원본 부품에 여러 본체가 포함된 경우 하나 이상의 솔리드 본체를 사용하여 파생 부품을 작성한다. 기본 옵션이다.
  - : 단일 곡면 본체를 사용하여 파생 부품을 작성한다.

- 파생 부품 대화상자에서 모형 요소는 계층구조로 표시된다.
  - 원본 부품 파일에서 표시되는 본체만 선택할 수 있다.
    - : 파생 부품에 포함할 도면요소를 선택한다.
    - : 파생 부품의 도면요소를 제외한다. 이 기호로 표시된 항목은 파생 부품에 대한 업데이트에서 무시된다.

- 기준 구성요소 창에서 구성요소의 그래픽 선택을 수행할 수 있다.
- 전체 객체 표시 확인란의 선택을 해제하여 내보낸 요소만 리스트에 표시할 수 있다.
- 축척 비율과 대칭 평면을 지정
  - 1.0의 기본 축척 비율을 승인하고 양수를 입력한다.
  - 필요한 경우 기준 부품에서 파생 부품 피처를 대칭시킨다. 아래쪽 화살표를 클릭하여 원래 작업 평면을 대칭 평면으로 선택한다.

3.1.9 리브(Rib)

리브 및 웹은 주물과 주조에 흔히 사용된다. 플라스틱 부품에서는 일반적으로 강성을 만들고 뒤틀림을 방지하는 데 사용된다.

열린 프로파일을 사용하여 리브 또는 웹의 횡단면을 작성한다. 프로파일이 부품을 교차하지 않거나 깊이를 지정하지 않더라도 프로파일을 확장하여 새 면을 교차한다. 방향(리브 또는 웹 쉐이프를 지정하는)과 두께를 정의한다. 또한 테이퍼 값을 추가하여 리브 또는 웹에 기울기를 추가할 수도 있다.

스케치 평면에 수직 형상을 스케치 평면에 수직으로 돌출한다. 두께는 스케치 평면에 평행한다.

스케치 평면에 평행 형상을 스케치 평면에 평행하게 돌출한다. 두께는 스케치 평면에 수직이다.

- 쉐이프
  - 프로파일 : 단일 스케치에서 열린 프로파일을 선택한다.
  - 방향 : 리브 또는 웹의 방향을 조정한다.
- 두께 : 리브 또는 웹의 폭을 지정한다.

- 반전 : 프로파일의 한쪽 면에 두께를 적용하거나 프로파일의 양쪽 면을 동일하게 연장한다.
- 범위
  - 다음 면까지 : 다음 면에서 리브 또는 웹을 종료한다.
  - 유한 : 리브 또는 웹 종료에 특정 거리를 설정한다. 상자에 값을 입력한다.
- 옵션 : 프로파일이 면까지 연장되는지 여부를 지정한다.
- 프로파일 연장 : 기본적으로 프로파일은 면과 교차하도록(필요한 경우) 연장된다. 프로파일을 연장하지 않으려면 확인란의 선택을 취소한다.
- 기울기 : 스케치 평면에 수직인 리브와 웹에 대한 테이퍼 각도 또는 기울기를 설정한다. 테이퍼는 양방향에서 동일하게 확장한다. 테이퍼 각도를 지정하면 그래픽 창에 고정된 모서리와 테이퍼 방향을 나타내는 기호가 표시된다.

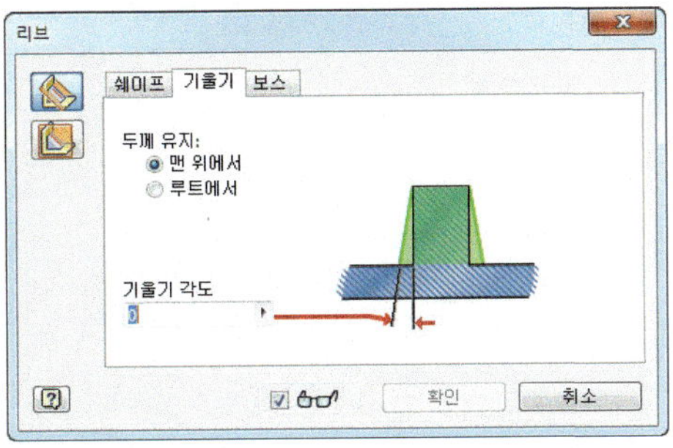

  - 맨 위에서 : 지정된 두께는 맨 윗면에서 제어된다.
  - 루트에서 : 지정된 두께는 리브 피쳐와 다음면의 교차부분에서 제어된다.
  - 기울기 각도 : 리브 피쳐에 기울기를 추가한다.

- 보스 : 스케치 평면에 수직인 리브 작성

  리브는 열린 프로파일이나 닫힌 프로파일을 사용하여 지지 쉐이프를 작성한다. 지정된 두께는 스케치 평면에 평면적이며 재질은 스케치에 수직으로 돌출된다. 스케치 점을 사용하여 리브 피쳐에 보스 형상을 배치한다.

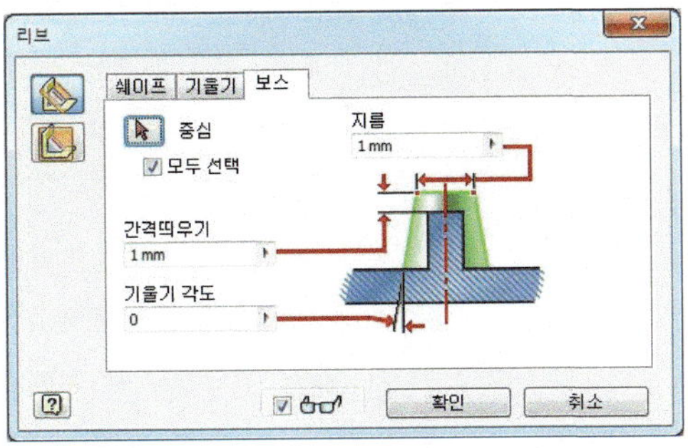

- 중심 : 리브 프로파일 형상에 있는 스케치 점을 선택한다.
- 모두 선택 : 리브 프로파일 형상을 교차하는 모든 스케치 점을 선택한다.
- 지름 : 보스 피쳐의 지름을 지정한다.
- 간격띄우기 : 스케치 평면 위 또는 아래에서 보스 피쳐를 시작할 거리를 지정한다.
- 기울기 각도 : 보스 피쳐의 기울기를 추가한다.

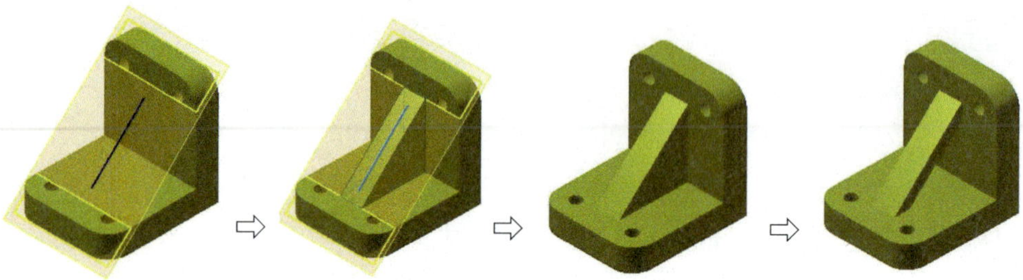

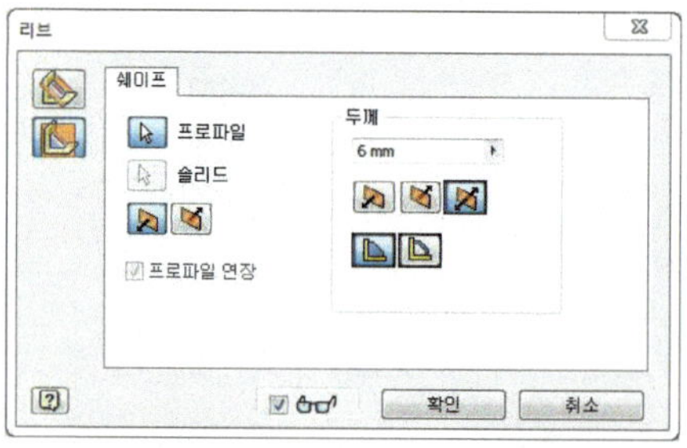

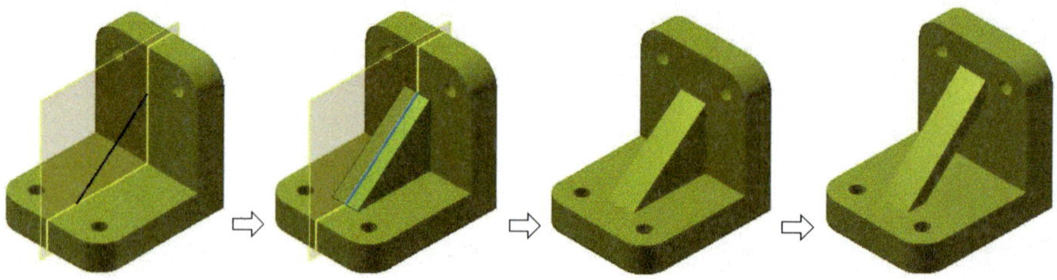

3.1.10 가져오기

가져오기

다른 CAD 시스템에서 부품 및 조립품을 열거나 가져올 수 있다. 부품 및 조립품 파일을 기존의 또는 새 Autodesk Inventor 조립품에 구성요소로 배치할 수도 있다.

- 파일을 선택적으로 가져오려면 다음 중 하나를 수행한다.
  - 새 파일로 가져오려면 다음을 선택한다.
  - 파일 ⇨ 열기 ⇨ CAD 형식 가져오기
  - 시작하기 탭 ⇨ 시작 패널 ⇨ CAD 형식 가져오기

파일을 가져올 때 Inventor가 가져오는 파일이 부품인지 아니면 조립품인지 자동으로 탐지하고 그에 따라 새 문서를 작성한다. 예를 들어 써드 파티 조립품 파일을 부품으로 가져오려면 먼저 부품 파일을 작성하거나 부품 파일을 연 다음 써드 파티 조립품 파일을 부품 파일로 가져와야 한다.

- 부품 파일로 가져오려면 다음을 선택한다.
- 관리 탭 ⇨ 삽입 패널 ⇨ 가져오기
- 3D 모형 탭 ⇨ 작성 패널 ⇨ 가져오기

- 조립품으로 가져오려면 다음을 선택한다.
- 조립 탭 ⇨ 구성요소 패널 ⇨ 배치 ⇨ 가져온 CAD 배치

- 응용프로그램 대화상자에서 사용 가능한 파일을 볼 수 있는 파일 형식을 설정한다.
- 가져올 파일을 선택한 후 열기를 클릭한다.

가져온 후 가져오기 옵션을 편집하려면 검색기에서 파일을 마우스 오른쪽 버튼으로 클릭하고 상황에 맞는 메뉴에서 가져오기 편집을 선택한다.

3.2 파트 모델링 수정

3.2.1 구멍 (Hole)

드릴, 카운터보어, 접촉 공간 및 카운터싱크 구멍 피처를 작성한다.

부품 피쳐의 경우 단일 구멍 피처는 동일한 구성(지름과 종료 방법)을 가진 여러 개의 구멍을 나타낼 수 있다. 다른 구멍은 동일하고 공유된 구멍 패턴 스케치로부터 작성할 수 있다.

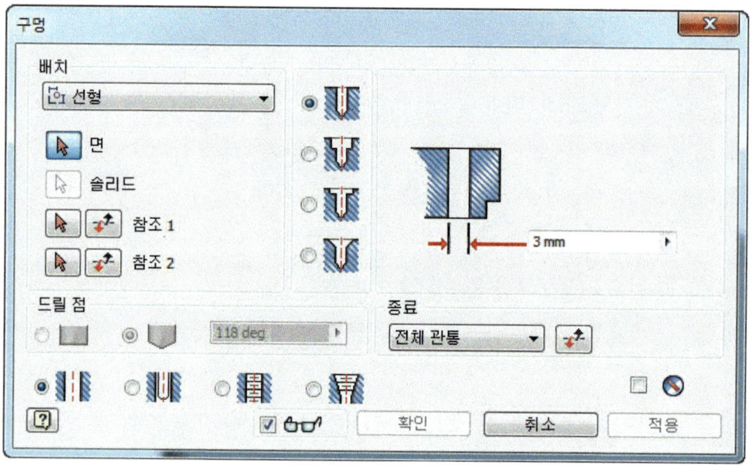

- 배치
  - 시작 스케치 : 스케치된 구멍 중심점 , 점을 사용하여 구멍을 작성한다.
  - 선형 : 두 개의 선형 모서리를 기준으로 면에 구멍을 작성한다.
  - 동심 : 원형 모서리 또는 원통형 면과 동심인 평면의 구멍을 작성한다.
  - 점 위 : 점과 구멍 축의 방향을 지정하여 구멍을 작성한다.

- 모양
  - 드릴 : 구멍은 평면형 면을 가진 플러쉬로 지정된 지름과 깊이을 사용하여 생성한다.
  - 카운터보어 : 구멍은 지정된 깊이와 지름, 카운터보어 지름 및 카운터보어 깊이를 사용하여 생성한다.

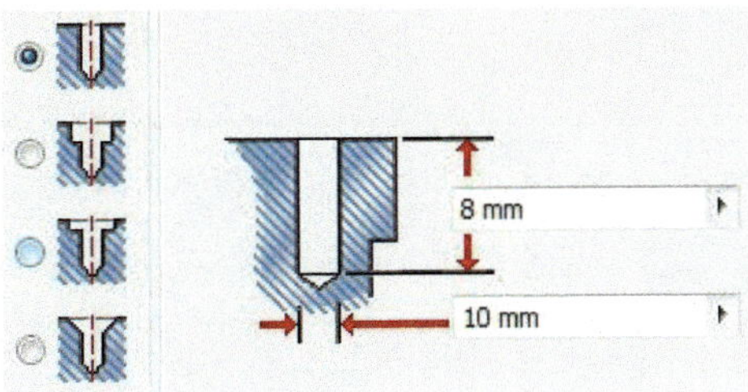

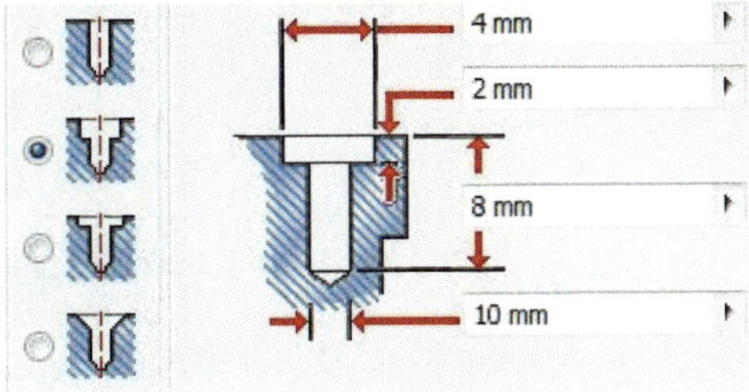

- 접촉 공간 : 구멍은 지정된 지름, 접촉 공간 지름 및 접촉 공간 깊이를 사용하여 생성한다. 구멍 및 스레드 깊이는 접촉 공간의 맨 아래 곡면으로 부터 측정된다.
- 카운터싱크 : 구멍은 지정된 지름, 카운터싱크 지름 및 카운터싱크 깊이를 사용하여 생성한다.

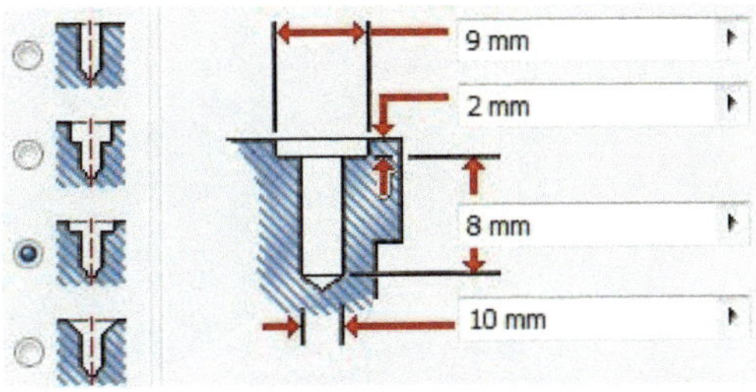

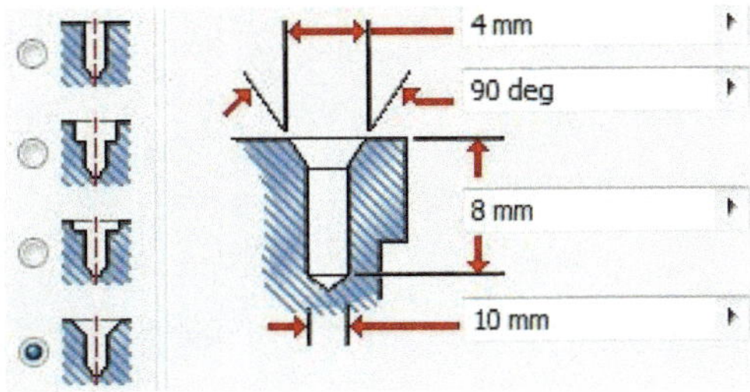

☞ 주의 - 테이퍼 탭 구멍을 카운터 보어와 함께 사용할 수 없다.

- 드릴점

  드릴 점 유형에 대한 플랫 또는 각도점을 설정한다. 아래쪽 화살표를 클릭하여 각도 치수를 지정하거나 적용할 수 있으면 모형의 형상을 선택하여 사용자 각도를 측정하거나, 치수를 표시한다. 각도의 양의 방향은 구멍 축에서 반시계방향으로 측정되며 평면형 면에 수직이다.

- 구멍 유형
  - 단순 구멍 : 스레드가 없는 단순 구멍을 작성한다.
  - 틈새 구멍 : 선택된 조임쇠에 맞는 구멍을 작성한다.
  - 탭 구멍 : 스레드 유형으로 지정된 스레드가 있는 구멍을 작성한다.
  - 테이퍼 탭 구멍 : 테이퍼 스레드가 있는 구멍을 작성한다.

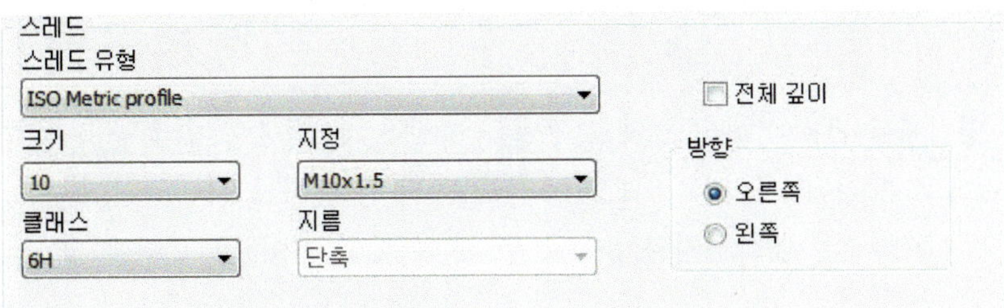

• 종료

구멍의 종료 유형을 지정한다.

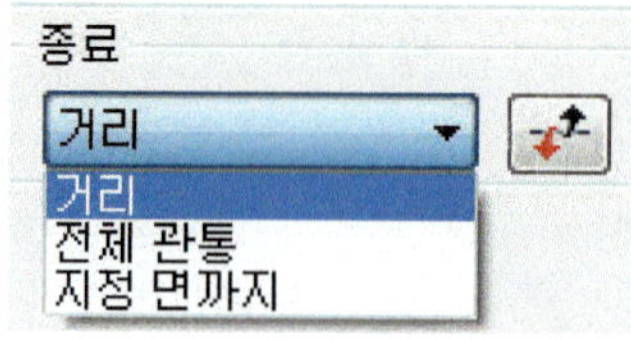

- 거리 : 깊이 값을 입력하여 구멍을 작성한다.
- 전체관통 : 모든 면을 관통하는 구멍을 작성한다.
- 지정면까지 : 지정한 면, 곡면까지 구멍을 작성한다.

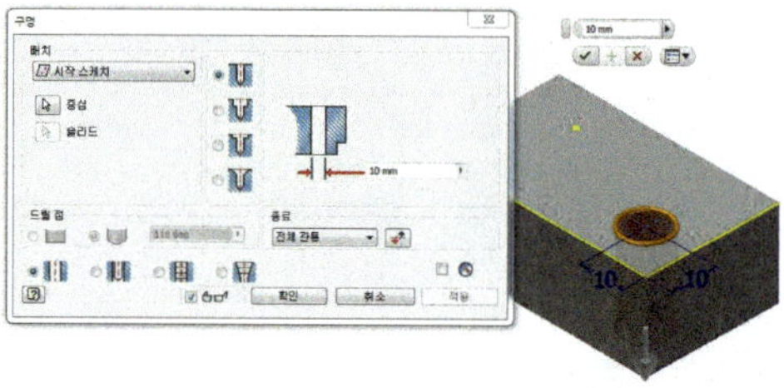

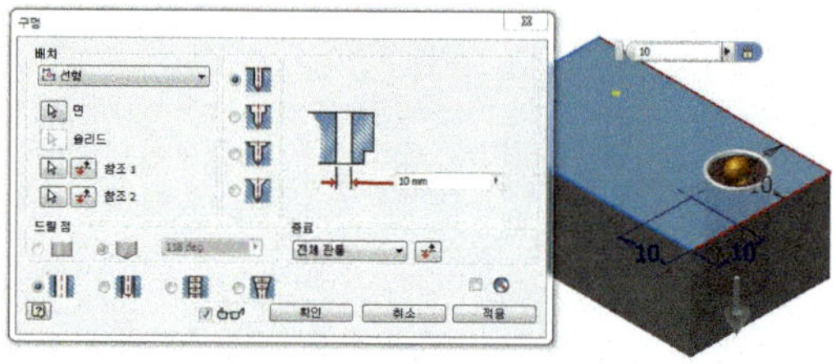

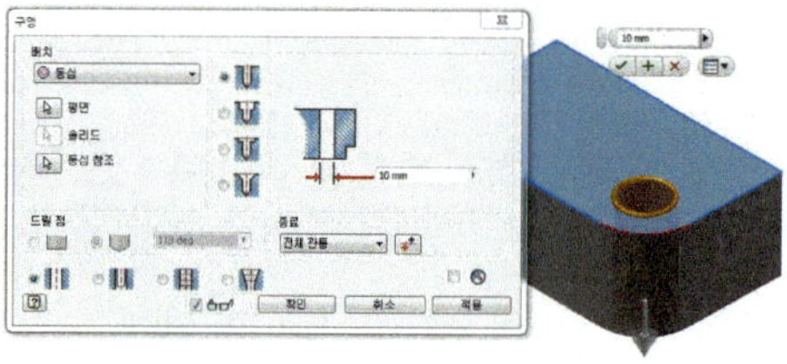

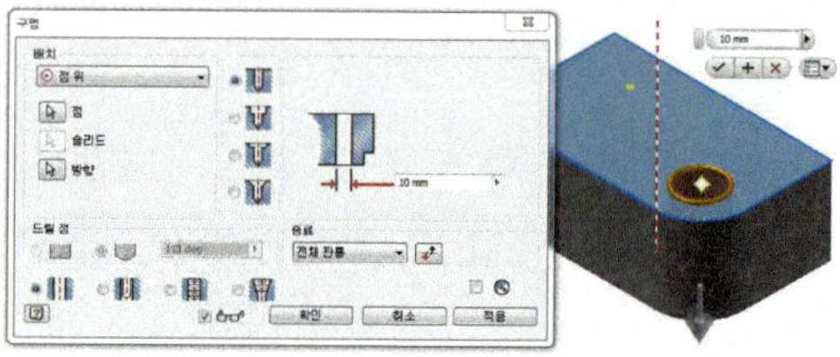

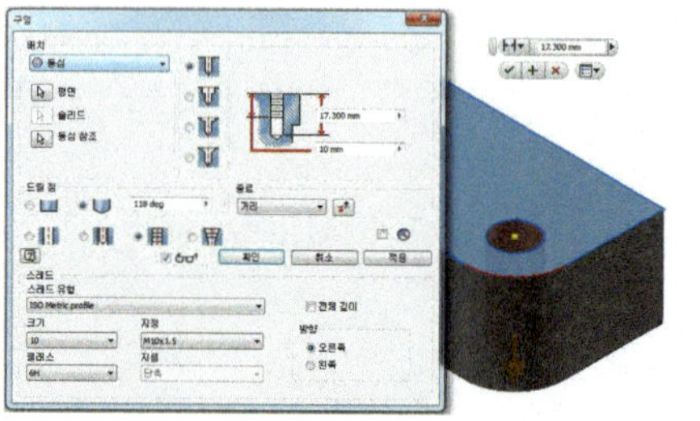

- 구멍 명령에서 관통이 아닌 스레드 구멍을 작성할 때 스레드 깊이 및 구멍 깊이 기본값은 표준값으로 제어된다. 다른 스레드 크기 또는 구멍 깊이를 선택하면 스레드 깊이와 구멍 깊이의 값이 구멍 대화상자와 thread.xls의 스레드 깊이 및 런아웃 열에 표시된다.

3.2.2 모깎기 (Fillet)

부품의 하나 이상의 모서리에 둥글게 라운드를 작성하는 기능으로, 모깎기 형상은 상수 탭에서 입력한 일정한 반지름으로 생성할 수 있으며, 그 외에도 변수 탭으로 변화되는 라운드 및 세트백의 여러 설정 값을 이용하여 보다 복잡한 형상의 모깎기를 생성할 수 있다.

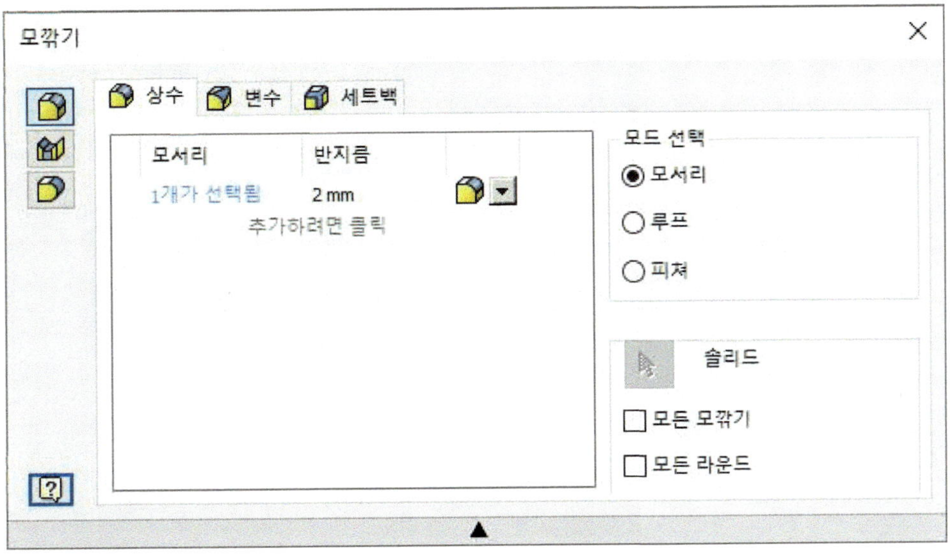

- 상수 탭 : 일정한 반지름으로 모깎기 생성한다.
  - 모서리 : 모깎기가 적용될 모서리 선택 및 개수
  - 반지름 : 모깎기 반지름을 입력한다.
    - · 접선 모깍기 : 인접 면에 접하는 접선(G1) 모깎기
    - · 부드러운 모깍기 : 인접 면에 곡률이 연속하는 부드러운(G2) 모깎기

- 모드 선택
  - 모서리 : 단일 모서리나 연결된 모서리를 지정한다.
  - 루프 : 표면에 닫힌 루프 선택한다.
  - 피쳐 : 피쳐의 전체 모서리를 선택한다.
  - 모든 모깍기 : 오목한 모서리와 구석을 모두 선택한다.
  - 모든 라운드 : 볼록한 모서리와 구석을 모두 선택한다.

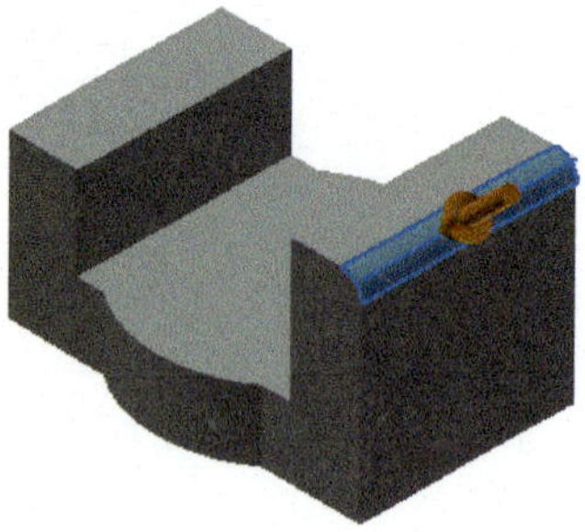

모서리

루프

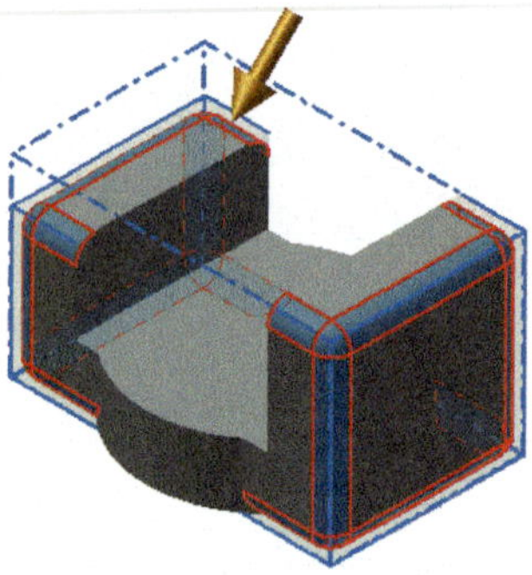

피쳐

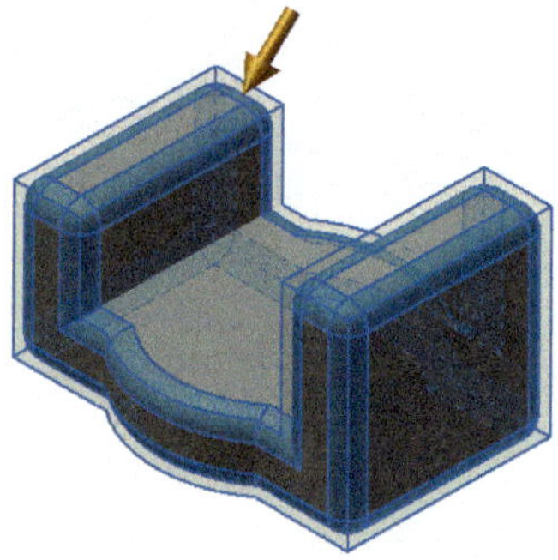

모든 모깍기(라운드)

- 

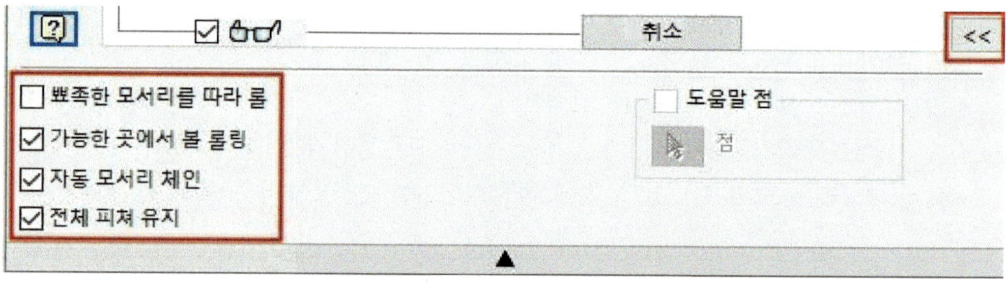

- 뾰족한 모서리를 따라 롤 : Fillet이 간섭이 되는 모서리를 만날 때, Fillet를 조정한다.
- 가능한 곳에서 볼 롤링 : 체크 해제 시 혼합형 모퉁이, 체크 시 회전 볼 모퉁이
- 자동 모서리 체인 : 선택된 모서리를 접선형 모서리들과 연결시킨다.
- 전체 피처 유지 : 점검 상자가 선택 되면, Fillet과 교차되는 모든 피쳐들이 점검되고 Fillet작업 중에 이들 교차들이 계산된다.

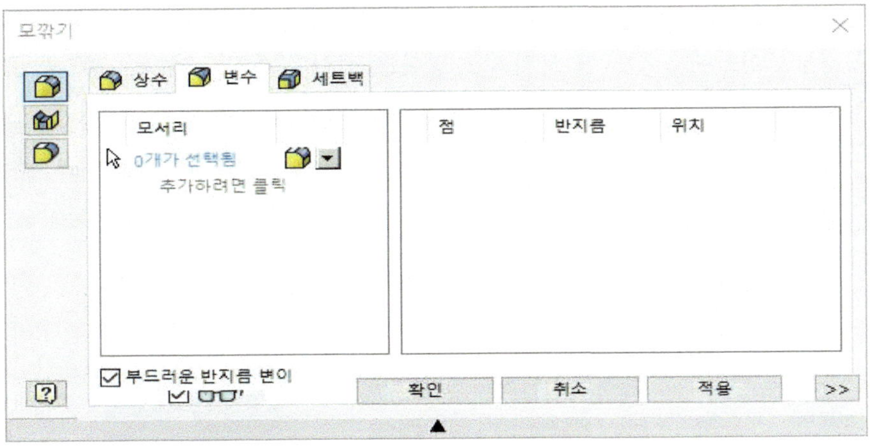

- **변수 탭** : 변화되는 반지름으로 모깎기 생성한다.
  - 모서리 : 모깎기가 적용될 모서리를 선택한다.
  - 점 : 모깎기를 적용할 점 선택한다.
  - 반지름 : 모깎기 반지름을 선택한다.
  - 위치 : 시작점과 끝점 사이의 점 위치를 지정한다.(전체길이를 1.0으로)
  - 부드러운 반지름 변이 : 반지름 변화가 유연하게 한다.
    - · **접선 모깍기** : 인접 면에 접하는 접선(G1) 모깎기
    - · **부드러운 모깍기** : 인접 면에 곡률이 연속하는 부드러운(G2) 모깎기

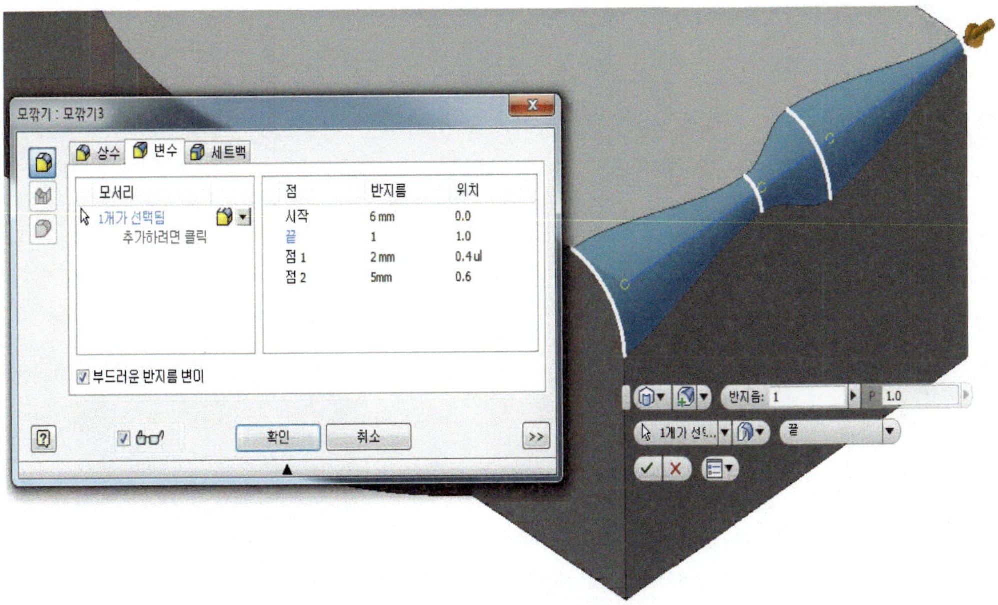

- 세트백 탭
  - 꼭지점 : 상수에서 선택한 모서리가 만나는 점이다.
  - 최소 : 지정된 꼭지점에 허용되는 최소 세트백을 정의한다.
  - 모서리 : 꼭지점에서 만나는 각각의 모서리이다.
  - 세트백 : 거리 치수 입력을 한다.

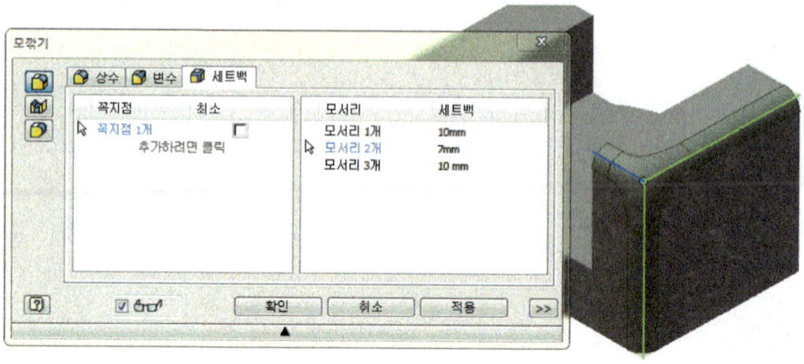

- 면 모깎기 : 모서리를 공유할 필요가 없는 선택된 두 면 세트 사이에 모깎기 또는 라운드를 추가한다.
- 전체 둥근 모깎기 : 세 개의 인접 면에 접하는 변수 반지름 모깎기 또는 라운드를 추가한다. 중심 면 세트는 변수 반지름 모깎기에 의해 교체된다. 전체 둥근 모깎기는 리브와 같은 외부 부품 피쳐를 캡 또는 라운드 처리하는 데 사용될 수 있다.

3.2.3 모따기(Chamfer)

부품이나 조립품의 하나 이상의 모서리에 모따기를 추가하는 기능으로, 모깎기와 같이 스케치를 필요로 하지 않으며 모따기를 배치하는 모서리에서 구속된다.

- 거리 : 두 면을 따라 동일한 거리로 모따기를 생성한다.

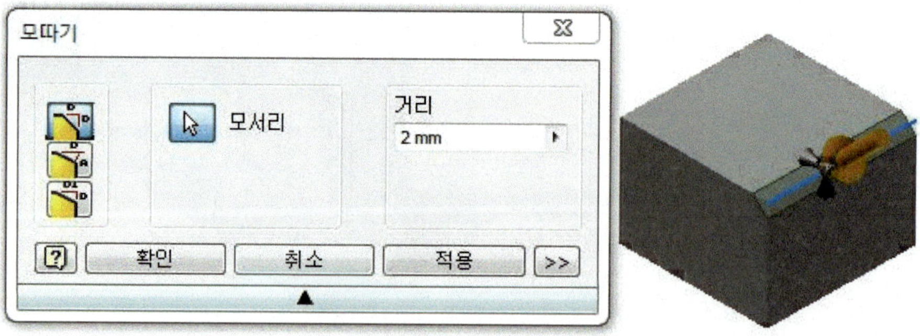

- 거리 및 각도 : 모서리에서 지정한 거리와 각도를 이용하여 모따기를 생성한다.

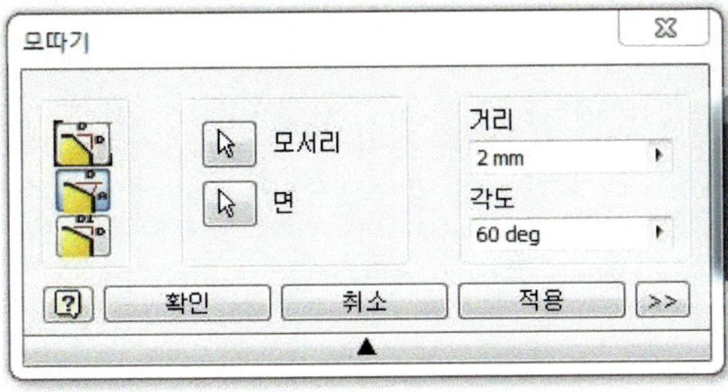

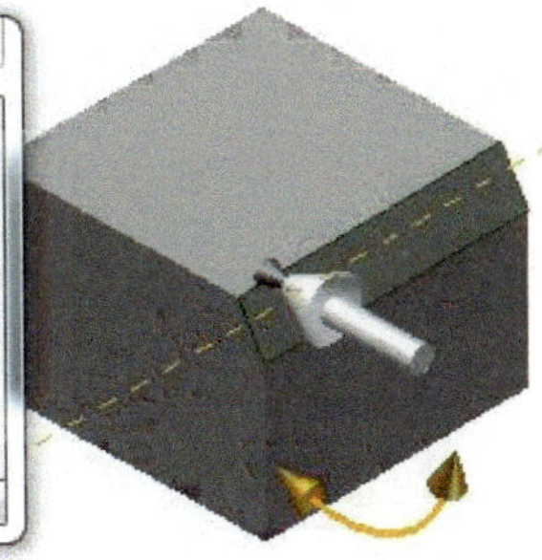

- 두 거리 : 모서리에서 서로 다른 거리를 이루는 모따기를 생성한다.

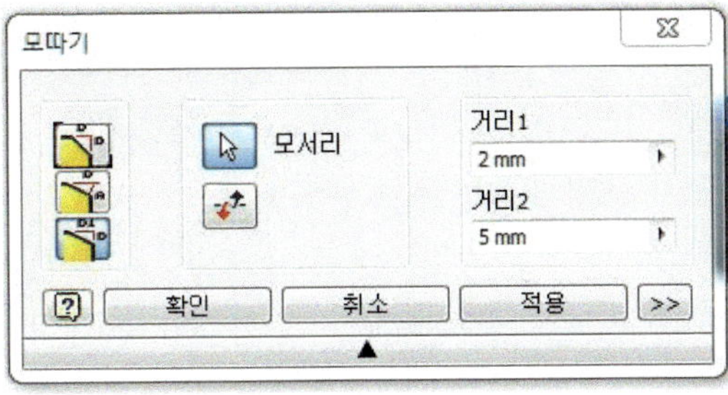

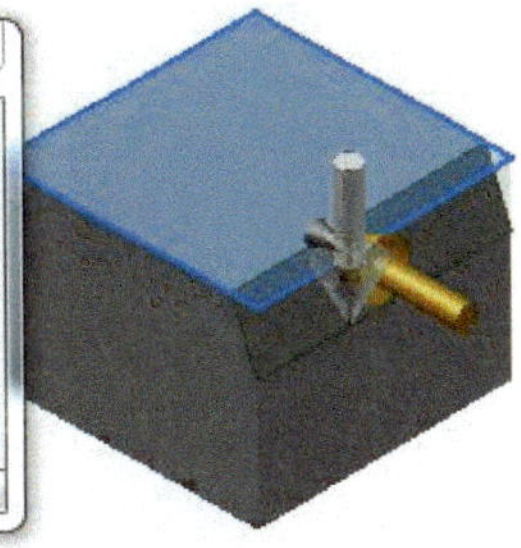

- 모서리 체인
  -  모두 접하도록 연결된 모서리 : 접하는 모서리를 모두 선택한다.
  -  단일 모서리 : 선택한 모서리에만 적용한다.

- 계단
  - 세트백  : 계단이 있다.
  - 세트백 없음  : 계단이 없다.

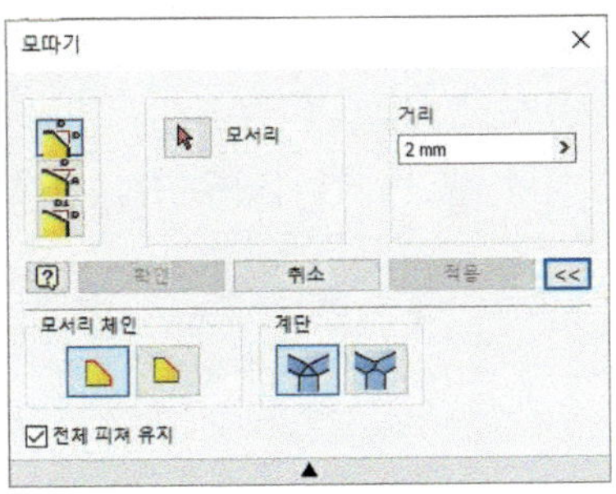

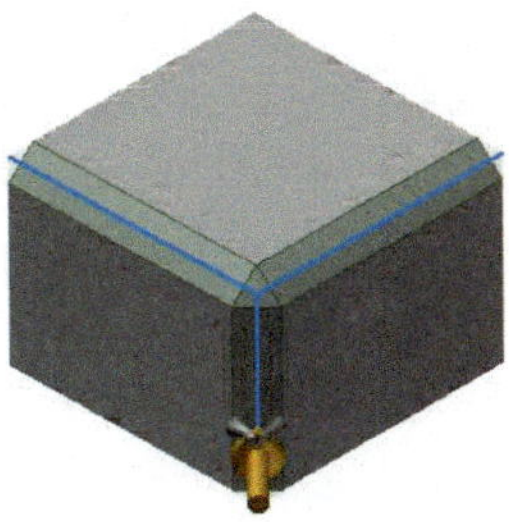

3.2.4 쉘(Shell)

쉘은 주조 및 주물 부품에 사용되는 파라메트릭 피쳐이다. 부품 내부의 재질이 제거되어 속이 빈 구멍이 만들어진다. 부품 또는 쉘의 치수를 변경하면 둘 모두의 크기가 자동으로 조절된다.

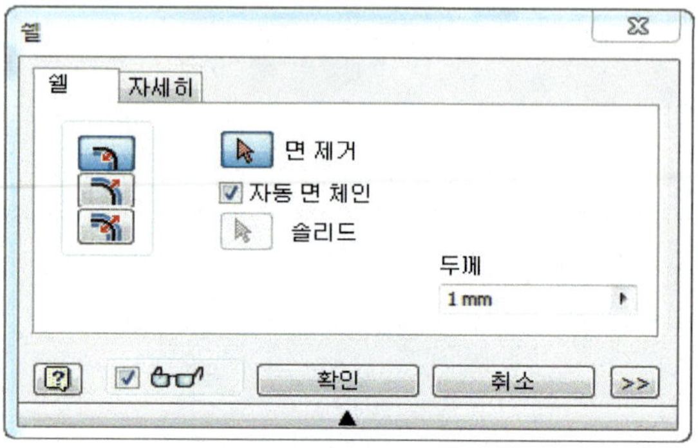

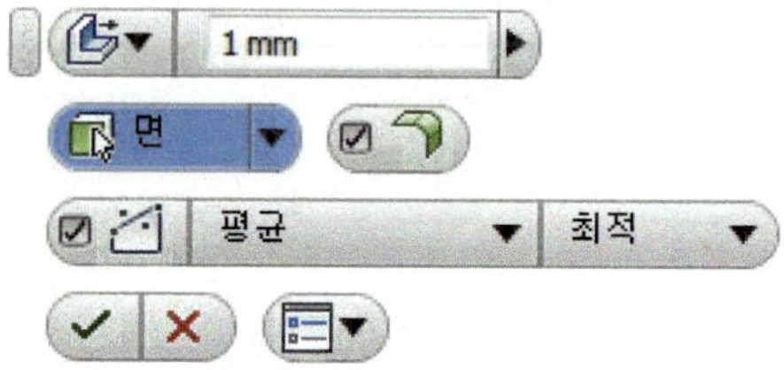

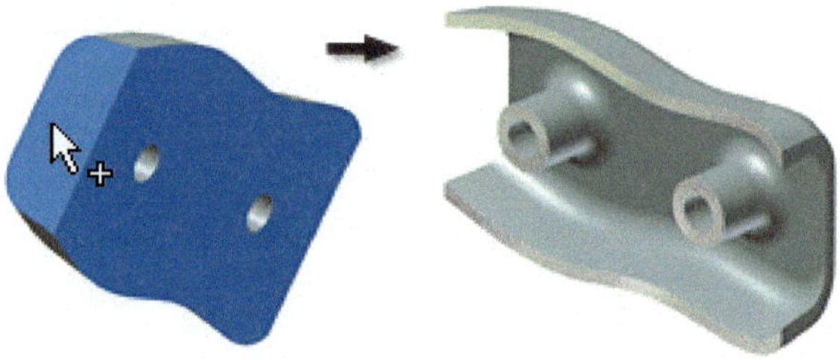

- **방향** : 부품 면에 상대적인 쉘 경계를 지정한다.
  - 내부 : 부품 내부에 쉘 벽 간격띄우기를 한다. 원래 부품의 외부 벽은 쉘의 외부 벽이 된다.
  - 외부 : 부품 외부에 쉘 벽 간격띄우기를 한다. 원래 부품의 외부 벽은 쉘의 내부 벽이다.
  - 양쪽 면 : 부품의 내부와 외부에 동일한 거리의 쉘 벽 간격띄우기를 한다. 쉘 두께의 반을 부품의 두께에 추가한다.

- **면 제거** : 제거할 부품 면을 선택하여 나머지 면을 쉘 벽으로 남겨둔다. 클릭하여 부품을 활성화한 다음 제거할 면을 선택한다. 면을 다시 사용하려면 Ctrl 키를 누른 상태에서 면을 선택한다. 선택된 면은 제거된다. 두께는 남아 있는 면에 적용되어 쉘 벽을 작성한다. 제거할 부품 면이 선택되지 않은 경우 쉘 구멍은 부품 내에 완전히 둘러싸이게 된다.

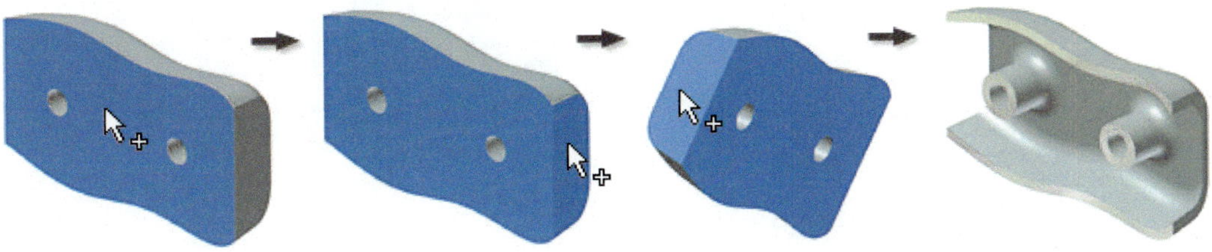

- **자동 면 체인** : 다중 접선 연속 면의 자동 선택을 사용하거나 사용하지 않는다. 기본 설정은 켜기이다. 개별 접선 면을 선택하려면 선택을 취소한다.

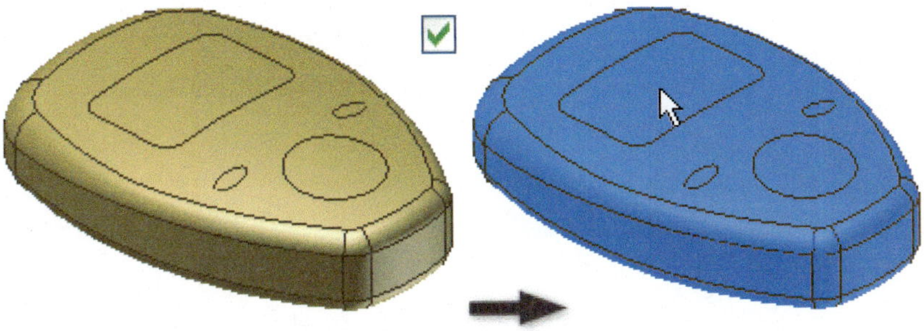

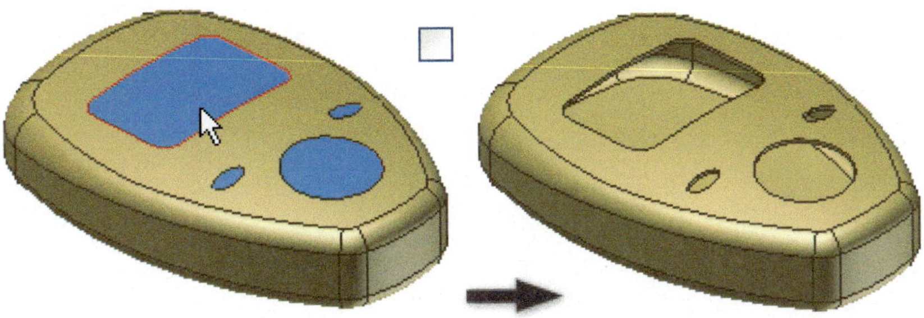

- **두께** : 쉘 벽에 균일하게 적용할 두께를 지정한다. 제거할 부품 곡면을 선택하지 않으면 쉘 벽이 된다.
  - 필요하면 특정 벽은 다른 두께를 가질 수 있다.

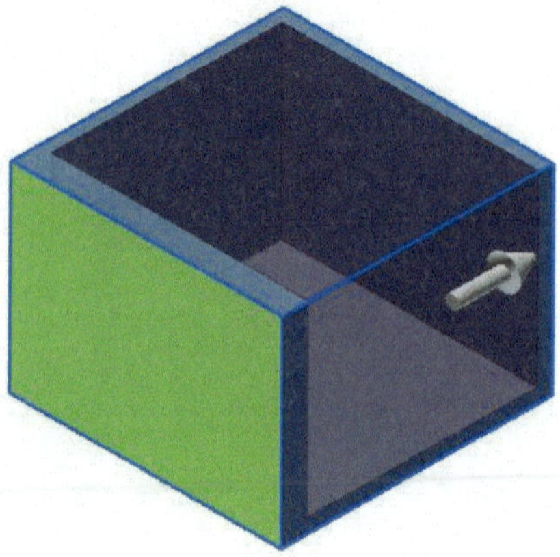

- 자세히

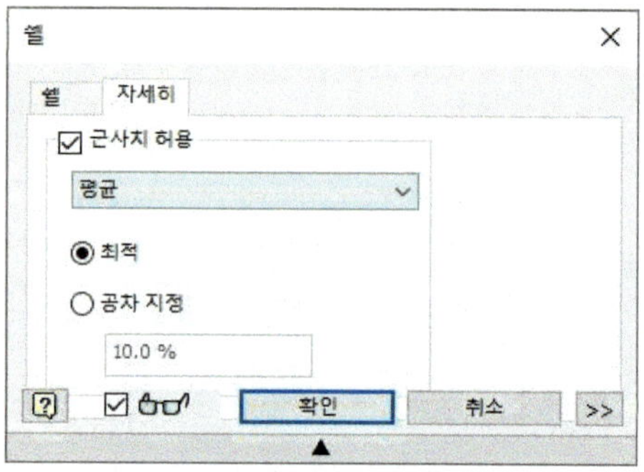

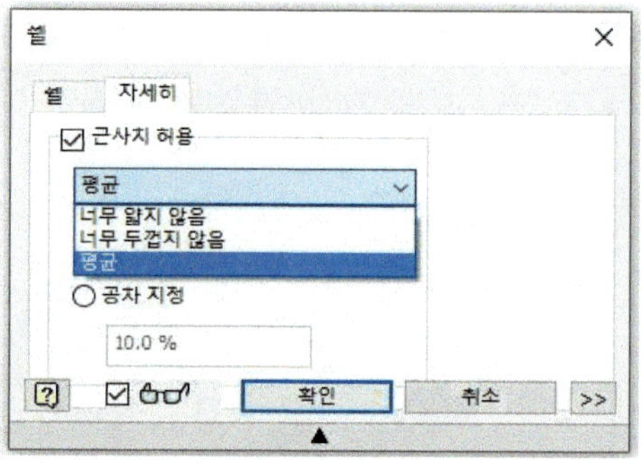

- 근사치 허용 : 정확한 솔루션이 없는 경우 셸 피처를 계산할 때 지정된 두께로부터 편차를 허용한다.
- 평균 : 편차는 지정된 두께보다 두꺼운 경우와 얇은 경우 두 가지 모두 허용한다.
- 너무 얇지 않음 : 최소 두께를 유지함. 편차는 지정된 두께보다 두꺼워야 한다.
- 너무 두껍지 않음 : 최대 두께를 유지함. 편차는 지정된 두께보다 얇아야 한다.
- 최적 : 최소 계산 시간을 허용하는 공차를 사용하여 계산한다.
- 공차지정 : 지정된 공차를 사용하여 계산함. 계산 시간이 오래 걸리 수 있다.

3.2.5 면 기울기(Face Draft)

피쳐의 지정된 면에 기울기를 적용한다. 기울기 각도는 고정된 모서리 또는 접하는 모서리, 기존 피쳐의 고정 면이나 작업 평면으로부터 계산된다.

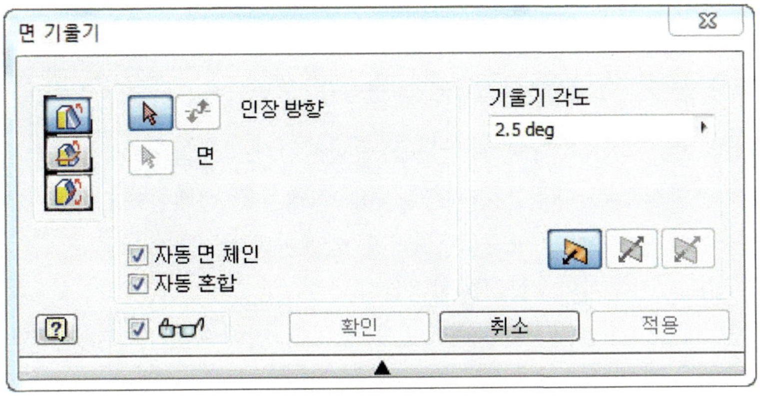

- 기울기 유형
  - 고정된 모서리 : 한 면당 하나 이상의 고정된 인접 연속 모서리에 대한 기울기를 작성한다. 그 결과로 면이 추가된다.

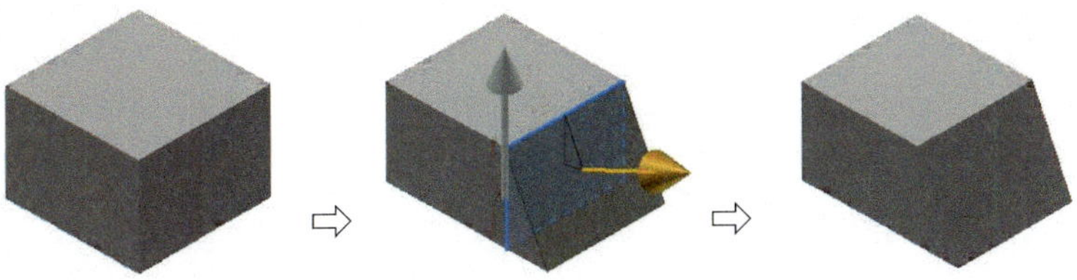

  - 고정된 평면 : 평면형 면이나 작업 평면을 선택하고 인장 방향을 결정한다. 인장 방향은 선택한 면이나 평면에 수직이다.

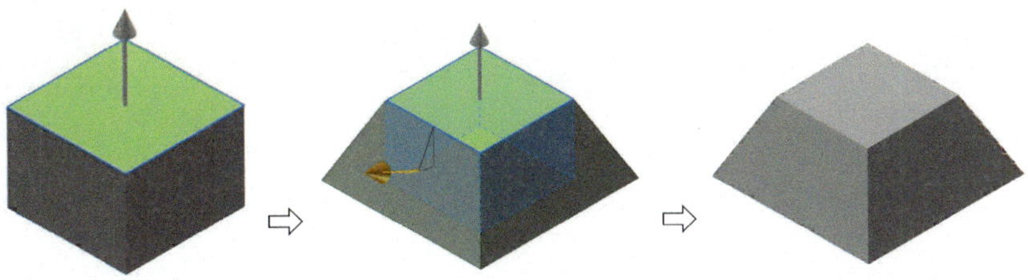

  - 분할선 : 2D 또는 3D 스케치에 대한 기울기를 작성한다. 모형에는 분할선 위와 아래에 기울기가 적용된다.

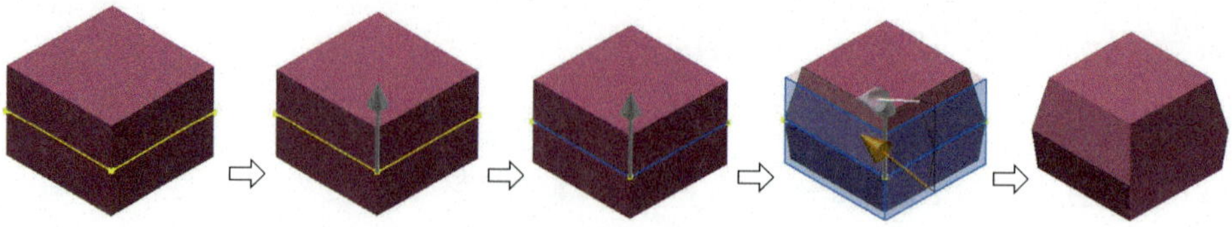

- 선택
  - 인장 방향 : 부품에서 인장되는 방향을 설정한다.
  - 방향 반전 : 인장 방향 화살표를 반전시킨다.
  - 분할선 : 분할선으로 사용할 2D 또는 3D 스케치를 선택한다.
  - 면 : 기울기를 적용할 면 또는 모서리를 선택한다.
  - 기울기 각도 : 기울기의 각도를 설정한다.
    - 자동 면 체인 : 기울기 선택 세트에서 선택한 면에 접하는 면을 포함한다.
    - 자동 혼합 : 모깎기 또는 다른 피처를 사용하여 인접 면에 혼합되는 면에 사용할 수 있다. 혼합된 형상을 유지하려면 자동혼합을 켠다.

3.2.6 스레드(Thread) 스레드

구멍, 샤프트, 스터드 또는 볼트에 스레드를 작성한다. 스레드 위치, 스레드 길이, 간격띄우기, 방향, 유형, 호칭 크기, 클래스 및 피치를 지정한다. 스레드 데이터는 스프레드시트에 생성되며 스레드 유형 및 크기를 추가하여 사용자가 지정할 수 있다.

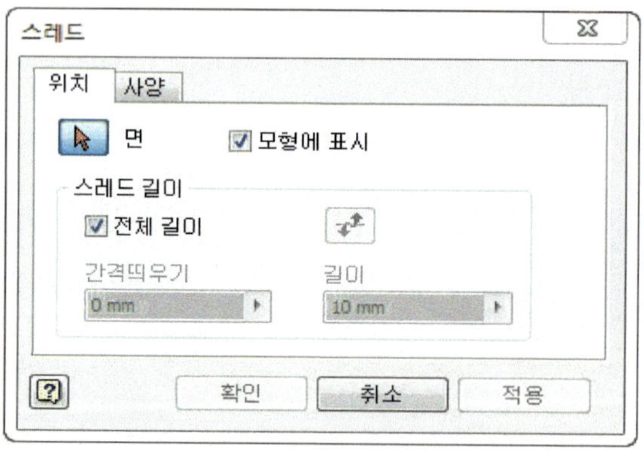

- 위치
  - 면 : 단일 원통형 또는 원추형 면을 선택한다.
  - 모형에 표시 : 모형에 스레드 표현을 사용할지 여부를 지정한다.

- 스레드 길이
  - 전체 길이 : 선택된 면의 전체 길이를 스레드한다.
  - 반전 : 스레드 방향을 선택된 면의 전체 길이보다 작게 변경한다.
  - 길이 : 선택된 면의 스레드된 일부를 지정한다. 전체 길이 스레드에서는 사용할 수 없다.
  - 간격띄우기 : 스레드의 시작 면에서부터 거리를 설정한다. 전체 길이 스레드에서는 사용할 수 없다.

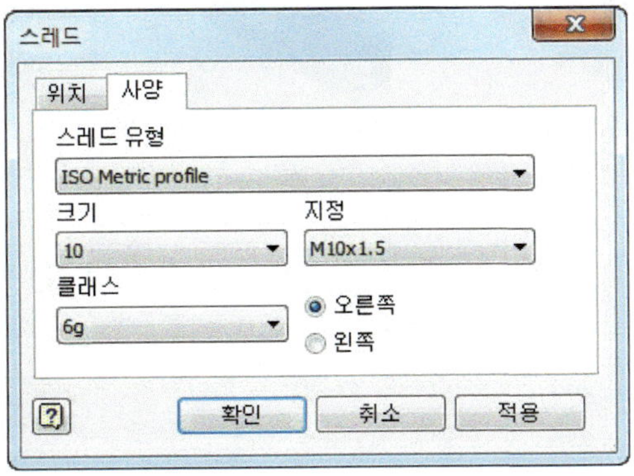

- 사양
  - 스레드 유형 : 스프레드시트에 정의된 리스트에서 스레드 유형을 선택한다.
  - 크기 : 선택된 스레드 유형의 호칭 크기(지름)를 선택한다.
  - 지정 : 선택된 스레드 지름에 대한 피치를 리스트에서 선택한다.
  - 클래스 :선택된 지름과 피치에 대한 스레드 클래스를 리스트에서 선택한다.
  - 방향 : 왼쪽 또는 오른쪽 방향을 지정한다. 스레드 주에 사용되지만 크기나 스레드 모양에는 영향을 주지 않는다.

3.2.7 분할(Split)

부품 면을 분할하고, 전체 부품을 자르고, 결과로 발생하는 면 중 하나를 제거하거나 솔리드를 두 개의 본체로 분할한다.

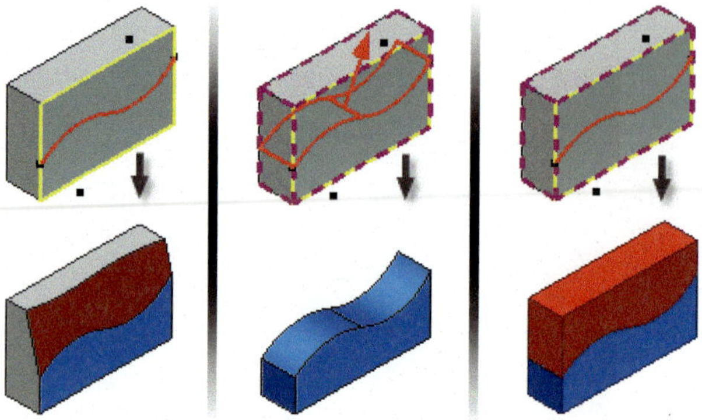

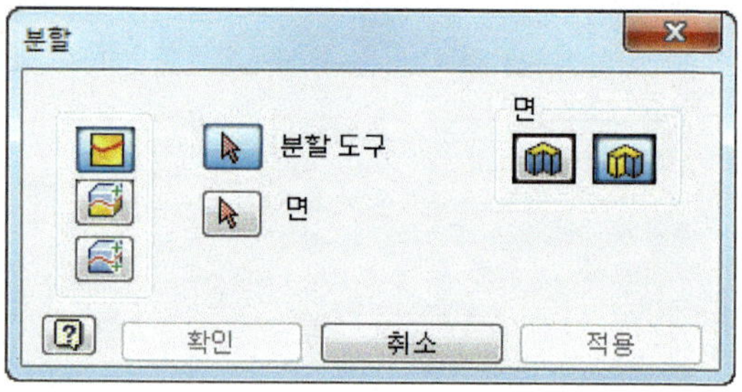

- 방법
  - 면분할 : 하나 이상의 면을 선택하여 두 부분으로 분할한다.
  - 솔리드 자르기 : 부품 또는 본체를 선택하여 분할하고 한쪽을 버린다.
  - 솔리드 분할 : 솔리드 본체를 두 개의 조각으로 분할하는 데 사용할 작업 평면 또는 분할선을 선택한다.

- 선택
  - 분할 도구 : 하나 이상의 면을 선택하여 두 부분으로 분할한다.
  - 면 : 면 분할 방법이 활성화되면 분할할 면을 선택한다.
  - 솔리드 : 분할 방법이 활성화되면 자르거나 분할할 솔리드 본체를 선택한다.

• 면

면 분할 방법이 활성화되면 분할할 전체 또는 특정 면을 선택한다.

- 전체 : 모든 면을 선택하여 분할한다.
- 선택 : 분할할 면을 선택한다.

• 제거

제거할 면을 클릭하여 미리 본 다음 지정된 면을 제거한다.

3.2.8 결합(Join)

하나 이상의 솔리드 본체를 접합한다. (본체에서 접합, 잘라내기, 교차 작업수행)

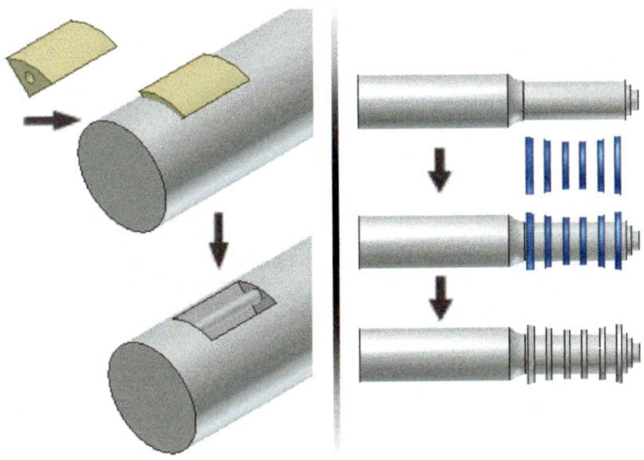

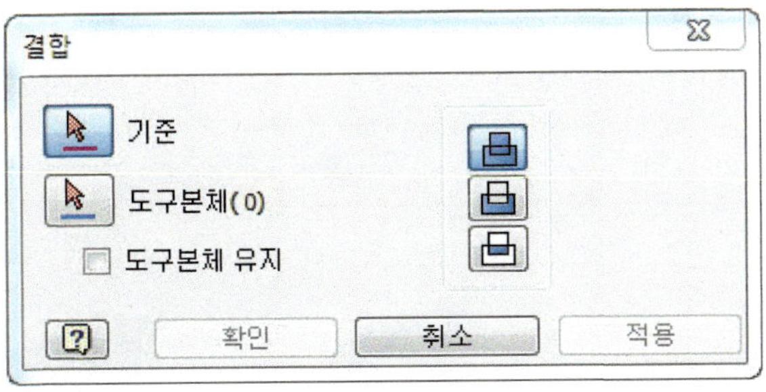

• 선택

통합할 둘 이상의 본체를 선택한다.

- 기준 : 적용을 받는 솔리드 본체를 선택한다.
- 도구본체 : 기준 솔리드 본체에서 적용을 받을 하나 이상의 본체를 선택한다.
- 도구본체 유지 : 독립된 본체로서 작업에 포함된 도구본체를 유지하려면 선택한다.

- 작업

  접합 작업 시 선택된 본체를 접합하거나, 잘라내거나, 교차할지 지정한다.
  - 접합 : 기본 본체와 선택한 도구본체를 결합한다.
  - 잘라내기 : 기본 본체에서 선택한 도구본체의 체적을 뺀다.
  - 교차 : 기본 본체와 선택한 도구본체의 공유 체적에서 기준 솔리드를 수정한다.

3.2.9 두껍게 한 면 및 간격띄우기

부품에 두께를 추가하거나 제거하고 부품 곡면에서 간격띄우기 곡면을 작성한다. 출력을 선택할 때 선택에 따라 피처 유형을 지정한다.

- 곡면 간격띄우기 곡면을 작성한다.
- 솔리드 두껍게 하기 피처를 작성한다.
- 새 솔리드 다중 본체 부품에서 본체를 작성한다.

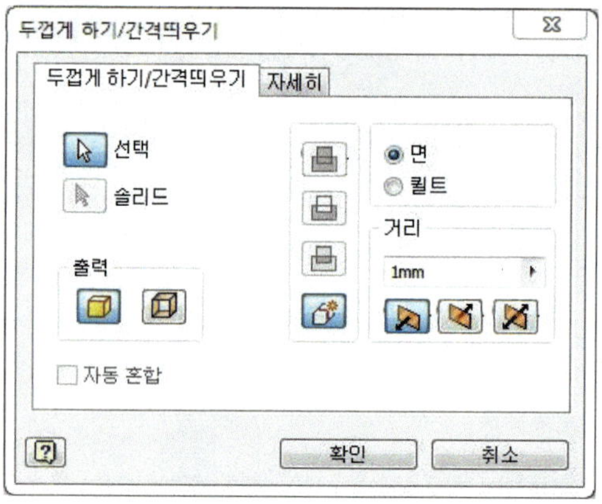

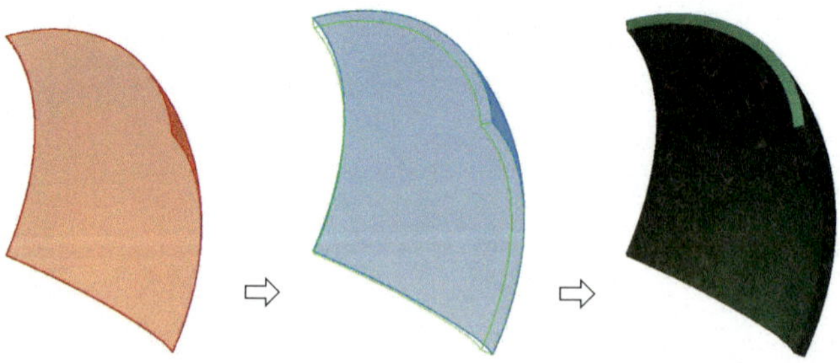

- 두꺼워진 면에 자동 혼합 적용

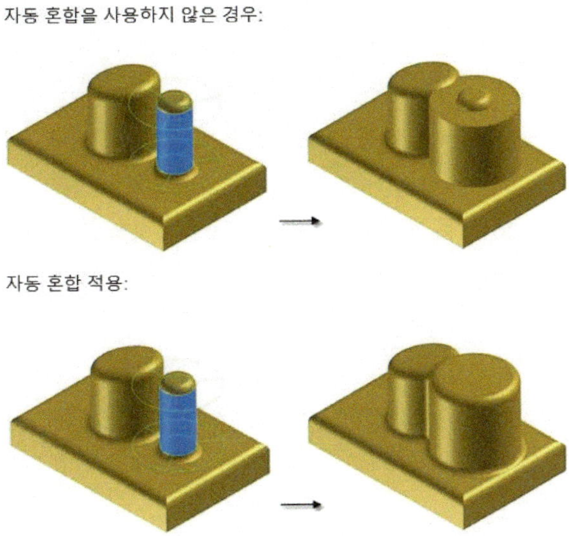

3.2.10 직접편집

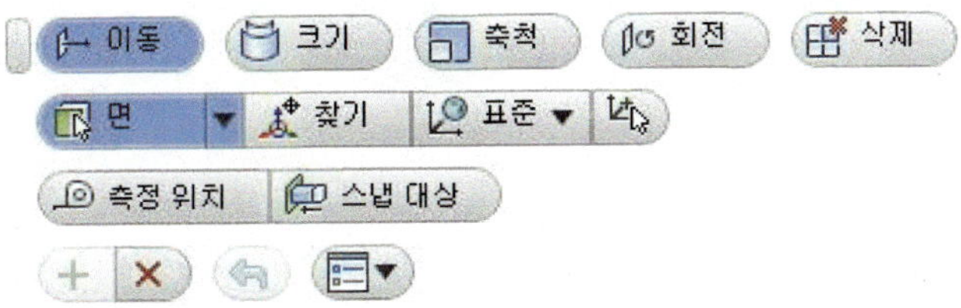

지정된 거리와 방향 또는 평면형 이동을 기준으로 기준 솔리드 또는 피쳐에서 하나 이상의 면을 이동한다.

- 이동 워크플로우
  이동할 하나 이상의 면을 선택한다.
  - 형상이동 : 트라이어드라고 하는 3D 캔버스 내 도구를 사용하여 자유 이동한다.

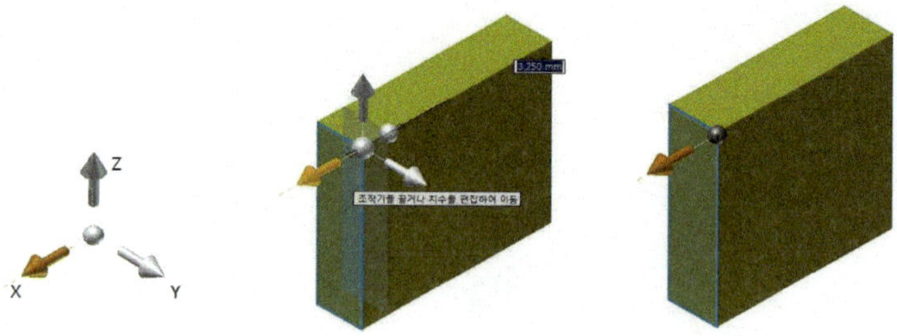

- **방향 및 거리** : 지정된 방향과 거리로 면을 이동한다.
  트라이어드 핸들을 선택하여 이동 방향을 지정한다. 핸들을 끌거나, 매개변수 이름을 입력하거나, 이동 거리에 대한 정확한 값을 입력할 수 있다.
- **측정 위치** : 측정 위치를 선택하여 기존 형상을 참조로 선택해 거리에 대한 시작 위치를 제어한다.

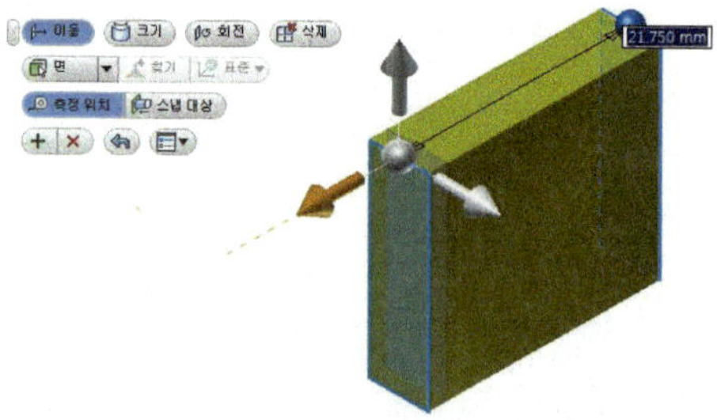

- **찾기**  : 트라이어드 위치를 변경한다. 커서에 트라이어드가 나타난다. 트라이어드를 원하는 새 위치에 배치한다.
- **표준 및 로컬** : 트라이어드 방향을 제어한다.
  · 트라이어드를 형상에 정렬하려면 먼저 로컬을 선택한 다음 미니 도구막대에서 을 선택한다. 로컬은 선택한 면 또는 본체를 기준으로 트라이어드를 배치한다.
  · 트라이어드의 방향을 부품 원점으로 지정하려면 표준을 선택한다. 표준을 선택하면 정렬 선택을 사용할 수 없다.

● 크기 워크플로우
- **간격띄우기** : 지정된 거리로 선택한 면을 간격띄우기 한다.

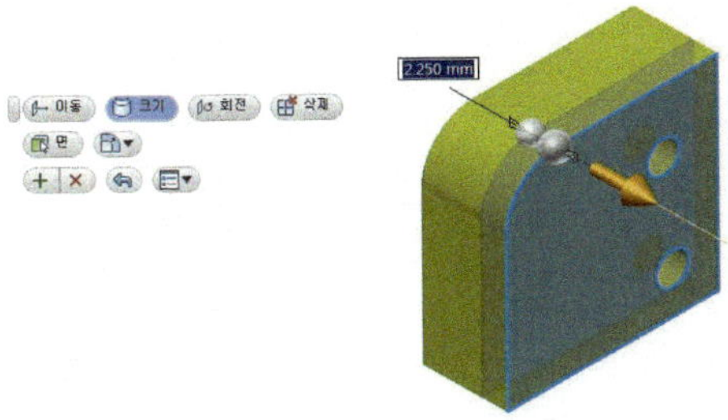

- 지름 : 원통형 면의 크기를 변경한다. 크기가 서로 다른 원통형 피쳐를 동일한 지름으로 변경한다.
- 반지름 : 방사형 면의 크기를 변경한다. 크기가 서로 다른 방사형 피쳐를 동일한 반지름으로 변경한다.

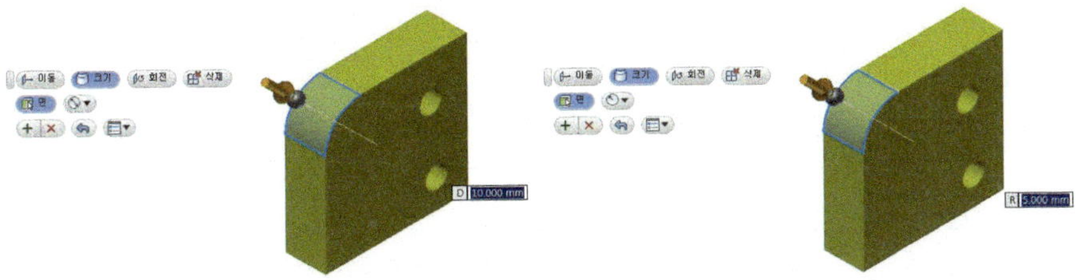

※ 파라메트릭 구멍 피쳐는 도면 파일에서 부정확성을 방지하기 위해 크기를 조절할 수 없다.

- 축척 워크플로우

  솔리드에 축척을 적용한다.(면 선택자는 축척 작업에 사용할 수 없다.)
  - 균일 : 단일 계수를 사용하여 솔리드를 축척한다.
  - 비균일 : 개별 X, Y, Z 축척 계수를 사용하여 솔리드를 축척한다.

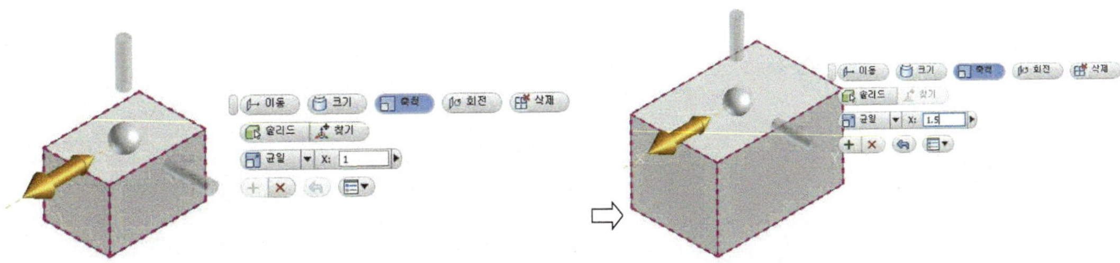

  - 그래픽 창에서 조작기 핸들을 끌거나 입력 상자에 값을 입력한다.

- 회전 워크플로우

  트라이어드 핸들을 선택하여 회전 방향을 지정한다. 핸들을 끌거나, 매개변수 이름을 입력하거나, 회전 각도에 대한 정확한 값을 입력할 수 있다.

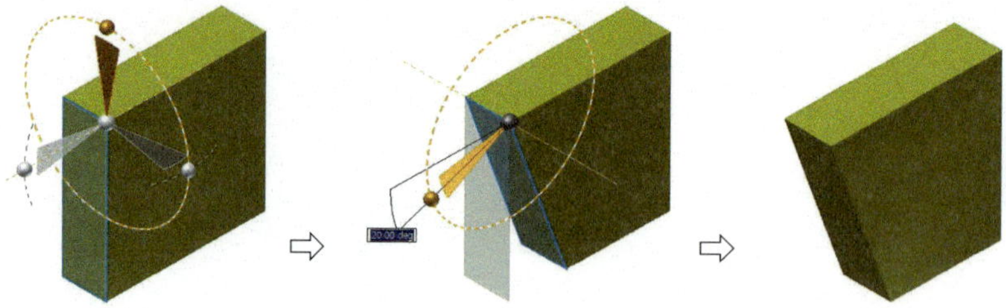

- 삭제 워크플로우

  삭제를 선택한 후 삭제할 항목을 하나 이상 선택한다.

  - 모깍기, 모따기 등 형상 삭제

3.2.11 면 삭제

개별 면이나 보이드(덩어리)의 선택에 따라 면을 하나 이상 삭제한다.

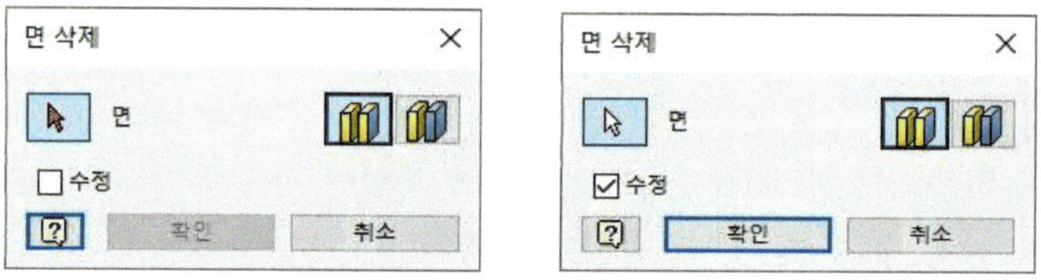

- 개별 면을 삭제하는 경우 수정을 선택하여 Autodesk Inventor에서 인접 면이 교차할 때까지 연장하여 틈새를 수정하도록 한다.

3.2.12 본체이동

다중 본체 부품 파일에서 원하는 방향으로 솔리드 본체를 이동한다.

모델링 명령을 사용하거나 파생 구성요소 명령을 통해 하나 이상의 솔리드를 가져와서 부품 파일에 다중 솔리드 본체를 작성한다. 본체 이동 명령을 사용하여 솔리드 본체 구성요소를 다시 배치한다.

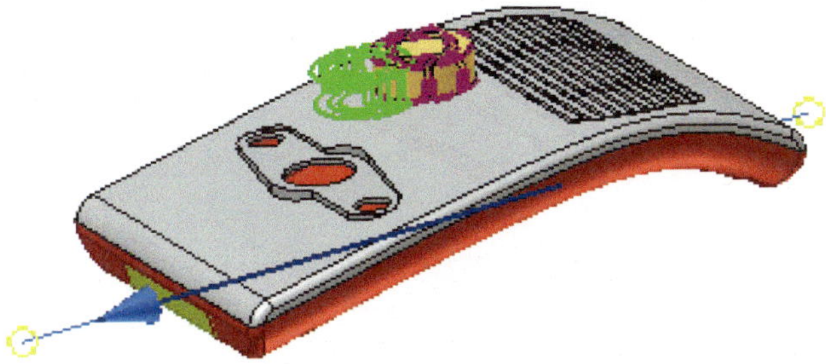

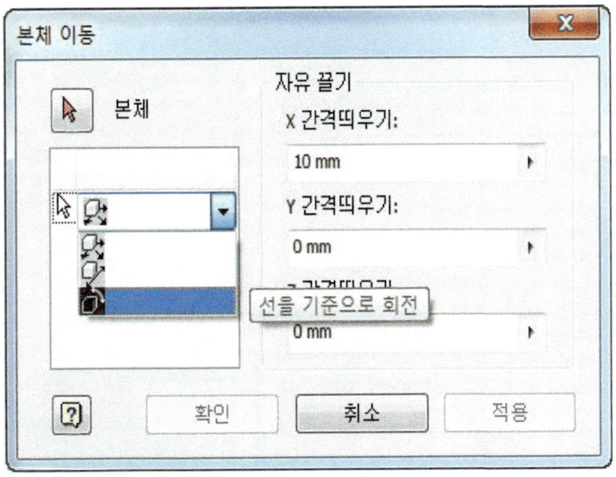

- 이동유형

  자유 끌기, 레이를 따라 이동 또는 회전 기능을 선택한다.

  - 자유 끌기 : 정밀한 X, Y 또는 Z 간격띄우기 값을 입력한다.
  - 레이를 따라 이동 : 선형 간격띄우기 값을 입력한다.
  - 선을 기준으로 회전 : 정밀한 회전 값을 입력한다.
    - 방향 : 모서리 또는 축을 지정하여 선형 이동 방향을 정의한다.
    - 축 회전 : 선 회전 모서리 또는 축을 지정한다.

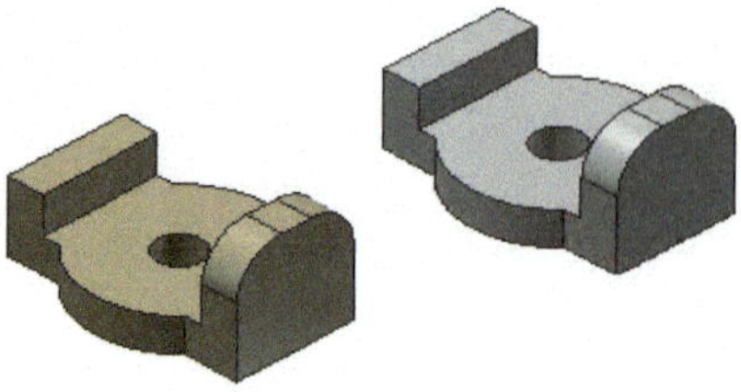

• 자유 끌기

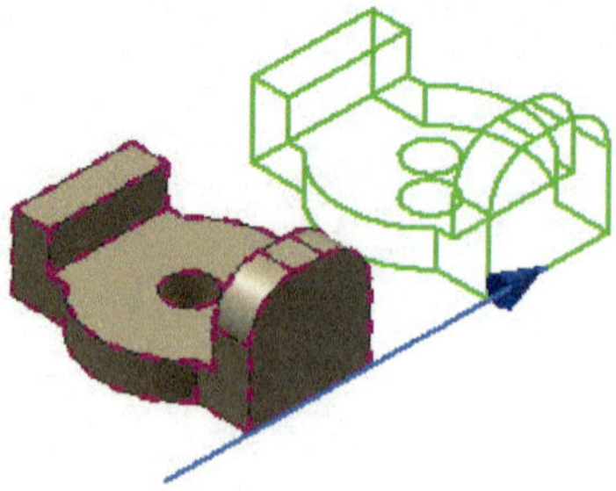

• 레이를 따라 이동

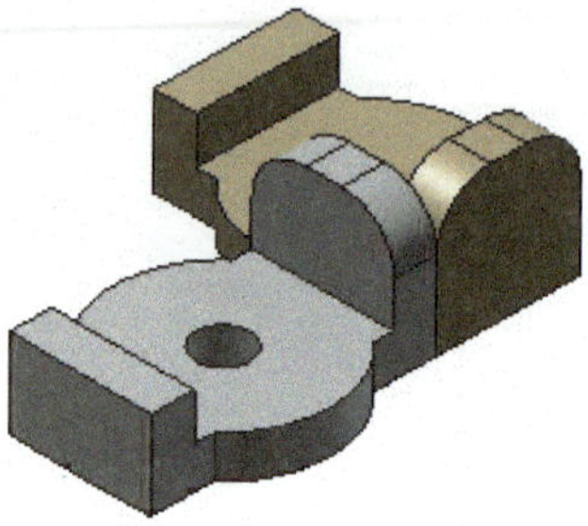

• 선을 기준으로 회전

3.2.13 굽힘

부품의 부분을 굽힌다.

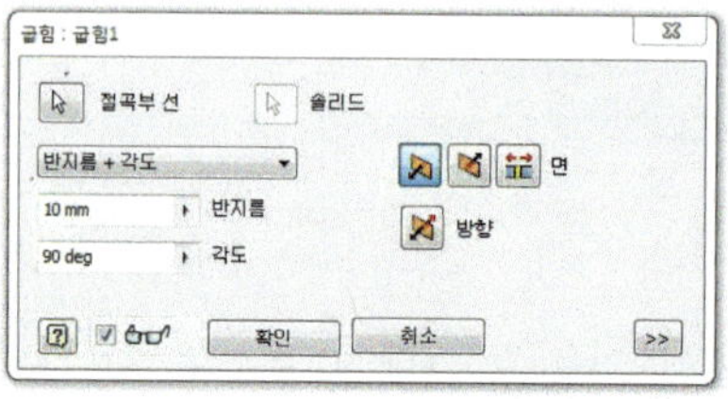

- 절곡부 선

  기존 부품이 절곡부 피쳐의 변형 영역으로 이전하는 접선으로, 피쳐가 힌지되거나 접히는 선이다.

  - 반지름 + 각도

    · 지정한 값을 사용하여 피쳐를 작성한다. 반지름은 두 면 사이의 절곡부 곡선 크기를

정의한다. 각도는 두 면의 위치를 정의한다.

- 반지름 + 호 길이
  - 반지름에 대해 정의한 값과 곡선의 길이를 정의하는 호 길이를 사용하여 피처를 작성한다.
- 호 길이 + 각도
  - 호 길이 및 각도에 대해 지정한 값을 사용하여 피처를 작성한다.

- 측면

굽힐 부품의 면을 반전한다.

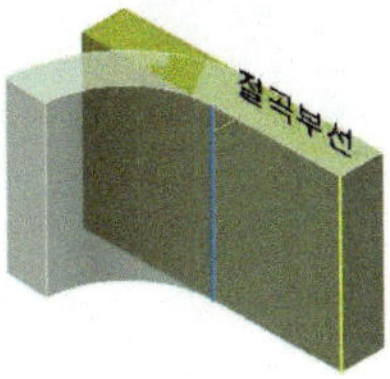

· 왼쪽 절곡부

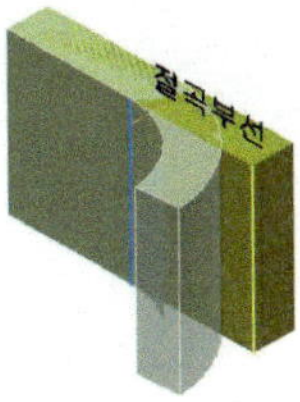

· 오른쪽 절곡부

· 양쪽 절곡부

- 방향

굽힘 방향을 위 또는 아래로 반전한다.

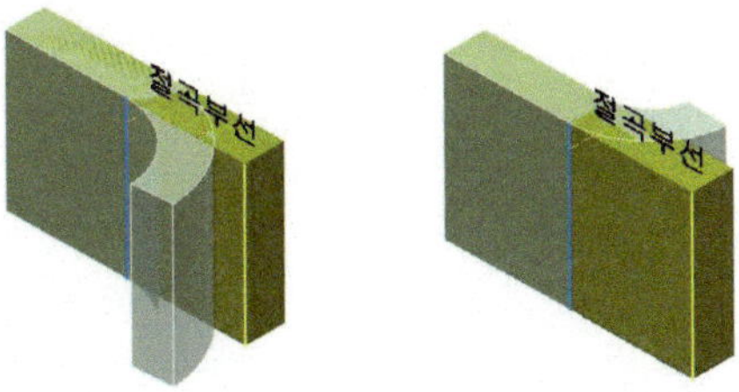

- 최소 절곡부

이 절곡부 선이 부품 본체의 여러 부분과 교차하는 경우 굽힐 부분을 지정하는 데 사용한다.

3.2.14 객체복사

부품 파일 내의 형상을 구성 환경 내에서 복합, 기준 곡면 또는 그룹으로 복사하거나 이동한다. 조립품에서 한 부품으로부터 다른 부품에 곡면 형상의 연관 또는 비연관 사본을 작성한다.

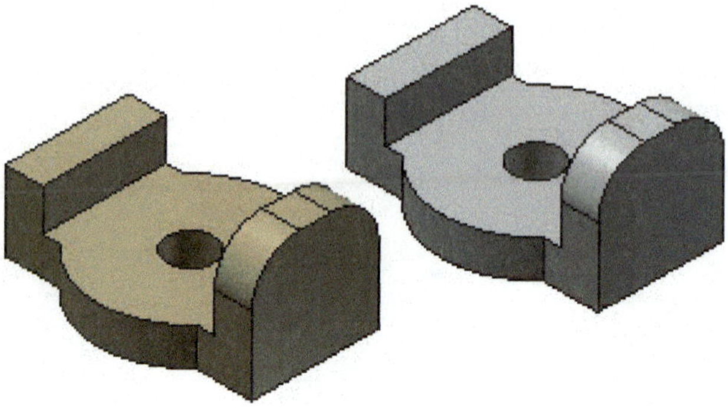

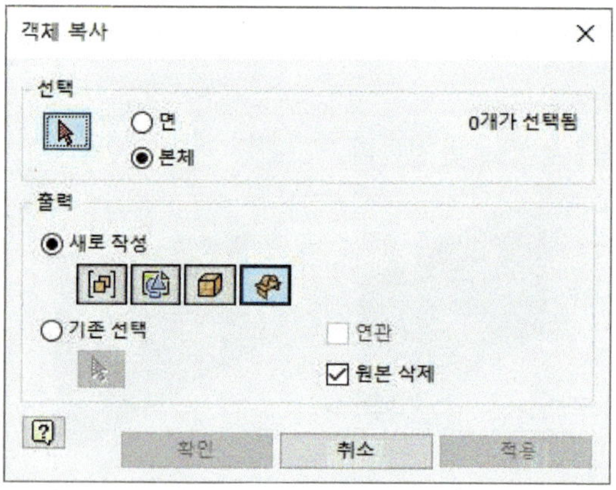

- 선택

  하나 이상의 면 또는 본체을 선택한다.

  - 면 : 퀼트 또는 솔리드 본체의 개별 면 선택한다.
  - 본체 : 전체 퀼트 또는 솔리드 본체을 선택한다.

- 출력

  복합, 곡면 또는 솔리드를 복사 또는 이동할지를 정의한다. 선택(면 또는 본체)은 사용 가능한 출력 옵션을 결정한다.

  - 새로 작성
    - 그룹 : 선택 세트를 구성 환경에서 새 그룹에 복사하거나 이동한다.

· **복구된 형상** : 객체 복사를 사용하여 기본 본체를 작성한 다음 새 복구 본체를 작성할 수 있다.

· **곡면** : 선택한 단일 본체의 모든 본체 또는 모든 연속 면 세트에 대해 기준 곡면 피처를 작성한다.

· **복합** : 선택 세트를 부품 모델링 환경에서 하나의 복합 피처에 복사하거나 이동한다.

- 기존선택

대상 복구 본체, 복합 피처 또는 그룹을 선택할 수 있다.

· **연관** : 피처를 작성할 때 대상 부품과 원본 부품에서 작성된 복사된 형상 간에 관계를 설정할 수 있다. 이 관계는 작성된 피처의 피처 검색기 입력 이전의 가변 검색기 아이콘으로 나타낸다. 이 관계는 링크 끊기 상황에 맞는 메뉴 옵션을 사용하여 끊을 수 있다.

· **원본 삭제** : 원래 위치에서 형상을 삭제한다. 선택한 형상을 지정된 위치로 이동한다. 다른 부품의 형상을 선택할 때는 사용할 수 없다.

3.3 작업 피쳐

작업 피쳐는 새 피처를 작성하고 배치하기에 형상이 충분하지 않을 때 사용되는 추상적인 구성 형상입니다. 작업 피쳐에는 작업 평면 , 작업축 및 작업점 이 포함되어 있다.

3.3.1 작업 평면

부품에서 작업 평면은 파라메트릭하게 피쳐에 부착되는 무한 구성 평면입니다. 조립품에서 작업 평면은 기존 구성요소에 상대적으로 구속된다.

기본적으로 YZ평면, XZ평면, XY평면을 가지고 Inventor는 모델링을 생성하지만, 사용자에 의해 생성된 평면 위에 스케치를 하고, 3D 모델링을 할 수도 있다.

• 평면에서 간격띄우기	• 점을 통과하여 평면에 평행
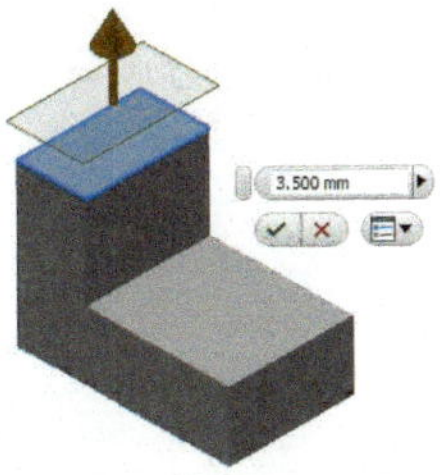	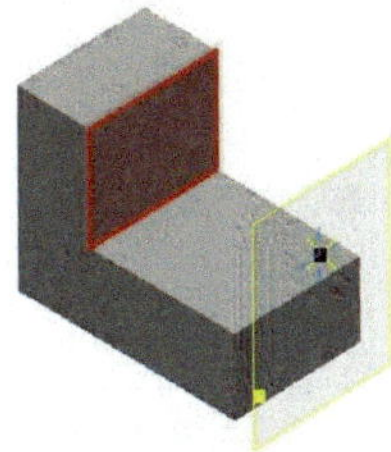
• 평행 평면 간의 중간평면	• 원환의 중간평면
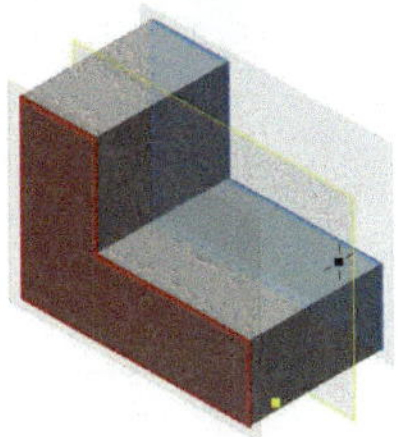	
• 모서리를 중심으로 평면에 대한 각도	• 축과 축을 이용한 작업평면 생성
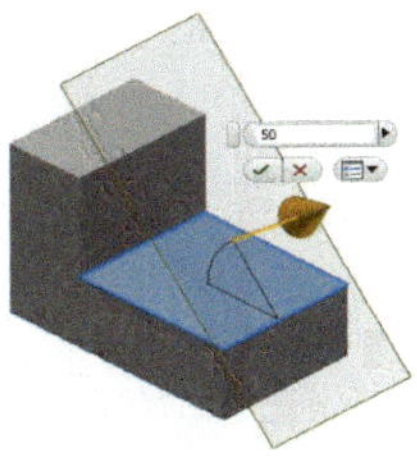	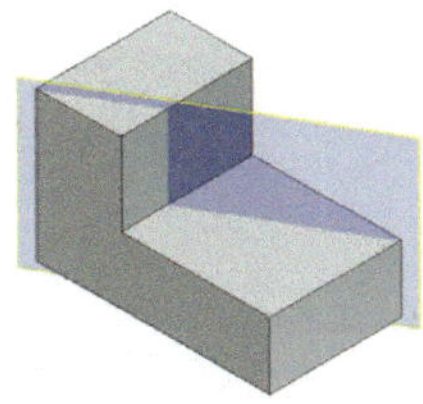
• 평면과 점을 이용한 작업평면 생성	• 축과 점을 이용한 작업 평면생성
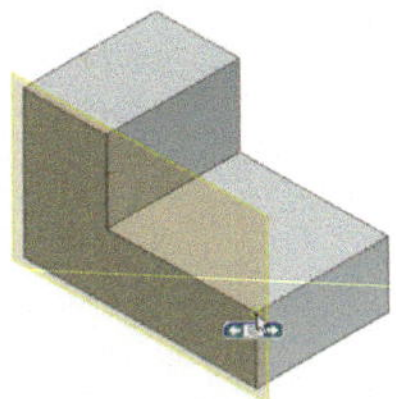	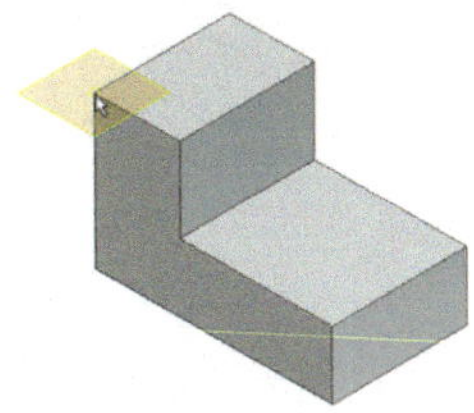
• 3점	• 두 개의 동일평면상 모서리
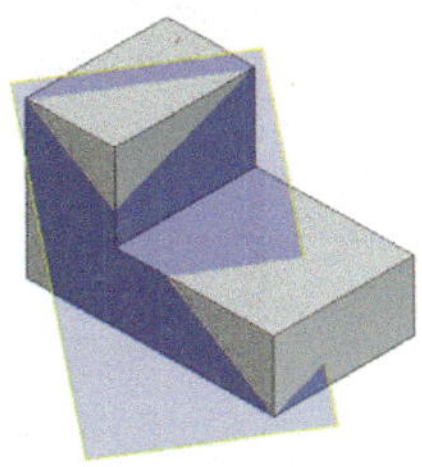	

• 모서리를 통과하여 곡면에 접함	• 점을 통과하여 곡면에 접함
	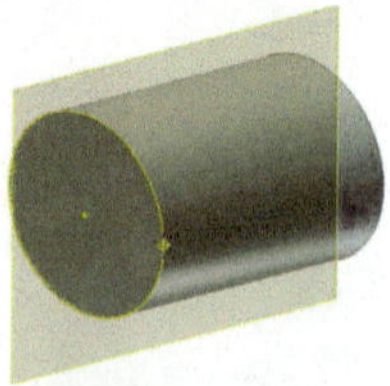
• 곡면을 접하고 평면에 평행	• 점을 통과하여 축에 수직
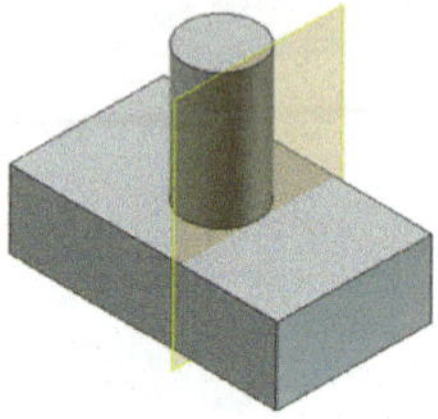	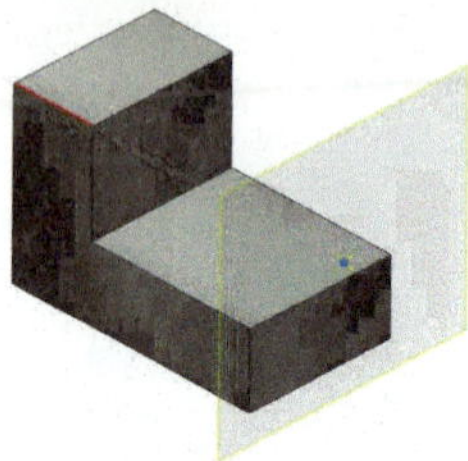
• 점에서 곡선에 수직 작업평면 생성	
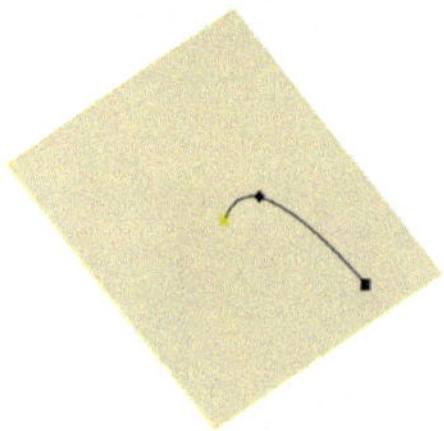	

3.3.2 작업축

피쳐와 조립품을 구성할 때 작업축을 사용하여 대칭선, 중심선 또는 회전된 피쳐축 사이의 거리를 표시한다. 도면에서 작업축을 사용하여 자동화된 중심선 및 중심 표식의 위치를 표시한다.

보스, 샤프트 또는 구멍과 같은 원형 피쳐의 축을 따라 작업축을 배치할 수도 있습니다. 조립품에 구성요소를 배치할 때, 작업축을 따라 구속한다.

3D 스윕을 작성할 때 작업점을 작업축과 작업 평면의 교차점에 배치한 다음 작업점을 선택하여 스윕 경로를 지정할 수 있다.

- 작업축 작성

축 명령을 사용하여 사용되지 않은 스케치 형상, 점 또는 부품 모서리를 작업축으로 지정한다.

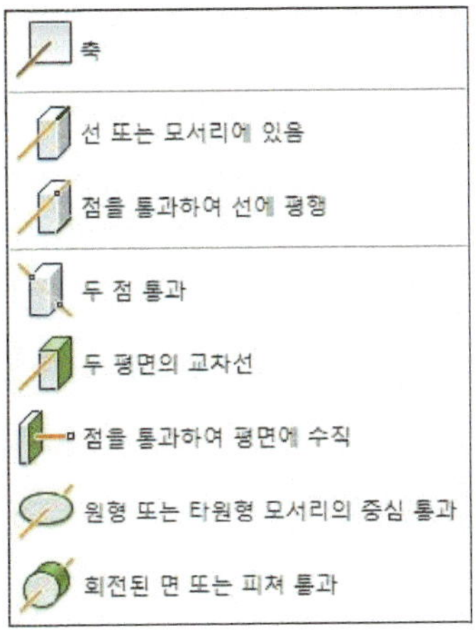

3.3.3 작업점

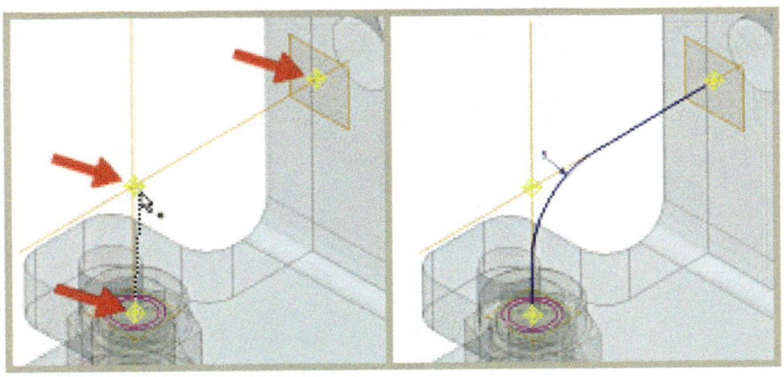

작업점은 부품 형상, 구성 형상 또는 3D 공간에 배치할 수 있는 파라메트릭 구성 점이다. 조립품에서 작업점을 선의 중간점에 작성할 수 없다.

작업점은 부품 면, 모형 곡면, 구성 곡면 및 기준 곡면의 구멍과 절단부에 배치할 수 있다. 루프 선택 모드가 활성화된 경우 모든 닫힌 루프에 작업점을 배치할 수 있다.

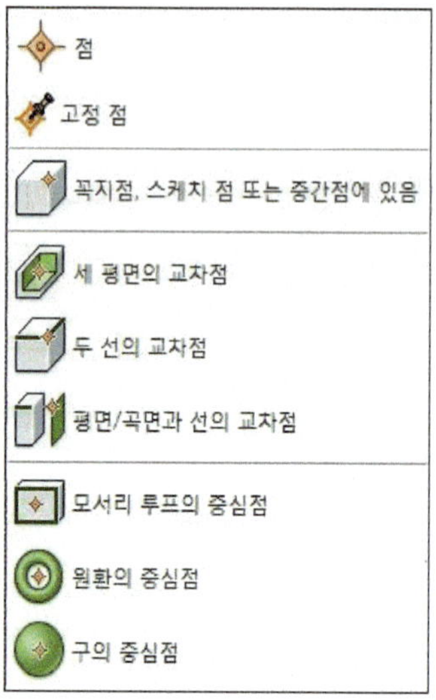

3.3.4 UCS(사용자 좌표계)

UCS(사용자 좌표계)는 작업 피처(3개의 작업 평면, 3개의 축 및 중심점)의 집합이다. 그러나 원점과 달리 문서에 여러 UCS가 있을 수 있으므로 이러한 UCS를 서로 다르게 배치하고 방향을 지정할 수 있다.

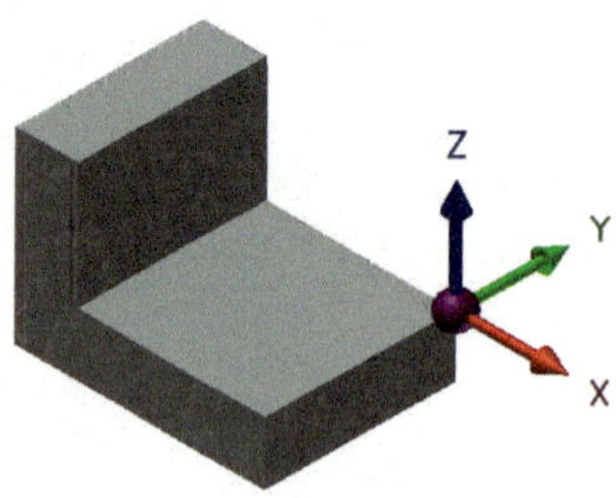

3.4 패턴

3.4.1 직사각형 패턴

하나 이상의 피처를 복제하고 한쪽이나 양쪽 방향의 선형 경로를 따라 또는 직사각형 패턴의 특정 개수와 간격에 따라 결과 발생을 배열한다. 행과 열은 선, 호, 스플라인 또는 잘린 타원일 수 있다.

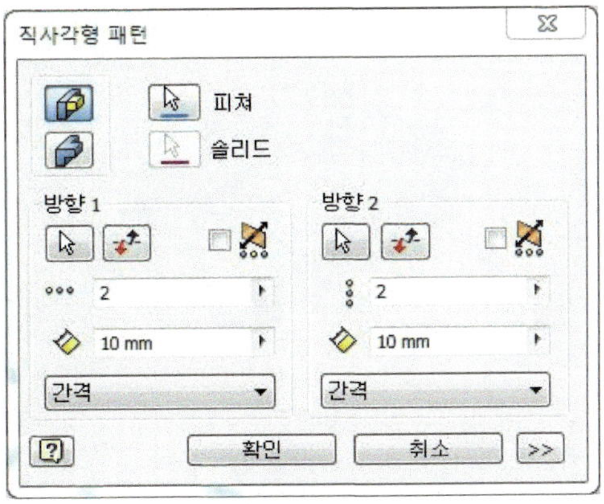

- 개별 피쳐 패턴 : 이 옵션을 사용하여 개별 솔리드 피쳐, 작업 피쳐 및 곡면 피쳐를 패턴화한다.
- 피쳐 : 패턴에 포함할 솔리드 피쳐, 작업 피쳐 또는 곡면 피쳐를 선택한다.
- 전체 솔리드 패턴 : 이 옵션을 사용하여 개별적으로 패턴화할 수 없는 피쳐가 포함된 부품을 패턴화한다.
- 작업 피쳐/곡면 피쳐 포함 : 패턴화할 부품에서 하나 이상의 작업 피쳐 또는 곡면 피쳐를 선택한다.
- 방향1
  - 경로 : 발생을 추가할 방향을 선택한다.
  - 반전 : 발생의 방향을 반전시킵니다.
  - 중간평면 : 발생이 원래 피쳐의 양쪽 면에 분포되는 패턴을 작성한다.

- 개수 : 열이나 선형 경로에서 발생 수를 지정한다.
- 길이 : 발생 간의 간격 또는 거리를 지정하거나 방향 1열이 걸치는 거리를 지정한다.

- 방향2 : 방향1과 동일한 조건으로 작성한다.

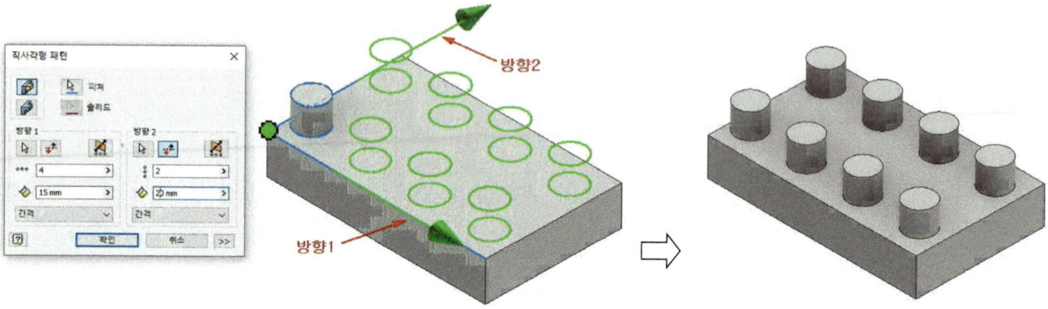

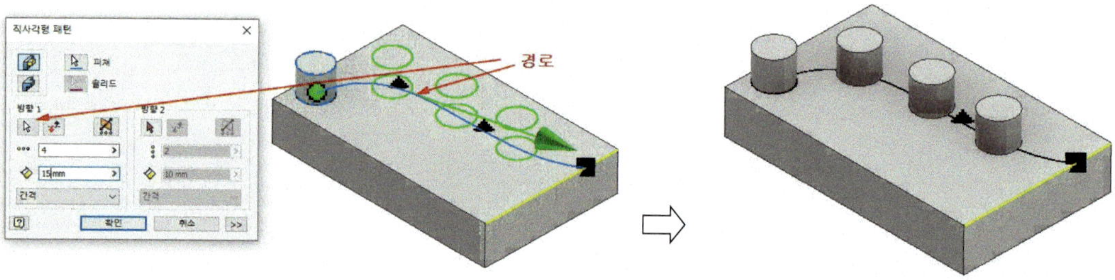

3.4.2 원형 패턴

피처를 하나 이상 복제하고 호 또는 원의 특정 개수 및 간격에 따라 결과 발생을 배열한다.

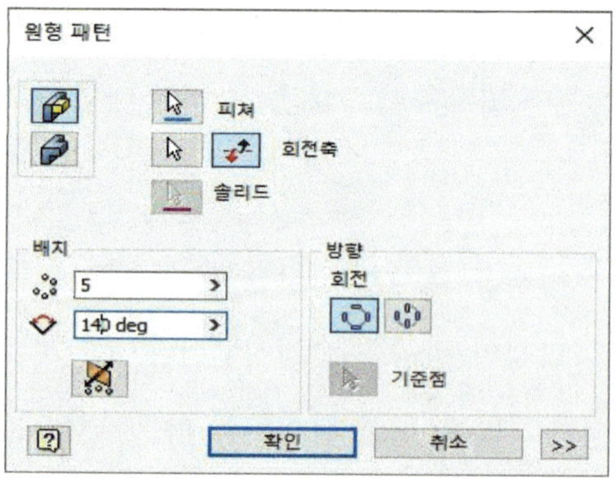

- 개별 피쳐 패턴 : 이 옵션을 사용하여 개별 솔리드 피쳐, 작업 피쳐 및 곡면 피쳐를 패턴화한다.
  - 피쳐 : 패턴에 포함할 솔리드 피쳐, 작업 피쳐 또는 곡면 피쳐를 선택한다.
- 전체 솔리드 패턴 : 이 옵션을 사용하여 개별적으로 패턴화할 수 없는 피처가 포함된 부품을 패턴화한다.
  - 작업 피쳐/곡면 피쳐 포함 : 패턴화할 부품에서 하나 이상의 작업 피쳐 또는 곡면 피쳐를 선택한다.
- 회전축 : 반복되는 발생의 축(각도의 피벗 점)을 지정한다. 축은 패턴화할 피쳐와 다른 평면에 있을 수 있다.
- 반전 : 패턴의 방향을 반전시킨다.

- 배치
  - 개수 : 패턴의 발생 수를 지정한다.
  - 각도 : 발생 사이의 각도 간격은 배치 방법에 따라 다르다.
  - 중간평면 : 일반적으로 가운데 위치에 작성되는 원래 피쳐의 양쪽 면에 피쳐 발생을 분포시키도록 지정한다.

- 방향

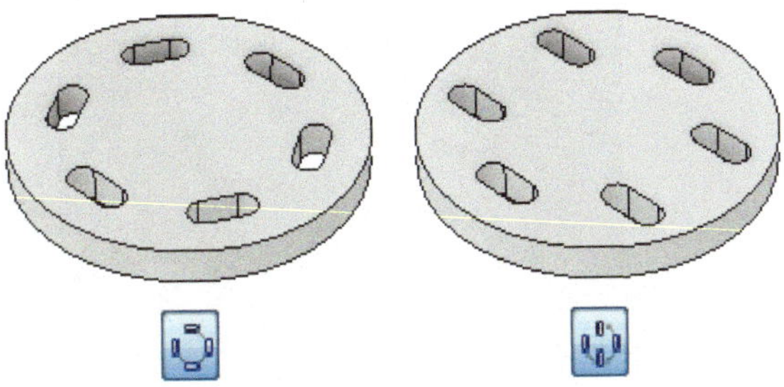

  - 회전 : 축을 중심으로 이동될 때 본체 또는 피쳐 세트의 방향이 회전한다.
  - 고정 : 축을 중심으로 이동될 때 본체 또는 피쳐 세트의 방향이 동일하게 유지된다.
  - 기준점 : 필요한 경우 기준점을 선택하고 꼭지점 또는 점을 선택하여 고정 패턴 기준점을 재정의 한다.

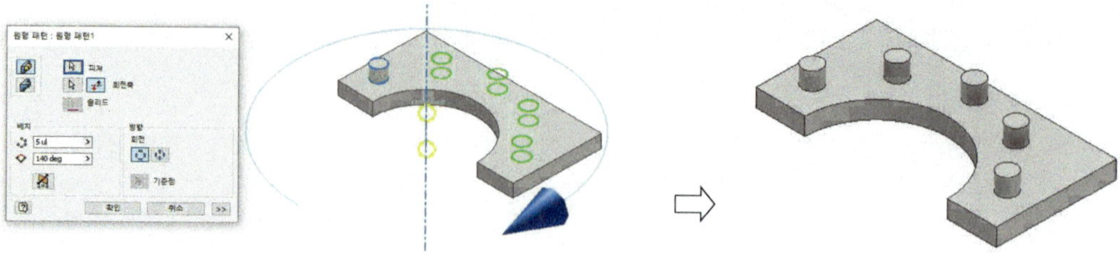

3.4.3 스케치 연계

2D 또는 3D 스케치 점에서 피쳐 또는 본체가 나오는 모든 경우를 배열한다. 하나 이상의 피쳐 또는 본체를 복제하고 스케치 점에 의해 정의된 패턴으로 결과 발생을 배열한다.

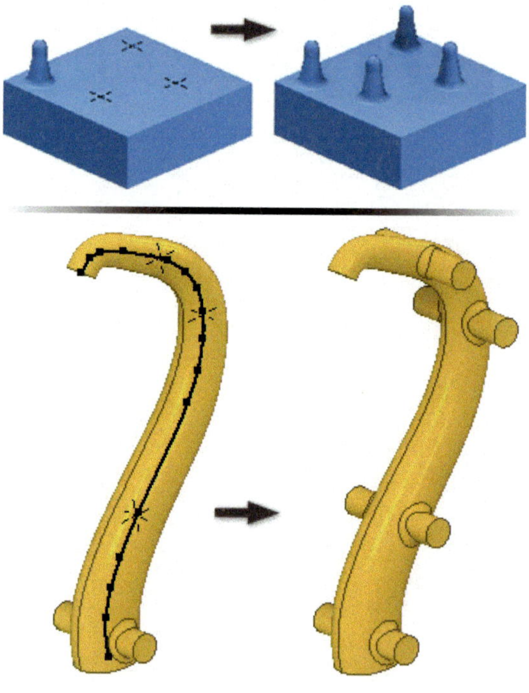

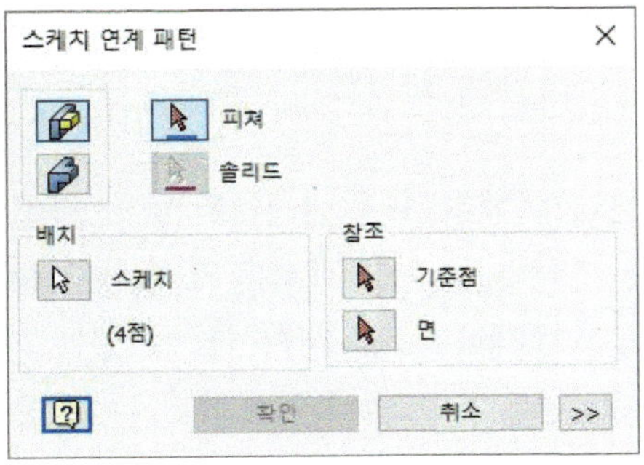

- 연계패턴
  - 개별 피처 패턴 : 개별 솔리드 피쳐, 작업 피쳐 및 곡면 피쳐의 패턴을 만든다. 조립품 작업 피쳐의 패턴은 만들 수 없다.
  - 솔리드 패턴 만들기 : 개별적으로 패턴을 만들 수 없는 피쳐를 포함하여 솔리드 본체의 패턴을 만든다. 작업 피쳐와 곡면 피쳐도 포함될 수 있다. 조립품에서는 사용할 수 없다.
  - 피처 : 그래픽 창이나 검색기에서 패턴에 포함할 피쳐 또는 본체를 하나 이상 선택한다. 부품의 경우 패턴에 포함할 작업 피쳐 및 곡면 피쳐를 선택할 수도 있다.
  - 솔리드 : 다중 본체 부품에서 를 사용하여 패턴을 받을 솔리드 본체를 선택한다.
  - 스케치 : 스케치가 둘 이상 있거나 스케치가 보이지 않는 경우 사용할 스케치를 선택한다.

    필요한 경우 다음을 수행한다.
  - 기준점 : 패턴 기준점으로 사용할 새 참조점을 선택한다.
  - 면 : 다음 면을 하나 선택하여 패턴에 대한 면 법선 방향을 지정한다.

- 자세히 >> : 다음과 같은 패턴 피쳐의 계산 및 배치 방법을 설정한다.
  - 최적 : 피쳐 면을 패턴화하여 선택한 피쳐와 동일한 사본을 작성한다. 최적은 가장 빠른 계산 방법이지만 원본 피쳐의 면과 다른 면을 교차하는 발생이나 겹치는 발생을 작성할 수 없는 제한이 있다. 가능한 경우 패턴 계산 속도가 빨라진다.
  - 동일 : 원본 피쳐의 결과를 복제하여 선택한 피쳐와 동일한 사본을 작성한다. 최적화 방법을 사용할 수 없는 경우 동일한 피쳐에 사용한다.
  - 조정 : 피쳐를 패턴화하고 각 패턴 발생의 범위 또는 종료를 개별적으로 계산하여 선택한 피쳐와 다를 수 있는 사본을 작성한다.

3.4.4 미러피쳐

작업 평면이나 평면형 면은 선택된 피쳐를 미러시킬 미러 평면으로 사용할 수 있다. 미러된 피쳐는 선택된 피쳐의 반전된 사본이다. 조립품에서는 스케치된 피쳐만 미러시킬 수 있다. 부품의 경우 솔리드 미러 옵션을 사용하여 개별적으로 미러시킬 수 없는 피쳐가 포함된 본체를 미러시킨다. 본체의 패턴에는 작업 피쳐 및 곡면 피쳐가 포함될 수도 있다.

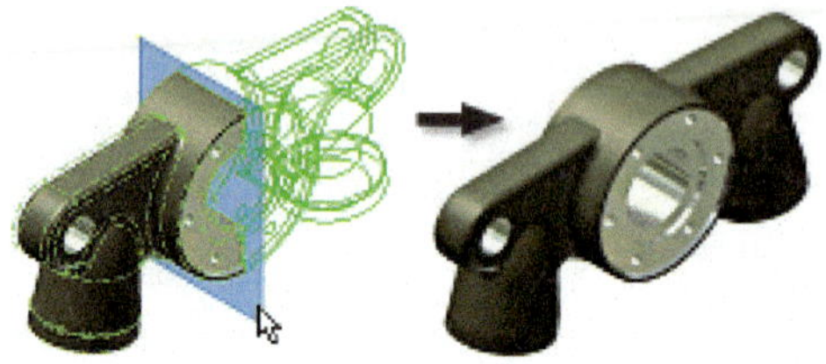

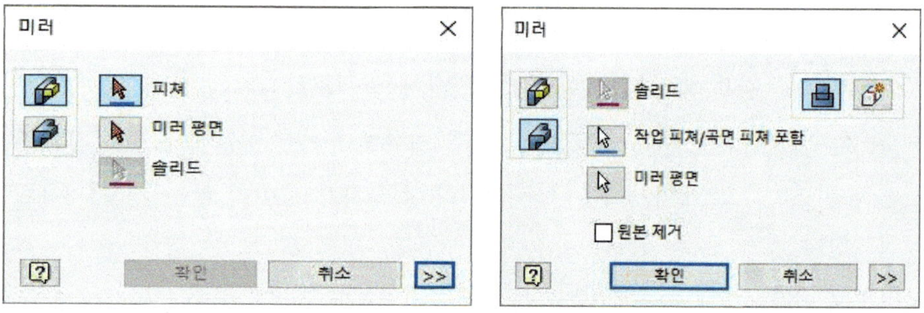

- 개별 피쳐 패턴
  - 피쳐 : 미러시킬 솔리드 피쳐, 작업 피쳐 또는 곡면 피쳐를 선택한다.
  - 미러평면 : 선택된 피쳐가 미러되는 기준 작업 평면이나 평면형 면을 선택한다.
  - 솔리드 : 다중 본체 부품에서 솔리드 본체를 선택하여 미러를 받는다.

- 솔리드 패턴화
  - 솔리드 : 다중 본체 부품 파일에서 포함된 솔리드 본체를 선택한다.
  - 작업 피쳐/곡면 피쳐 포함 : 부품에서 미러시킬 하나 이상의 작업 피쳐 또는 곡면 피쳐를 선택한다.
  - 미러평면 : 선택된 작업 피쳐, 곡면 피쳐 및 솔리드가 미러되는 기준 작업 평면이나 평면형 면을 선택한다.

- 원본제거 : 전체 솔리드 대칭 선택 시에만 활성화 되며 체크 시 원본 피쳐는 삭제한다.
- 접합 : 선택한 본체에 피쳐를 접합한다.
- 새 솔리드 : 다중 본체 부품에서 새 본체를 작성한다.

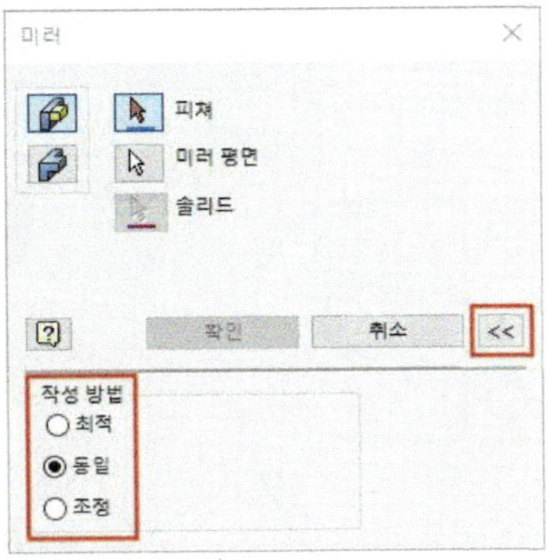

- 자세히 >> : 미러 피쳐가 계산되는 방법을 지정한다.
  - 최적 : 피쳐 면을 미러시켜 선택한 피쳐와 동일한 사본을 작성한다. 최적은 가장 빠른 계산 방법이지만 원본 피쳐의 면과 다른 면을 교차하는 발생이나 겹치는 발생을 작성할 수 없는 등 몇 가지 제한이 있다.
  - 동일 : 원본 피쳐의 결과를 복제하여 선택한 피쳐와 동일한 사본을 작성한다. 최적화 방법을 사용할 수 없는 경우 동일한 피쳐에는 동일을 사용한다. 조정 방법보다 더 빠르게 계산된다.
  - 조정 : 피쳐를 미러시키고 각 미러 발생의 범위 또는 종료를 개별적으로 계산하여 선택한 피쳐와 다를 수 있는 사본을 작성한다. 패턴의 발생 개수가 많으면 계산 시간이 오래 걸릴 수 있다.

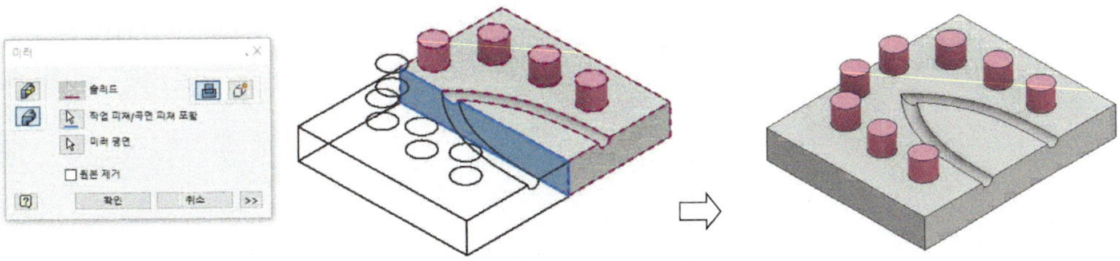

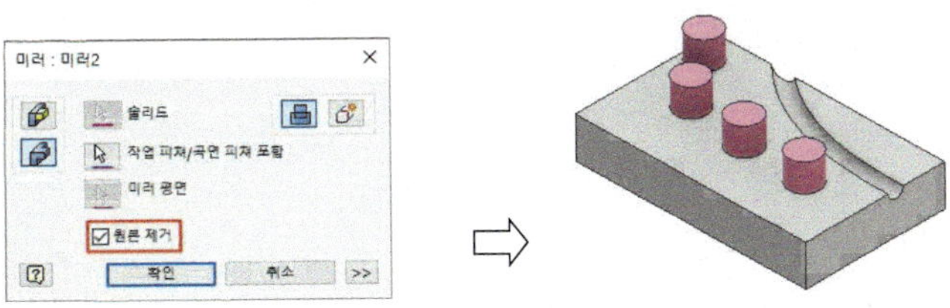

▌예제1 모델링 따라하기

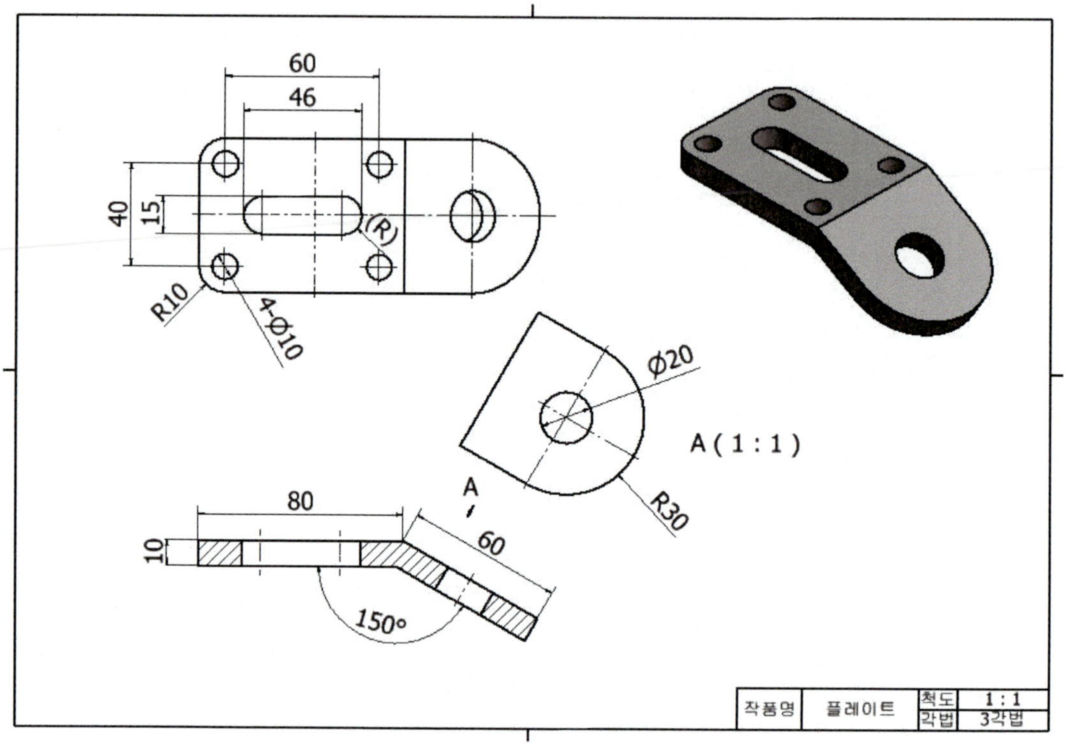

01 2D 스케치 패널에서 ![선] 아이콘을 클릭한다.

1번 지점을 마우스 왼쪽 버튼으로 클릭한다.

2번 지점을 마우스 왼쪽 버튼으로 클릭한다.

3번 지점을 마우스 왼쪽 버튼으로 클릭한다.

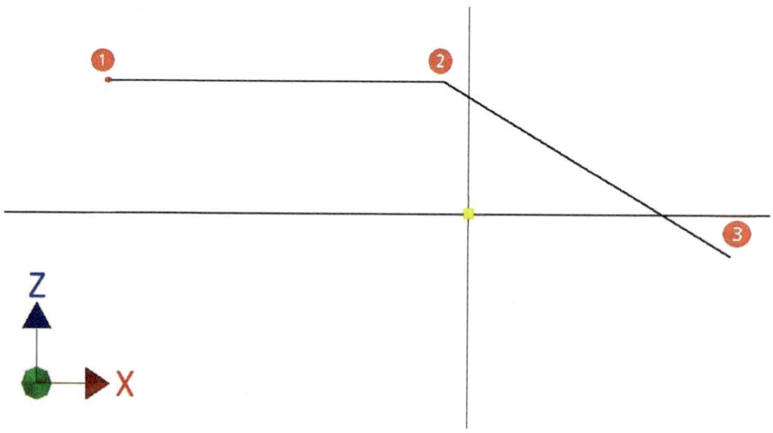

02 2D 스케치 패널에서 아이콘을 클릭한다.
1번 선을 클릭하여 80mm 지정한다.
2번 선을 클릭하여 60mm 지정한다.

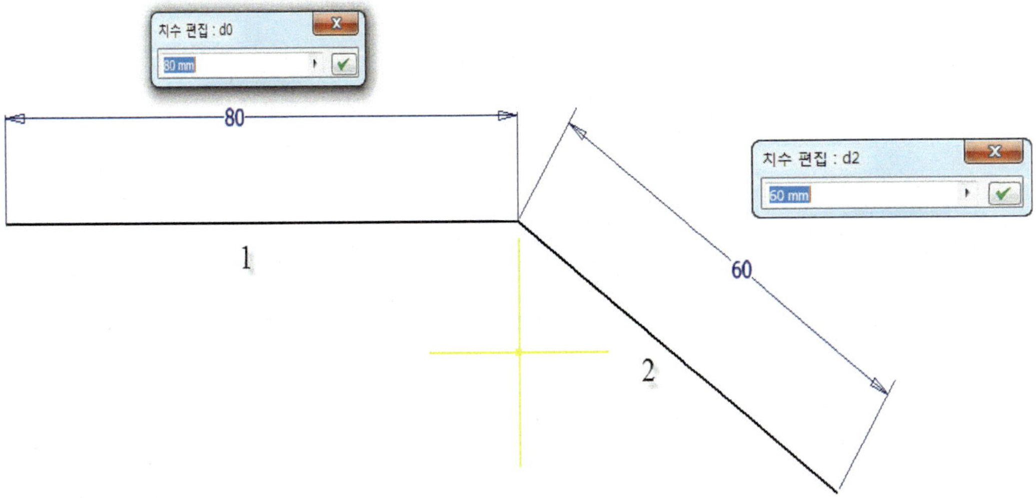

03 2D 스케치 패널에서 아이콘을 클릭한다.
선1과 선2을 클릭해서 원하는 자리에 클릭한다.
각도 값 150°를 지정한다.

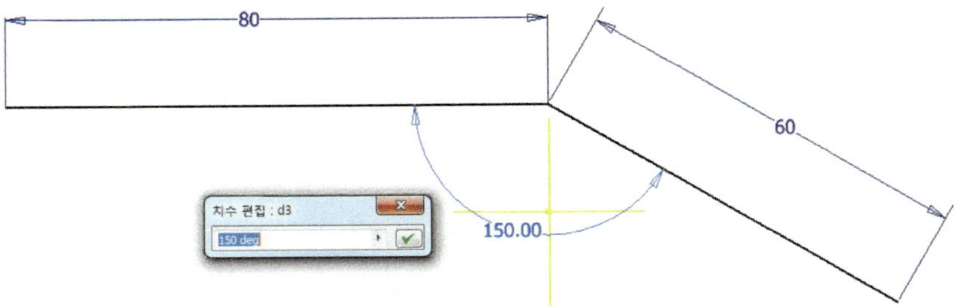

04 간격띄우기 아이콘을 클릭한다.
왼쪽 버튼으로 1번 선을 클릭한다.
원하는 지점에 두고 클릭한다.

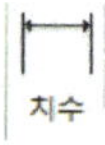

아이콘을 클릭한다.

A, B선을 클릭하여 10mm 지정한다.

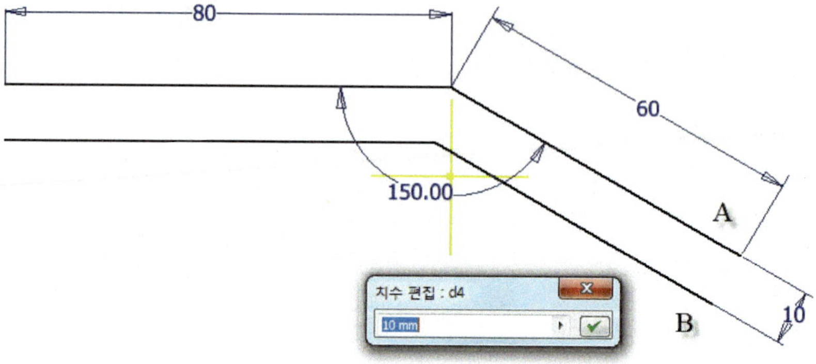

05 2D 스케치 패널에서 

아이콘을 클릭한다.

간격을 띄운 사이에 연결 선을 그려준다.

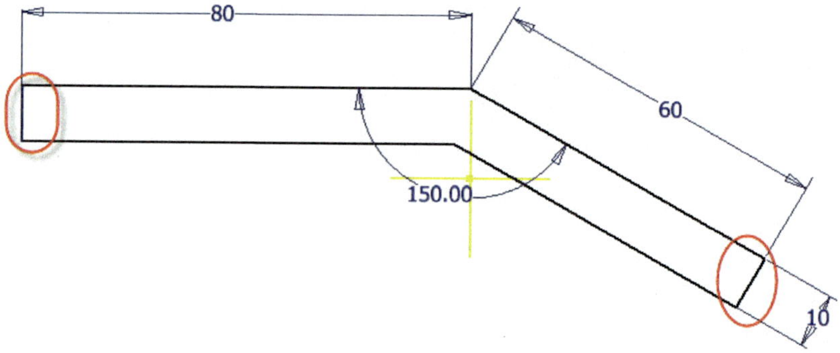

06. 

아이콘을 클릭해서 스케치 화면을 빠져 나간다.

07 3D 작업을 할 수 있는 부품 피처 화면이 나타난다.

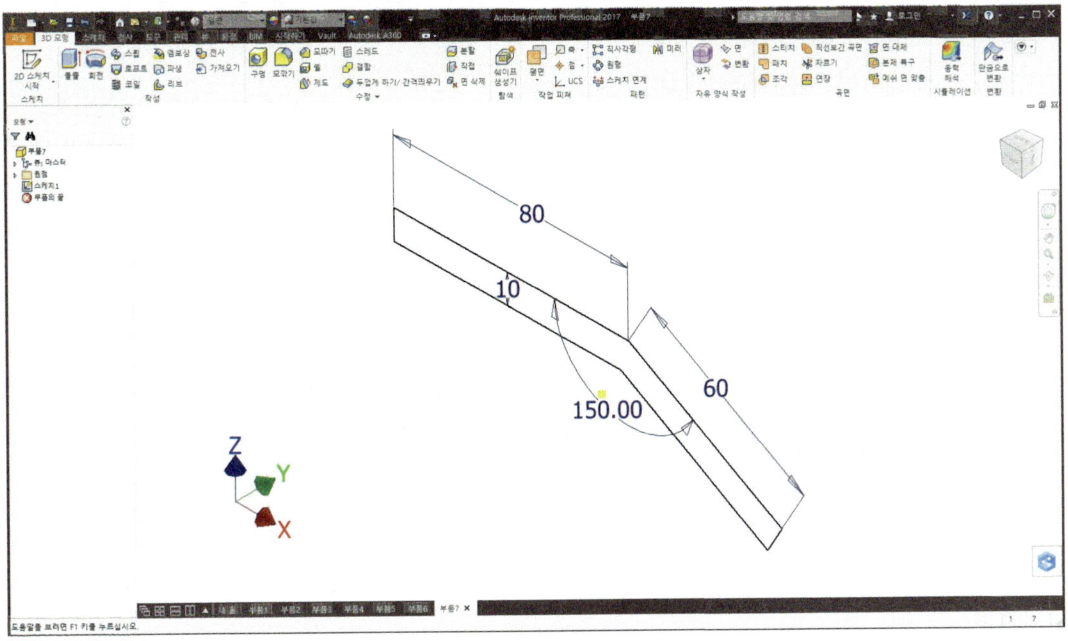

08 돌출 아이콘을 클릭한다.

프로파일을 클릭하고 빨간 영역을 클릭한다.

거리값 60mm지정한다.

확인이나 ✓을 누른다.

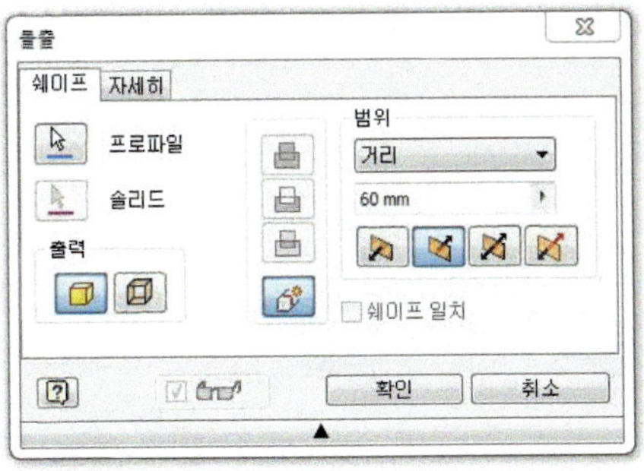

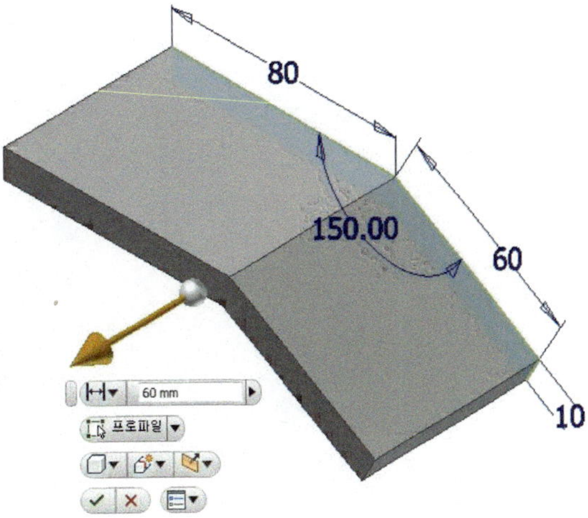

09  모깎기 아이콘을 클릭한다.

모깎기할 모서리를 클릭한다.(1번)

반지름 값 30mm 지정한다.(2번)

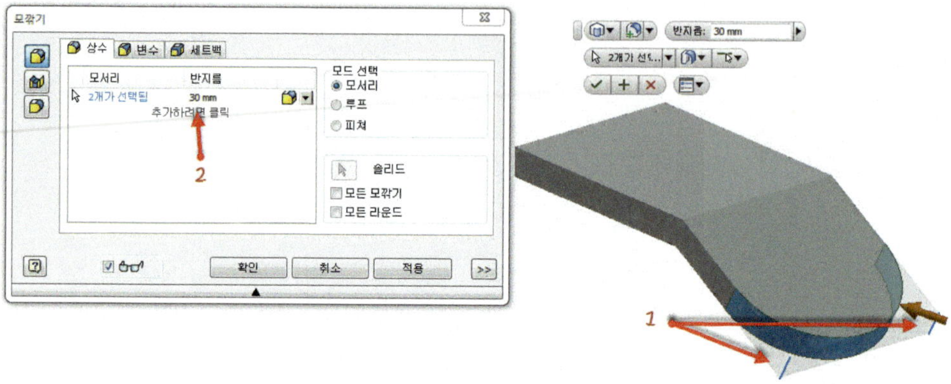

10 모깎기할 모서리를 클릭합니다

반지름 값 10mm 지정한다.

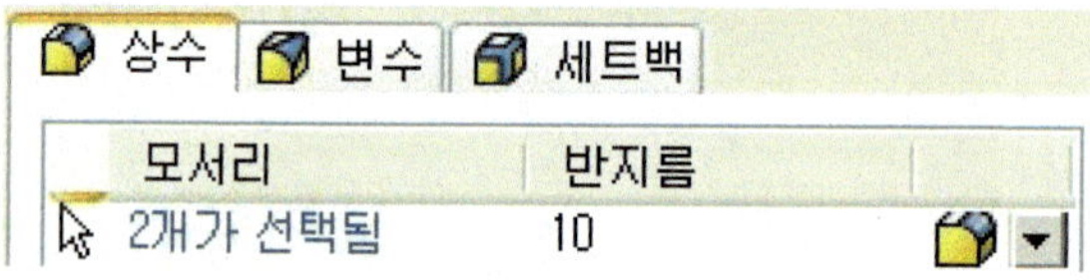

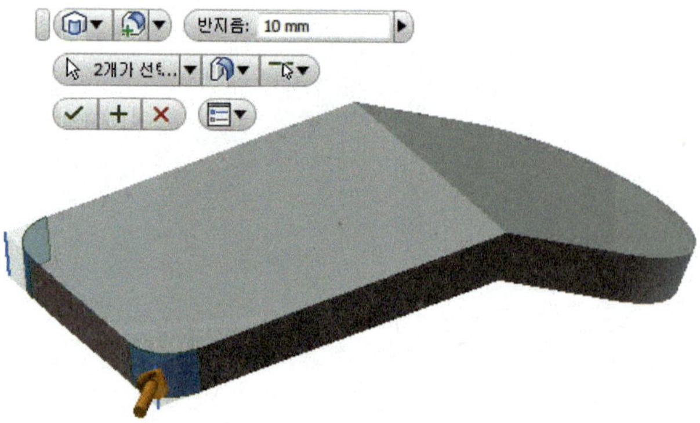

11 2D 스케치 시작 아이콘을 클릭하고 작업할 평면을 클릭한다.

(여기선 빨간 테두리 영역 안을 클릭한다.)

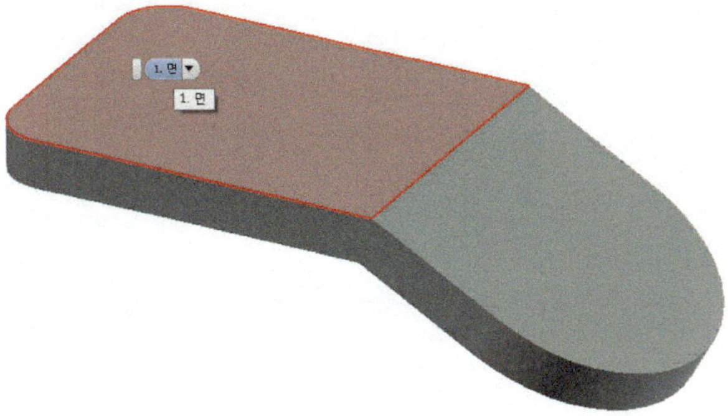

12 스케치 화면으로 들어가면서 2D작업을 할 수 있는 공간으로 전환된다.

13 슬롯 전체 아이콘을 클릭한다.

1번 지점을 클릭하고 2번 지점을 클릭한다.(치수 46)

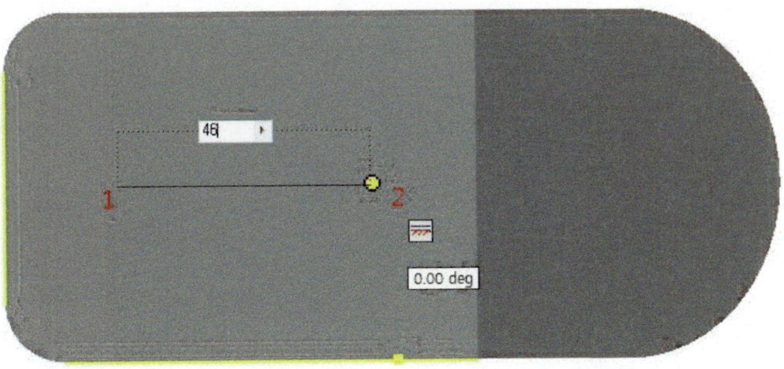

14 슬롯의 폭 (치수 15)를 생성 할 수 있다.

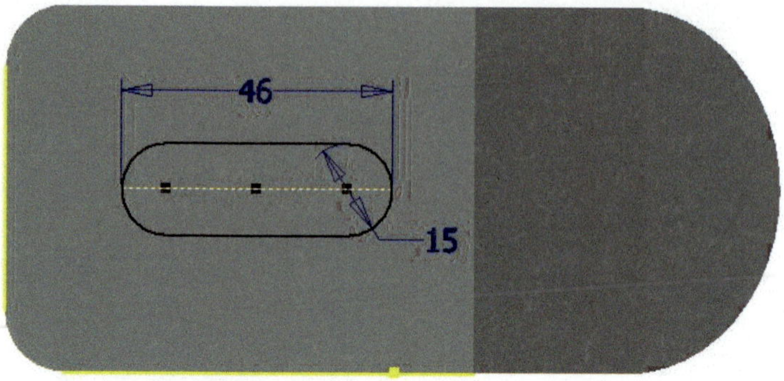

15 치수 아이콘을 클릭한다.

아래 그림과 같이 치수를 넣어준다. (사칙연산도 가능하다.)

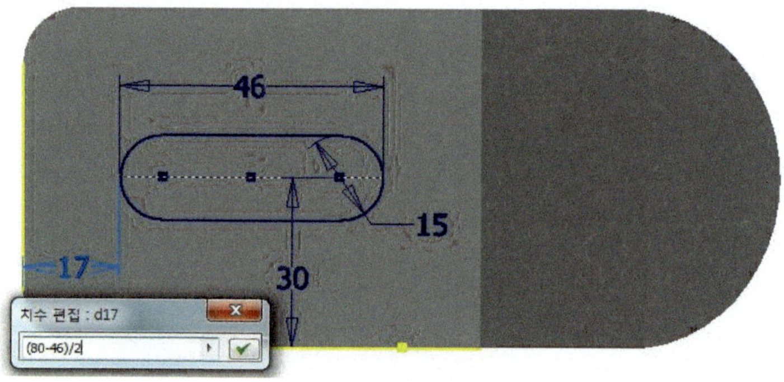

16 스케치 마무리 아이콘을 클릭해서 스케치 화면을 빠져나가 부품 피쳐 화면으로 전환한다.

17 돌출 아이콘을 클릭한다.

프로파일을 선택하고 빨간 영역을 클릭한다.

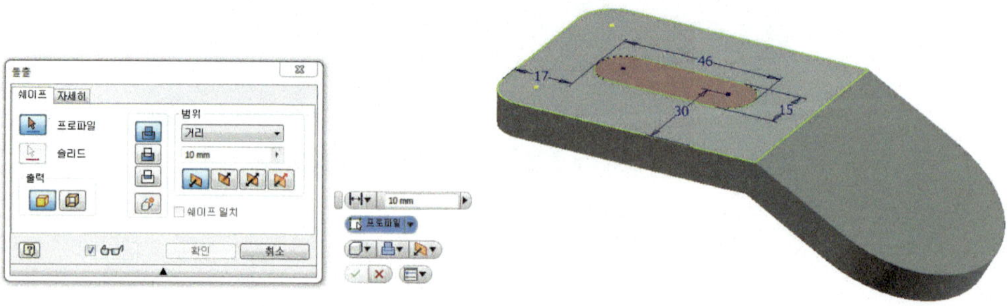

18 거리 값 10mm 지정하고 차집합을 클릭한다.

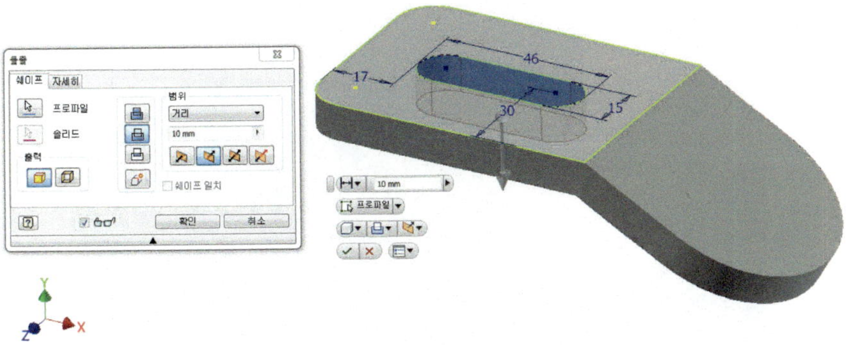

확인을 클릭한다.

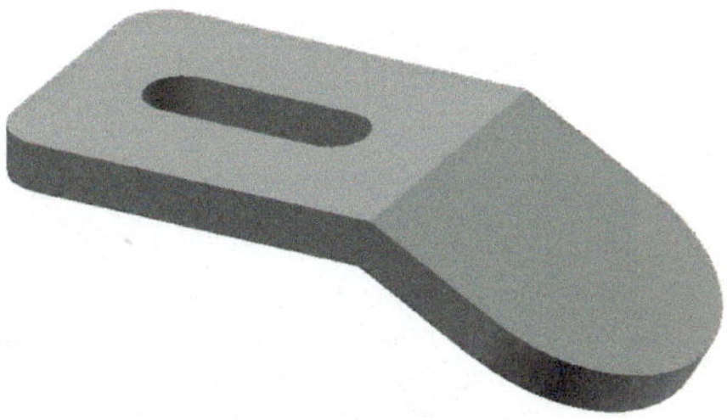

19  아이콘을 선택하고 작업할 붉은색 평면을 클릭한다.

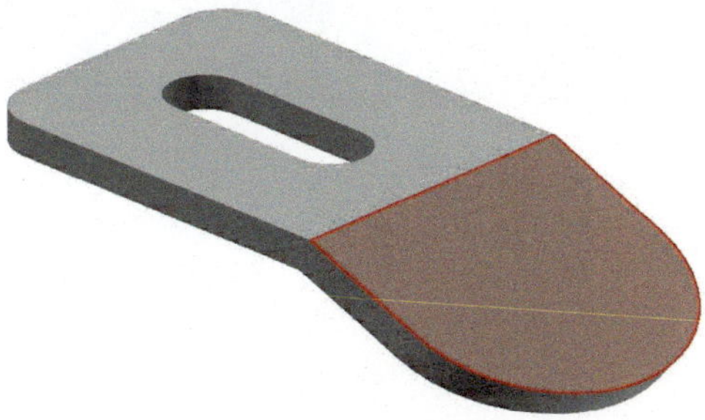

스케치 화면으로 들어가면서 2D작업을 할 수 있는 작업공간으로 전환된다.

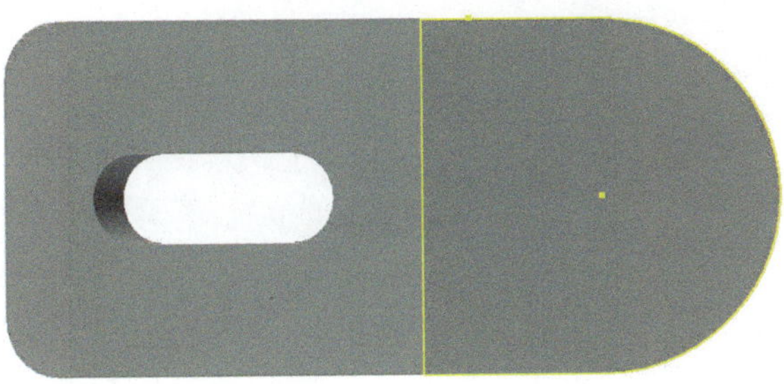

아이콘을 클릭한다.

작업할 평면의 중심원을 클릭하고 원하는 곳에 클릭한다.

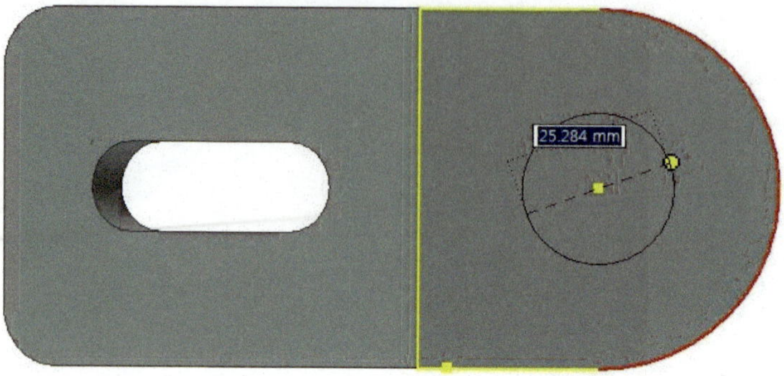

아이콘을 클릭해서 원의 값을 20mm 지정한다.

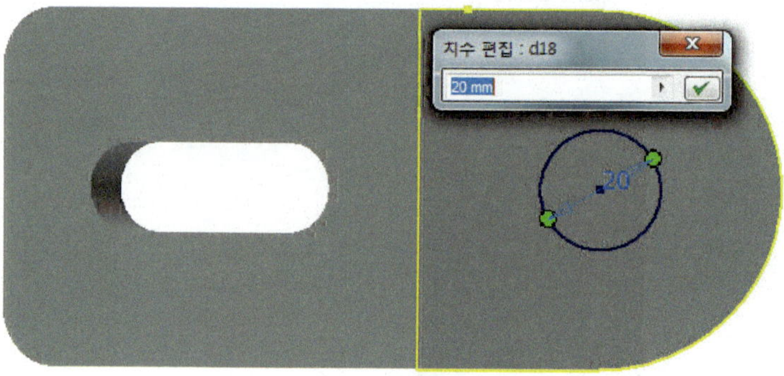

아이콘을 클릭해서 스케치 화면을 빠져나가 부품 피쳐 화면으로 전환한다.

아이콘을 클릭한다.

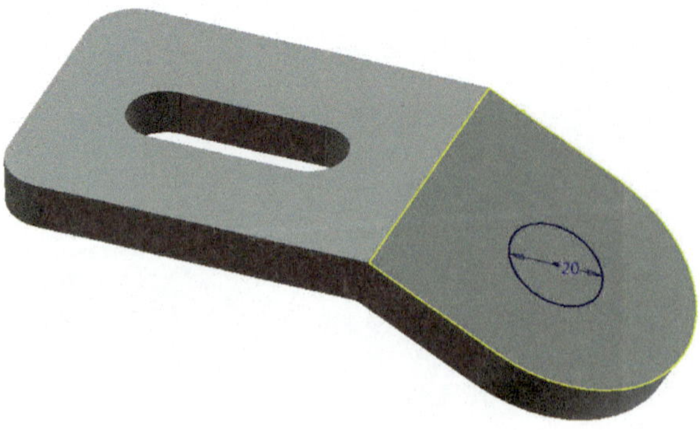

프로파일을 선택하고 빨간 영역을 클릭한다.

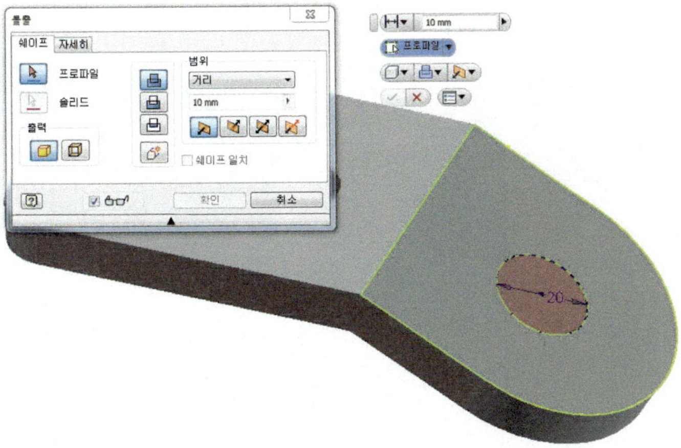

거리 값 10mm 지정하고 차집합을 클릭한다.

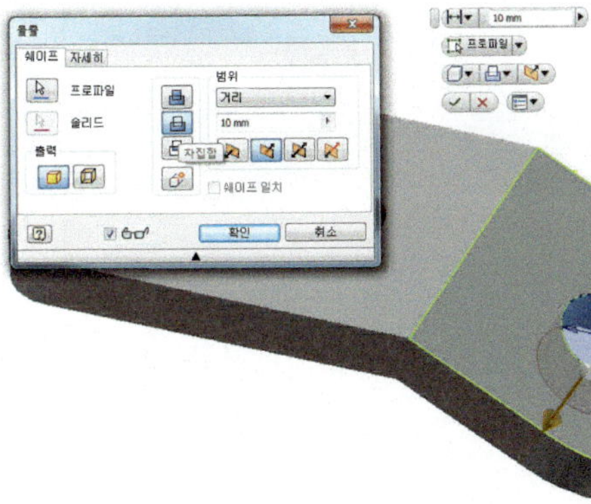

확인을 클릭한다.

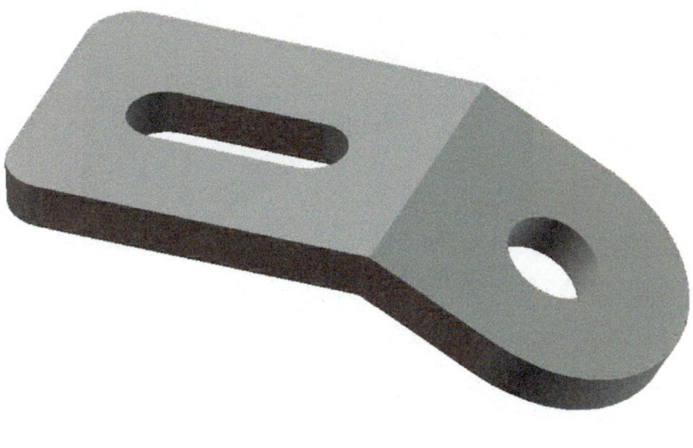

20 2D 스케치 시작 아이콘을 선택하고 작업할 붉은색 평면을 클릭한다. 스케치 작업공간으로 들어간다.

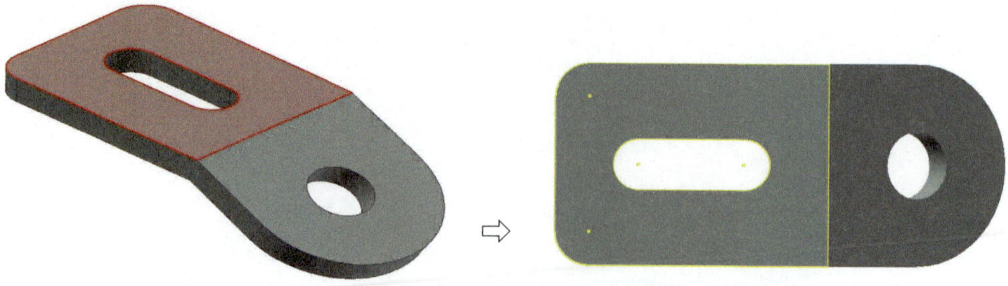

원 중심점 아이콘을 클릭한다. 작업할 평면의 중심원을 클릭하고 원하는 곳에 클릭한다.

치수 아이콘을 클립해서 원의 값을 10mm 지정한다.

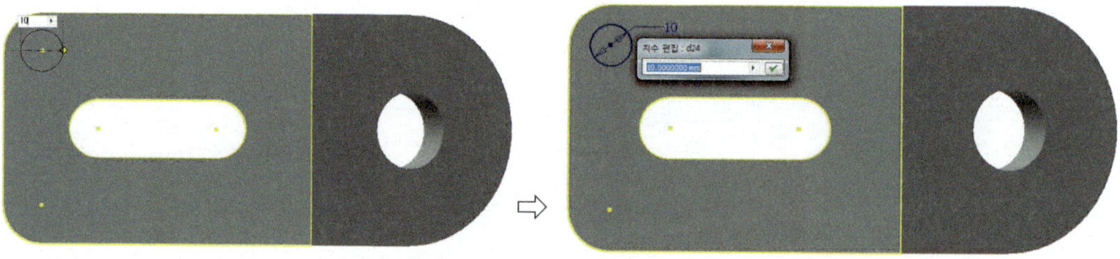

스케치 마무리 아이콘을 클릭해서 스케치 화면을 빠져나가 부품 피쳐 화면으로 전환한다.

돌출 아이콘을 클릭한다.

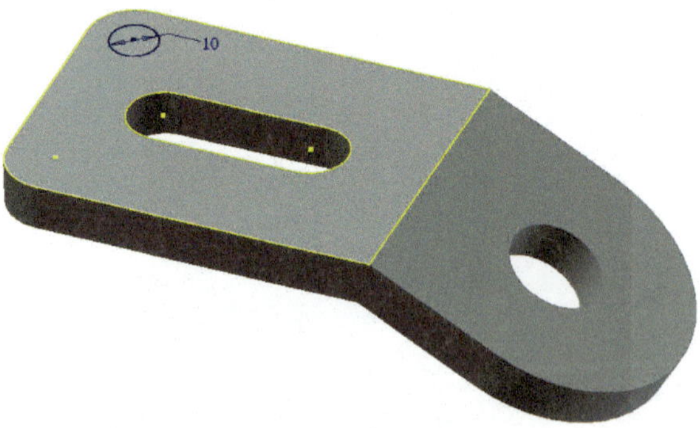

프로파일을 선택하고 빨간 영역을 클릭한다.
거리 값 10mm 지정하고 차집합을 클릭한다.

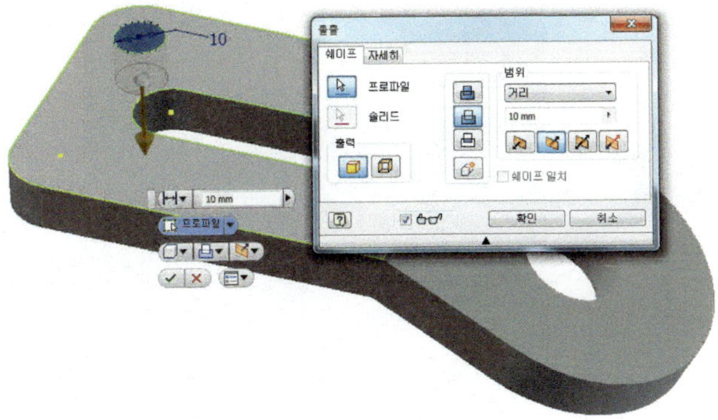

확인을 클릭한다.

직사각형 아이콘을 클릭한다.

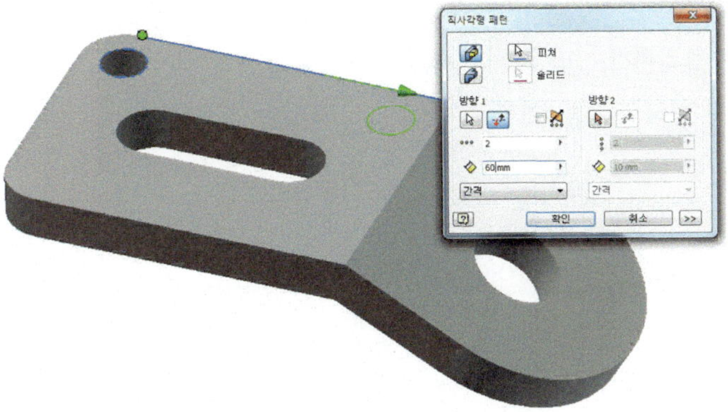

개별 피처 패턴에서 피처를 선택하고 파란 영역을 클릭한다.

방향1 선택하고 개수에 2 입력하고 간격에 60mm 입력한다.

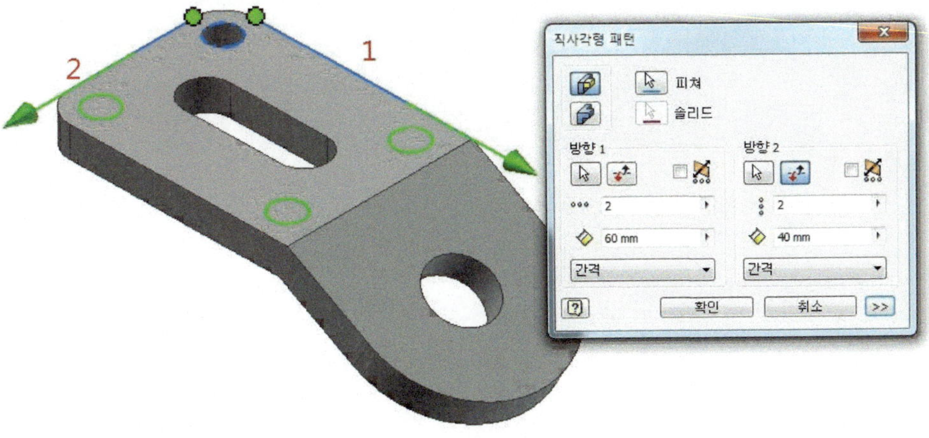

방향2 선택하고 개수에 2 입력하고 간격에 40mm 입력한다.

확인을 클릭한다.

21 아이콘을 클릭한다. (파일에서 저장을 클릭한다.)
저장 위치를 설정하고 파일이름을 준 다음 저장을 클릭한다.

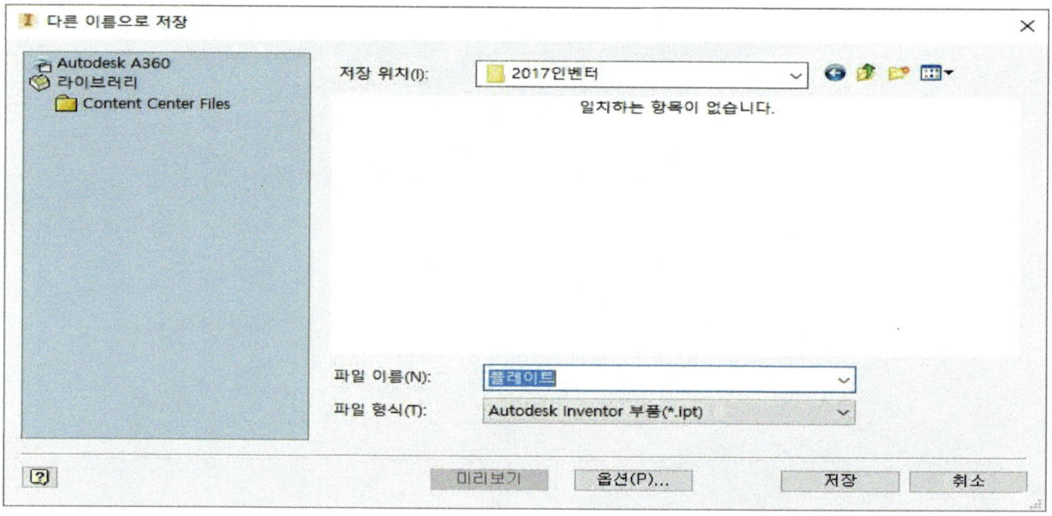

예제2 연습도면

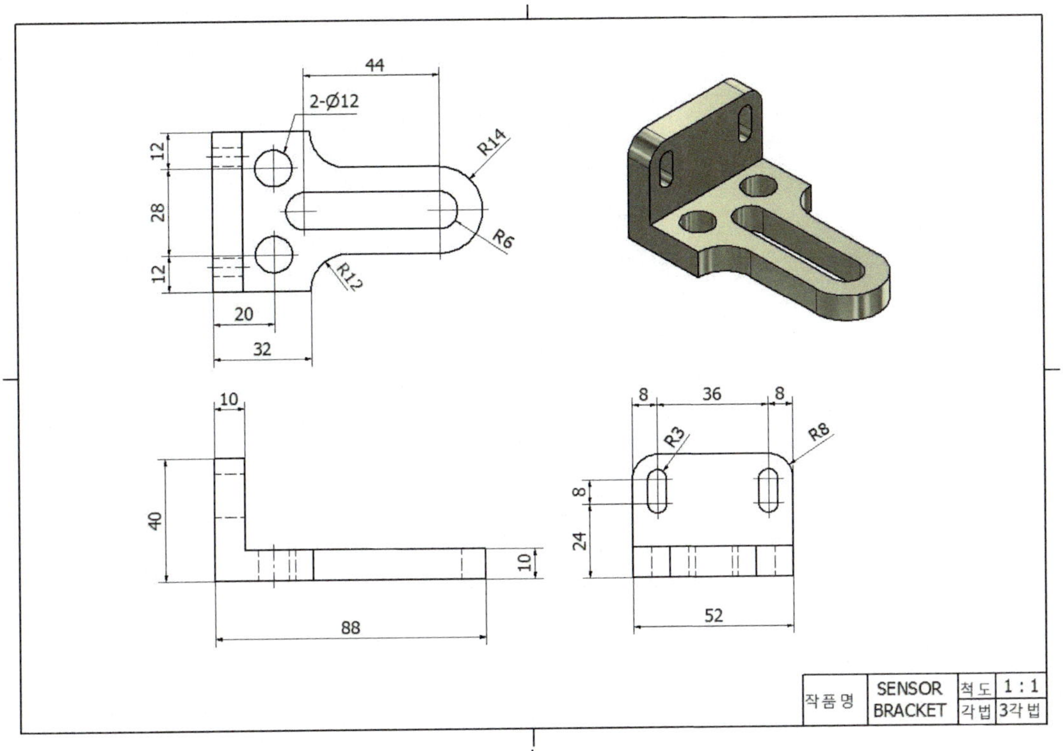
44
2-Ø12
R14
R6
R12
12
28
12
20
32
10
40
10
88
8
36
8
R3
R8
8
24
52
작품명
SENSOR BRACKET
척도
1 : 1
각법
3각법

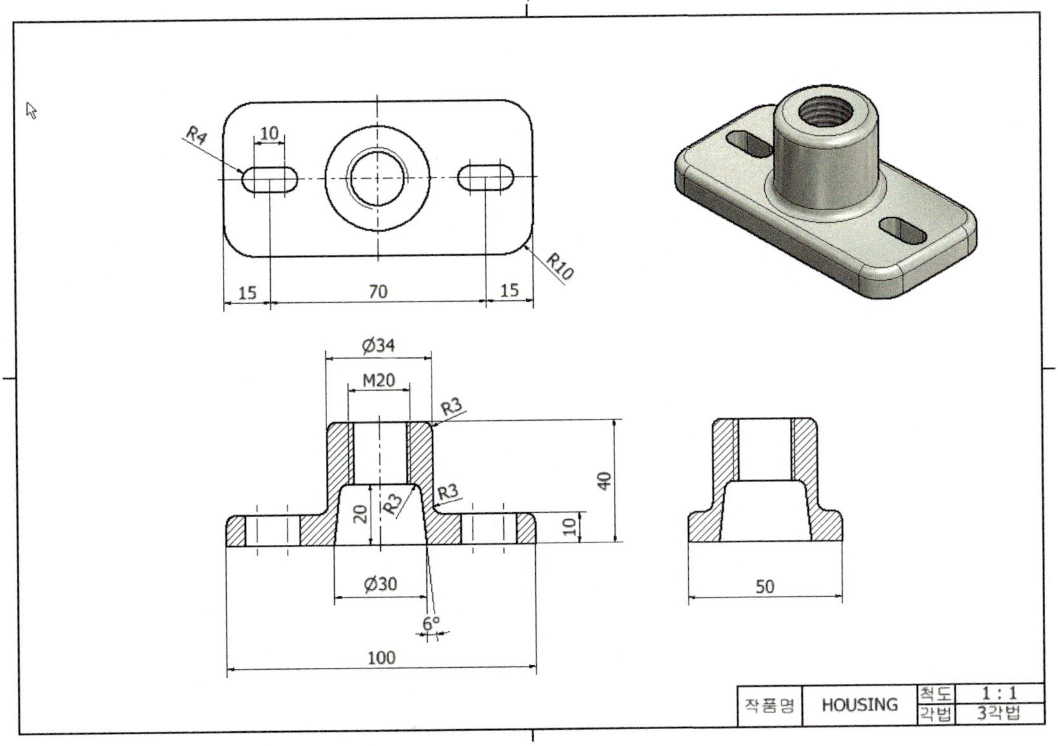
R4
10
R10
15
70
15
Ø34
M20
R3
R3
20
R3
40
10
Ø30
6°
100
50
작품명
HOUSING
척도
1 : 1
각법
3각법

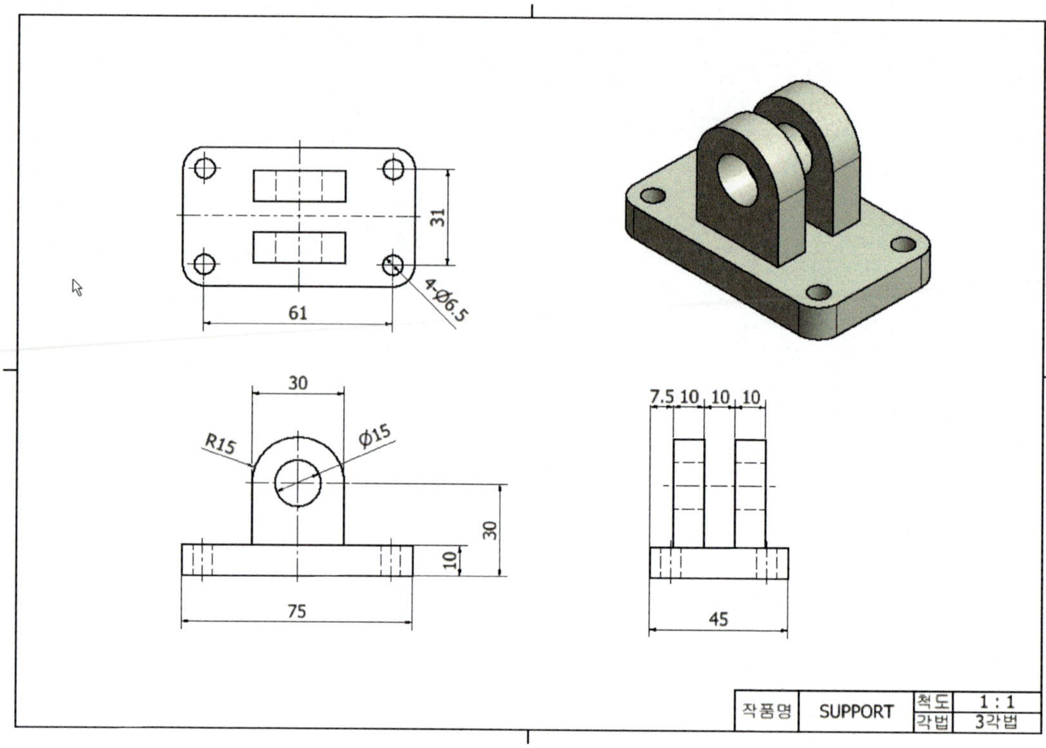
31
4-Ø6.5
61
30
R15
Ø15
30
10
75
7.5 10 10 10
45
작품명
SUPPORT
척도
1 : 1
각법
3각법

Chapter

04

편심 동력 전달 장치

부품 작성하기

조 립 도

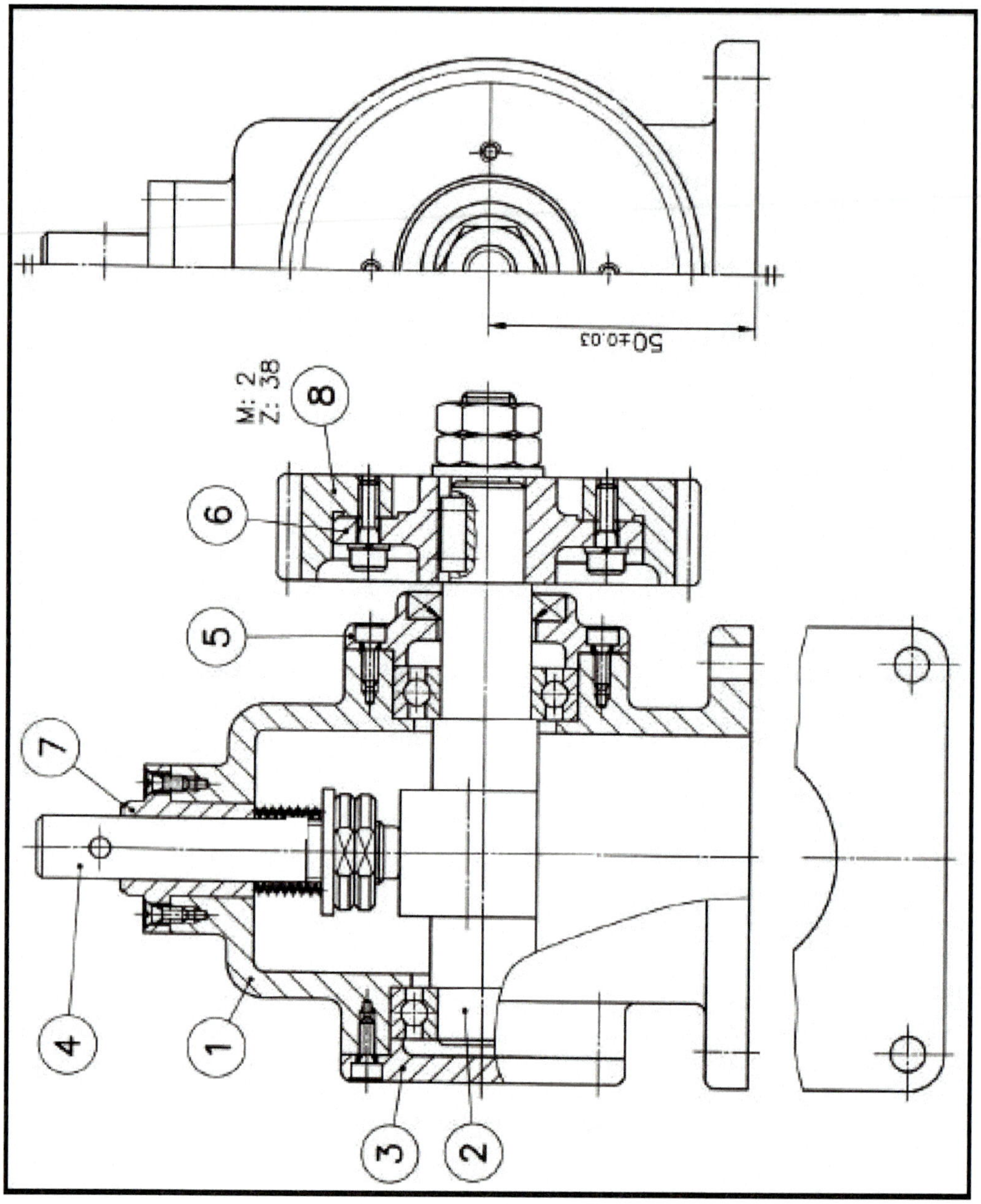

부 품 도

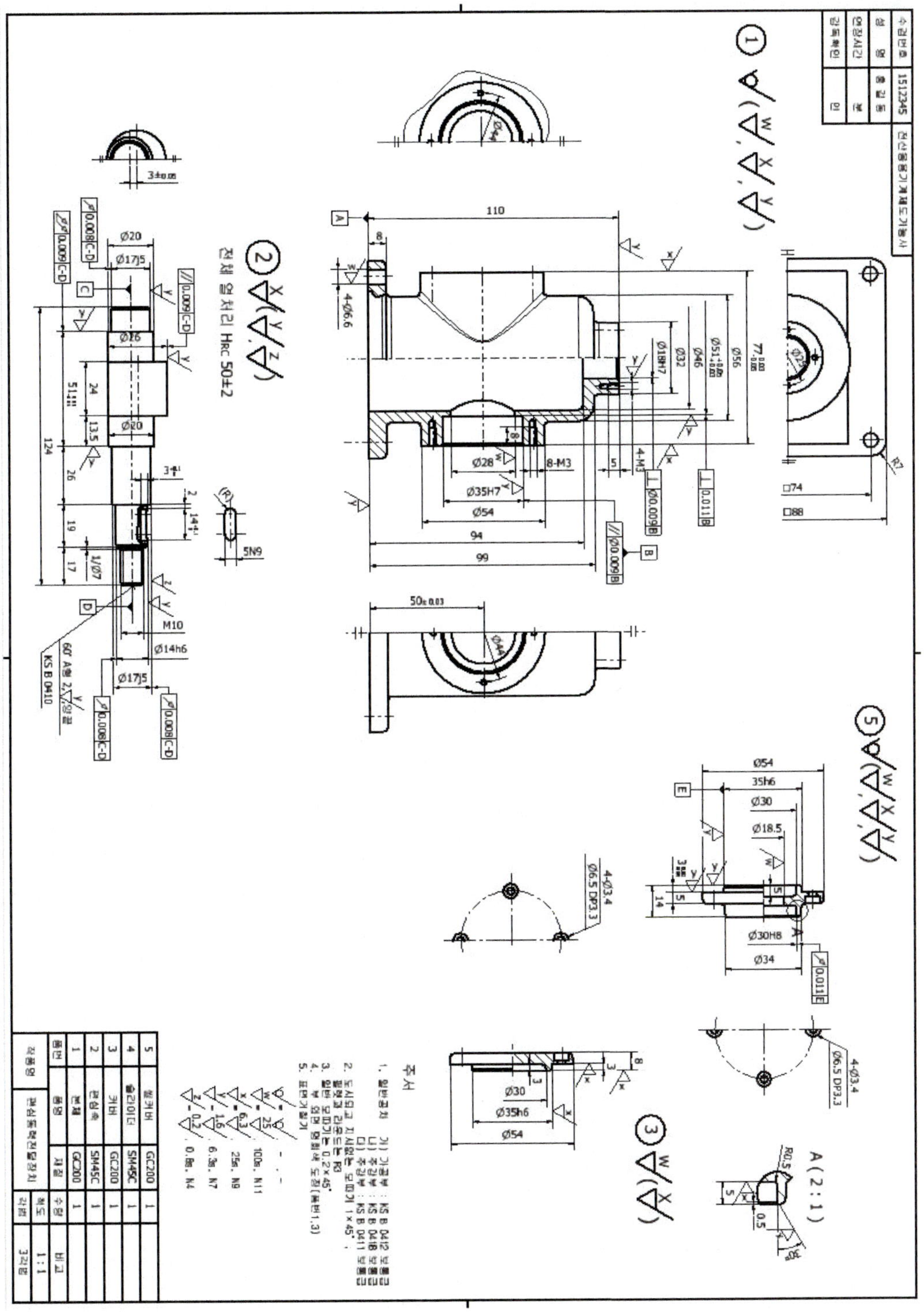

4.1 본체 작성하기

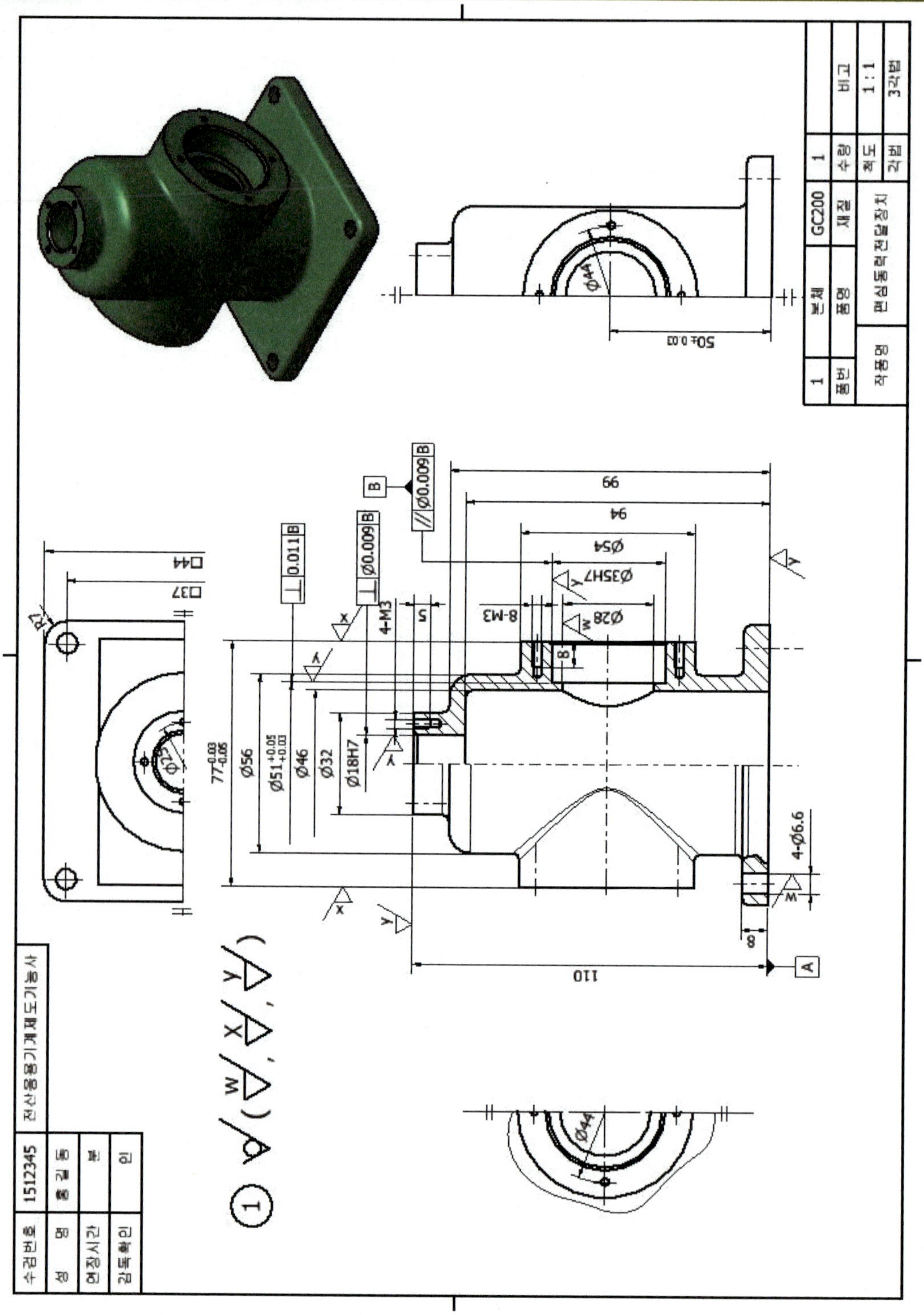

수검번호
1512345
성 명
홍 길 동
연장시간
분
감독확인
인
전산응용기계제도기능사
1
품번
본체
품명
GC200
재질
1
수량
비고
작품명
편심동력전달장치
척도
1 : 1
각법
3각법

4.1.1 돌출 사각형 작성하기

✣ 작업리본메뉴→ 3D 모형→ 2D 스케치 시작→ 작업 화면에 스케치를 생성하고자 하는 평면 클릭(XY Plane)

01 직사각형( )을 이용하여 사각형을 작성하고, 가로, 세로의 치수( )를 기입한다.

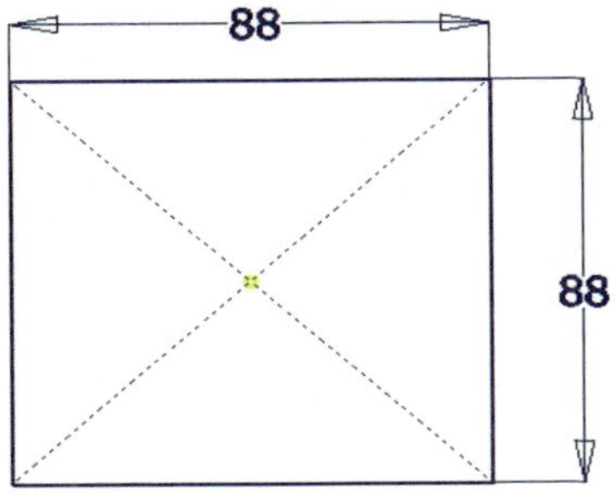

02 화면 우측 상단의 스케치 마무리( )를 클릭하여 스케치 모드에서 피쳐 모드로 화면을 전환해준다.

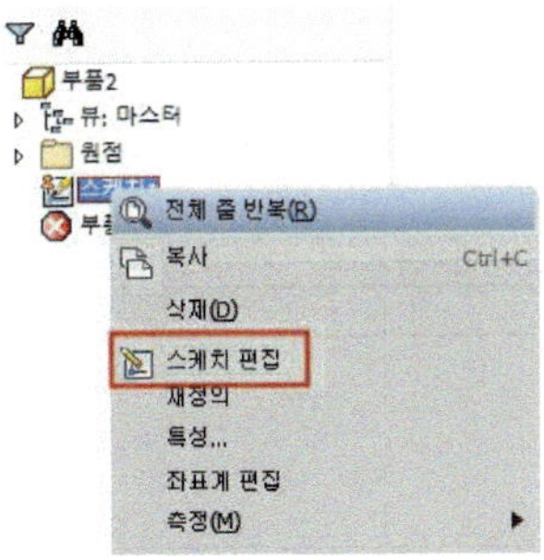

☞ 피쳐 모드에서 좀 전 생성한 스케치를 편집할 경우에는 검색기 막대에서 생성된 스케치에 마우스 오른쪽 버튼을 클릭하여 스케치 편집을 선택하고 다시 스케치 모드로 전환할 수 있다.

03 돌출( )을 클릭하면 작성한 사각형 프로파일이 자동으로 선택되어 진다. 돌출 거리 8을 입력하고, 확인을 클릭한다.

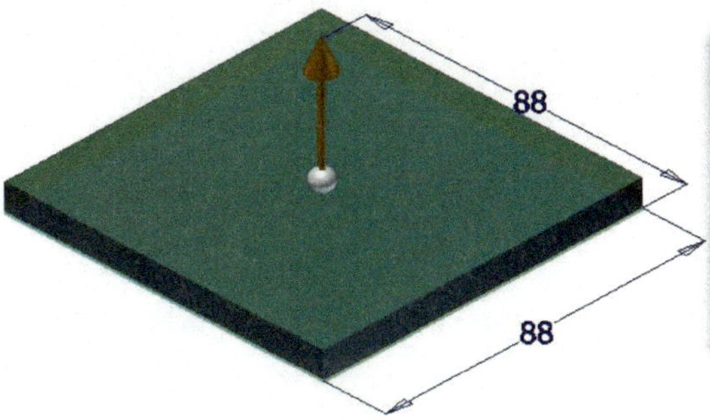

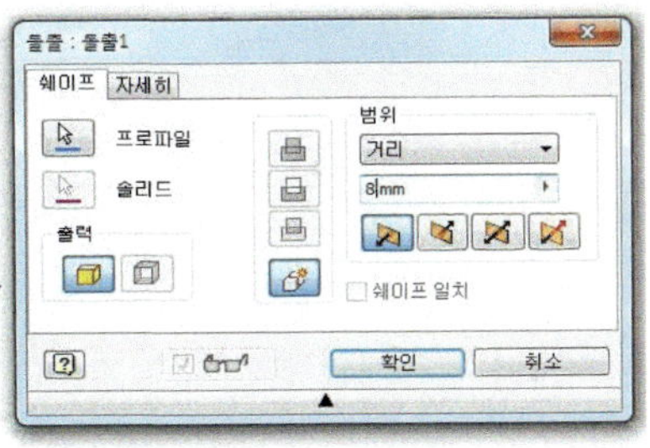

04 사각형 형상이 완성되었다.

4.1.2 원기둥1 작성하기

01 2D 스케치 작성(2D 스케치 시작)을 클릭하고, 스케치 평면으로 돌출 사각형의 윗면을 선택한다. 스케치 모드로 전환한다.

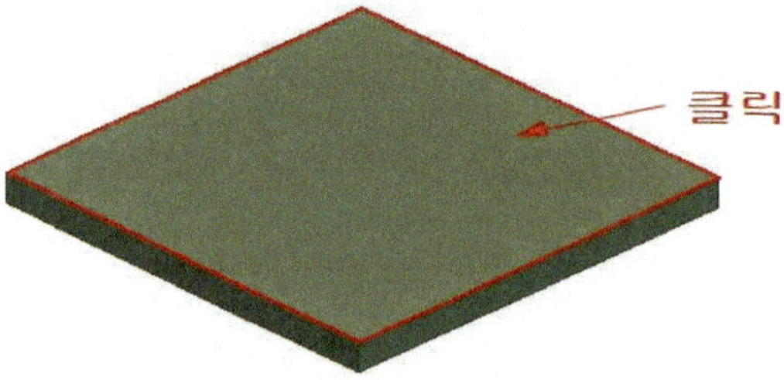

02 대략적인 위치에 원( )을 그리고, 원 지름 56, 가로44, 세로44의 치수( )를 기입한다.

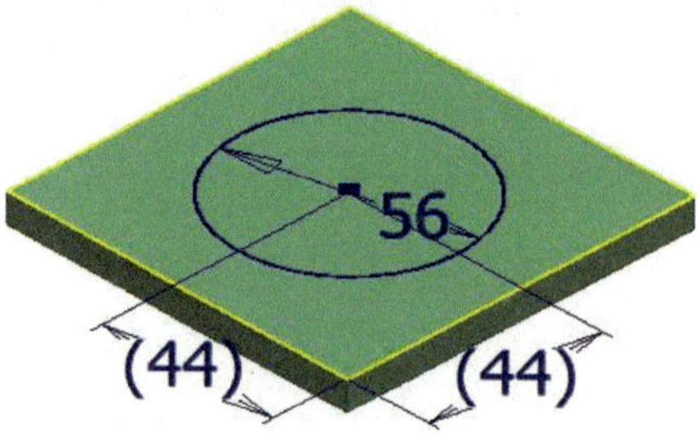

03 스케치 마무리( )를 클릭하여 피쳐 모드로 전환한다.

04 돌출(돌출)을 클릭하여 돌출시킬 프로파일 영역을 클릭한다. 합집합( )과 돌출 방향을 지정하고, 돌출거리 91을 입력한다. 확인을 클릭한다.

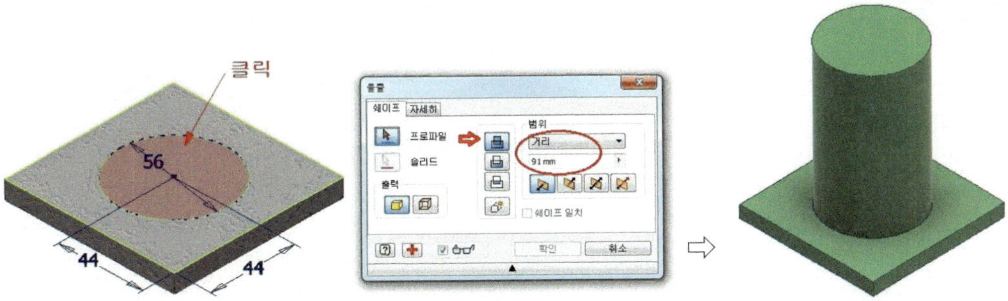

4.1.3 원기둥2 작성하기

01 2D 스케치 작성( )을 클릭하고, 스케치 평면으로 원기둥1의 윗면을 선택한다.

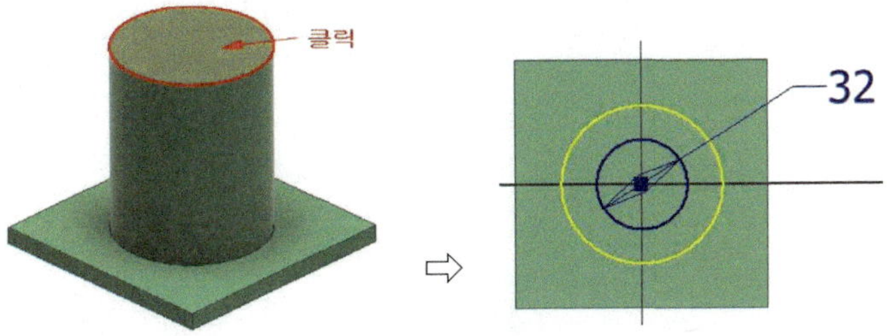

02 원기둥1의 중심점에 원( )을 그리고, 원의 지름 32 치수( )를 기입하고, 스케치 마무리( )를 클릭하여 피처 모드로 전환한다.

03 돌출( )을 클릭하여 방금 작성한 원을 프로파일 영역으로 지정하고, 합집합( )에 돌출거리 11을 입력하고, 확인을 클릭하여 원기둥2를 작성한다.

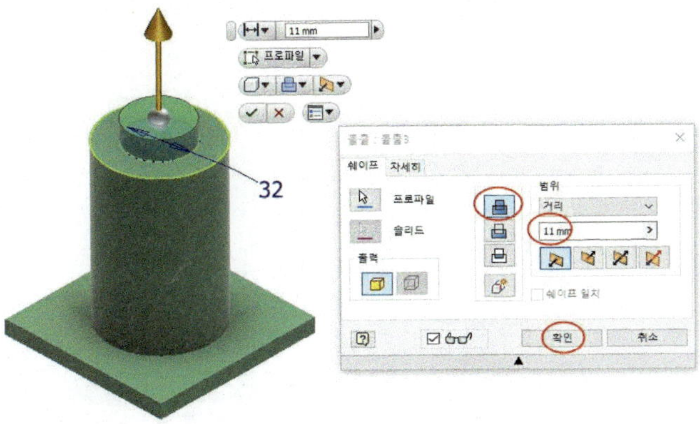

4.1.4 중간 작업평면1 작성 및 회전하기

01 평면( )⇨ 두 평면 사이의 중간평면 을 클릭한다. 선택한 형상의 중간 평면을 작성하기 위해 측면1과 측면2를 차례로 클릭한다.

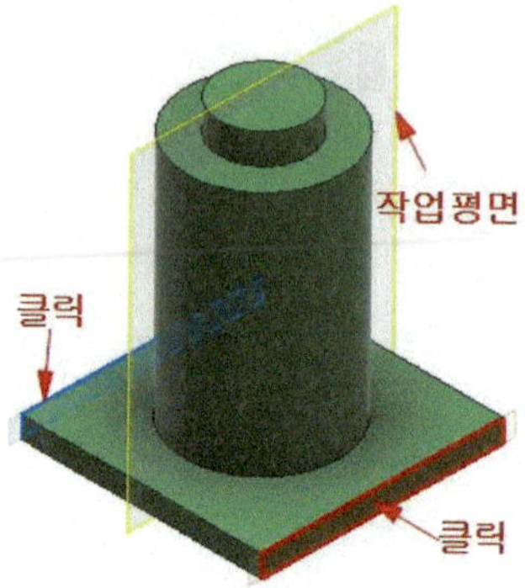

02 선택한 측면과 측면의 중간에 새로운 평면이 생성되었다.

03 2D 스케치 작성(2D 스케치 시작)으로 생성한 중간평면을 클릭한다.

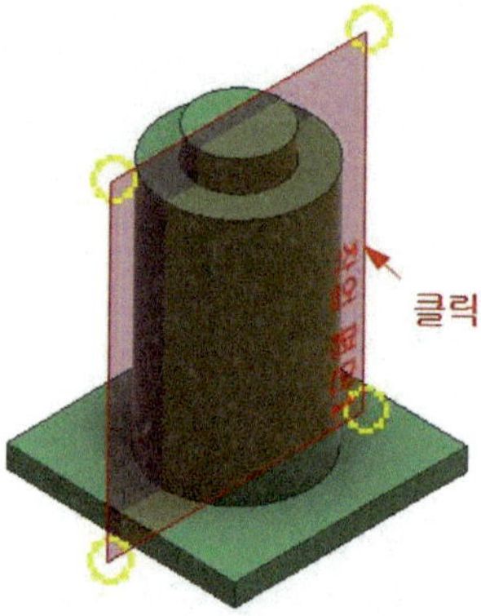

04 작성하고자 하는 스케치 평면이 형상 중간에 존재하므로 키보드 F7(그래픽 슬라이스)를 누른다. 계속해서 절단모서리 투영을 클릭한다.

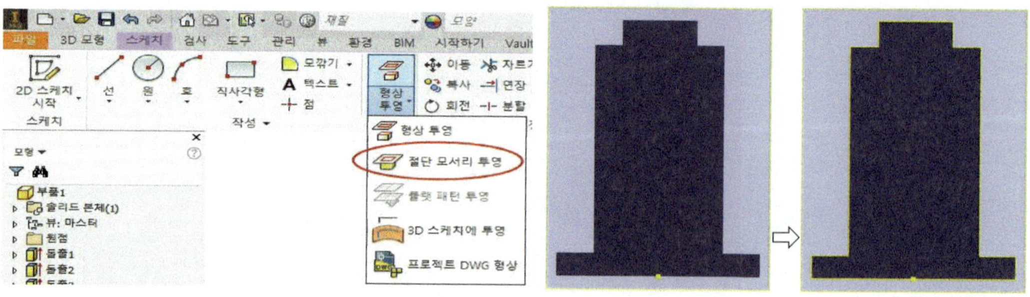

05 원( )을 그리고, 원 지름 54, 중심거리 50, 44의 치수( )를 기입하고, 스케치 마무리( )를 클릭한다.

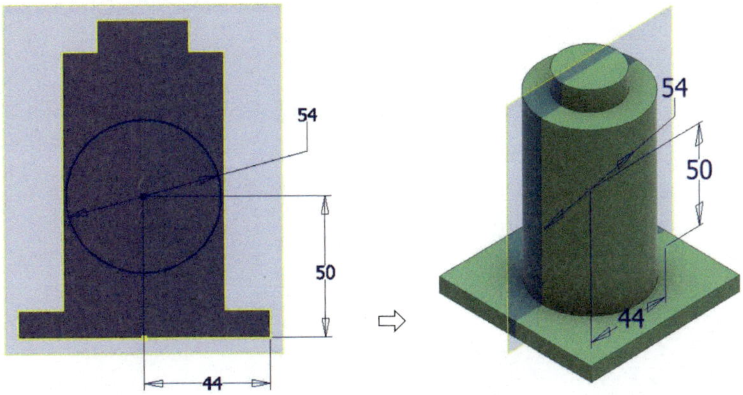

06 돌출( )을 클릭하여 방금 작성한 원을 프로파일 영역으로 지정하고, 합집합( )에 돌출거리 77을 입력한다. 돌출 방향을 대칭으로 설정한다. 확인을 클릭하여 형상을 작성한다.

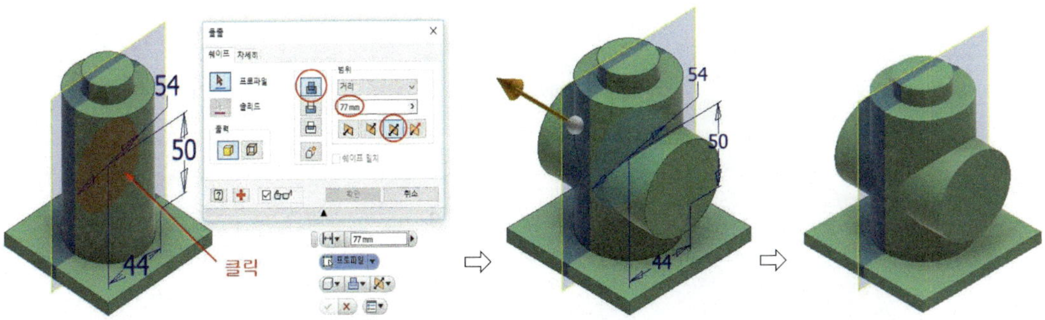

☞ 작업 평면을 보이지 않게 하려면 검색기에서 작업 평면을 선택하거나 피쳐 화면에서 작업평면 모서리에 커서를 대고 마우스 오른쪽 버튼을 누르고 가시성을 끄거나 켠다.

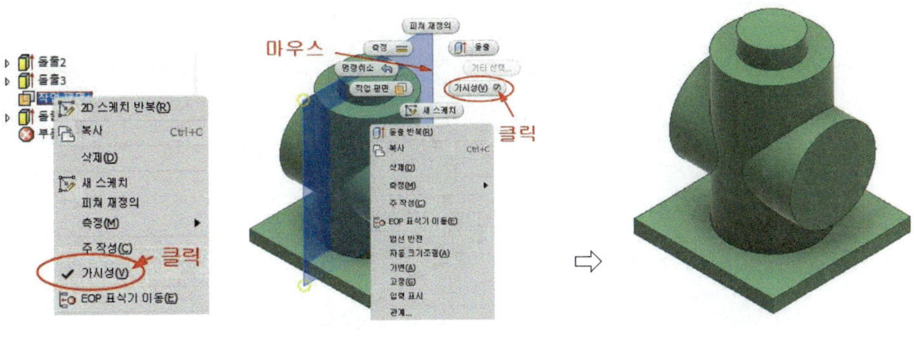

4.1.5 돌출 제거하기

01 형상 바닥면을 클릭하여 2D 스케치 작성(2D 스케치 시작)을 한다.

02 원( )을 그리고, 원 지름 46, 중심거리 44의 치수( )를 기입하고, 스케치 마무리(✔)를 클릭한다.

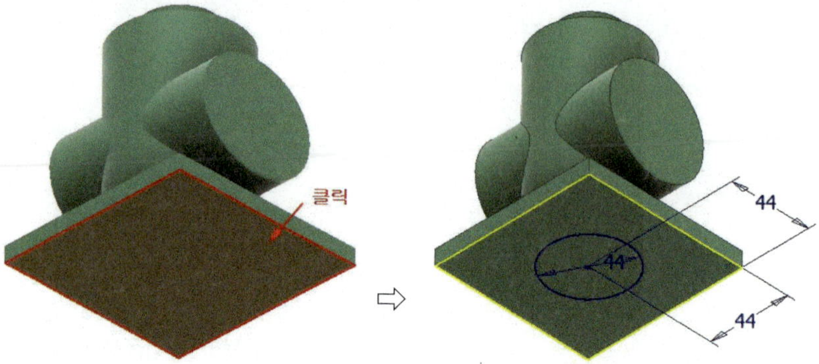

03 돌출(돌출)을 클릭하여 방금 작성한 원을 프로파일 영역으로 지정한다. 차집합( )에 돌출거리 94를 입력한다. 돌출 방향을 위로 설정한다.

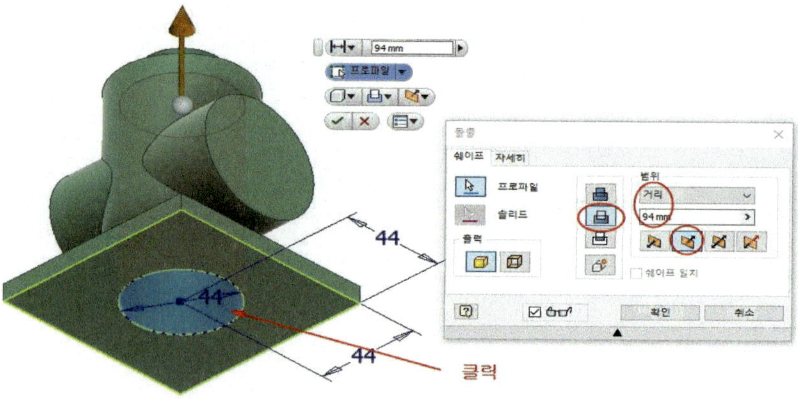

04 확인을 클릭하여 형상을 작성한다.

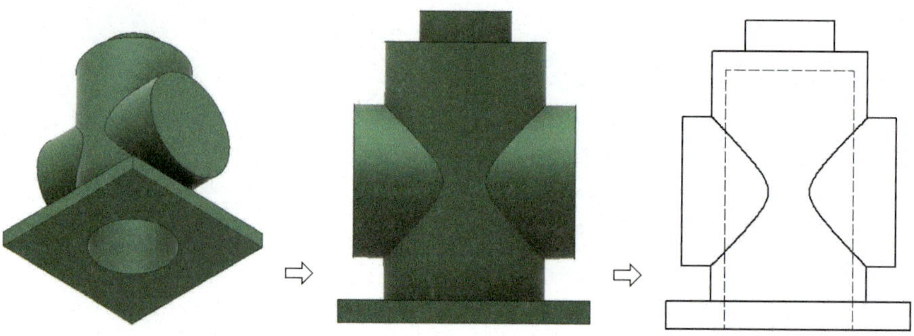

05 형상 윗면에 2D 스케치 작성을 한다.

06 중심점에 원을 그리고, 원 지름 18을 기입하고, 스케치 마무리를 클릭한다.

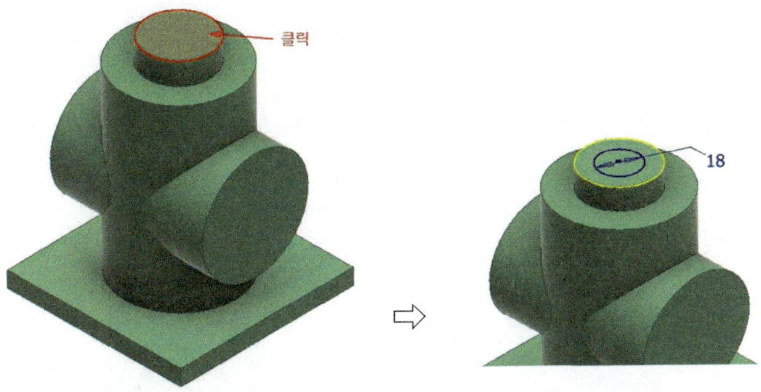

07 돌출을 이용하여 작성한 원을 프로파일 영역으로 지정한다. 차집합( )에 돌출거리는 전체 관통으로 설정하고, 아래쪽 방향으로 한다.

08 확인을 클릭하여 형상을 작성한다.

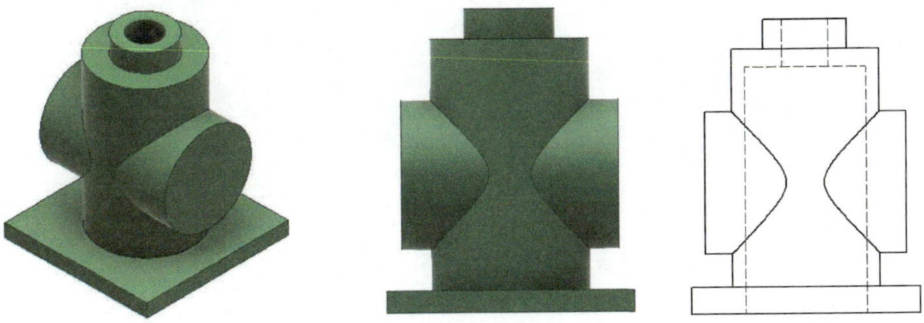

4.1.6 중간 작업평면2 작성 및 회전하기

01 평면( )⇨ 두 평면 사이의 중간평면 을 클릭한다. 선택한 형상의 중간 평면을 작성하기 위해 측면1과 측면2를 차례로 클릭한다. 선택한 앞면과 뒷면의 중간에 새로운 평면이 생성되었다. 생성된 중간평면에 2D 스케치를 작성한다.

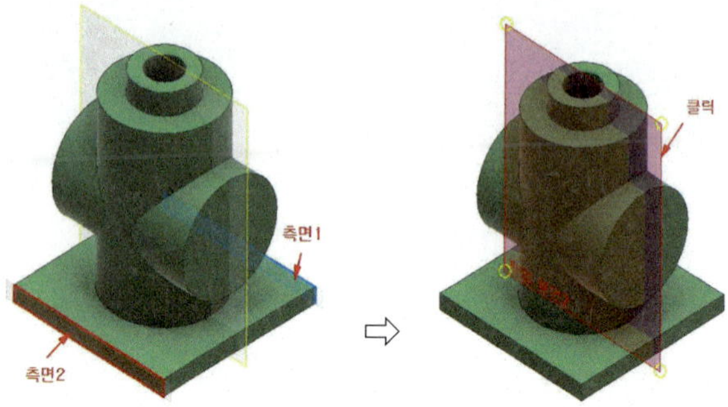

02 작성하고자 하는 스케치 평면이 형상 중간에 존재하므로 키보드 F7(그래픽 슬라이스)를 누른다. 계속해서 절단모서리 투영을 클릭한다.

03 선( )과 치수( )를 이용하여 아래 그림과 같이 그리고, 스케치 마무리( )를 한다.

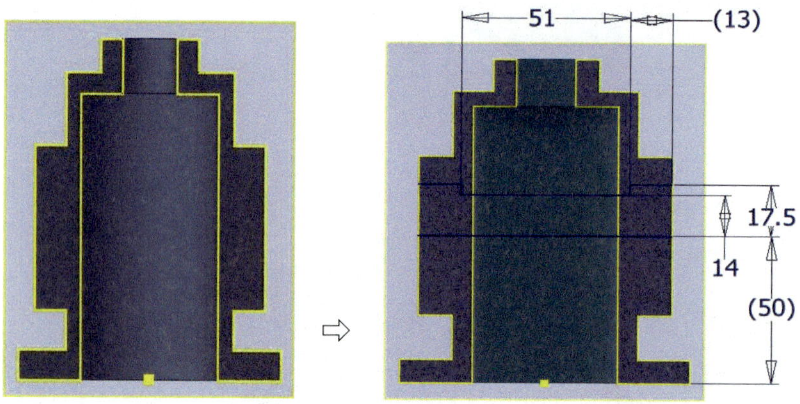

4. 회전( )을 실행한다. 프로파일을 클릭하고, 축을 지정한다.

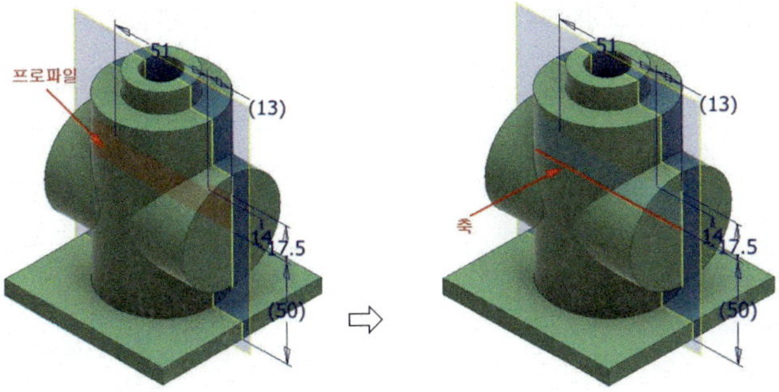

5. 회전 각도를 전체로 하고, 차집합으로 설정한 후, 확인을 클릭한다.

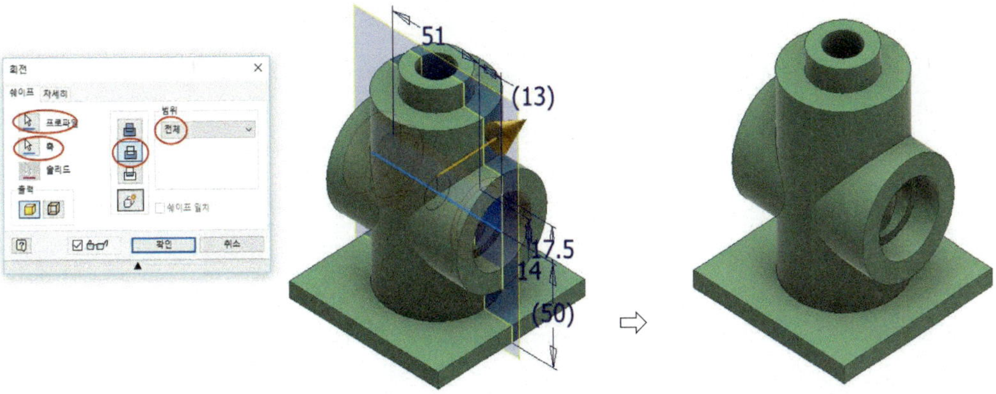

4.1.7 모깎기 생성하기

1. 모깎기( )를 실행한다. 돌출 사각형의 4개 모서리 및 원통 모서리를 선택하고, 반지름 7을 입력한다. 적용을 클릭한다.

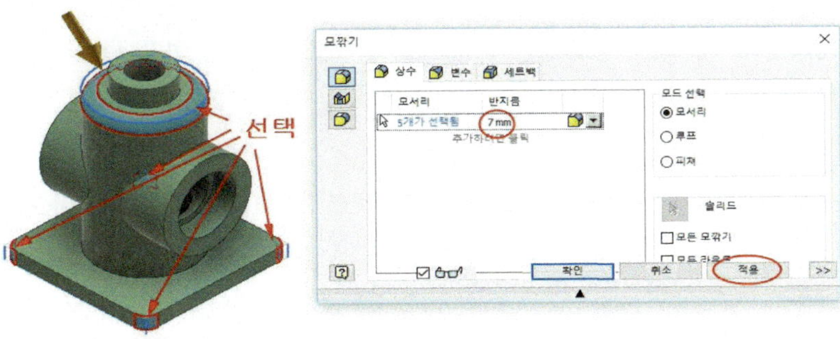

2. 모깎기로 표시된 모서리를 선택하고, 반지름 2를 입력한다. 확인을 클릭한다.

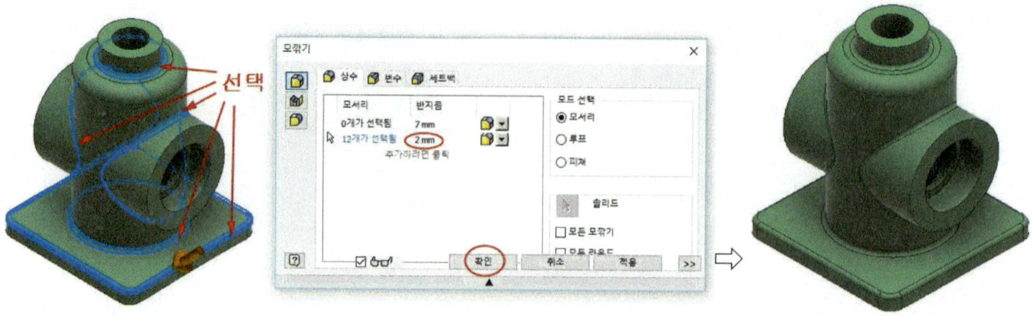

4.1.8 구멍(단순) 생성 및 직사각형 패턴하기

01 구멍( )을 클릭한다. 나타나는 창의 배치는 동심으로 선택하고, 구멍이 생성될 평면에 적당한 위치를 클릭한다.

02 동심참조로 라운드면을 선택하고, 구멍치수 6.6을 입력한다.
아래와 같이 설정하고, 확인을 클릭한다.

03 구멍이 생성되었다. 나머지 구멍도 같은 방법으로 작성해도 되지만, 여기서는 직사각형 패턴을 이용하여 나머지 구멍을 생성해보자.

04 직사각형 패턴( )을 클릭한다. 패턴을 만들 피쳐 선택에서 구멍을 클릭하여 지정한다. 패턴을 만들 방향을 정의하기 위해 방향1을 클릭하고, 모서리를 클릭한다.
개수 2와 간격 74를 입력한다. 반전( )을 이용하여 화살표 방향을 바꿀 수 있다. 방향2을 클릭하고, 모서리를 클릭한다. 개수 2와 간격 74를 입력한다. 확인을 클릭한다.

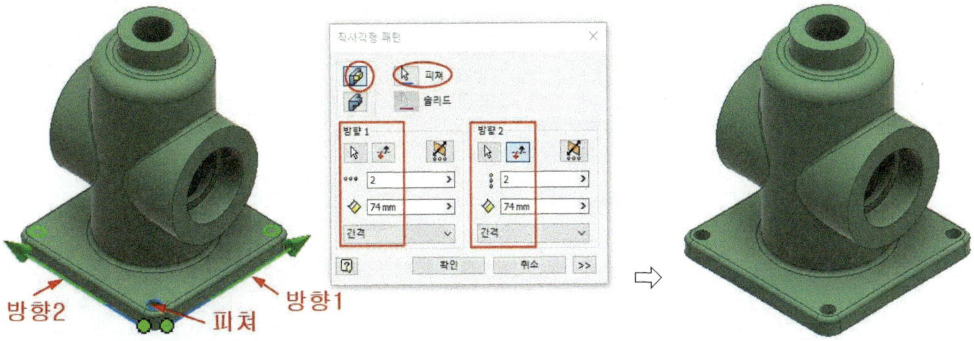

4.1.9 구멍(탭) 생성 및 원형 패턴하기

01 2D 스케치 작성으로 구멍이 생성될 면을 클릭한다.

02 스케치 환경에서 점(-+-)을 찍고, 위치 치수를 기입한 후, 스케치 마무리를 한다.

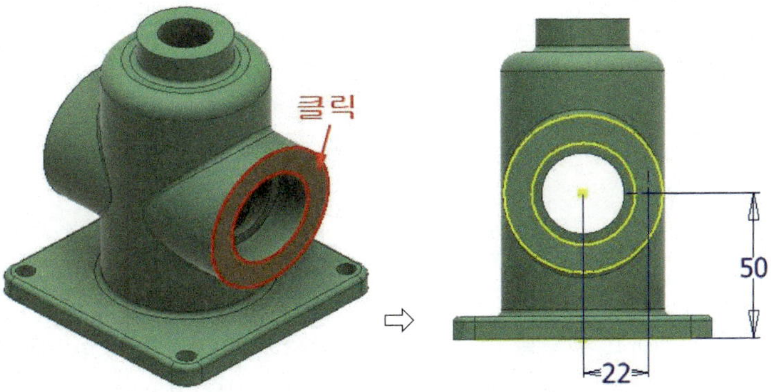

03 구멍( )을 실행한다. 자동으로 구멍 중심점을 인식한다. 아래와 같이 설정을 한다.

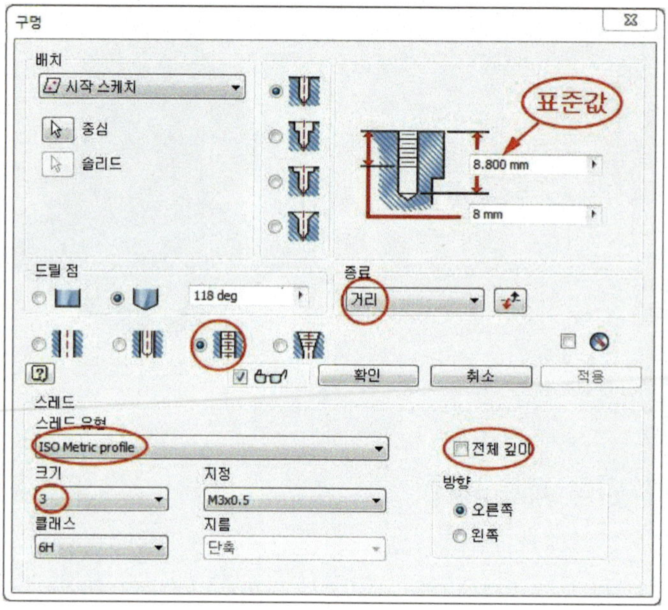

· **유형** : 탭 구멍 / **스레드 유형** : ISO Metric profile / **크기** : 3
· **종료** : 거리 / **전체깊이** : 체크 표시 안함
· **스레드 깊이** : 8mm / **구멍 깊이** : 11mm

※ 구멍 명령에서 스레드 구멍을 작성할 때 스레드 깊이 및 구멍 깊이 기본값은 표준값으로 제어된다. 구멍깊이를 변경할 수 있다.

04 확인을 클릭한다.

05 원형 패턴( )을 클릭하고, 패턴을 만들 피처 선택에서 탭 구멍을 클릭하여 지정한다. 회전축으로 원통형 면을 클릭한다.(원통형 면의 중심축을 회전축으로 사용한다.) 배치의 개수 4개를 입력하고 확인을 클릭하여 원형 패턴을 완성한다.

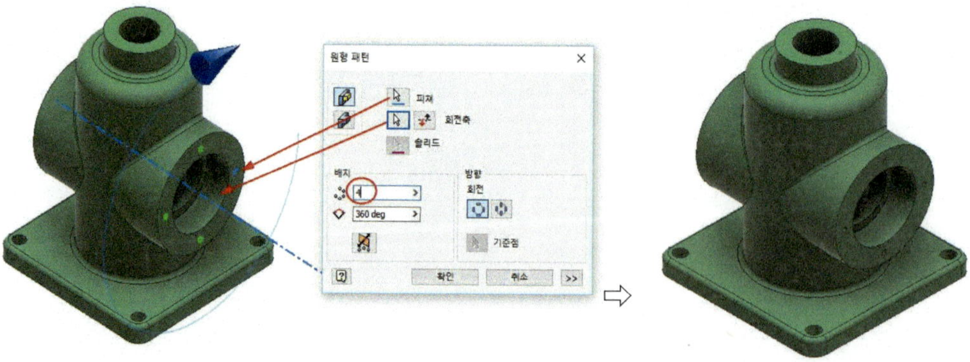

4.1.10 미러하기

※ 앞에서 생성한 탭 구멍과 원형패턴을 반대쪽으로 미러 복사를 한다.

01 미러( )을 실행하고, 미러시킬 피쳐로 탭 구멍과 원형패턴을 클릭한다.
(검색기창에서 선택해도 됨.)

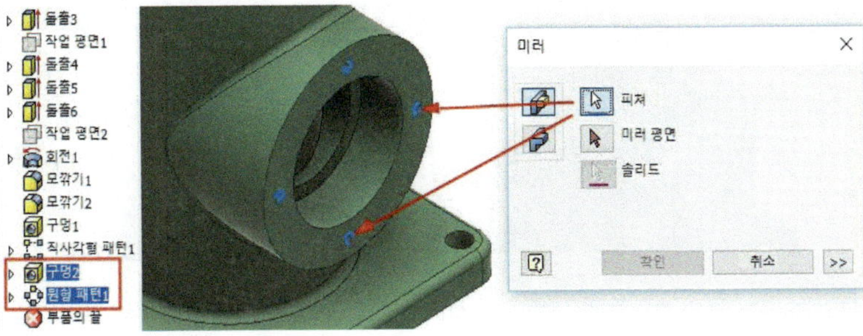

02 미러 평면을 선택한다. 확인을 클릭하여 미러을 완성한다.

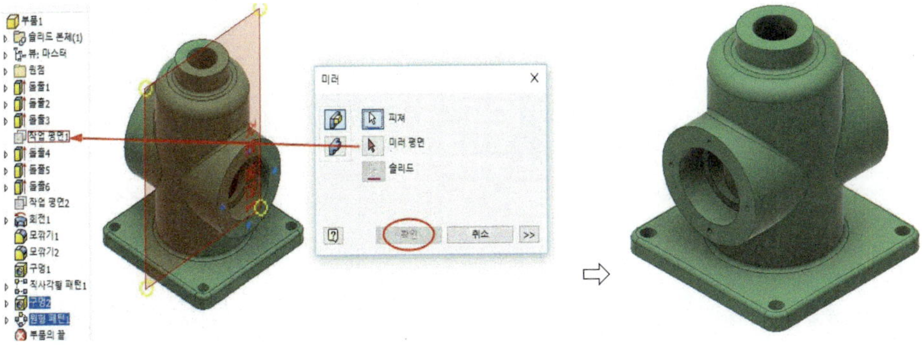

4.1.11 구멍(탭) 생성 및 원형 패턴하기

01 2D 스케치 작성으로 구멍이 생성될 면을 클릭한다.

02 스케치 환경에서 점(＋)을 찍고, 위치 치수를 기입한 후, 스케치 마무리를 한다.

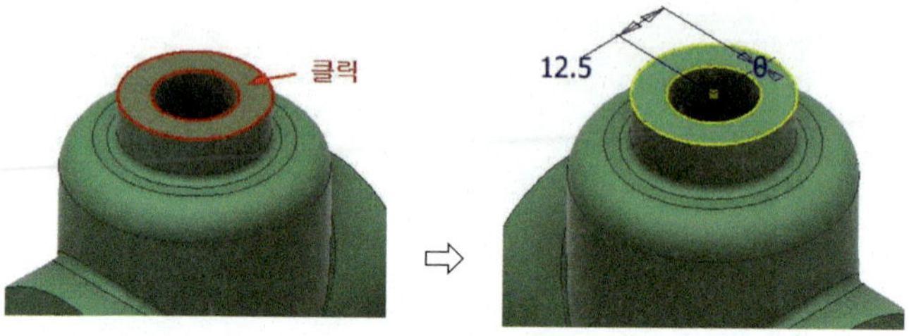

03 구멍( )을 실행한다. 자동으로 구멍 중심점을 인식한다. 아래와 같이 설정을 하고 확인을 클릭한다.

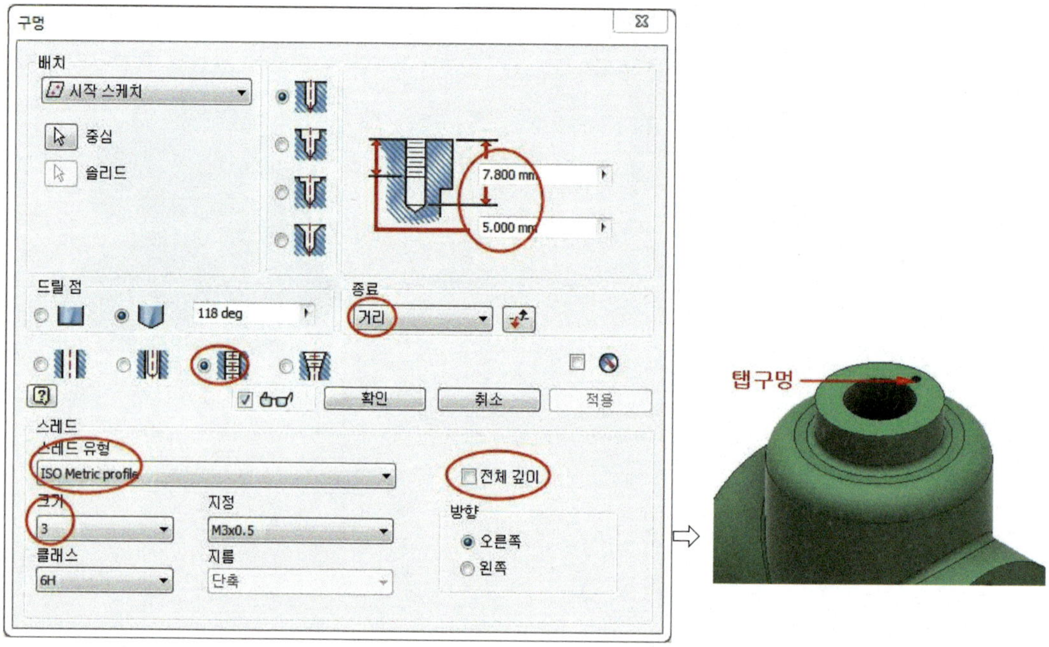

- **유형** : 탭 구멍 / **스레드 유형** : ISO Metric profile / **크기** : 3
- **종료** : 거리 / **전체깊이** : 체크 표시 안함
- **스레드 깊이** : 5mm / **구멍 깊이** : 8mm

04 원형 패턴( )을 클릭하고, 패턴을 만들 피쳐 선택에서 탭 구멍을 클릭하고, 회전축으로 원통형

면을 클릭한다. 개수 4를 입력하고 확인을 클릭한다.

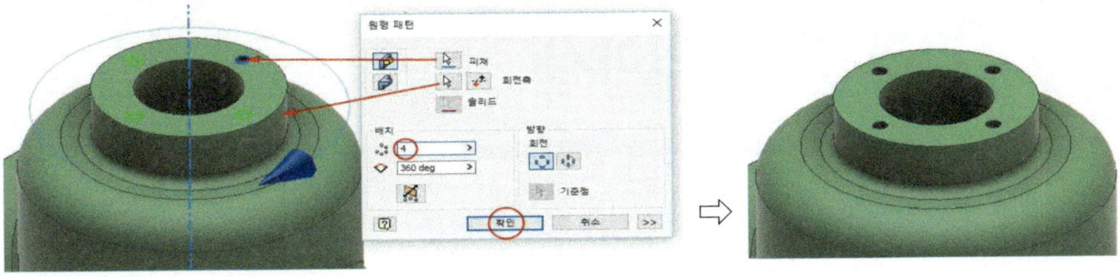

4.1.12 본체 부품 완성

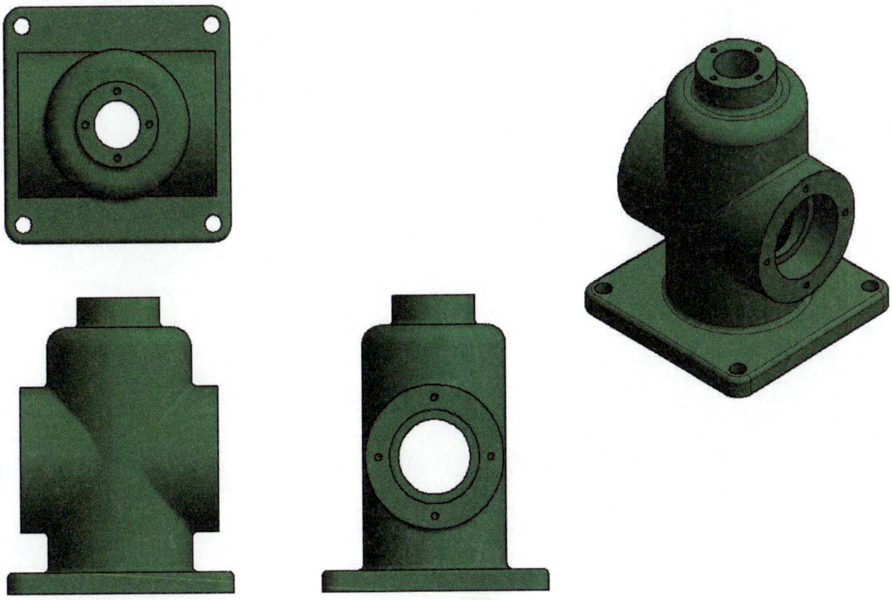

4.2 편심 축 작성하기

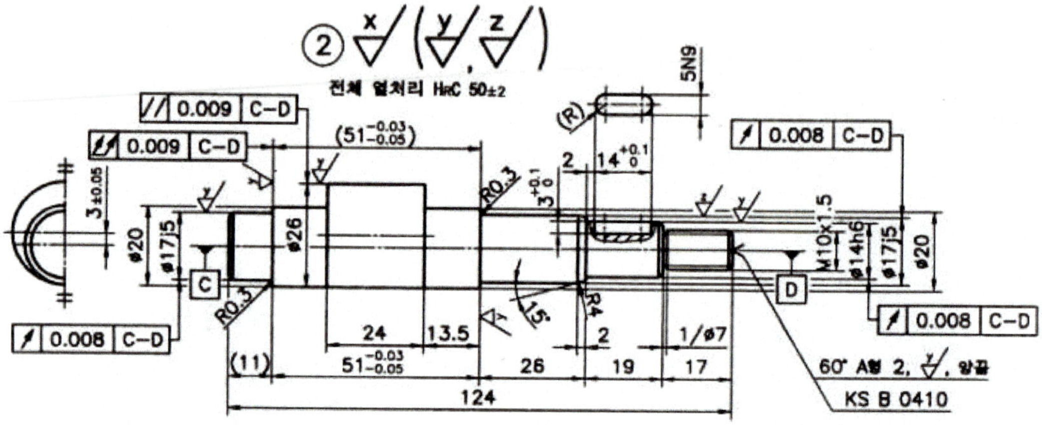

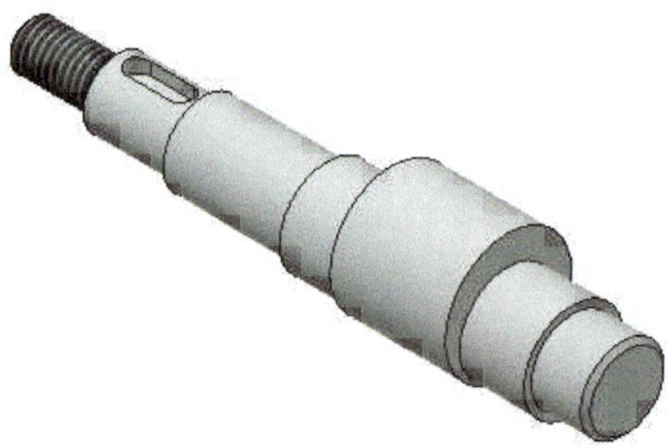

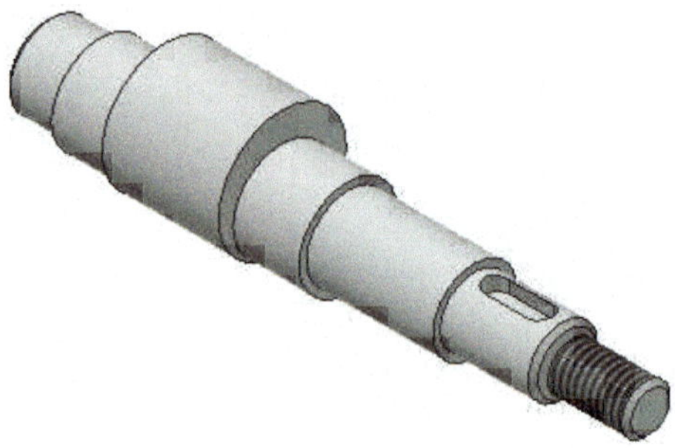

01 바탕화면의 Inventor2017를 실행하고, 새로 만들기를 클릭한다.

02 Standard.ipt를 선택하고, 확인을 클릭하여 스케치 XZ평면의 작업화면을 선택한다.

4.2.1 원통형 회전체 작성하기

01 선( )을 이용하여 아래와 같이 그린다. 선을 선택하고, 중심선( )을 클릭하여 선의 형식을 중심선으로 바꾼다. 동일선상( )을 클릭하여 아래와 같이 그리고 치수를 기입하고, 스케치를 마무리한다.

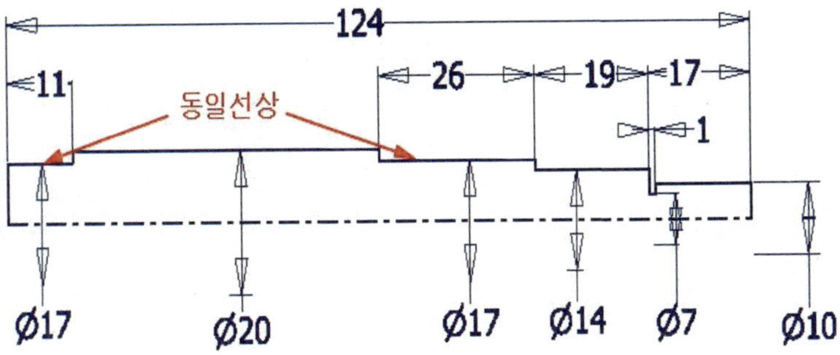

02 회전( )을 실행하면 프로파일 영역과 축이 하나씩 존재하므로 자동으로 회전이 실행됨을 볼 수가 있다. 확인을 클릭한다.

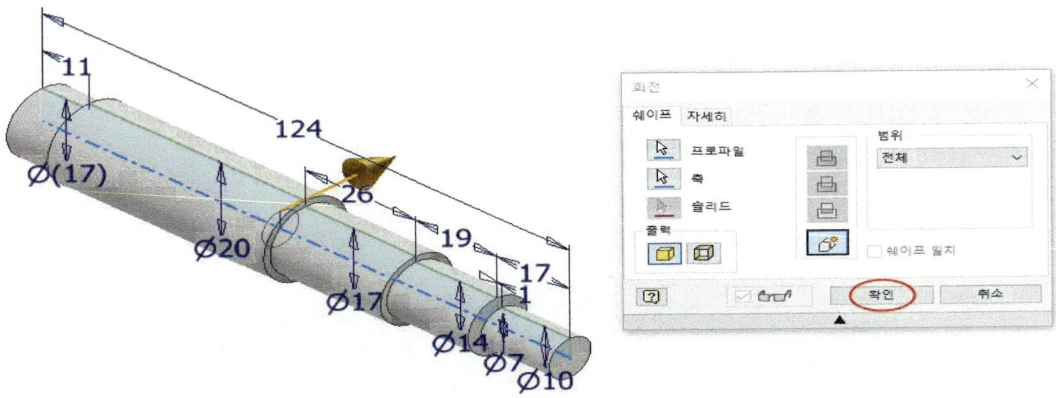

4.2.2 편심 회전체 작성하기

01 2D 스케치 작성을 클릭하고, 검색기의 원점 아래에 있는 XZ 평면을 선택하여 스케치 평면으로 지정한다.

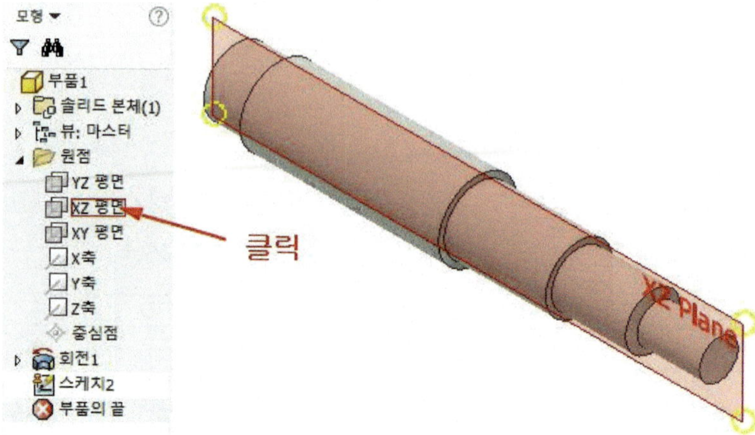

02 스케치 면이 형상 중간에 가려져 있으므로 F7(그래픽 슬라이스)을 누르고, 절단 모서리 투영을 실행한다.

03 선과 치수를 이용하여 아래와 같이 작성한다. 스케치 마무리를 한다.

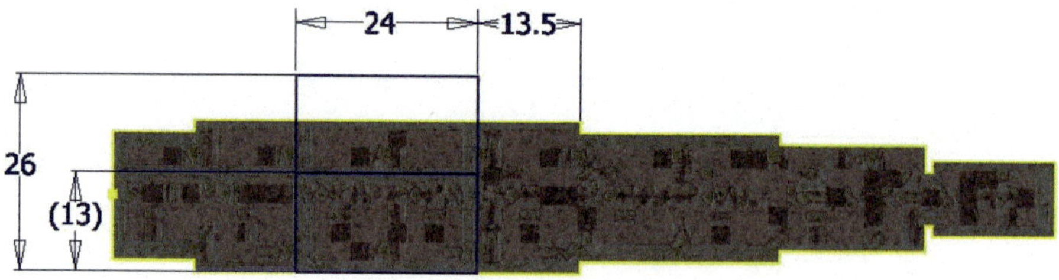

04 회전( )을 실행한다. 프로파일과 축을 선택하고 회전각도는 전체로 하고, 합집합으로 설정한다. 확인을 클릭한다.

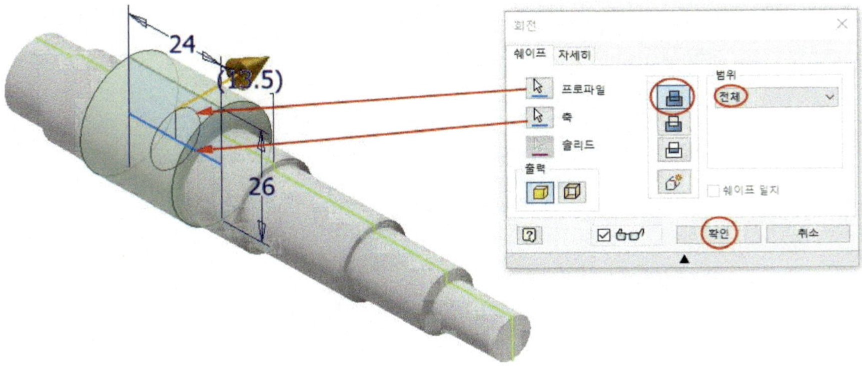

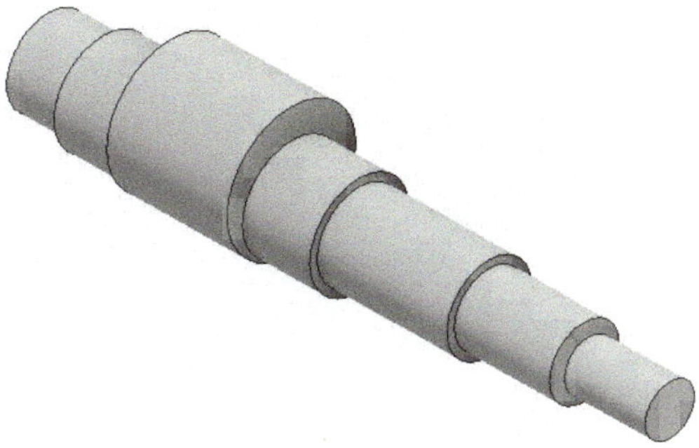

4.2.3 스레드 및 모따기 작성하기

01 스레드(스레드)를 클릭하여 실행하고, 위치 탭에서 스레드 할 원통형 면을 선택한다.

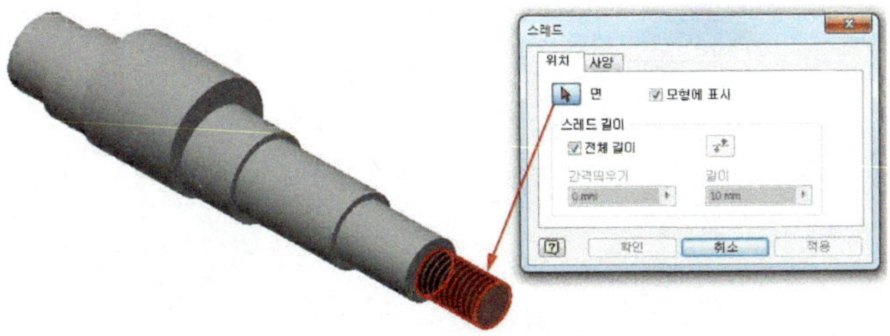

02 사양 탭에서 다음과 같이 설정하고, 확인을 클릭한다.

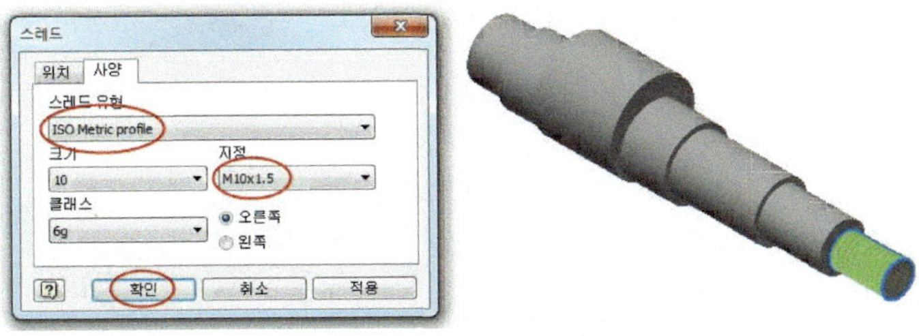

03 표시된 모서리에 모따기( ) 거리값 1을 작성한다.

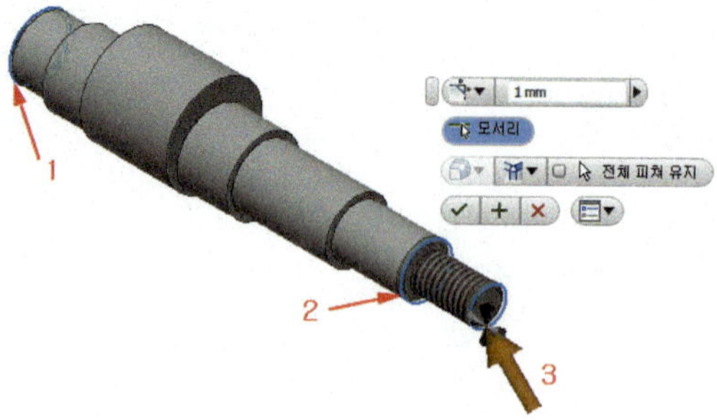

04 확인을 클릭하여 모따기를 완성한다.

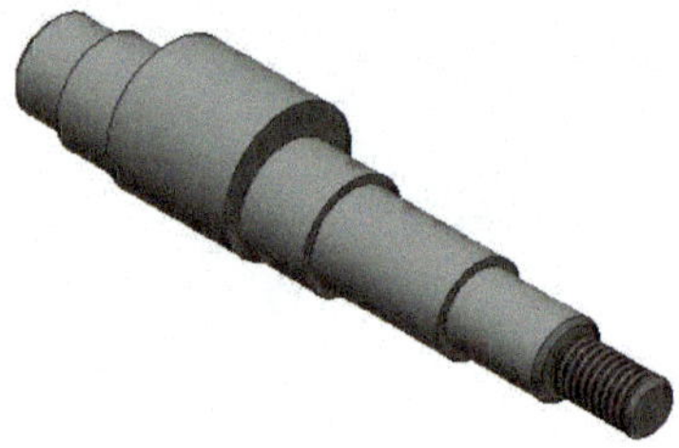

4.2.4 키 홈 작성하기

01 평면( )을 클릭하여 곡면에 접하고 평면에 평행 을 실행한다.

02 기준 평면으로 검색기의 XY평면을 선택하고, 접하는 원통형 곡면을 선택하고(위쪽) 평면을 완성한다.

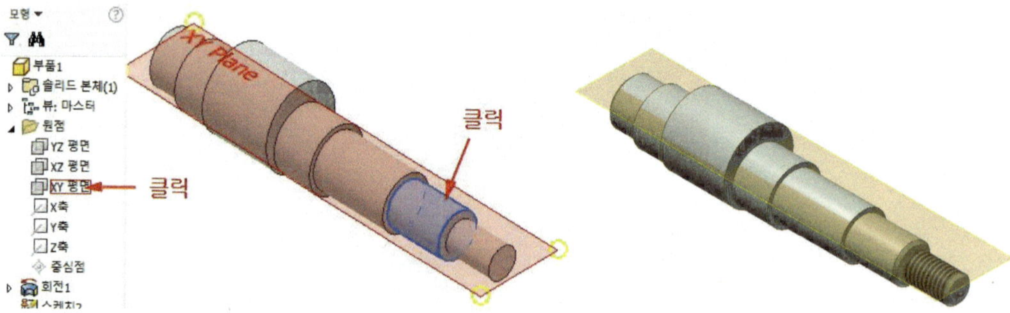

03 2D 스케치 작성을 이용하여 생성한 평면을 클릭하고 형상투영을 실행한다.

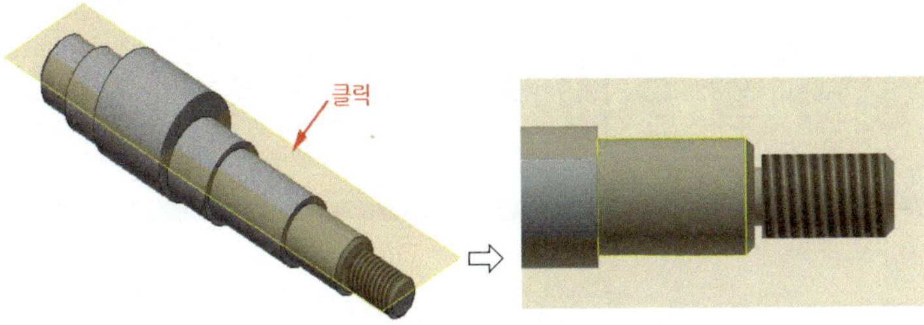

04 슬롯( )을 이용하여 아래와 같이 그리고, 치수를 기입한다. 스케치 마무리를 한다.

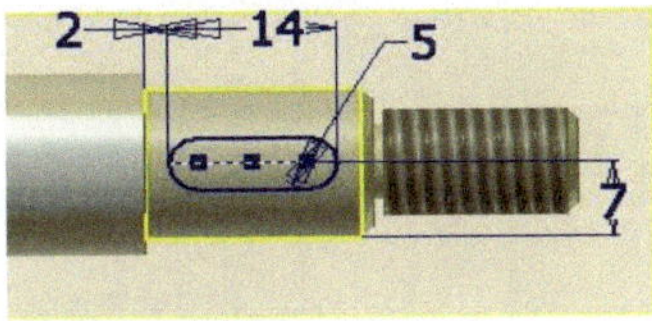

05 돌출을 이용하여 스케치 영역을 돌출 거리 3만큼 아래 방향으로 차집합을 선택한 후 확인을 클릭한다.

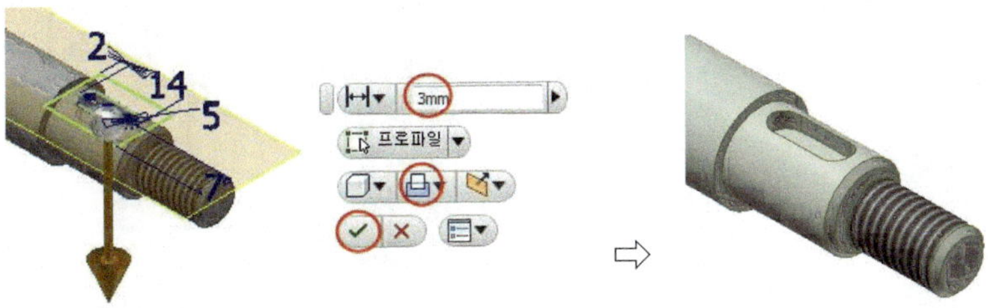

4.2.5 편심 축 부품 완성

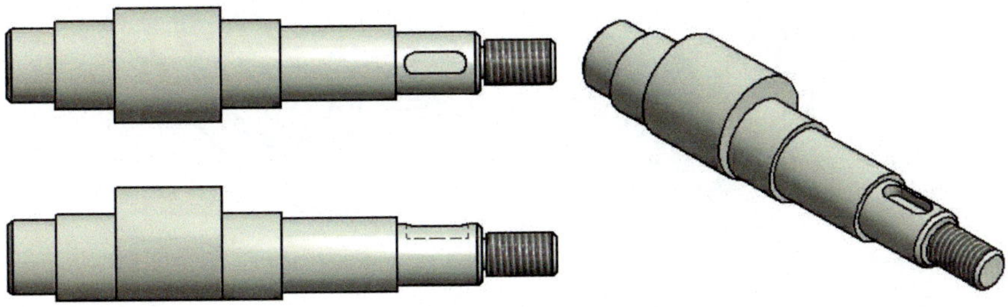

4.3 본체 씰 커버 작성하기

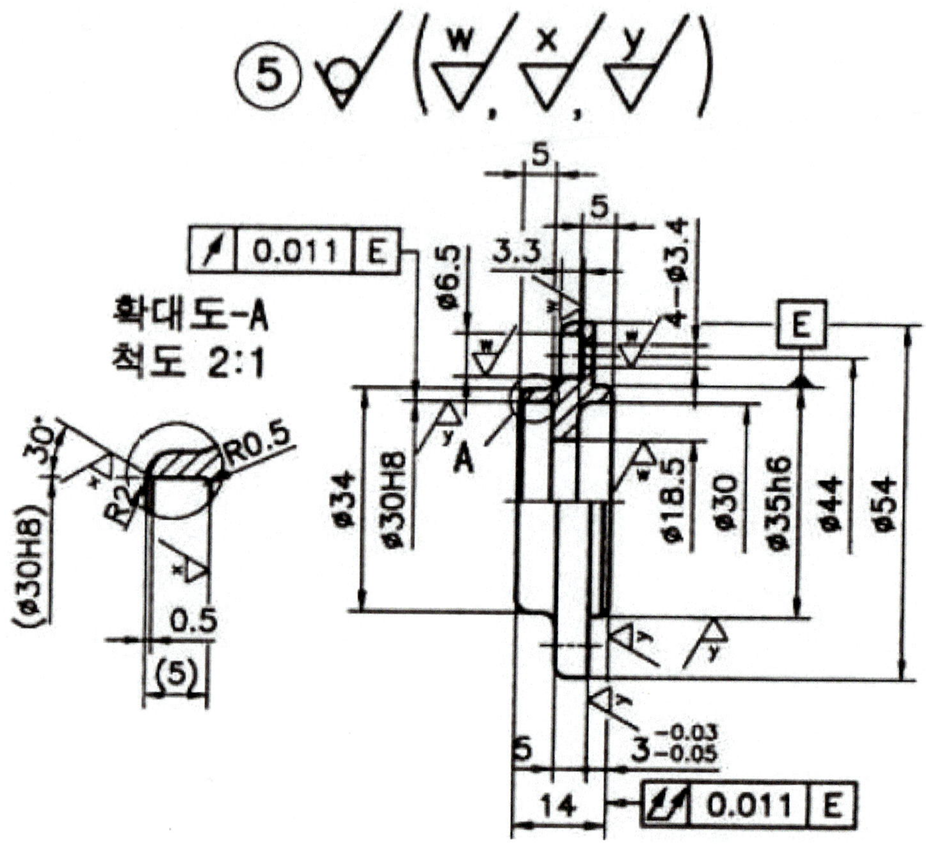

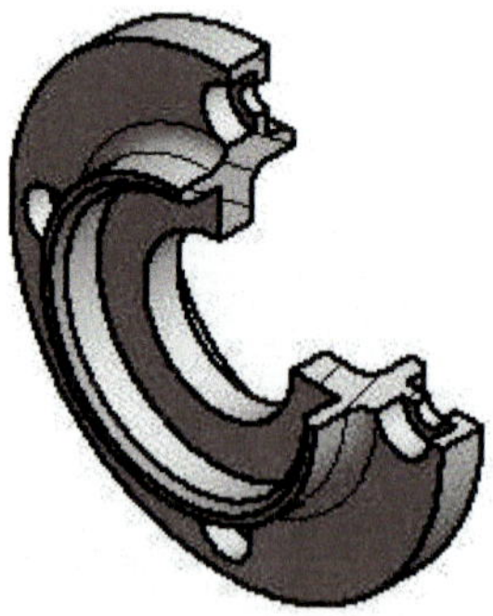

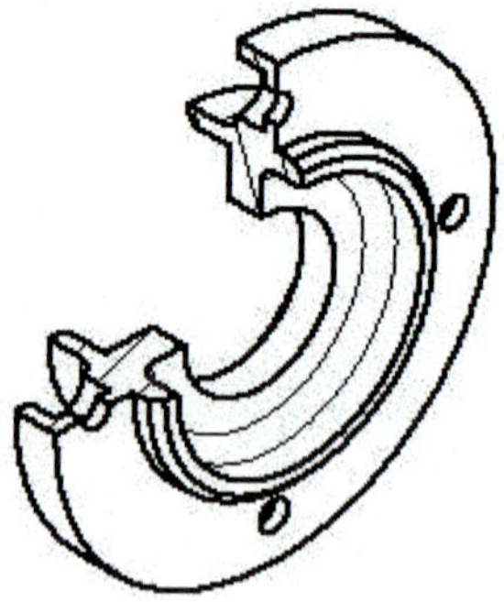

01 바탕화면의 Inventor2017를 실행하고, 새로 만들기를 클릭한다.

02 Standard.ipt를 선택하고, 확인을 클릭하여 스케치 XZ평면의 작업화면을 선택한다.

4.3.1 원통형 회전체 1 작성하기

01 선( )을 이용하여 아래와 같이 그린다. 선을 선택하고, 중심선( )을 클릭하여 선의 형식을 중심선으로 바꾼다. 치수를 기입하고, 스케치를 마무리한다.

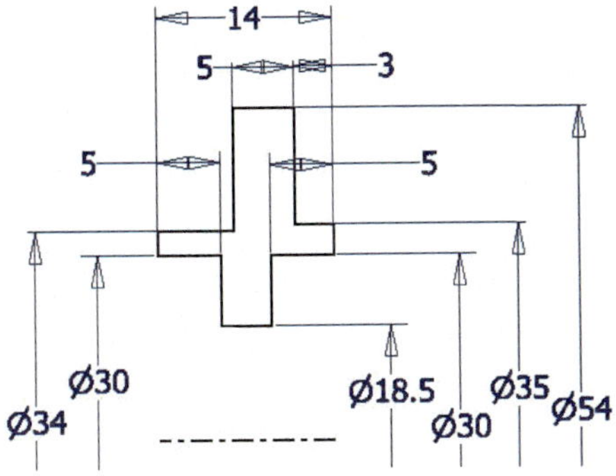

02 회전( )을 실행하면 프로파일 영역과 축이 하나씩 존재하므로 자동으로 회전이 실행됨을 볼 수가 있다. 확인을 클릭한다.

4.3.2 카운터보어 구멍과 원형패턴 작성하기

01 커버 형상의 측면을 2D 스케치 작성 평면으로 클릭한다.

02 스케치 환경에서 점( )을 찍고, 위치 치수를 기입한 후, 스케치 마무리를 한다.

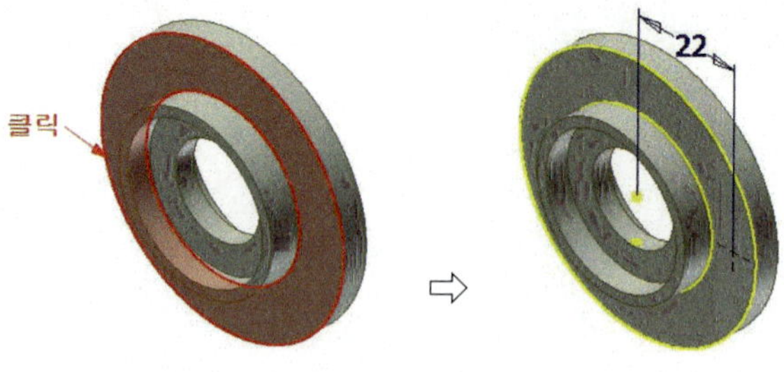

03 구멍( )을 실행한다. 자동으로 구멍 중심점이 인식한다. 아래와 같이 설정을 한다.

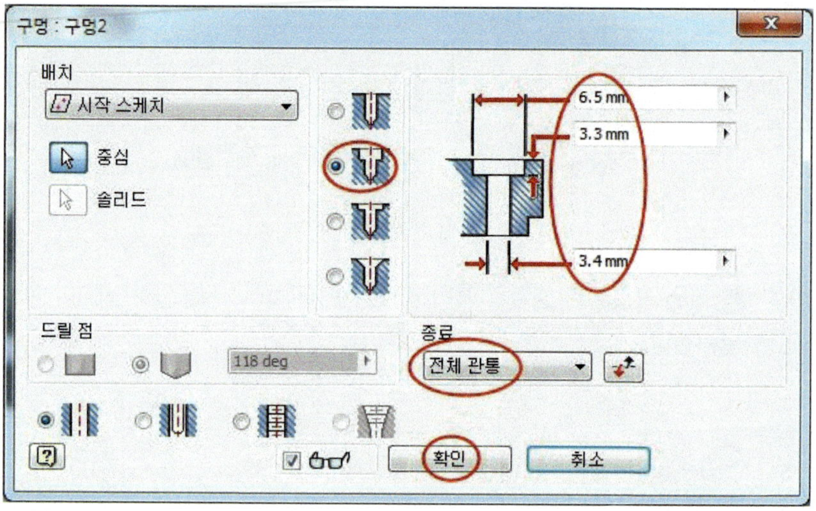

· **구멍 유형** : 카운터보어 / **종료** : 전체 관통

· **카운터보어 지름** : 6.5mm / **카운터보어 깊이** : 3.3mm / **구멍 지름** : 3.4mm

04 확인을 클릭한다.

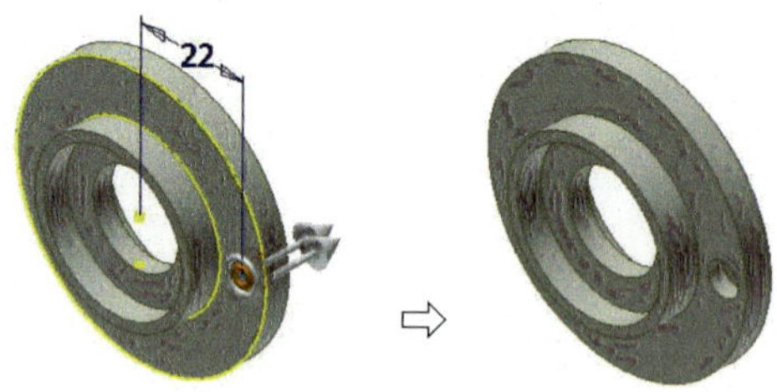

05 원형패턴( )을 클릭하여 실행하고, 패턴 시킬 피쳐로 카운터보어 구멍과 원통형 면을 회전축으로 선택한다. 개수는 4를 입력하고 확인을 클릭한다.

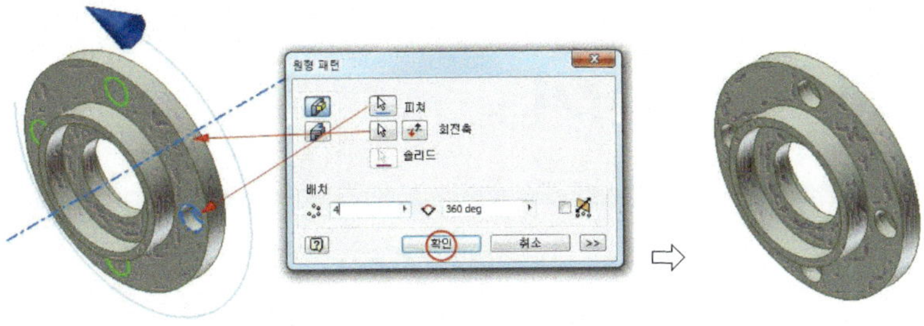

4.3.3 모깎기와 모따기 작성하기

01 다음 그림에 표시된 모서리에 모깎기와 모따기를 적용한다.

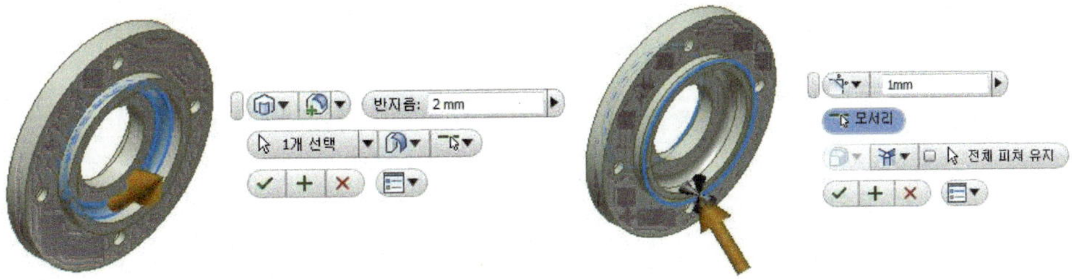

4.3.4 커버 부품 완성

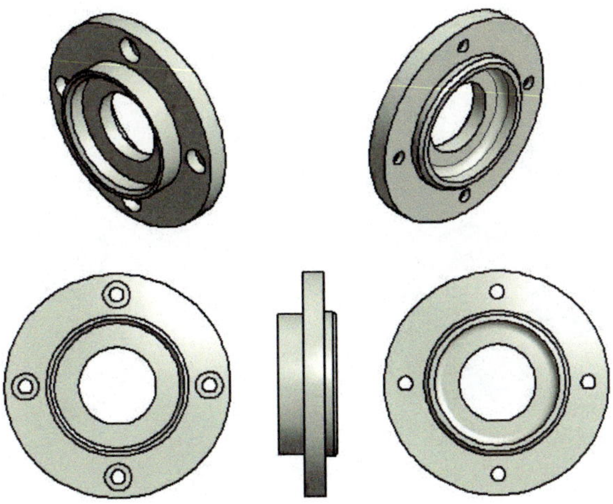

4.4 보스 작성하기

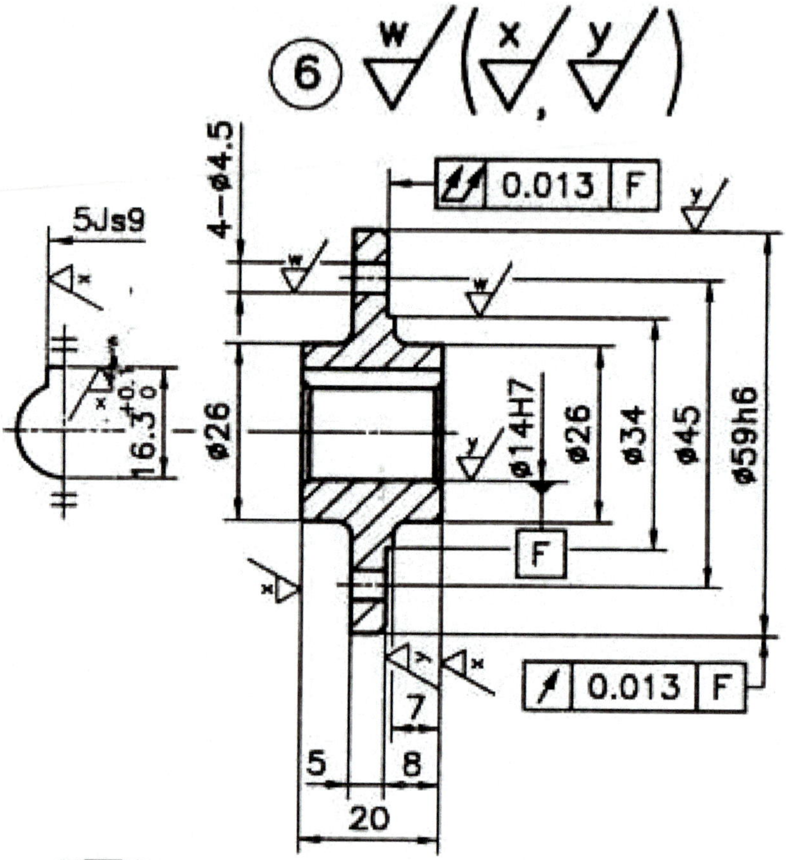

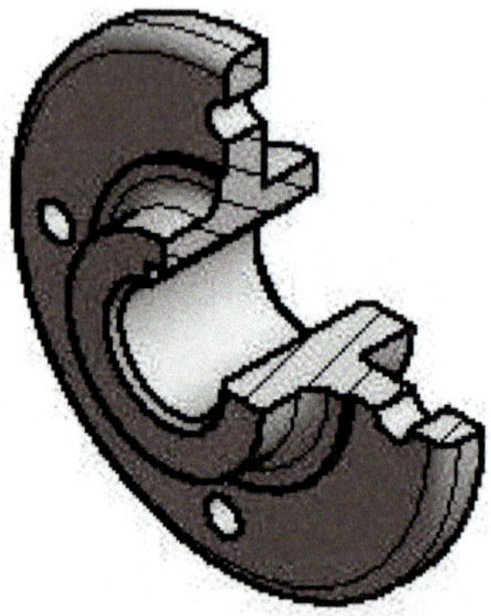

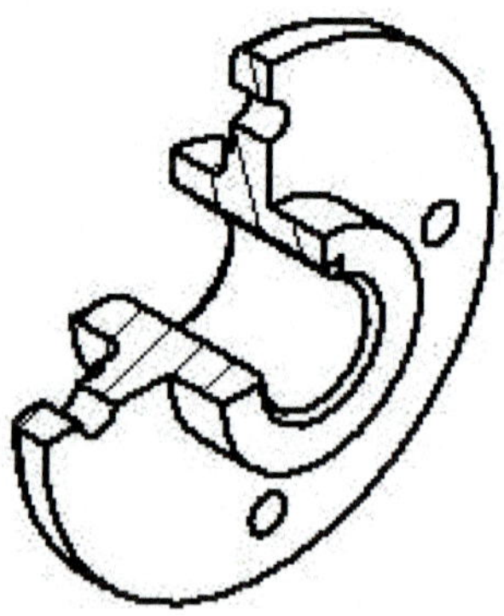

01 바탕화면의 Inventor2017를 실행하고, 새로 만들기를 클릭한다.

02 Standard.ipt를 선택하고, 확인을 클릭하여 스케치 XZ평면의 작업화면을 선택한다.

4.4.1 원통형 회전체 1 작성하기

01 선(╱)을 이용하여 아래와 같이 그린다. 선을 선택하고, 중심선( )을 클릭하여 선의 형식을 중심선으로 바꾼다. 치수를 기입하고, 스케치를 마무리한다.

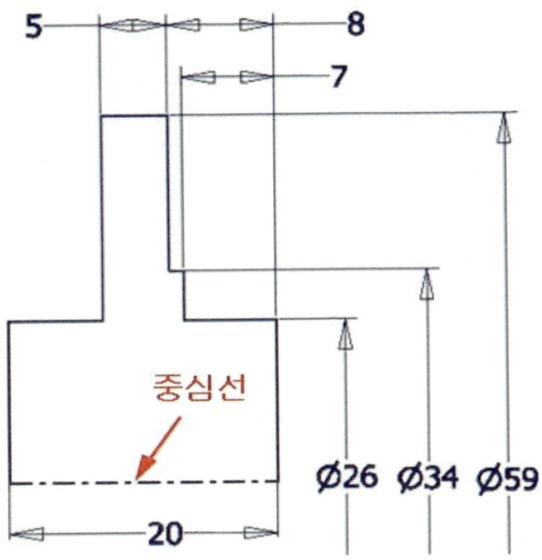

02 회전( )을 실행하면 프로파일 영역과 축이 하나씩 존재하므로 자동으로 회전이 실행됨을 볼 수가 있다. 확인을 클릭한다.

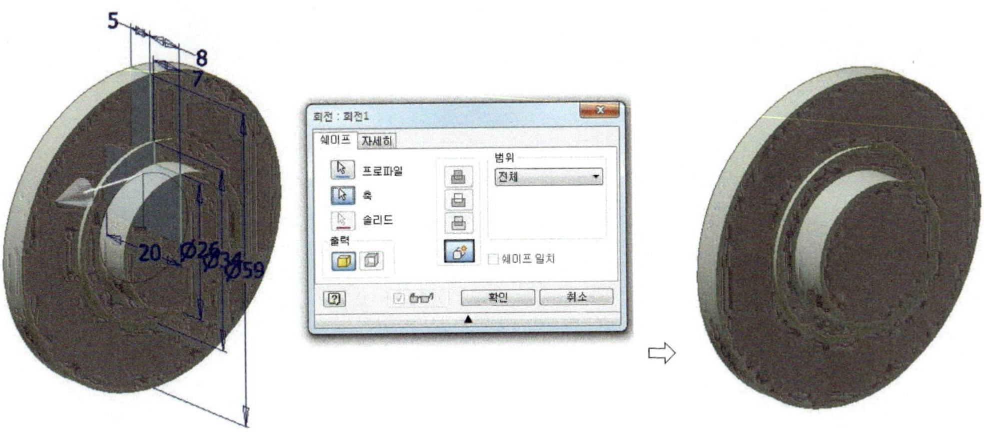

4.4.2 보스 및 키 홈 작성하기

01 2D 스케치 작성을 클릭하고, 커버 형상의 측면을 2D 스케치 작성 평면으로 클릭하고 선, 원, 치수를 이용하여 아래 그림과 같이 그리고, 스케치 마무리를 한다.

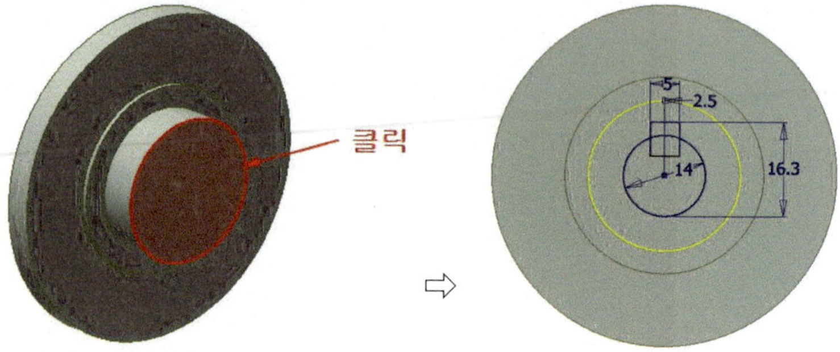

02 돌출( )을 클릭하여 방금 작성한 원과 직사각형을 프로파일 영역으로 지정하고, 차집합( )에 돌출범위 전체로 선택하고, 확인을 클릭한다.

4.4.3 구멍과 원형패턴 작성하기

01 커버 형상의 측면을 2D 스케치 작성 평면으로 클릭한다.

02 스케치 환경에서 점(-|-)을 찍고, 위치 치수를 기입한 후, 스케치 마무리를 한다.

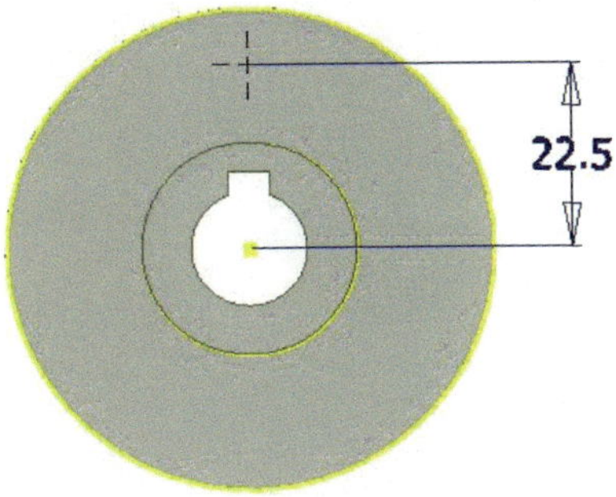

03 구멍( )을 실행한다. 자동으로 구멍 중심점을 인식한다. 다음과 같이 설정을 하고 확인을 클릭한다.

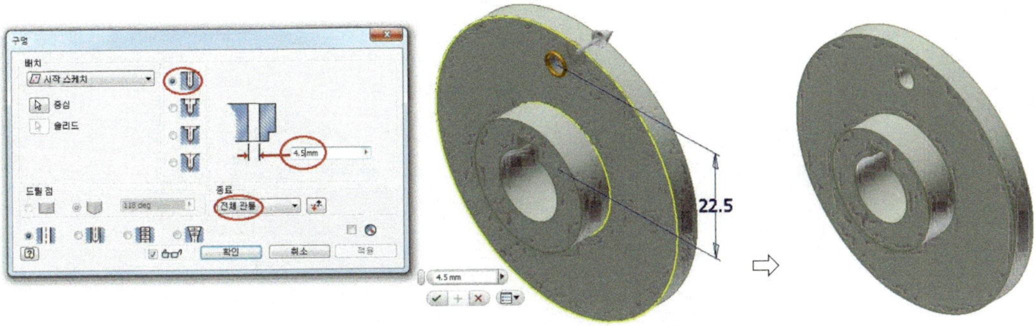

· 구멍 유형 : 드릴 / 종료 : 전체 관통 / 드릴 지름 : 4.5mm

04 원형패턴( )을 클릭하여 실행하고, 패턴 시킬 피쳐로 구멍과 원통형 면을 회전축으로 선택한다. 개수는 4를 입력하고 확인을 클릭한다.

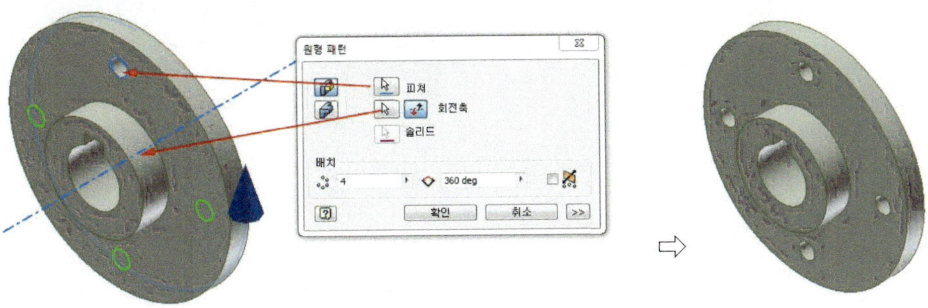

4.4.4 모깎기와 모따기 작성하기

01 아래 그림에 표시된 모서리에 모깎기와 모따기를 적용한다.

4.4.5 보스 부품 완성

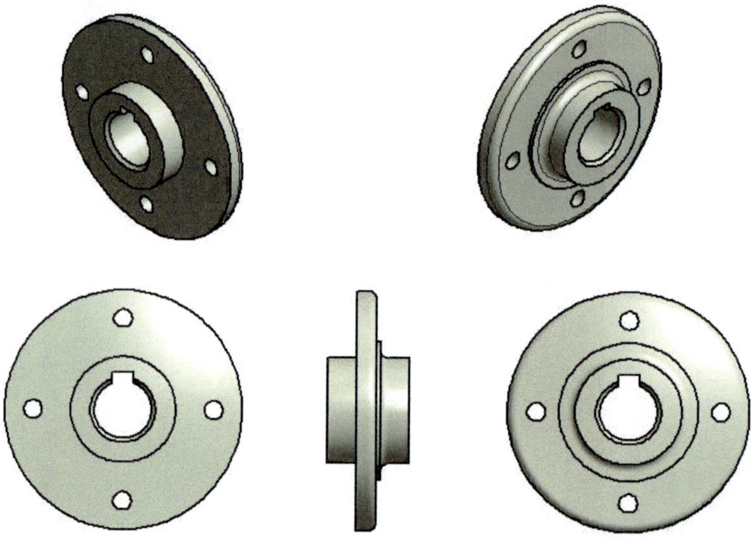

4.5 스퍼기어 휠 작성하기

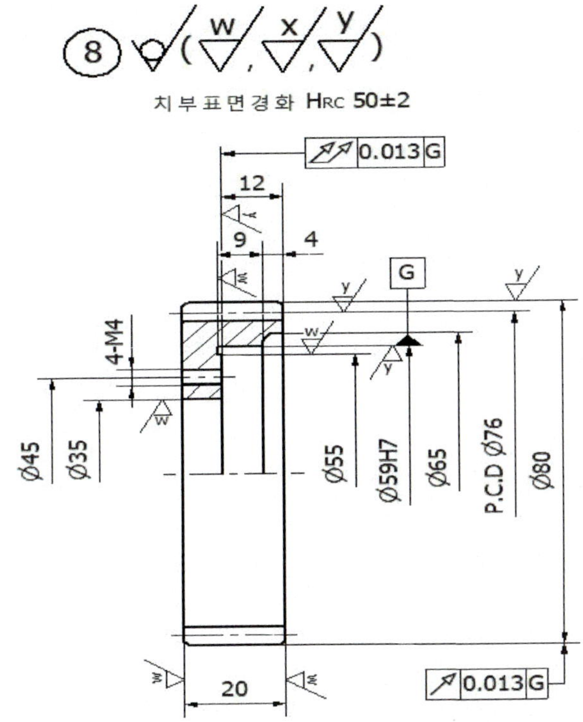

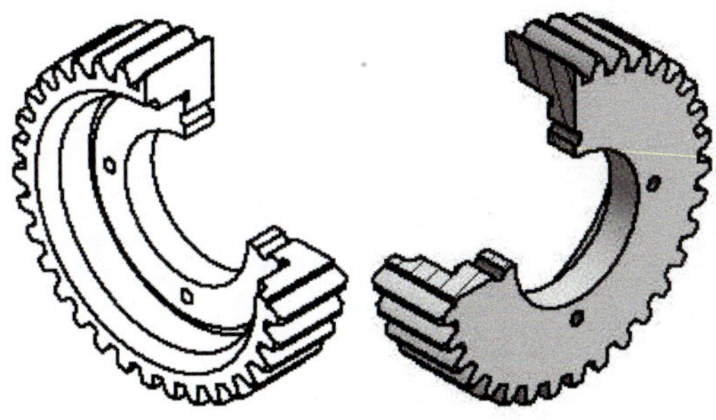

01 바탕화면의 Inventor2017를 실행하고, 새로 만들기를 클릭한다.

02 Standard.ipt를 선택하고, 확인을 클릭하여 스케치 XZ평면의 작업화면을 선택한다.

* **참고사항**. (P.C.D=피치원지름 / M=모듈 / Z=잇수]

1. 스퍼기어 이끝원 지름 ⇨ ∅80 [= P.C.D + 2 x M]
2. 피치원 지름(P.C.D) ⇨ ∅76 [= M x Z]
3. 이뿌리원 지름 ⇨ ∅71 [= P.C.D - 2 x (M x 1.25)]

** **기어의 인벌루트 곡선은 공식에 의한 것이 아니라 간편법으로 작도하였다.**

4.5.1 원통형 회전체 작성하기

01 선을 이용하여 아래와 같이 그린다. 치수를 기입하고, 스케치를 마무리한다.

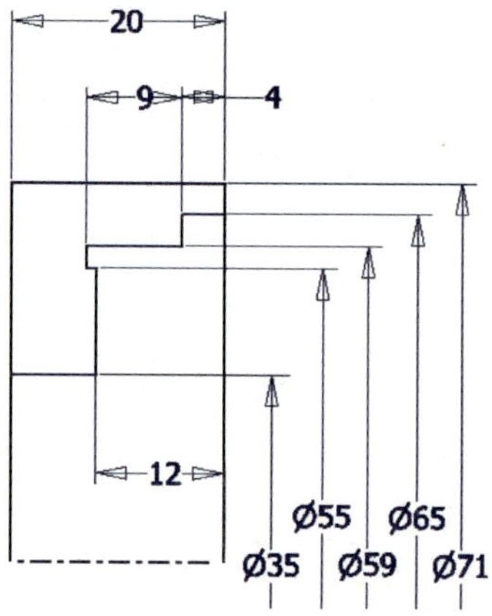

02 회전(아이콘)을 실행하면 프로파일과 축을 선택하고, 회전 각도를 전체로 해서 확인을 클릭한다.

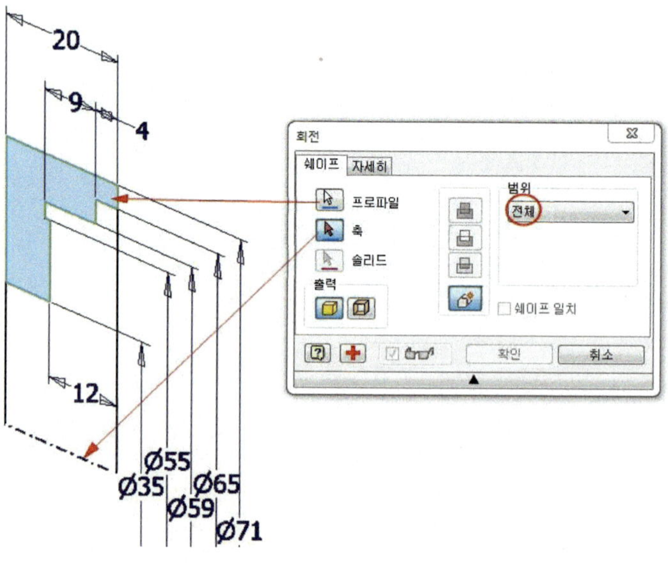

4.5.2 구멍과 원형패턴 작성하기

01 측면에 2D 스케치 작성을 하고, 점을 찍는다.

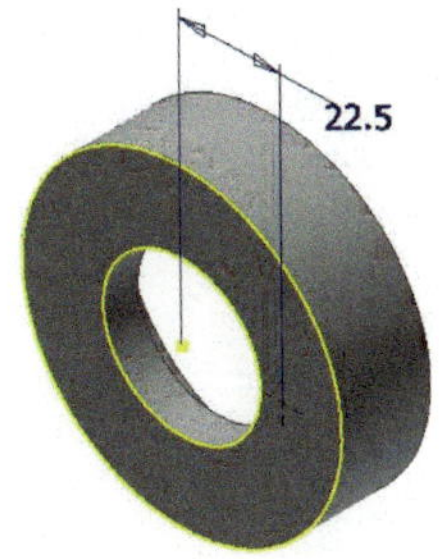

02 구멍( )을 실행한다. 자동으로 구멍 중심점이 인식한다. 아래와 같이 설정을 하고, 확인을 클릭한다.

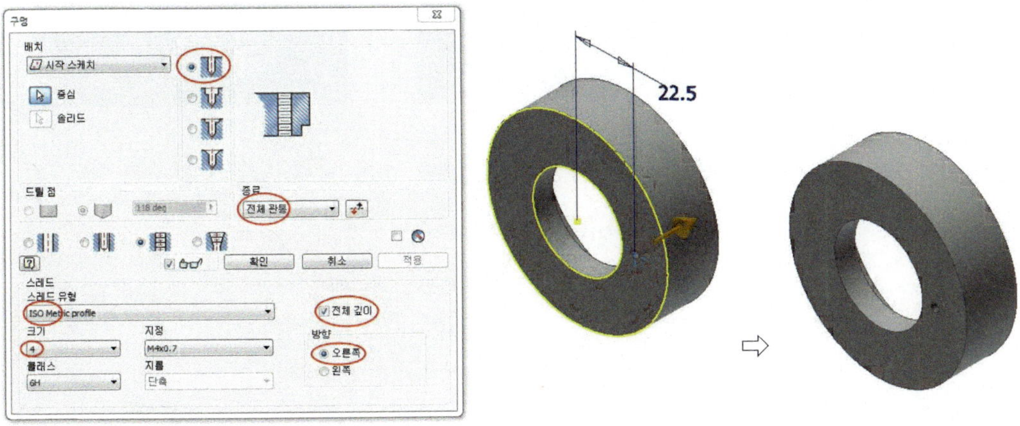

03 원형 패턴을 이용하여 생성시킨 구멍을 4개로 배치한다.

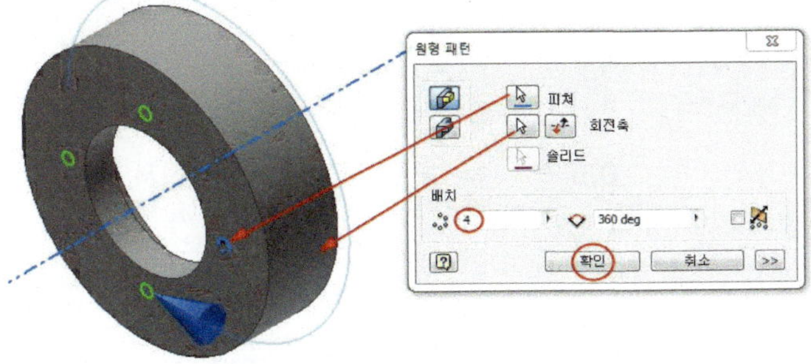

4.5.3 스퍼기어 이 생성하기

01 앞면을 2D 스케치 면으로 클릭한다.

02 다음과 같이 원과 선, 그리고 호를 이용하여 스퍼기어 이를 그린다. 선의 형식을 구성선과 중심선 등으로 변경을 시킨다.

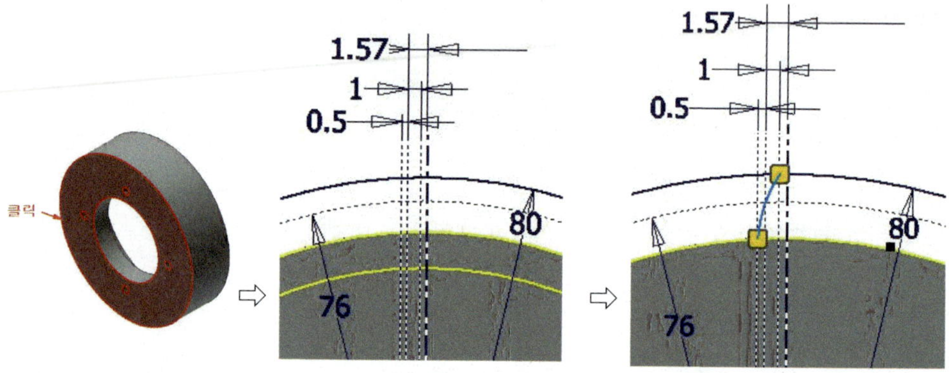

03 작성한 호를 스케치 미러( )을 이용하여 오른쪽으로 미러 복사 한다.

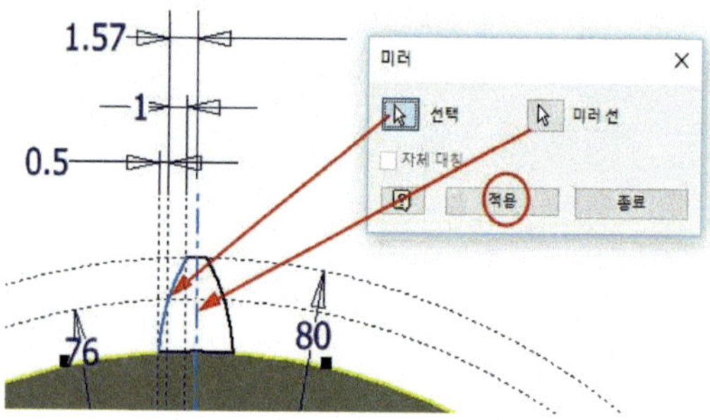

04 자르기( )로 필요가 없는 스케치 요소들을 지운다. 스케치 마무리를 한다.

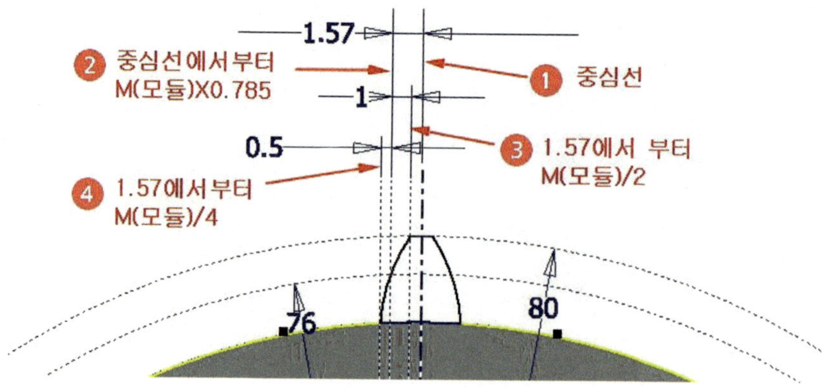

05 돌출을 이용하여 작성한 스퍼기어 이 영역을 거리 20만큼 합집합으로 생성하고 그림에 표시된 모서리에 모따기를 한다.

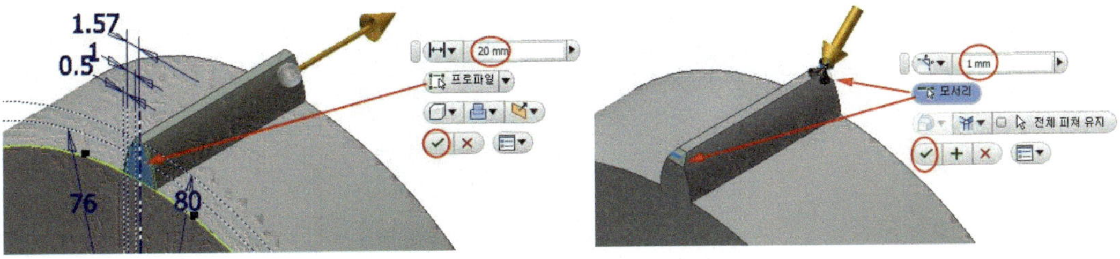

06 돌출시킨 스퍼기어 이와 모따기 형상을 피쳐로 하고, 원통형 면을 회전축으로 하는 개수 38개의 원형패턴을 실행한다. 확인을 클릭한다.

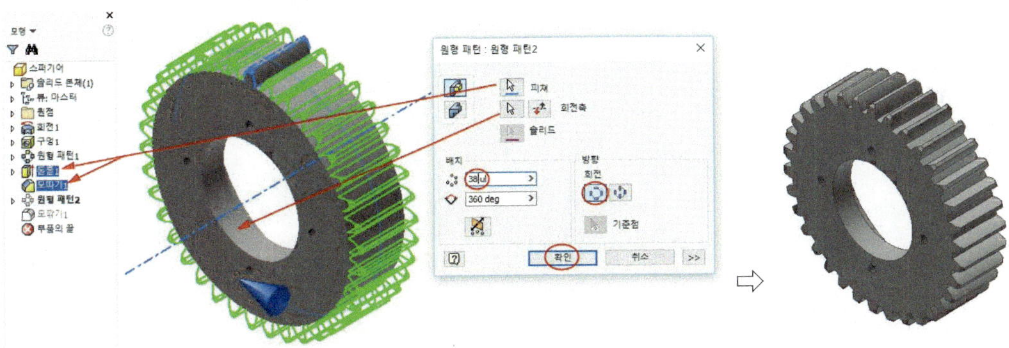

4.5.4 모깎기 작성하기

01 그림에 표시된 모서리에 모깎기를 적용하고 확인을 클릭한다.

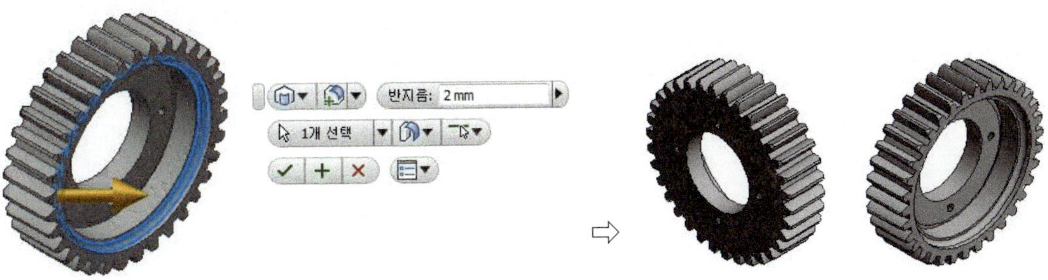

4.5.5 스퍼기어 휠 부품 완성

4.6 스프링 작성하기

스프링 부품은 2번 편심 축의 회전운동과 4번 축의 직선 운동으로 인해 인장과 압축이 반복되는 부품으로, 형상 모델링을 할 때 조립성과 구동성(애니메이션)을 함께 검토하여 작성해야 한다. 여기서는 인벤터의 고유 기능인 가변(Adaptive)을 활용한다.

01 바탕화면의 Inventor2017를 실행하고, 새로 만들기를 클릭한다.

02 Standard.ipt를 선택하고, 확인을 클릭하여 스케치 XZ평면의 작업화면을 선택한다.

4.6.1 코일 작성하기

01 선와 원을 이용하여 아래와 같이 그린다. 치수를 기입한다.

02 코일의 중심선 치수를 선택하고, 화면 상단의 연계치수( )를 클릭하여 치수의 속성을 바꾼다. 선택한 치수는 괄호(참조)치수로 표시가 된다. 스케치 마무리를 한다.

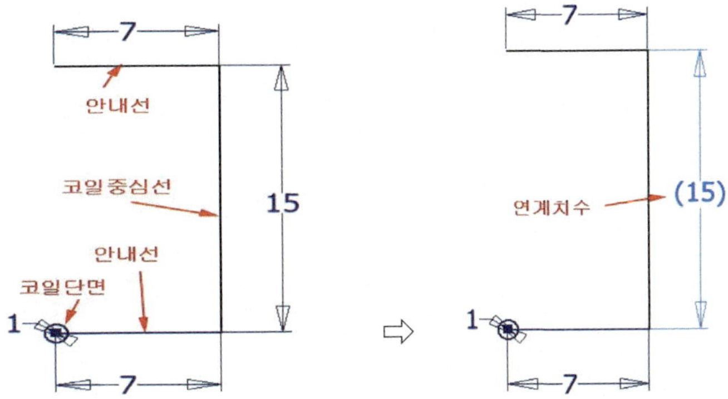

03 검색기의 방금 작성한 스케치1에서 마우스 오른쪽 버튼을 이용하여 가변을 클릭한다. 스케치1 앞에 가변( ) 기호가 표시된다.

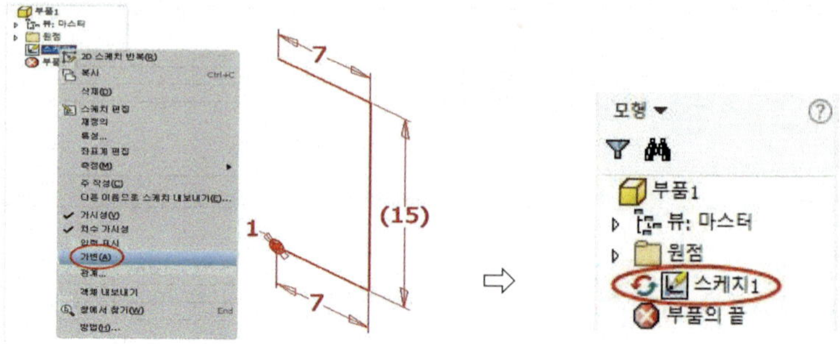

04 코일( ) 명령을 클릭하여 실행한다. 프로파일은 원을 선택하고, 축은 코일 중심선을 선택한다.

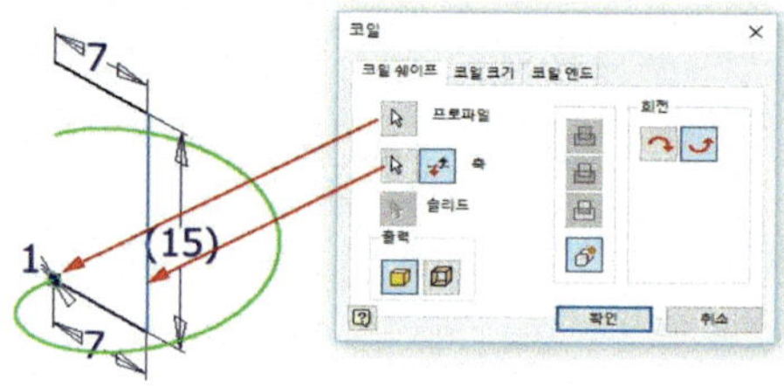

05 코일 크기 탭에서 유형을 회전 및 높이로 변경한다. 높이 항목에는 (15) 치수를 클릭한다. 회전 항목에 5를 입력한다.
(주의~! 높이 항목에는 사용자가 값을 입력해서는 안 되고, 마우스로 해당 치수를 클릭해야한다.)

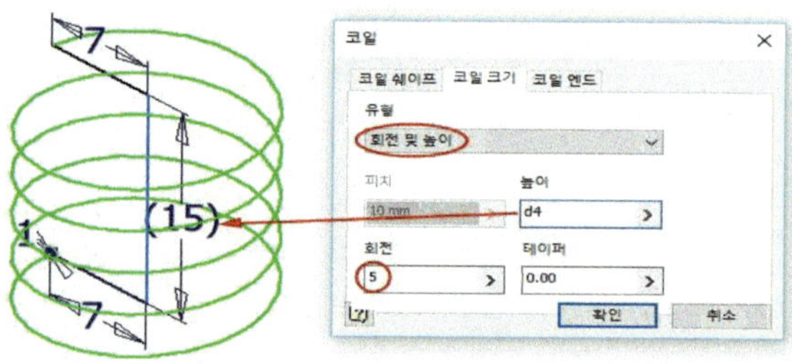

06 코일 엔드 탭의 시작과 끝을 모두 플랫으로 설정하고, 변이 각도와 플랫 각도를 모두 90°로 설정한다.

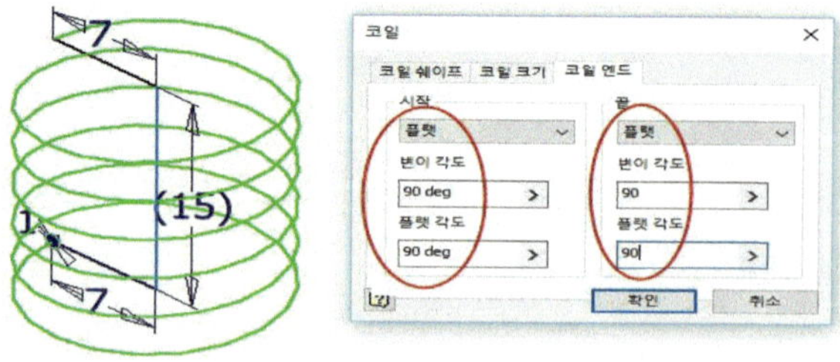

07 확인을 클릭하여 스프링을 완성한다. 검색기의 코일1과 스케치1에 가변( ) 기호가 표시된다.

08 스케치1 항목에서 마우스 오른쪽 버튼을 이용하여 가시성을 클릭하여 체크 표시를 화면에 나타나게 한다.

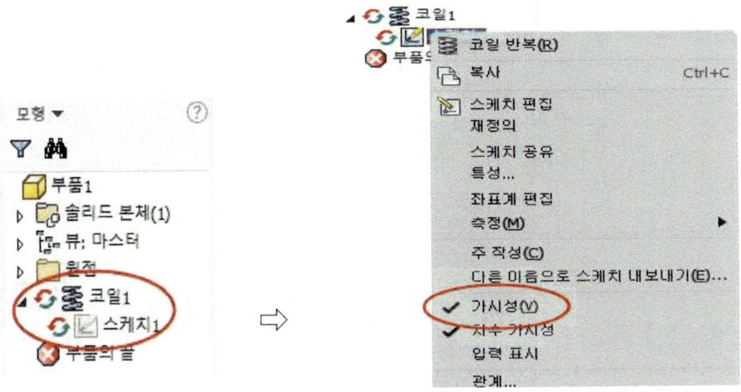

※ 스케치1의 가시성을 켜서 화면에 나타나게 하는 이유는 스프링을 조립하기 위한 기준선으로 활용하기 위해서이다.

4.6.2 스프링 부품 완성

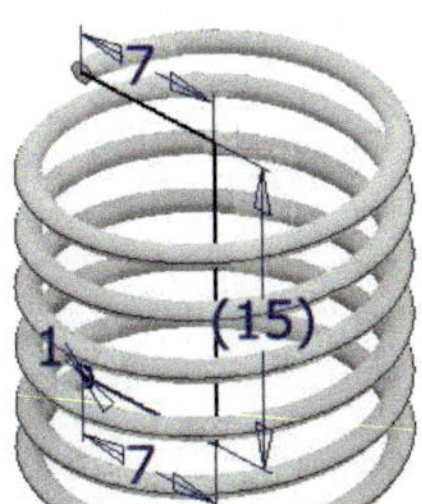

4.7 커버 작성하기

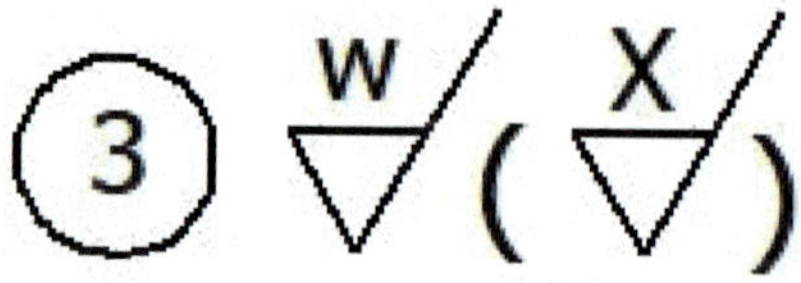

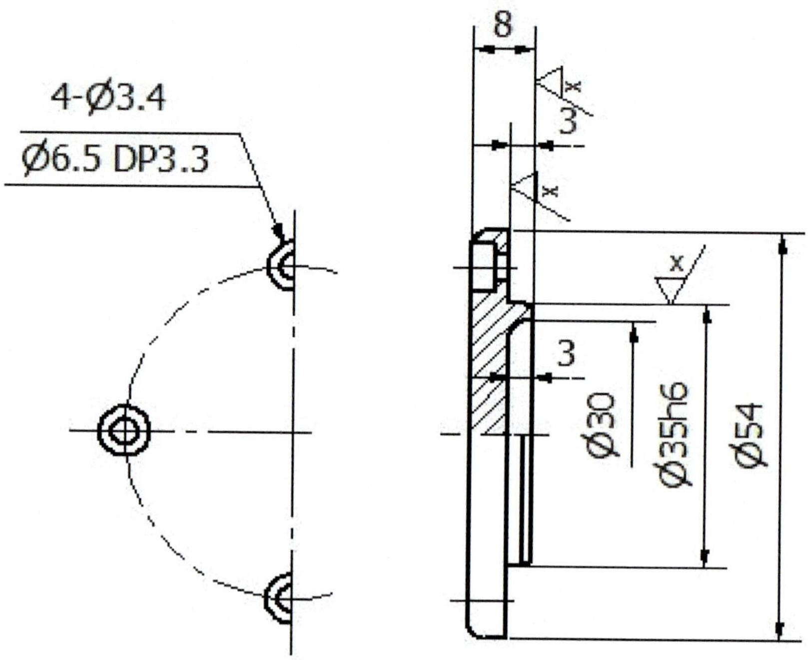

01 바탕화면의 Inventor2017를 실행하고, 새로 만들기를 클릭한다.

02 Standard.ipt를 선택하고, 확인을 클릭하여 스케치 YZ평면의 작업화면을 선택한다.

4.7.1 원통형 회전체 1 작성하기

01 선( )을 이용하여 아래와 같이 그린다. 선을 선택하고, 중심선( )을 클릭하여 선의 형식을 중심선으로 바꾼다. 치수를 기입하고, 스케치를 마무리한다.

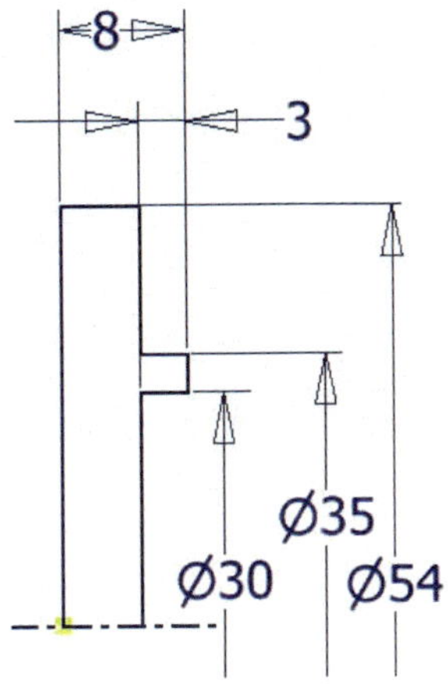

02 회전( )을 실행하면 프로파일 영역과 축이 하나씩 존재하므로 자동으로 회전이 실행됨을 볼 수가 있다. 확인을 클릭한다.

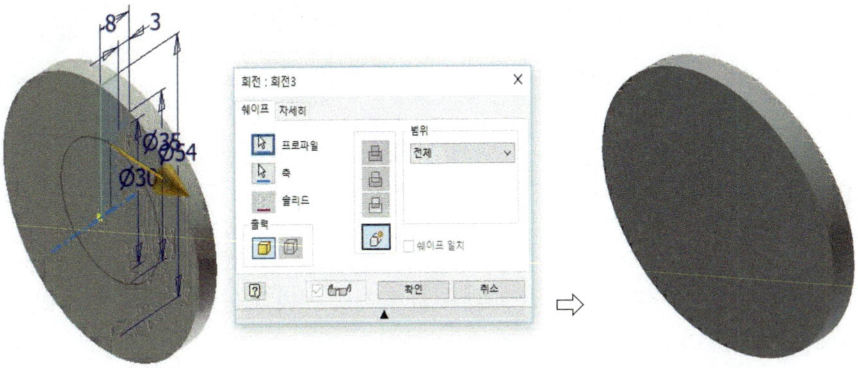

4.7.2 구멍과 원형패턴 작성하기

01 커버 형상의 측면을 2D 스케치 작성 평면으로 클릭한다.

02 스케치 환경에서 점(-┼-)을 찍고, 위치 치수를 기입한 후, 스케치 마무리를 한다.

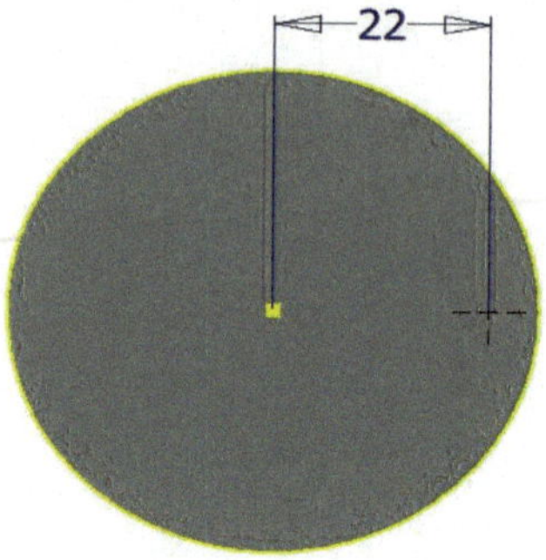

03 구멍( )을 실행한다. 자동으로 구멍 중심점을 인식한다. 다음과 같이 설정을 하고 확인을 클릭한다.

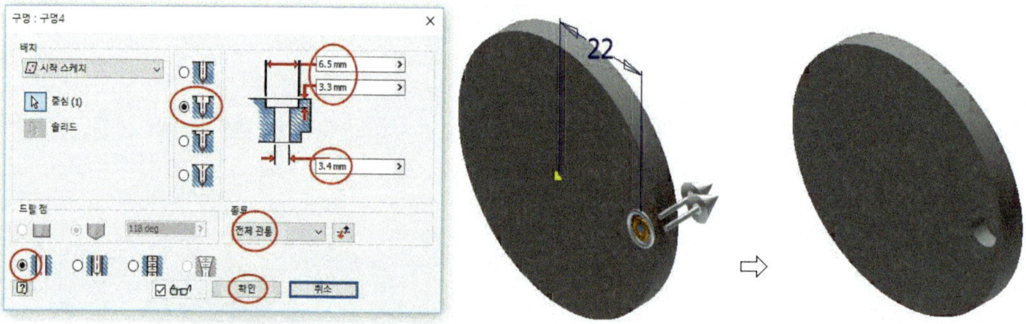

· 구멍 유형 : 카운터보어 / 종료 : 전체 관통

· 카운터보어 지름 : 6.5mm / 카운터보어 깊이 : 3.3mm / 구멍 지름 : 3.4mm

04 원형패턴( )을 클릭하여 실행하고, 패턴 시킬 피처로 구멍과 원통형 면을 회전축으로 선택한다. 개수는 4를 입력하고 확인을 클릭한다.

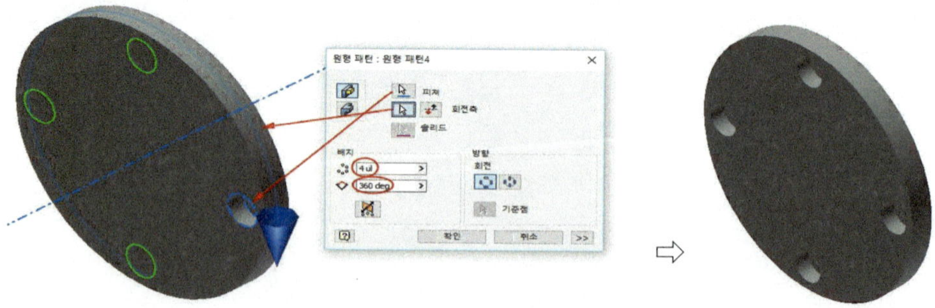

4.7.3 모깎기와 모따기 작성하기

01 아래 그림에 표시된 모서리에 모깎기와 모따기를 적용한다.

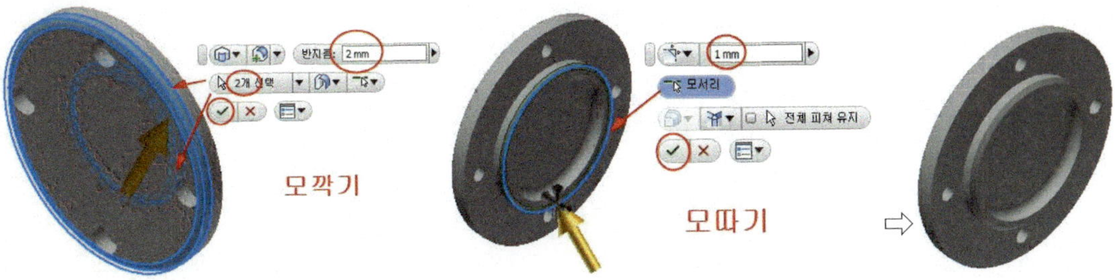

4.7.4 커버 부품 완성

4.8 슬라이더 작성하기

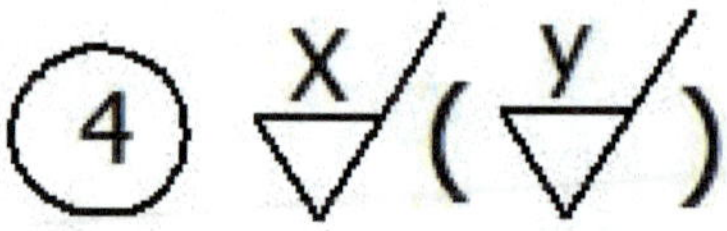

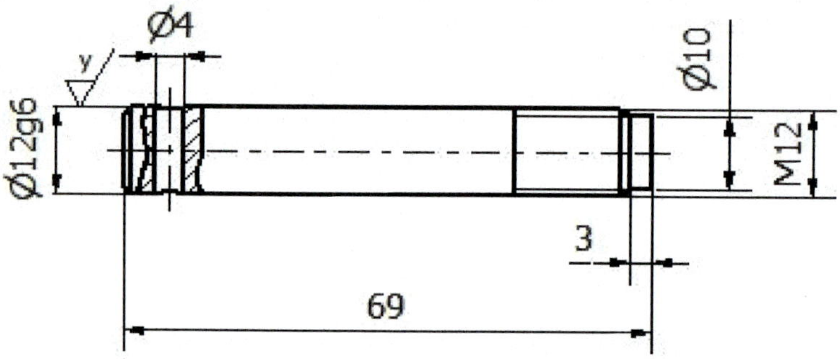

01 바탕화면의 Inventor2017를 실행하고, 새로 만들기를 클릭한다.

02 Standard.ipt를 선택하고, 확인을 클릭하여 스케치 XY평면의 작업화면을 선택한다.

4.8.1 원통형 작성하기

01 원( )을 이용하여 아래와 같이 그린다. 치수를 기입하고, 스케치를 마무리한다. 돌출( )을 클릭하면 프로파일 영역으로 원이 자동으로 선택되어 진다. 돌출 거리 66을 입력하고, 확인을 클릭한다. 원통 밑면을 스케치면으로 선택해서 원 치수 10을 기입하고 스케치를 마무리한다. 돌출( )을 클릭하고 프로파일 영역으로 원 10을 선택하고 돌출 거리 3을 입력하고, 확인을 클릭한다.

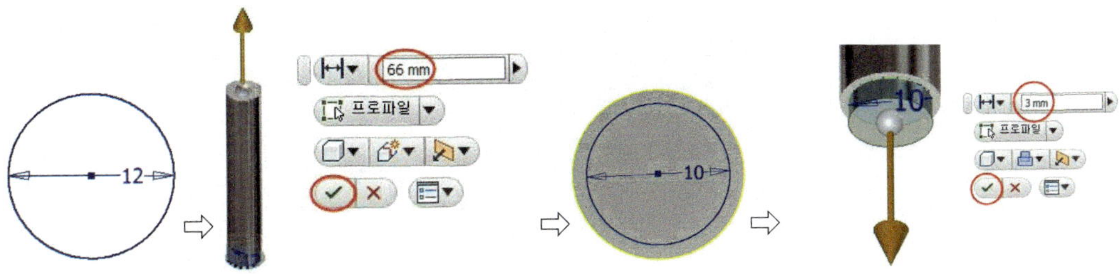

4.8.2 스레드 및 모따기 작성하기

01 스레드(스레드)를 클릭하여 실행하고, 위치 탭에서 스레드 할 원통형 면을 선택한다. 사양 탭에서 다음과 같이 설정하고, 확인을 클릭한다.

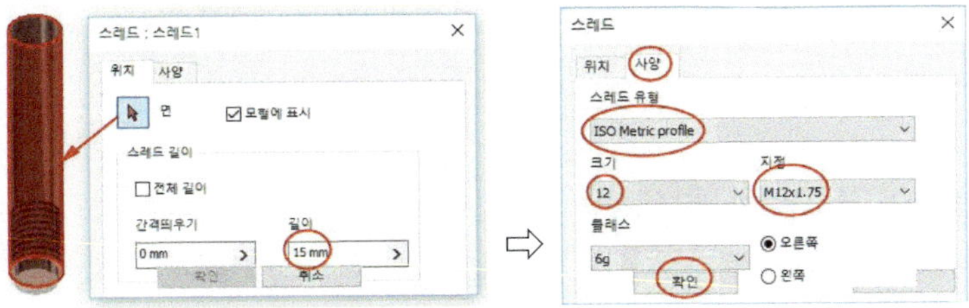

02 표시된 모서리에 모따기( ) 거리값 1을 작성한다.

4.8.3 핀구멍 작성하기

01 2D 스케치 작성 평면으로 원점에서 YZ평면 클릭한다.

02 스케치 환경에서 스케치 면이 형상 중간에 가려져 있으므로 F7(그래픽 슬라이스)을 누르고, 절단 모서리 투영을 실행한 후에 원( )을 그리고, 위치 치수를 기입한 후, 스케치 마무리를 한다.

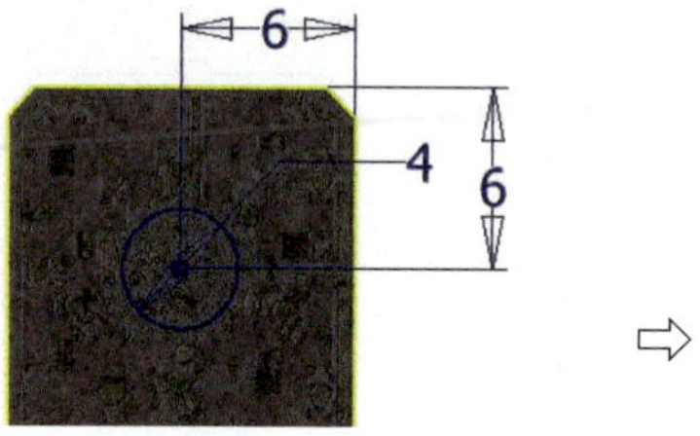

03 돌출( )을 클릭하고 프로파일 영역으로 원 4을 선택하고 다음과 같이 설정을 하고 확인을 클릭한다.

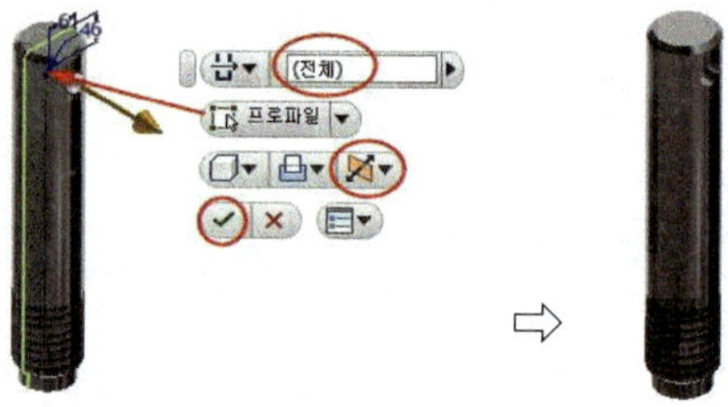

4.8.4 슬라이더 부품 완성

4.9 부시 작성하기

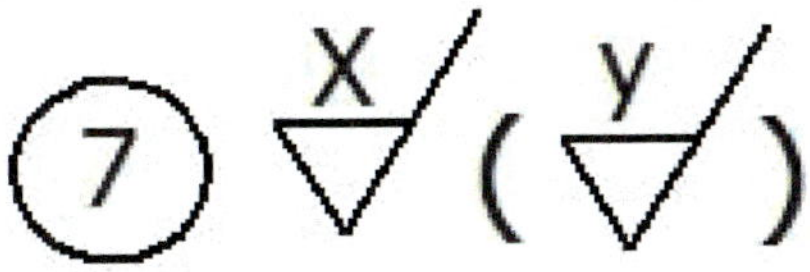

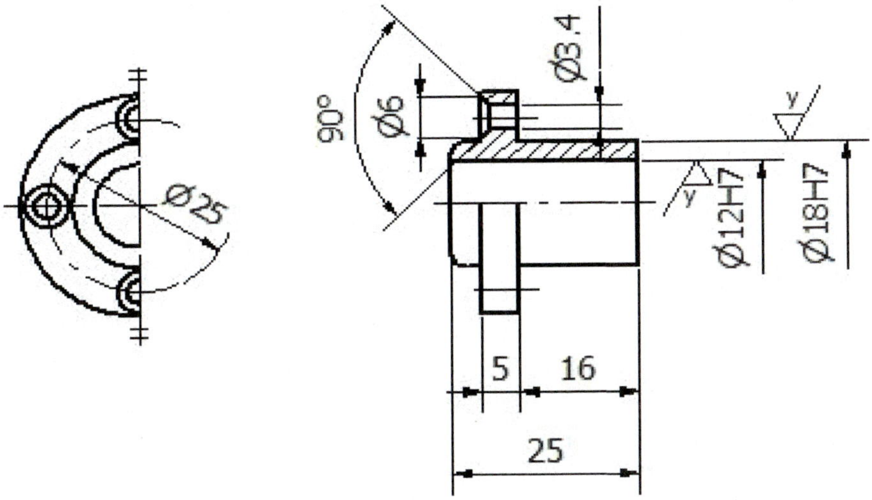

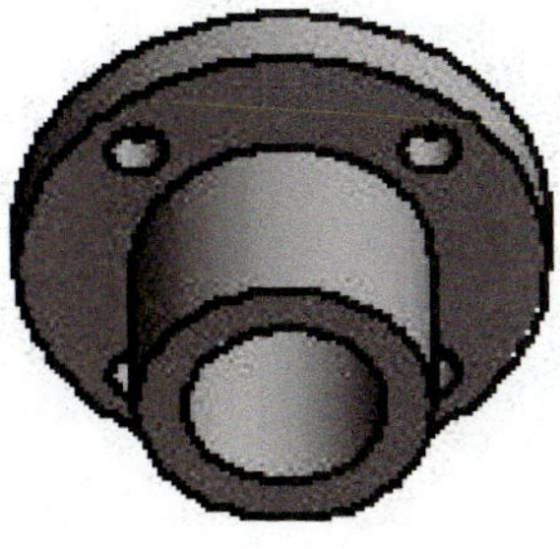

01 바탕화면의 Inventor2017를 실행하고, 새로 만들기를 클릭한다.

02 Standard.ipt를 선택하고, 확인을 클릭하여 스케치 YZ평면의 작업화면을 선택한다.

4.9.1 원통형 회전체 1 작성하기

01 선( )을 이용하여 아래와 같이 그린다. 선을 선택하고, 중심선( )을 클릭하여 선의 형식을 중심선으로 바꾼다. 치수를 기입하고, 스케치를 마무리한다.

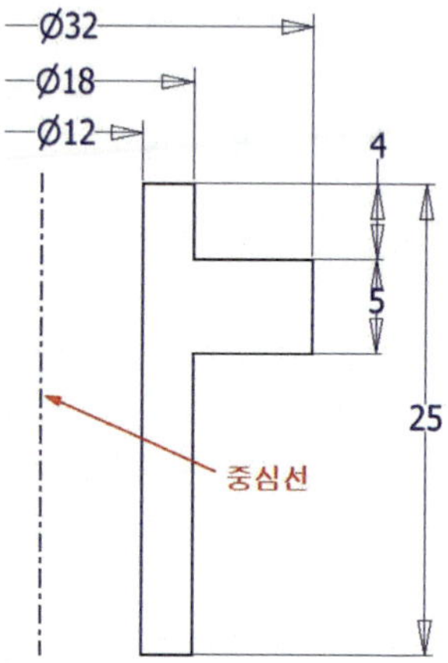

02 회전( )을 실행하면 프로파일 영역과 축이 하나씩 존재하므로 자동으로 회전이 실행됨을 볼 수가 있다. 확인을 클릭한다.

4.9.2 구멍과 원형패턴 작성하기

01 커버 형상의 측면을 2D 스케치 작성 평면으로 클릭한다.

02 스케치 환경에서 점( )을 찍고, 위치 치수를 기입한 후, 스케치 마무리를 한다.

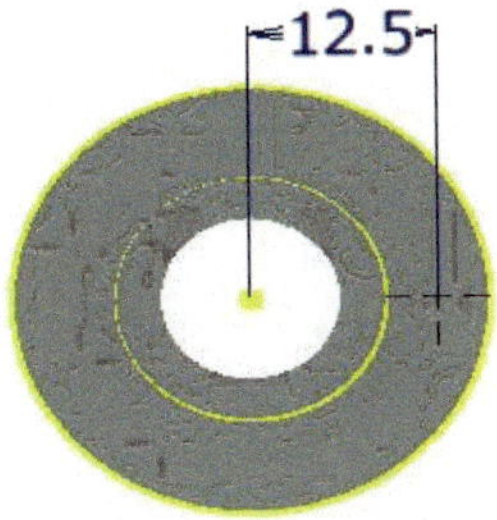

03 구멍( )을 실행한다. 자동으로 구멍 중심점을 인식한다. 다음과 같이 설정을 하고 확인을 클릭한다.

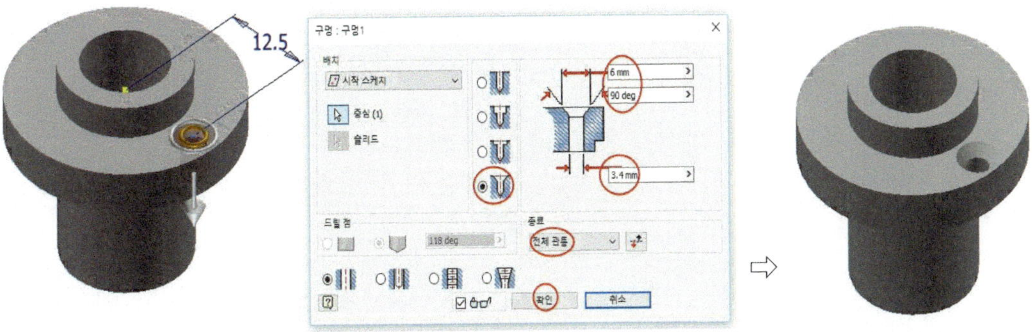

04 원형패턴( )을 클릭하여 실행하고, 패턴 시킬 피쳐로 구멍과 원통형 면을 회전축으로 선택한다. 개수는 4를 입력하고 확인을 클릭한다.

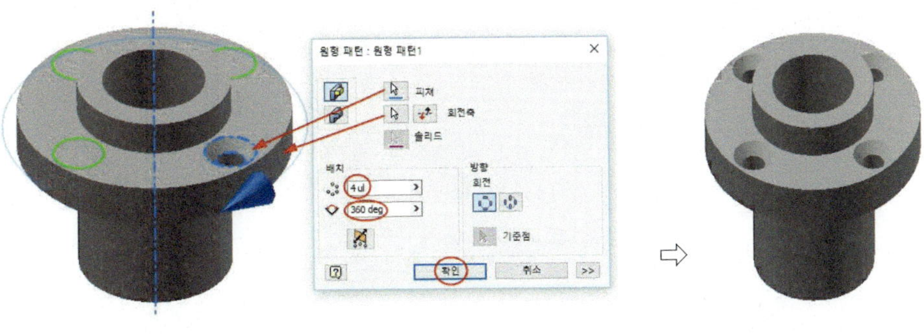

4.9.3 모깎기와 모따기 작성하기 및 커버 부품 완성

01 아래 그림에 표시된 모서리에 모깎기와 모따기를 적용한다. 커버 부품 완성한다.

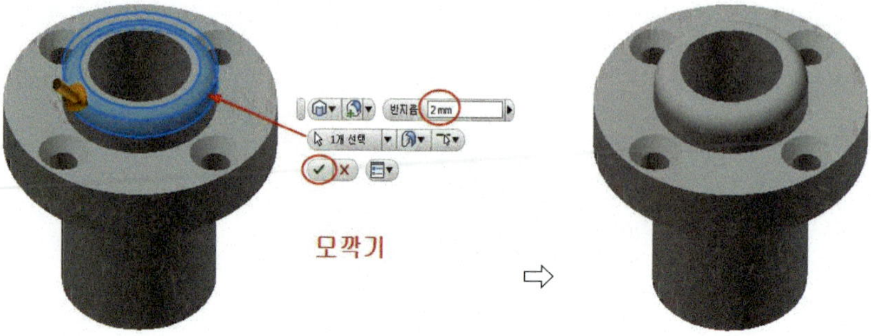

4.10 너트 작성하기

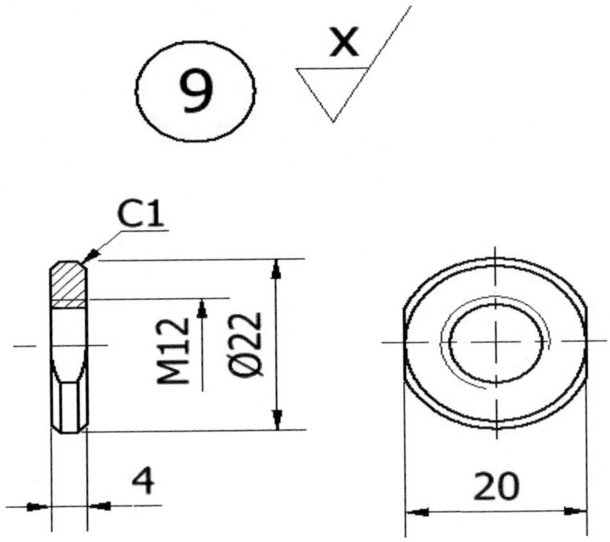

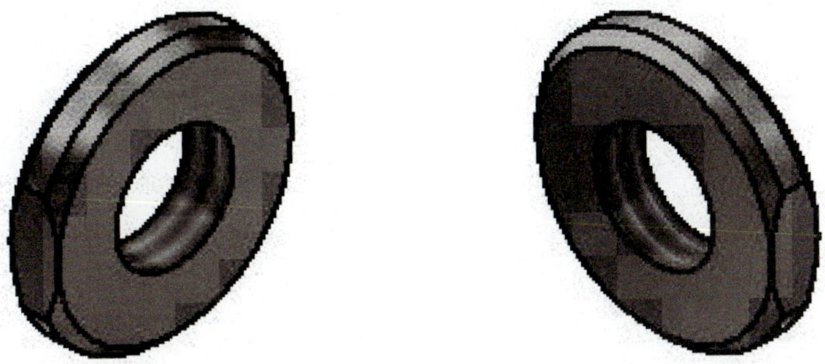

01 바탕화면의 Inventor2017를 실행하고, 새로 만들기를 클릭한다.

02 Standard.ipt를 선택하고, 확인을 클릭하여 스케치 XY평면의 작업화면을 선택한다.

4.10.1 원통형 @회전체 및 탭구멍 작성하기

01 원( )을 이용하여 아래와 같이 그린다. 치수를 기입하고, 스케치를 마무리한다. 돌출( )을 클릭하면 프로파일 영역으로 원이 자동으로 선택되어 진다. 돌출 거리 4을 입력하고, 확인을 클릭한다.

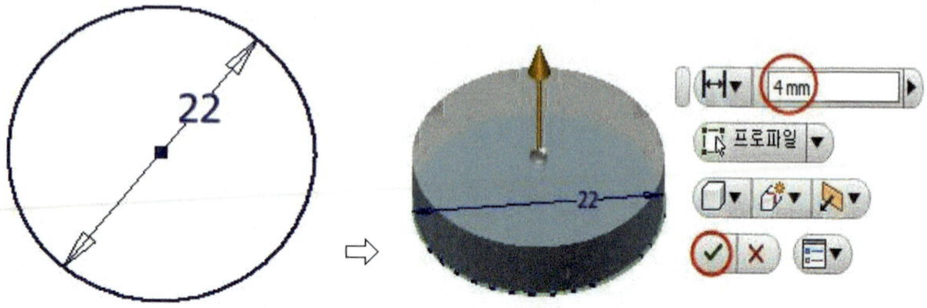

02 구멍( )을 클릭한다. 나타나는 창의 배치는 동심으로 선택하고, 구멍이 생성될 평면과 동심참조를 선택하고, 아래와 같이 설정하고, 확인을 클릭한다.

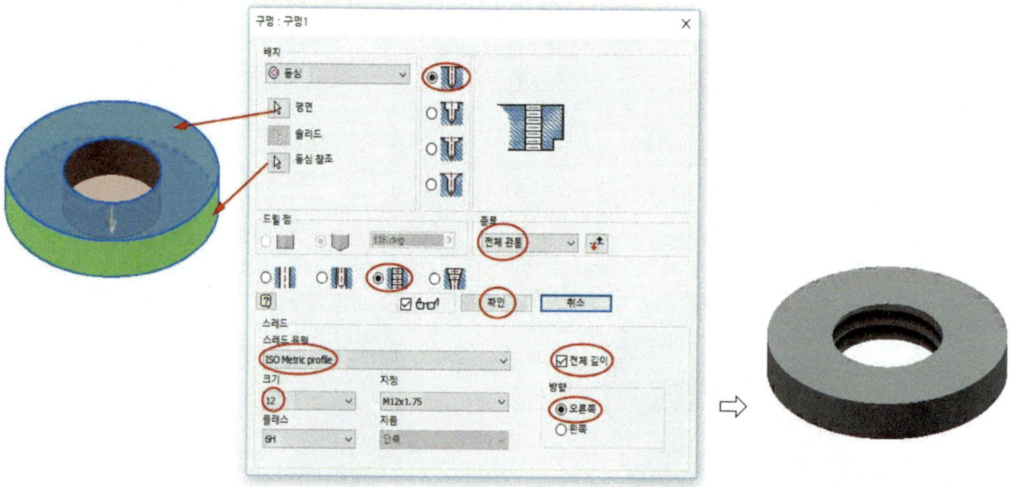

4.10.2 모따기 및 스패너 홀더 작성하기

01 아래 그림에 표시된 모서리에 모따기를 적용한다.

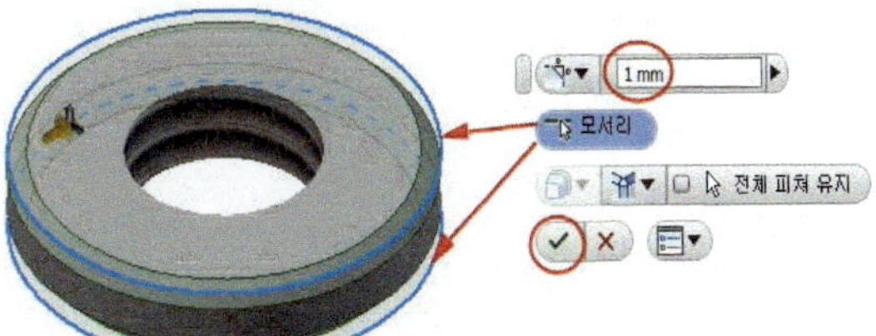

02 형상의 윗면을 2D 스케치 작성 평면으로 클릭하고 아래와 같이 그린다. 치수를 기입하고, 스케치를 마무리한다. 돌출( )을 클릭하고 프로파일 영역을 선택하고 차집합, 돌출 거리 전체을 선택하고, 확인한다.

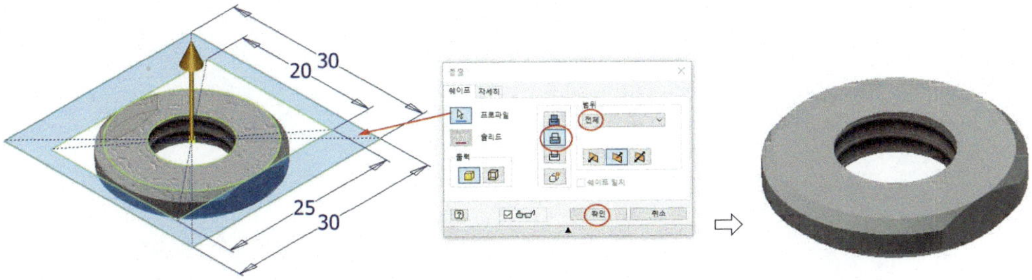

03 Inventor 재질 라이브러리를 적용하여 질감을 주고 마무리한다.

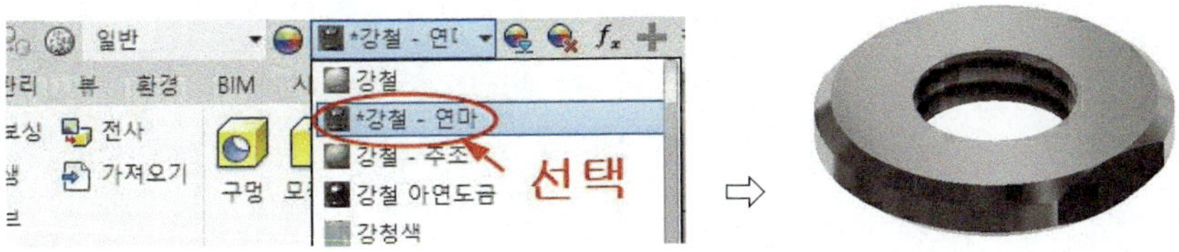

4.10.3 너트 부품 완성

Chapter

05

편심 동력 전달 장치

조립하기

조 립 도

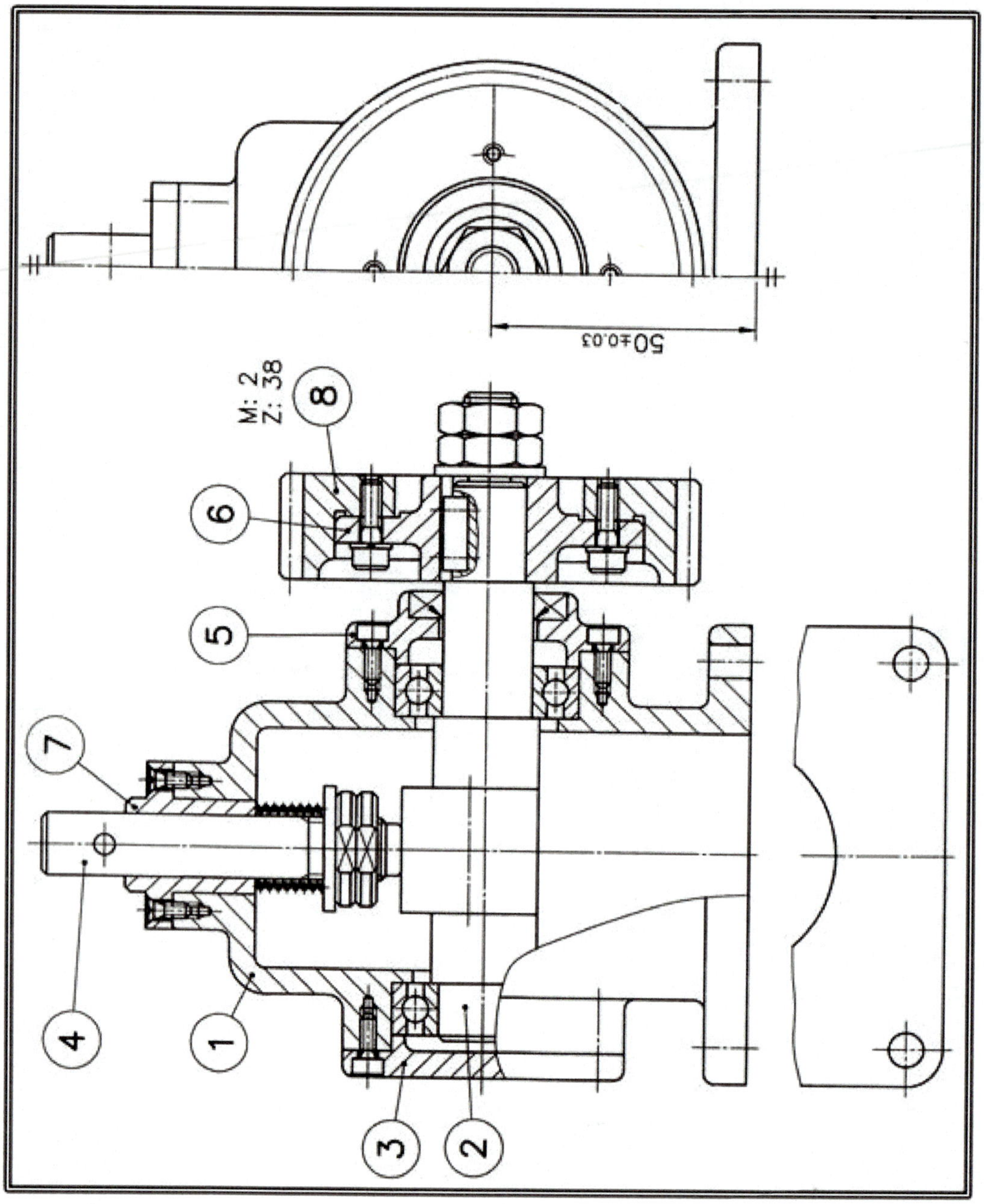

수검번호	1512345	전산응용기계제도기능사
성　　명	홍 길 동	
연장시간	분	
감독확인	인	

5	씰커버	GC200	1	
4	슬라이더	SM45C	1	
3	커버	GC200	1	
2	편심축	SM45C	1	
1	본체	GC200	1	
품번	품명	재질	수량	비고
작품명	편심동력전달장치		척도	1 : 1
			각법	3각법

00 Inventor 시작하기

01 바탕화면에 있는 Inventor2017()를 실행한다.

02 시작하기에서 새로 만들기를 클릭한다.

03 Standard.iam를 선택하고, 확인을 클릭하여 조립품 설계를 시작한다.

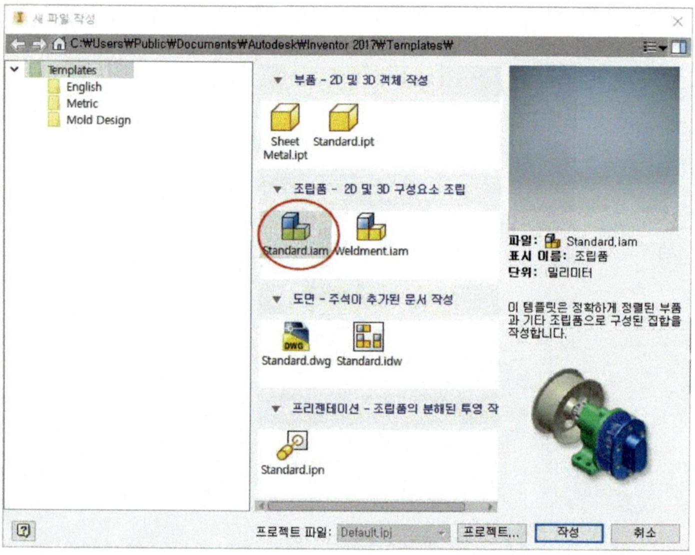

04 조립품 환경이 나타난다.

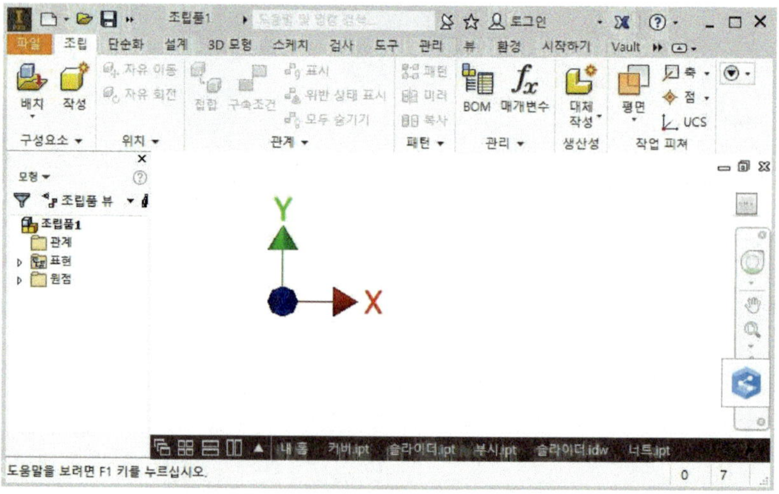

5.1 조립품 환경 설정

5.1.1 조립품 환경 설정하기

작성된 부품 구성요소를 조립품 환경에서 불러와서 조립할 수 있다. 조립품 파일 내에 구성요소를 만들 수 있다. 조립품 중 구성요소의 모델링 또는 특성이 변경되면 연관된 조립품 모델과 도면이 동시 변경된다. 조립품 파일을 열거나 생성할 때 조립품 환경에 있게 된다. 조립품 도구와 명령어는 전체 부품과 조립품을 구성하는 서브 어셈블리를 다루게 된다.

새 파일 작성에서 Standard.iam 또는 Weldment.iam을 선택하여 조립품 구성 화면으로 들어간다. 기존 부품을 조립품에 삽입하거나 스케치 및 부품 모델링 명령을 사용하여 조립품 환경에서 부품을 작성할 수 있다. 조립품 환경에서 조립품의 다른 모든 구성요소를 보이도록 하면서 부품을 작성 또는 편집할 수 있다.

조립품에서는 부분조립품이라는 새 조립품을 작성할 수 있다. 부분조립품을 사용하면 단일 단위로 함께 작동하는 부품을 그룹화 할 수 있다. 예를 들어 에어 실린더 조립품은 다른 조립품에 삽입할 수 있는 부분조립품이다. 부분조립품을 사용하여 조립품을 작성하는 경우 설계 변경 사항을 보다 쉽게 관리할 수 있다.

모형을 완성하기 위해 조립품 피쳐를 적용할 수 있다. 조립품 피쳐는 조립품에만 있으며 여러 부품에 영향을 준다. 조립품 피쳐는 종종 후속 기계가공 또는 맞추기 드릴 및 핀 작업과 같은 특정 제조 프로세스를 설명하는 데 사용된다.

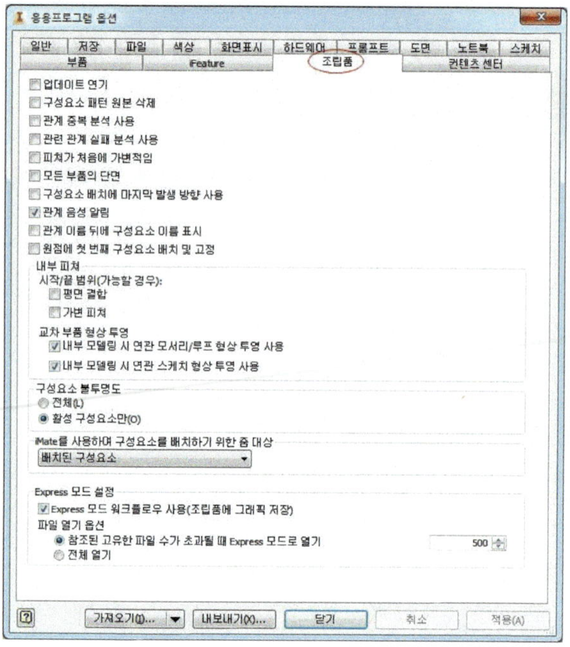

조립품 옵션

- **업데이트 연기** : 구성요소를 편집할 때 조립품 업데이트를 클릭할 때까지 연기하려면 확인란을 선택하고 구성요소를 편집한 후 자동으로 조립품을 업데이트하려면 확인란 선택을 취소한다.
- **구성요소 패턴 원본 삭제** : 패턴을 삭제할 때 근원 구성요소를 삭제하려면 이 확인란을 선택한다. (유지하려면 확인란의 선택을 취소)
- **관계 중복 분석 사용** : 모든 조립품 구성요소의 가변성 조정을 분석할 것인지 여부를 지정한다.
- **관련 관계 실패 분석 사용** : 관계가 실패하는 경우 영향을 받은 모든 관계와 구성요소를 식별하도록 분석을 수행할 것인지를 지정한다.
- **피쳐가 처음에 가변적임** : 새로 작성한 부품 피쳐가 자동으로 가변화되는지 여부를 제어한다.
- **모든 부품의 단면** : 부품이 조립품에서 단면 처리되는지 여부를 제어한다. (부품이 조립품에서 단면 처리되지 않음).
- **구성요소 배치에 마지막 발생 방향 사용** : 조립품에 배치된 구성요소가 검색기에서 구성요소의 마지막 발생과 동일한 방향을 상속하는지 여부를 제어한다.
- **관계 음성 알림** : 관계가 작성될 때 음성을 재생하려면 확인란을 선택한다.
- **관계 이름 뒤에 구성요소 이름을 표시** : 검색기의 관계에 구성요소 복제 이름을 추가하는지 여부를 지정한다.
- **원점에 첫 번째 구성요소 배치 및 고정** : 조립품에 배치된 첫 번째 구성요소가 원점에 고정될지 여부를 지정한다.

내부 피쳐

조립품 내에서 부품을 작성할 때 옵션들을 설정하여 내부 피처를 제어할 수 있다.

- 시작/끝 범위(가능할 경우)
  - 평면 결합 : 피처를 원하는 크기로 구성하고 평면에 결합하지만 그 평면에 맞춰 조정하지는 않는다.
  - 가변 피쳐 : 내부 피처가 구성되는 기반 평면이 변경되면 내부 피처의 크기나 위치를 그에 맞춰 자동으로 조정한다.
- 교차 부품 형상 투영
  - 내부 모델링 시 연관 모서리/루프 형상 투영 사용 : 조립품에 부품 또는 피처를 작성할 때 한 부품에서 선택한 형상을 다른 부품의 스케치에 투영하여 참조 스케치를 작성한다. 투영된 형상을 사용하여 스케치 피처를 작성할 수 있다.
  - 내부 모델링 시 연관 스케치 형상 투영 사용 : 조립품에서 부품을 작성하거나 편집할 때 다른 부품에서 스케치 형상을 활성 부품에 투영할 수 있다. 스케치가 포함된 부품은 자동으로 가변화된다.
- 구성요소 불투명도
  - 전체 : 모든 구성요소는 표시가 음영처리 되거나 모서리가 표시된 상태에서 음영처리될 때 불투명 스타일로 표시된다.
  - 활성구성요소만 : 비활성 부품을 흐리게 표시할 때 활성 부품을 불투명하게 표시하여 강조 표시한다.
- iMate를 사용하여 구성요소를 배치하기 위한 줌 대상
  - 없음 : 원래의 뷰 상태.
  - 배치된 구성요소 : 배치된 부품을 확대하여 그래픽 창에 꽉 차도록 만든다.
  - 전체 : 조립품을 줌하여 모형의 모든 도면요소가 그래픽 창에 맞도록 한다.
- Express 모드 설정
  - Express 모드 워크플로우 사용(조립품에 그래픽 저장): 조립품(.iam) 파일에 고급 표시 및 모형 데이터를 저장하려면 선택한다.
- 파일 열기 옵션
  - 참조된 고유한 파일 수가 초과될 때 Express 모드로 열기 : 조립품 파일을 여는 기본 모드를 결정하는 데 사용할 임계값을 설정한다(Express 모드와 전체 모드 비교).
  - 전체 열기 : 모든 구성요소 데이터가 로드된 조립품 파일을 열도록 선택한다.

5.2 조립품 구성요소

조립품 구성요소는 단일 단위로 동작하는 개별 부품 또는 부분조립품일 수 있다. 예를 들어, 단일 부품 기준 판 및 다중 부품 에어 실린더 부분조립품은 조립품에 배치할 때 둘 다 구성요소가 된다.

5.2.1 구성요소 배치

조립품의 첫 번째로 배치되는 구성요소.

- 조립품에서 첫 번째 구성요소가 되도록 프레임 또는 기준 판과 같은 기본 부품 또는 부분조립품을 선택한다.
- 조립품에 배치된 첫 번째 구성요소는 원점에 고정 배치를 하여 기준 구성요소가 되며 자유도가 모두 제거된다. 이 구성요소의 원점과 좌표축은 조립품의 원점과 좌표축에 맞게 정렬된다. 조립품 구성요소는 제작할 때 조립한 순서대로 배치하는 것이 좋다.
- 추가 구성요소는 구성요소 중심에 부착된 커서를 사용하여 배치한다.
- 첫 번째 배치된 구성요소를 제외한 모든 배치된 구성요소는 구속되지 않고 기준 해제된다. 필요한 구속조건을 추가한다.
- 동일한 구성요소를 반복하여 배치하고자 할 때는 마우스를 이동한 후 클릭하여 추가 배치한다.
- 종료하려면 마우스 오른쪽 버튼을 클릭하고 완료 버튼을 선택한다.

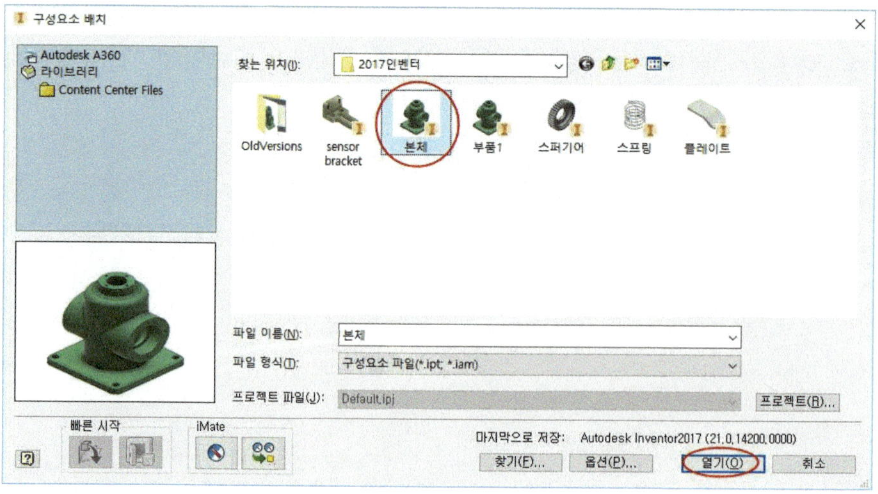

5.2.2 구성요소 작성

- 조립품 파일 환경에서 새 부품을 작성.
- 내부에서 구성요소를 작성하면 다음 중 하나를 수행할 수 있다.
  - 조립품 원점 평면 중 하나에서 스케치
  - 빈 공간을 클릭하여 현재 카메라 평면에 스케치 평면 설정
  - 기존 구성요소의 면에 스케치 구속
- 다른 조립품 구성요소의 형상을 피처 스케치에 포함할 수 있어 편리하다.

5.2.3 접합 배치

✣ 리본: 조립 탭 ➤ 관계 패널 ➤ 접합

접합 명령은 위치와 이동을 조정하는 관계를 작성한다. 끝점, 중간점 및 중심점을 선택하여 관계를 작성할 수 있다.

▌접합 탭

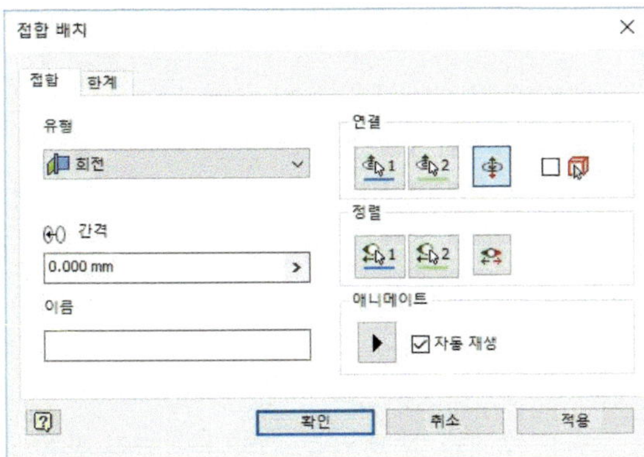

▌형태

- 자동

  선택한 원점은 다음 접합 유형 중 하나를 결정하는 데 사용된다.
  선택한 두 원점이 원형이면 회전이 선택된다.
  선택한 두 원점이 원통의 점이면 원통형이 선택된다.
  선택한 두 원점이 구의 점이면 볼이 선택된다.
  기타 모든 원점 선택의 경우에는 강이 선택된다.

☞ 연결 요구사항을 알고 있으면 다음과 같은 정의된 접합 유형 중 하나를 선택할 수 있다.

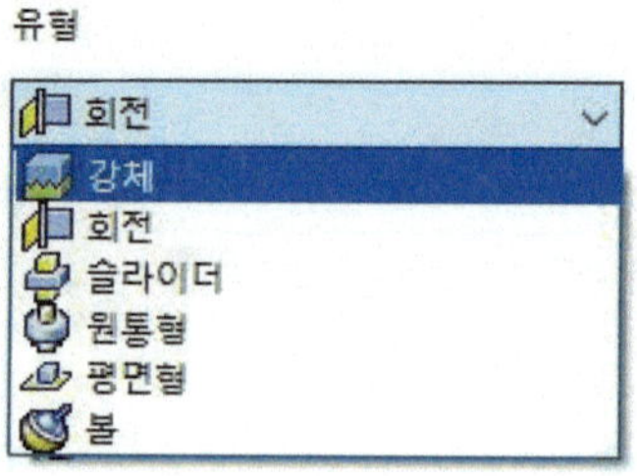

- 강체

구성요소를 배치하고 모든 자유도를 제거한다. 이동하지 않는 구성요소의 경우 이 접합 유형을 사용한다. 강체 접합의 예로는 용접 접합 및 볼트 접합이 있다.

- 회전

구성요소를 배치하고 회전 자유도 하나를 지정한다. 사용자가 지정한 한계를 지원한다. 회전 접합의 예로는 힌지 및 회전 레버가 있다.

- 슬라이더

구성요소를 배치하고 변이 자유도 하나를 지정한다. 사용자가 지정한 한계를 지원한다. 슬라이더 연결의 예로는 트랙에서 이동하는 슬라이드 블록이 있다.

- 원통형

구성요소를 배치하고 변이 자유도와 회전 자유도를 하나씩 지정한다. 사용자가 지정한 한계를 지원한다. 원통형 접합의 예로는 구멍의 샤프트가 있다.

- 평면형

구성요소를 배치하고 선형에 수직인 회전 자유도 하나와 변이 자유도 2개를 지정한다. 평면형 면에 구성요소를 배치하려면 이 접합을 사용한다. 구성요소는 평면 위에서 회전하거나 슬라이드할 수 있다. 사용자가 지정한 한계를 지원한다.

- 볼

구성요소를 배치하고 회전 자유도 3개를 지정한다. 사용자가 지정한 한계를 지원한다. 볼 접합의 결의 예로는 볼 및 소켓 접합이 있다.

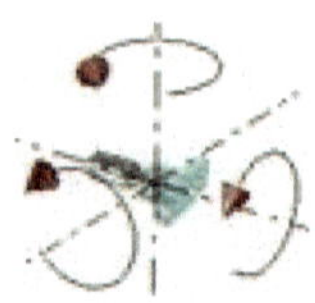

간격

- 간격 값
  연결된 구성요소가 서로 간격띄우기 되는 거리를 지정한다.

이름

검색기에서 연결의 고유한 이름을 작성한다. 이름을 입력하거나 비워 둡니다. 비워 둘 경우 기본 이름이 자동으로 작성된다.

접합 선택

- 첫 번째 원점
  첫 번째 구성요소에서 끝점, 중간점 및 중심점을 선택한다. 첫 번째 선택 원점의 미리보기는 그래픽 창의 선택 버튼에 있는 색상 막대와 같은 색상으로 표시된다. 처음 선택한 구성요소가 두 번째로 선택한 구성요소로 이동한다.

- 두 번째 원점
  두 번째 구성요소에서 끝점, 중간점 및 중심점을 선택한다. 두 번째 선택 원점의 미리보기는 그래픽 창의 선택 버튼에 있는 색상 막대와 같은 색상으로 표시된다.

- 구성요소 반전
  구성요소의 방향을 반전한다.

- 먼저 부품 선택
  선택 가능한 형상을 단일 구성요소로 제한한다. 구성요소가 서로 가까이 있거나 서로를 부분적으로 가리는 경우에 사용한다. 선택 모드를 복원하려면 확인란의 선택을 취소한다.

정렬 선택

- 첫 번째 정렬
  첫 번째 구성요소에서 방향 벡터 면 또는 모서리를 선택한다.

- 두 번째 정렬
  두 번째 구성요소에서 방향 벡터 면 또는 모서리를 선택한다.

- 정렬 반전
  정렬 방향을 반전한다.

애니메이트

- ▶ 그래픽 창에서 이동하는 구성요소의 접합 동작을 재생하려면 선택한다.
- 변경 시
  접합 유형 변경 시 접합 동작의 미리보기를 표시하려면 선택한다.

한계 탭

- 각도
  - 시작 :연결 회전 이동의 최소 범위를 설정한다. 확인란의 선택을 취소하더라도 지정된 값은 유지된다.
  - Current :임시 레스트 위치를 설정한다. 위치는 재지정 될 수 있다.
  - 끝 : 접합 회전 이동의 최대 범위를 설정한다. 확인란의 선택을 취소하더라도 지정된 값은 유지된다.

- 선형
  - 시작 : 접합 변환 이동의 최소 범위를 설정한다. 확인란의 선택을 취소하더라도 지정된 값은 유지된다.
  - Current : 현재 선형위치를 설정한다. 위치는 재지정 될 수 있다.
  - 끝 : 접합 변환 이동의 최대 범위를 설정한다.

5.2.4 구속조건 배치

Inventor는 구속조건 배치를 사용하여 여러 가지 방법에 의해 생성된 부품들을 조립할 수 있다.

조립품 탭

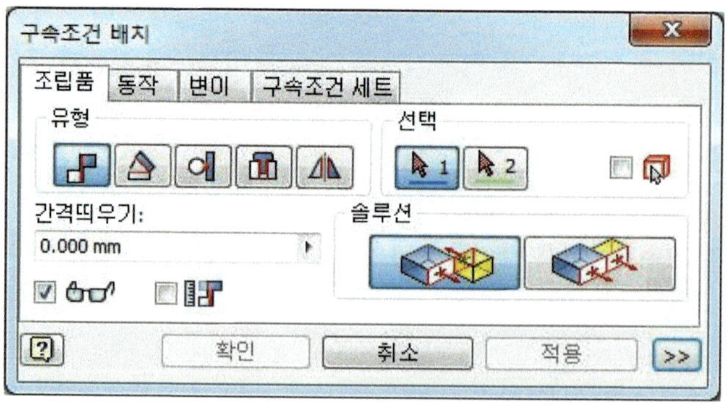

- 선택된 구성요소들 간의 자유도 제거한다.
- 형태 및 솔루션
  - 구속조건 형태를 지정하고 구속조건을 적용하기 전에 구성요소를 배치하는데 사용되는 솔루션을 예시한다.
  - 대화상자가 열려 있을 때 구속조건 유형을 변경하고 배치한다.
  - 면, 곡선 등을 선택하면 화살표가 솔루션의 기본 방향을 제시한다.

- 메이트(Mate)
  - 구성요소를 서로 마주보거나 같은 방향을 보게 구속한다.
  - 면과 면, 축과 축 또는 점과 점을 메이트 시킨다.
  - 메이트 : 선택한 면들이 일치된 상태에서 서로 마주보게 구속한다.
  - 플러쉬 : 선택한 면, 곡선, 점이 같은 방향을 보게 구속한다.

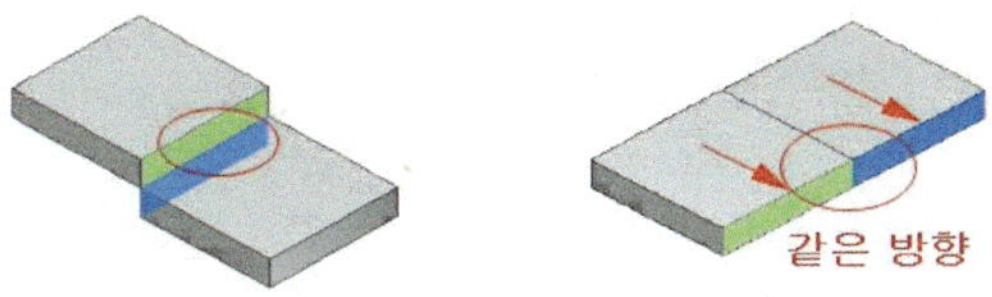

[메이트] [플러쉬]

  - 선택 : 구속조건이 들어갈 부분 선택.
  - 먼저 부품선택 : 선택 가능한 형상을 단일 구성요소로 먼저 선택한 뒤 그 구성요소의 구속조건을 부여한 요소를 선택.
  - 간격띄우기: 0.000 mm : 구속된 요소들 사이에 간격띄우기 거리 지정.
  - 미리보기 표시 : 구속조건 창에서 적용을 클릭하기 전 미리보기 여부 선택. 선택한 형상에 대한 구속조건의 영향을 표시한다.
  - 간격띄우기 및 방향 예측 : 부품의 현재 상태를 유지하는 구속조건 적용. 간격띄우기 상자가 비어 있을 경우 메이트, 플러쉬 및 각도 구속조건에 대한 간격띄우기와 방향을 삽입한다.

- 각도(Angle)
  - 모서리나 평면을 지정된 각도를 갖도록 두 구성요소에 배치한다.
  - 지정각도 : 지정각도 솔루션은 오른손 법칙만 적용.
  - 미지정각도 : 양방향이 모두 허용되기 때문에 구속조건을 연동하거나 끌 때 구성요소 방향이 반전되는 상황을 해결한다.
  - 명시적 참조 벡터 : 선택 프로세스에 세 번째 선택을 추가하여 Z축 벡터(교차곱)의

방향을 명시적으로 정의 .

- 선택 : 구속조건이 들어갈 부분 선택. 첫 번째, 두 번째 구성요소에서 곡선, 면 또는 점을 선택한다. 선택요소를 미리 볼 경우 그래픽 창의 선택 버튼에 있는 색상 막대와 같은 색상으로 표시된다. 세 번째 선택요소 명시적 참조 벡터 각도 구속조건에 사용할 수 있다. 면, 선형 모서리, 작업 평면 또는 작업 축을 선택한다.
- 먼저 부품선택 : 선택 가능한 형상을 단일 구성요소로 먼저 선택한 뒤 그 구성요소의 구속조건을 부여한 요소를 선택.

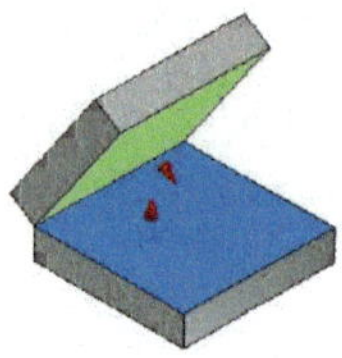

[지정 각도], [미 지정 각도]

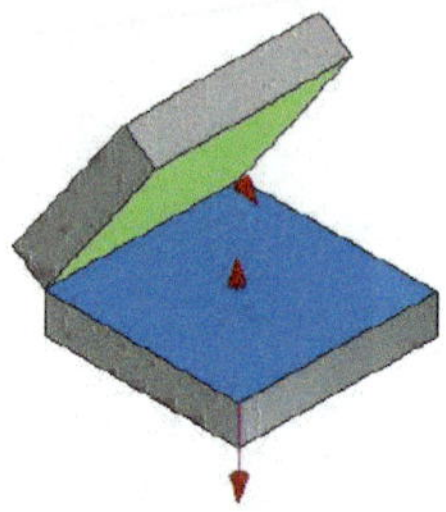

[명시적 참조 벡터]

- 각도: 0.00 deg : 구속된 요소들 사이에 각도를 지정.
- 미리보기 표시 : 구속조건 창에서 적용을 클릭하기 전 미리보기 여부 선택. 선택한 형상에 대한 구속조건의 영향을 표시한다.
- 간격띄우기 및 방향 예측 : 부품의 현재 상태를 유지하는 구속조건 적용. 각도 구속조건의 경우, 빈 각도 상자에서 각도가 측정되고 자동으로 적용된다.

• 접선(Tangent)
  - 면, 평면, 원통, 구 및 원추가 접점에 닿게 한다.
  - 접촉부는 선택한 곡면 법선 방향에 따라 곡선의 안쪽이나 바깥쪽에 존재할 수 있다.
  - 내부 : 첫 번째 선택한 부품을 접점에서 두 번째 선택한 부품 안쪽에 배치한다.
  - 외부 : 첫 번째 선택한 부품을 접점에서 두 번째 선택한 부품 바깥쪽에 배치한다.

[내부]

[외부]

- 삽입 (Insert)
  - 평면 사이의 직접적인 메이트 구속조건과 두 구성요소의 축 사이에 메이트 구속조건을 결합한 것이다.
  - 회전 자유도는 개방 상태로 유지한다.
  - 반대 : 선택한 구성요소를 마주보게 구속한다.
  - 정렬 : 선택한 구성요소를 같은 방향을 보게 구속한다.

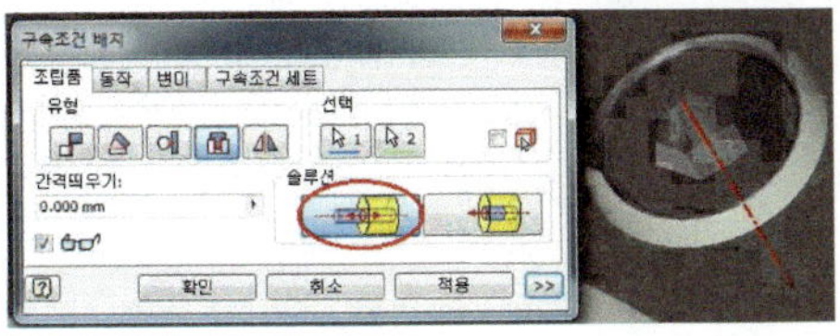

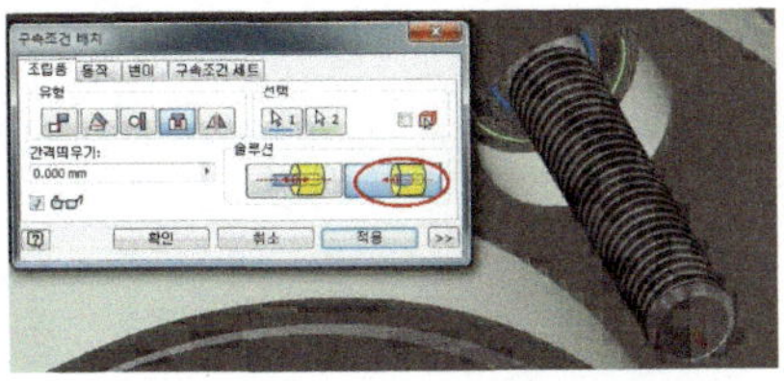

- 대칭
  - 평면 또는 평면형 면을 따라 두 객체를 대칭으로 배치한다.
  - 선택 : 두 구성요소에서 함께 구속할 형상 선택한다.
  - 선택 : 대칭 평면을 선택한다.
  - 반대 : 선택한 구성요소를 마주보게 구속한다.
  - 정렬 : 선택한 구성요소를 같은 방향을 보게 구속한다.

▌ 동작 탭

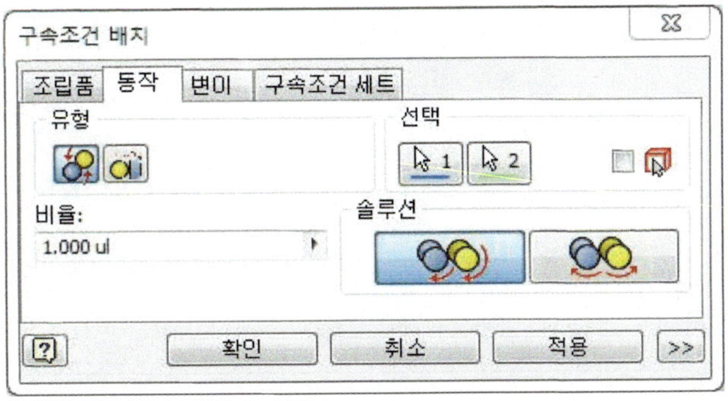

- 유형 및 솔루션

  구속조건 형태를 지정하고 선택한 구성요소 사이에서 의도한 동작을 표시하는 솔루션을 나타낸다. 선형, 평면형, 원통형 및 원추형 요소 사이에 적용할 수 있다.

- 회전 :
  - 첫 번째로 선택한 부품이 지정한 비율에 따라 다른 부품에 상대적으로 회전하도록 지정한다. 일반적으로 베어링, 기어 및 풀리에 사용한다.
  - 선택 : 두 구성요소에서 함께 구속할 형상 선택한다.
  - 먼저 부품선택 : 선택 가능한 형상을 단일 구성요소로 제한한다.
  - 앞으로 : 부품이 회전할 때 다른 부품도 같은 방향으로 회전한다.
  - 반전 : 부품이 회전할 때 다른 부품은 역 방향으로 회전한다.
  - 비율: 1.000 ul : 선택한 부품이 1회전할 때 다른 부품의 회전횟수를 지정.

- 회전-변환 :
  - 첫 번째로 선택한 부품이 지정한 거리만큼 다른 부품의 변환에 상대적으로 회전하도록 지정한다. 일반적으로 랙 및 피니언과 같은 평면형 동작을 표시하기 위해 사용한다.
  - 선택 : 두 구성요소에서 함께 구속할 형상 선택한다.
  - 먼저 부품선택 : 선택 가능한 형상을 단일 구성요소로 제한한다.
  - 앞으로 : 부품이 시계방향으로 회전할 때 앞으로 이동한다.
  - 반전 : 부품이 반시계방향으로 회전할 때 앞으로 이동한다.
  - 거리: 1.000 mm : 선택한 부품이 1회전할 때 다른 부품의 이동거리를 지정.

변이 탭

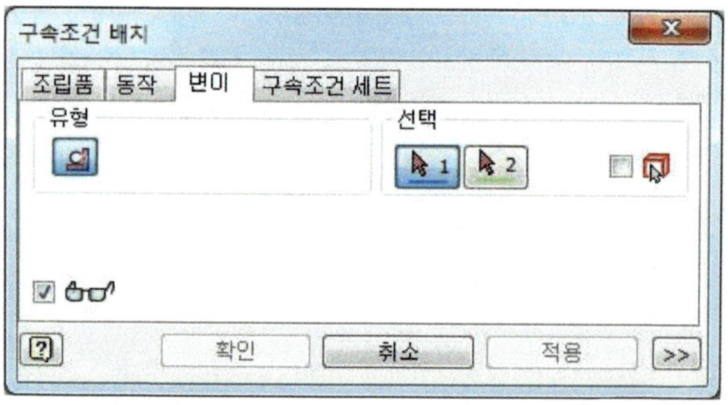

- 변이 :
  - 슬롯의 캠과 같이 일반적으로 원통형 부품 면과 다른 부품의 인접한 면 세트 사이의 의도한 관계를 지정한다. 변이 구속조건은 열린 자유도를 따라 구성요소를 이동시킬 때 면 사이에서 접촉이 유지되도록 한다.

- 선택 : 두 구성요소에서 함께 구속할 형상 선택한다.
- 먼저 부품선택 : 선택 가능한 형상을 단일 구성요소로 제한한다.

구속조건 세트 탭

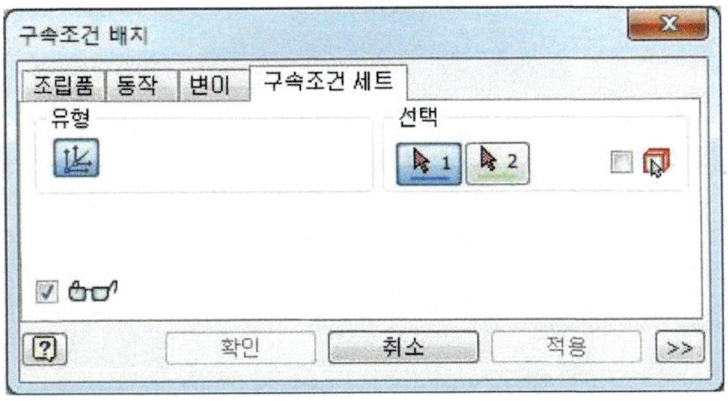

- UCS에 대해 UCS :
  - 구속조건 세트를 사용하면 두 UCS를 함께 구속할 수 있다. 부품 또는 조립품 파일에서 UCS를 선택할 수 있다.
  - 선택 : 두 구성요소에서 함께 구속할 형상 선택한다.
  - 먼저 부품선택 : 선택 가능한 UCS을 단일 구성요소로 제한한다.

5.3 조립하기

01 바탕화면에 있는 Inventor2017()를 실행한다.

02 시작하기에서 새로 만들기를 클릭한다.

03 Standard.iam를 선택하고, 작성을 클릭하여 조립품 설계를 시작한다.

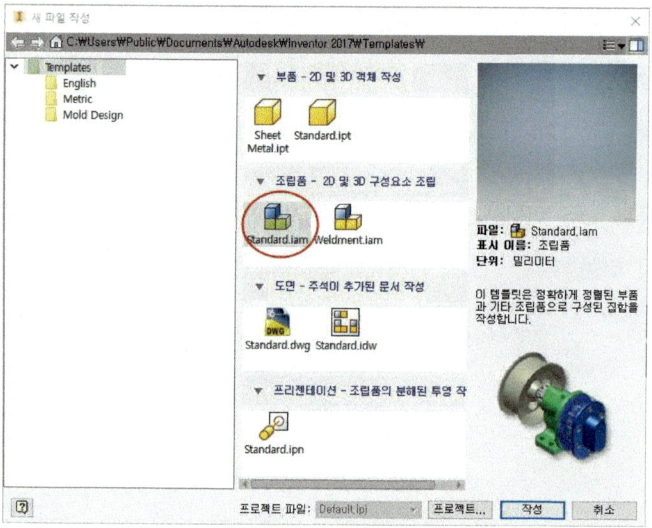

04 조립품 환경이 나타난다.

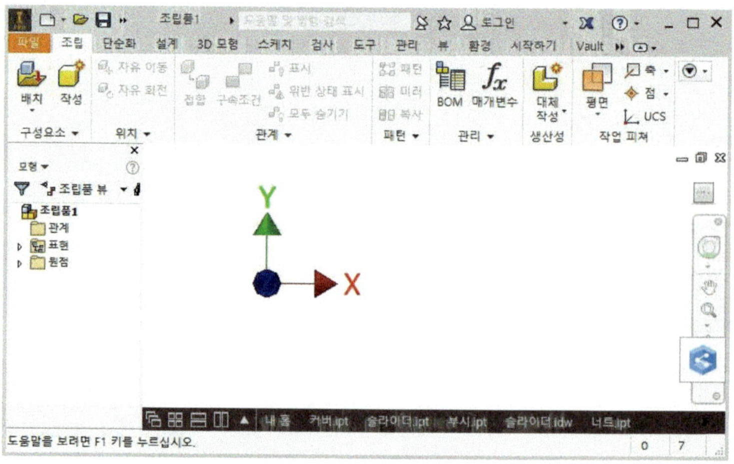

5.3.1 배치 및 조립하기

1 본체 - 배치 및 조립하기

01 배치( )를 클릭하여 조립할 본체.ipt 파일을 열기한다.

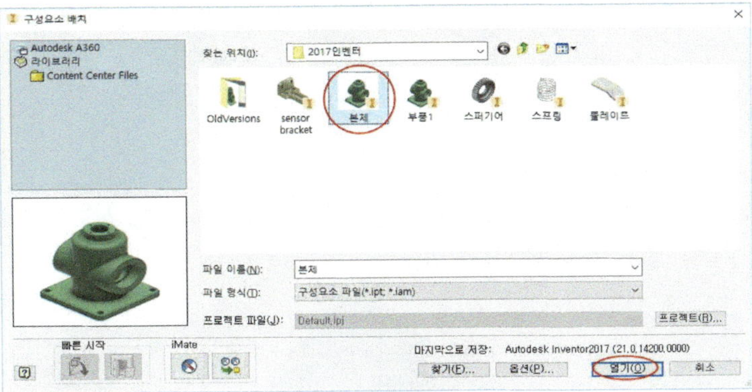

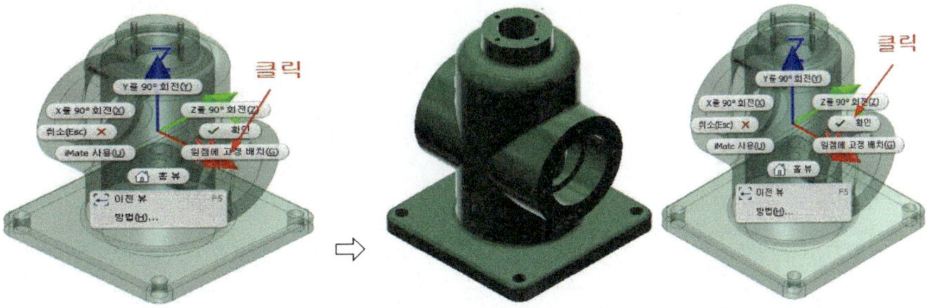

02 본체 부품이 화면에 배치가 된다. 마우스 오른쪽 버튼을 이용하여 [원점에 고정 배치(G)] ⇨ 확인을 클릭한다. 계속 클릭을 하면 클릭한 횟수만큼 부품이 배치가 된다.(기준 부품이므로 위치를 원점에 고정배치로 지정)

2 컨텐츠 센터에서 배치 - 베어링 조립하기

01 배치 아래의 화살표(▾)를 눌러 컨텐츠 센터에서 배치( )를 클릭한다.

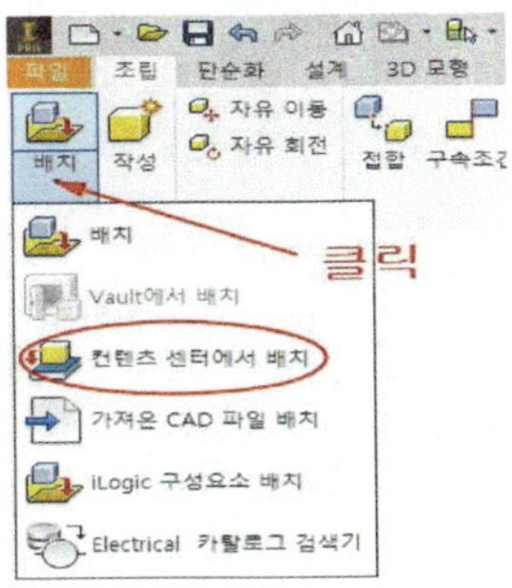

02 샤프트 부품 ⇨ 베어링 ⇨ 볼 베어링 ⇨ 깊은 그루브 볼 베어링 ⇨ JIS B 1521을 더블 클릭한다.

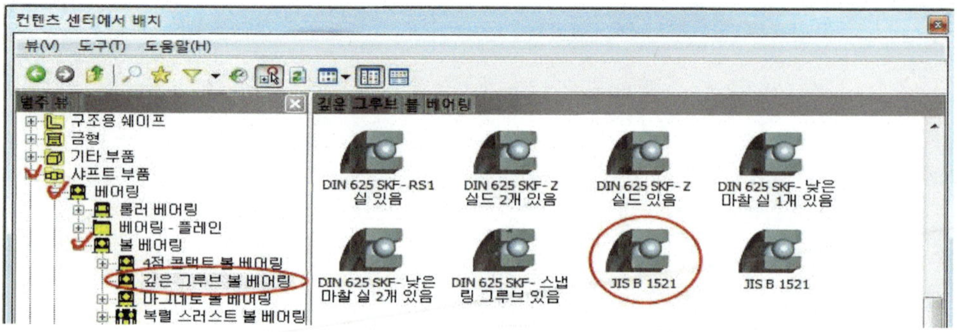

03 베어링이 삽입될 ❶원통형 면과 ❷측면을 차례로 클릭한다. 나타나는 자동드롭 창에서 ❸크기변경을 클릭한다.

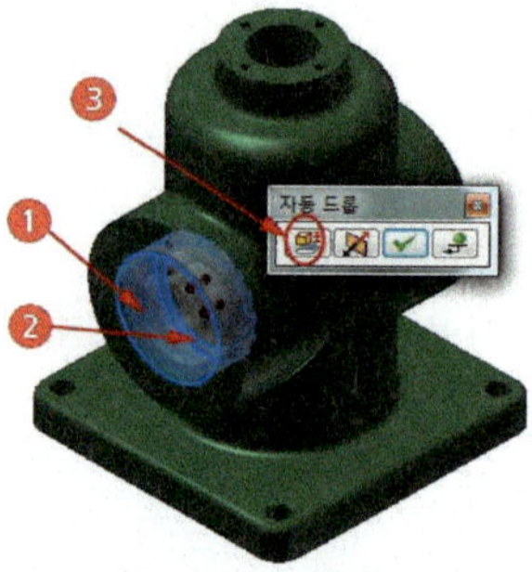

04 테이블 뷰 탭에서 베어링의 규격을 선택하고, 확인을 클릭한다.

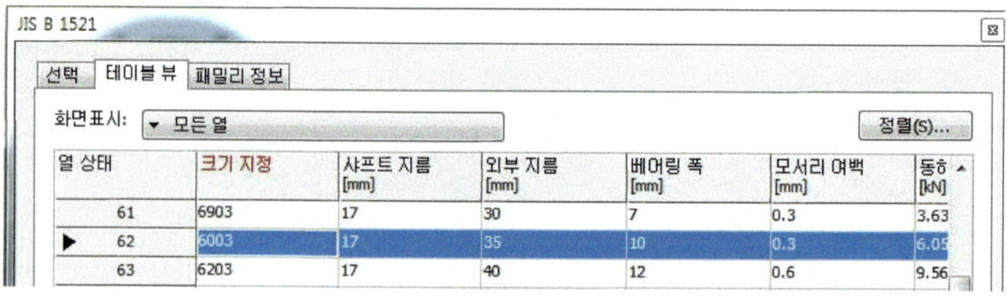

3 편심 축 - 배치 및 조립하기

01 배치(아이콘)를 클릭하여 조립할 편심 축.ipt 파일을 열기한다.

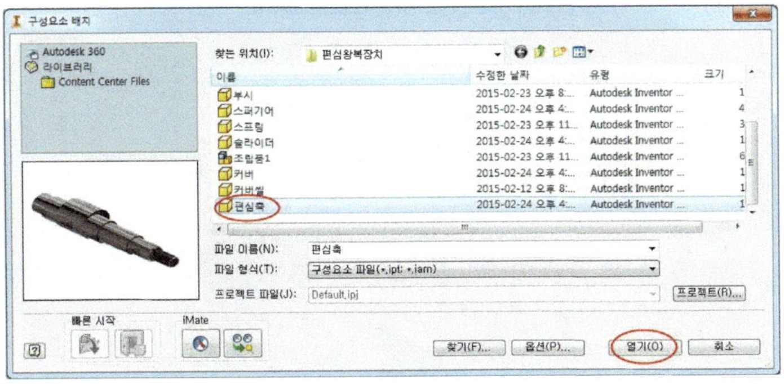

02 편심 축이 배치될 적당한 위치를 클릭하여 지정한다. 그리고, 마우스 오른쪽 버튼을 이용하여 확인을 클릭한다.

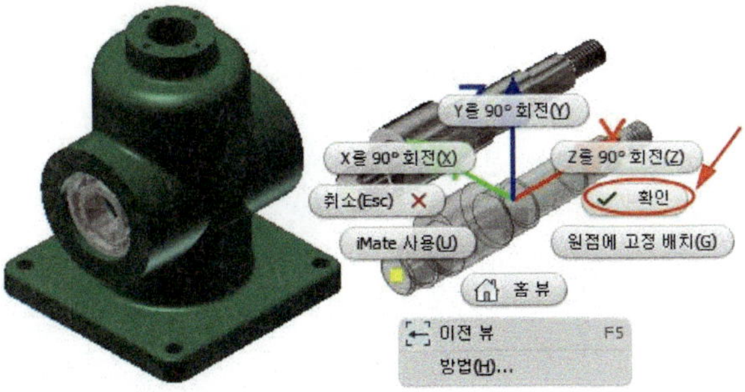

03 검색기에서 본체에 마우스를 대고 마우스 오른쪽 버튼을 이용하여 가시성을 끈다. (본체가 시야를 가리기 때문에-베어링과 편심축의 면 선택이 쉽도록)

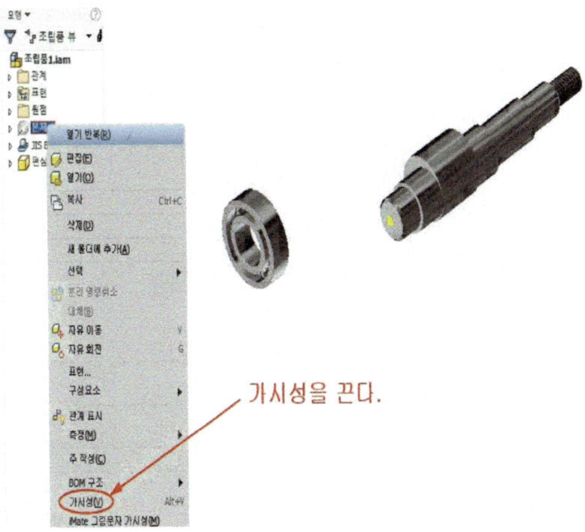

※ 필요하면 가시성을 켠다.

04 접합 을 실행한다. 다음과 같은 창이 나타난다.

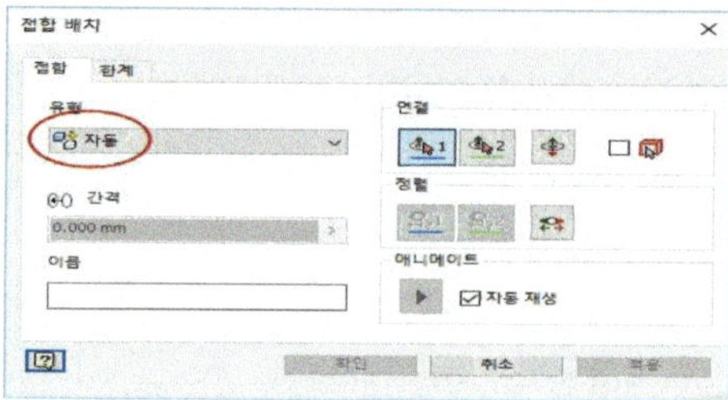

05 연결 : 첫 번째 원점(1)-편심 축의 원통단면, 두 번째 원점(2)-베어링의 원통단면을 클릭한다.

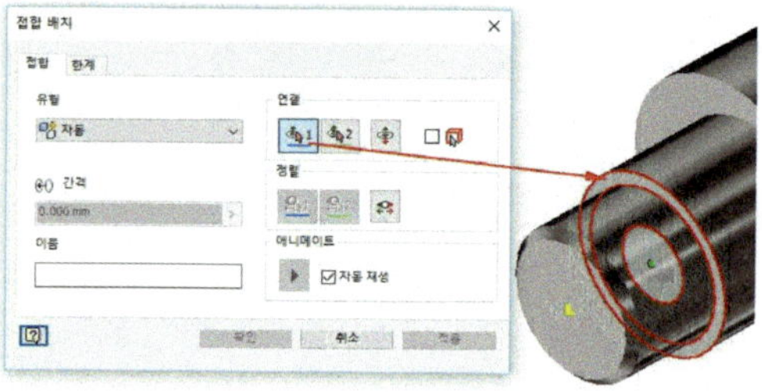

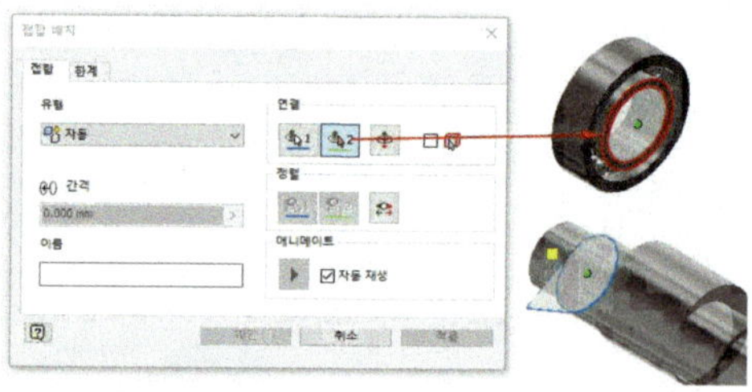

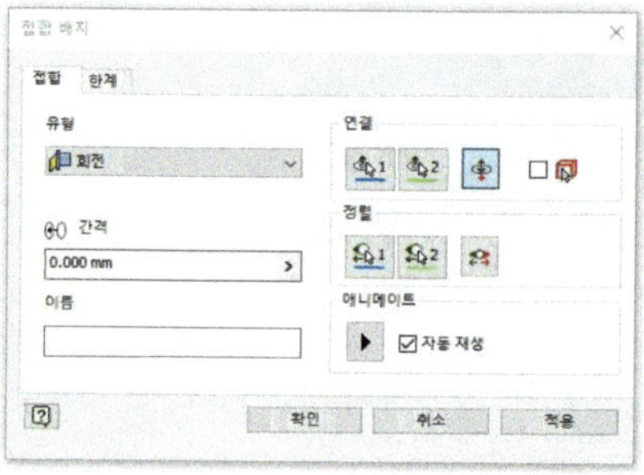

06 유형 : 자동에서 회전으로 설정되고 회전 애니메이트가 재생되며 조립이 된다. 확인을 클릭한다.

07 구속조건( )을 실행한다. 구속조건 배치에서 유형 : 각도(Angle) ,솔루션 : 지정각도 로 설정한다. 첫 번째로 베어링의 원점 XY평면을 두 번째로 편심축의 원점 XY평면을 클릭하고 각도 0°로 입력하고 확인한다.

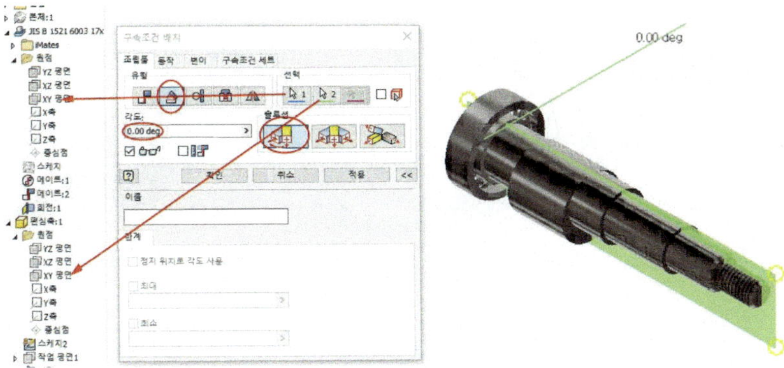

☞ 베어링과 편심축이 같이 회전한다.

4 컨텐츠 센터에서 배치 - 베어링 조립하기

01 배치 아래의 화살표(▾)를 눌러 컨텐츠 센터에서 배치( )를 클릭한다.

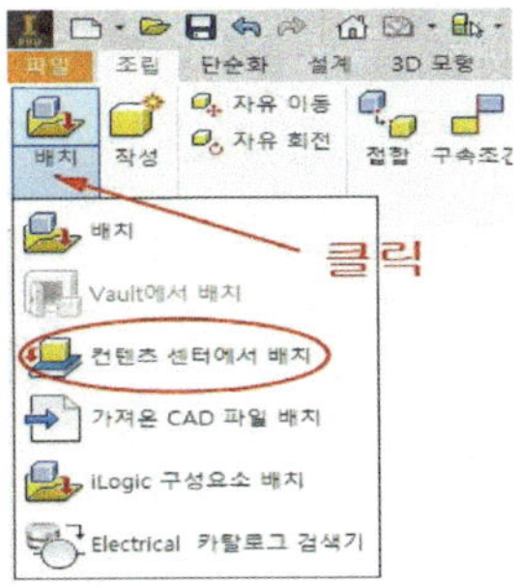

02 샤프트 부품 ⇨ 베어링 ⇨ 볼 베어링 ⇨ 깊은 그루브 볼 베어링 ⇨ JIS B 1521을 더블 클릭한다.

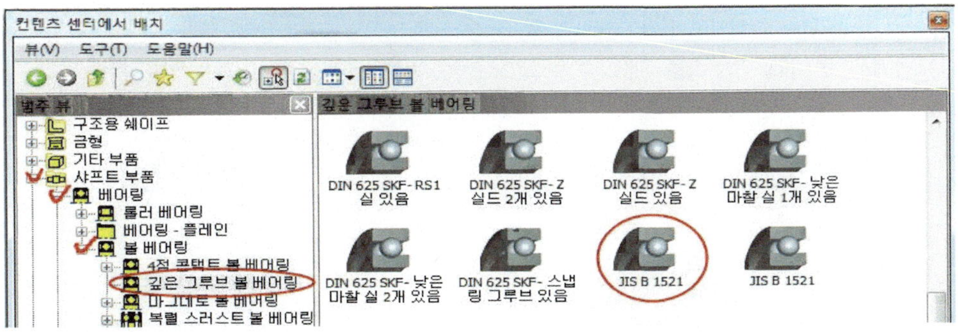

03 베어링이 삽입될 ❶원통형 면과 ❷측면을 차례로 클릭한다. 나타나는 자동드롭 창에서 ❸크기변경을 클릭한다.

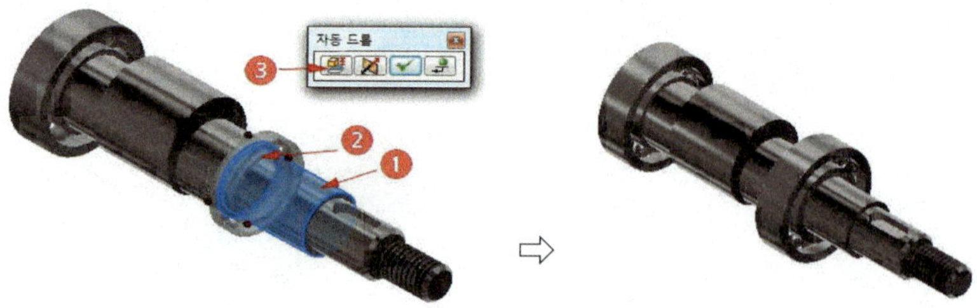

04 테이블 뷰 탭에서 베어링의 규격(6003)을 선택하고, 확인을 클릭한다.

05 구속조건( )을 실행한다. 구속조건 배치에서 유형 : 각도(Angle) ,솔루션 : 지정각도 로 설정한다. 첫 번째로 베어링의 원점 XY평면을 두 번째로 편심축의 원점 XY평면을 클릭하고 각도 0°로 입력하고 확인한다.

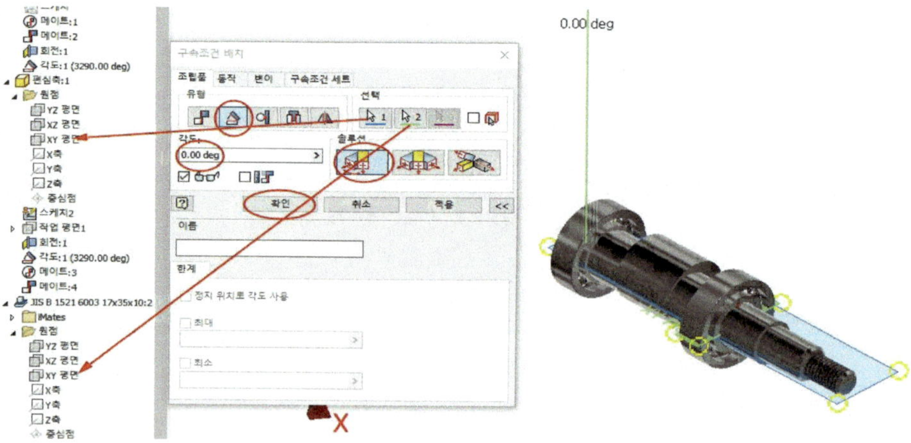

☞ 베어링과 편심축이 같이 회전한다.

06 검색기에서 본체에 마우스를 대고 마우스 오른쪽 버튼을 이용하여 가시성을 켠다.

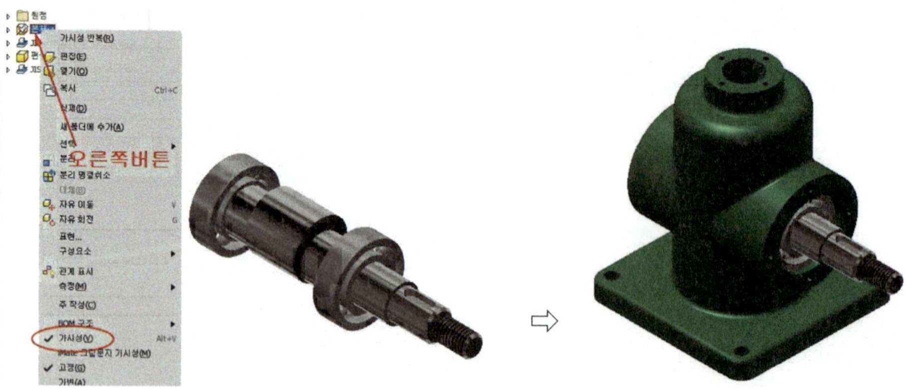

5 본체 씰 커버 - 배치 및 조립하기

01 배치( )를 클릭하여 조립할 본체 씰 커버.ipt 파일을 열기한다.

02 본체 씰 커버를 적당한 위치에 두고 마우스 오른쪽 버튼을 이용하여 Z를 90° 회전(Z) 클릭하고 Z를 90° 회전(Z) 클릭하고 씰 커버가 배치될 적당한 위치에 마우스 왼쪽 버튼을 지정한다. 그리고, 마우스 오른쪽 버튼을 이용하여 확인을 클릭한다.(조립될 방향 조정-자유회전을 사용해도 됨)

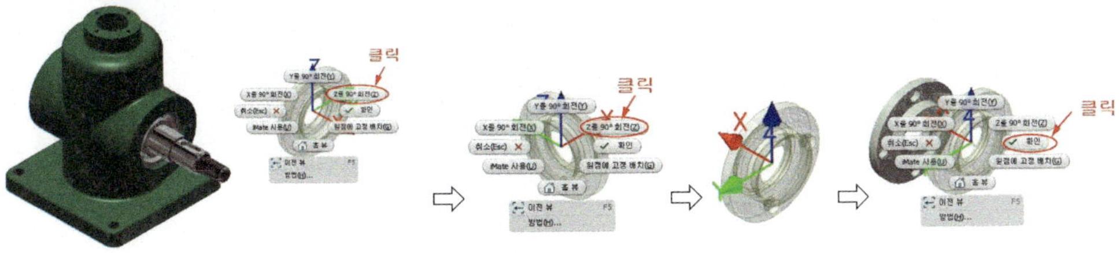

03 접합 을 실행한다. 다음과 같은 창이 나타난다.

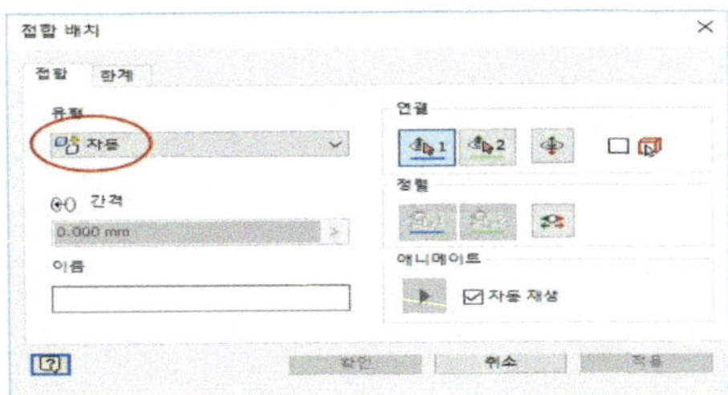

04 연결 : 첫 번째 원점(1)-씰 커버의 단면, 두 번째 원점(2)-본체의 원통단면을 클릭한다.

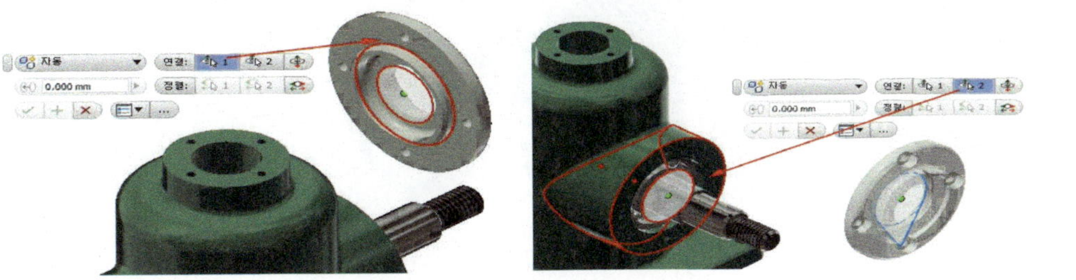

05 유형 : 자동에서 회전으로 설정되고 회전 애니메이트가 재생되며 조립이 된다. 확인을 클릭한다.

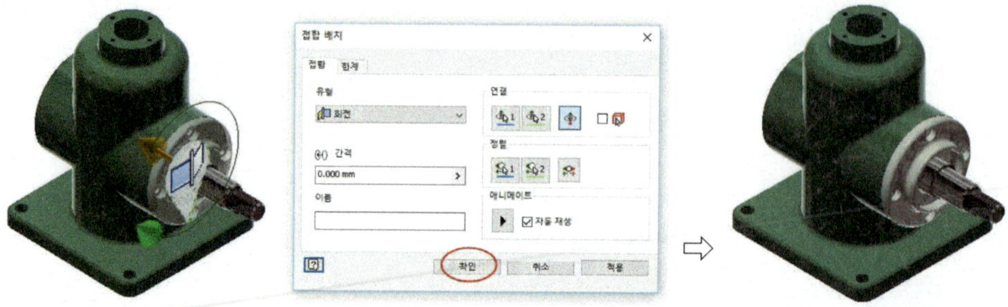

06 검색기에서 씰 커버에 마우스를 대고 마우스 오른쪽 버튼을 이용하여 회전을 억제한다.

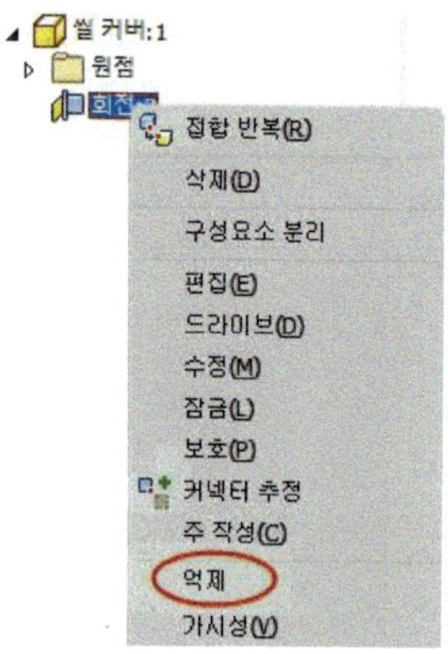

☞ 회전을 억제하여 구속조건을 실행할 수 있게 한다. 작업이 끝나면 억제해제를 한다.

07 구속조건을 실행하고, 구속조건 배치에서 메이트( ), 솔루션 : 메이트( )로 설정한다.

08 첫 번째로 본체의 나사구멍 원통형 면을 클릭한다. 두 번째로 본체 씰 커버의 카운터 보어 원통형 면을 클릭한다.

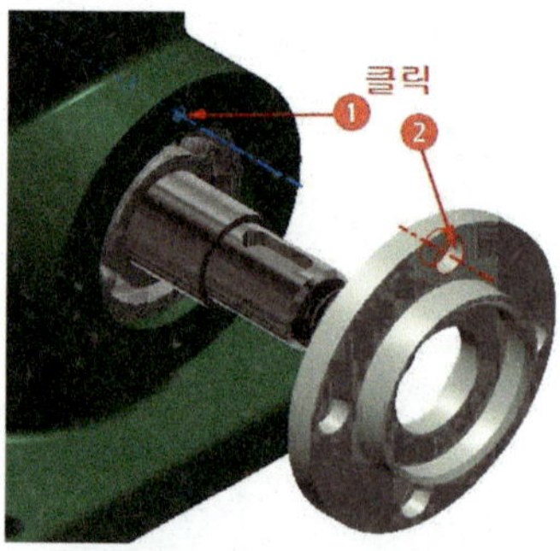

09 검색기에서 씰 커버에 마우스를 대고 마우스 오른쪽 버튼을 이용하여 억제해제를 한다.

6 커버 - 배치 및 조립하기

01 배치( )를 클릭하여 조립할 커버.ipt 파일을 열기한다.

02 같은 방법으로 접합 에 유형 : 자동이나 구속조건( )의 구속조건 배치 유형 : 메이트( ), 솔루션 : 메이트( )를 활용하여 조립을 한다.

7 상면 부시 - 배치 및 조립하기

01 배치( )를 클릭하여 조립할 상면 부시.ipt 파일을 열기한다.

02 같은 방법으로 접합 에 유형 : 자동이나 구속조건( )의 구속조건 배치 유형 : 메이트( ), 솔루션 : 메이트( )를 활용하여 조립을 한다.

8 컨텐츠 센터에서 배치 - 볼트 조립하기

01 배치 아래의 화살표(▾)를 눌러 컨텐츠 센터에서 배치( )를 클릭한다.

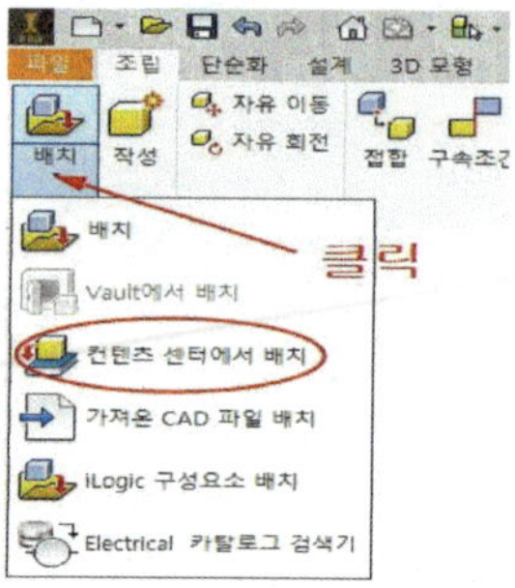

02 조임쇠 ⇨ 볼트 ⇨ 소켓머리 ⇨ KS B 1003-미터를 더블 클릭한다.

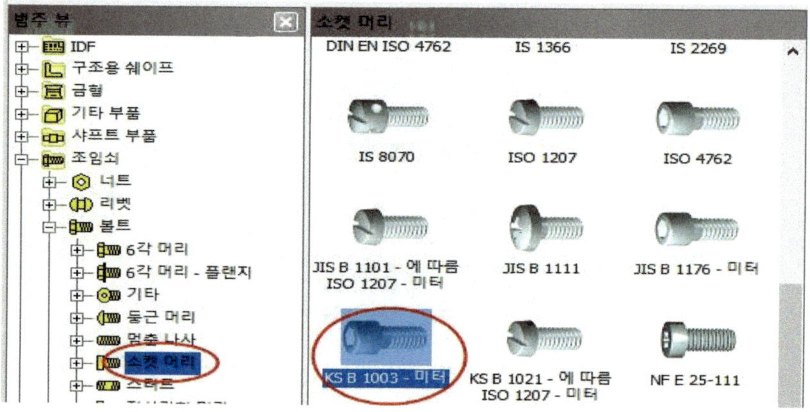

▌자동 드롭 도구막대

대상 형상을 완전히 지정하면 자동 드롭은 미리보기 크기를 업데이트하고(최신 버전이 아닌 경우) 삽입 명령과 함께 자동 드롭 도구막대를 표시한다.

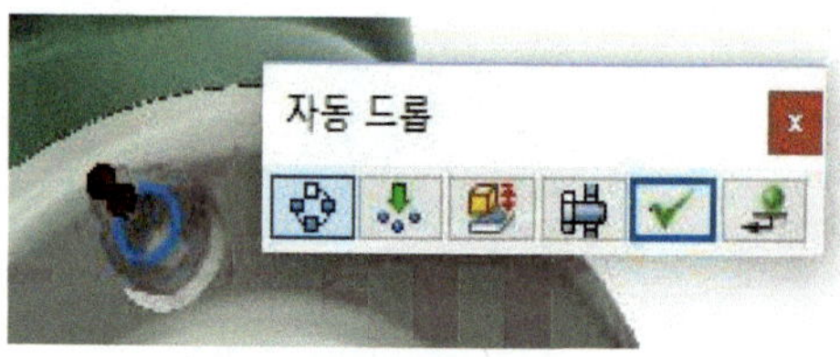

- 크기 변경

부품을 삽입하고 구성요소를 편집할 수 있는 부품 패밀리 대화상자를 연다.

- 볼트 연결

  볼트 연결 생성기를 연다. 지원되는 볼트에만 사용할 수 있다.

- 적용

  현재 삽입을 완료하고 지정된 패밀리로 계속 진행되므로 더 많은 크기를 삽입할 수 있다. 기본 크기는 항상 끌어 놓은 마지막 크기이다.

- 종료

  구성요소를 조립품에 삽입하고 자동 드롭을 종료한다.

- 패턴 따르기

  패턴에 따라 자동 드롭이 진행된다. 대상 형상이 원형 또는 직사각형 패턴이면 기본적으로 이 옵션이 선택된다.(조립품 패턴에는 사용할 수 없다.)

- 다중 삽입

  다중 구성요소를 삽입한다. 자동 드롭이 선택한 대상처럼 여러 개의 사용 가능한 대상을 식별하면 사용할 수 있다.

- 반전

  결합에 사용되는 베어링 면을 변경한다.
  베어링의 한쪽 면에만 iMate가 정의되어 있으면 사용할 수 없다.

03 ❶원형 구멍 모서리를 클릭하여 선택한다. 나타나는 자동드롭 창에서 ❷크기변경을 클릭한다.

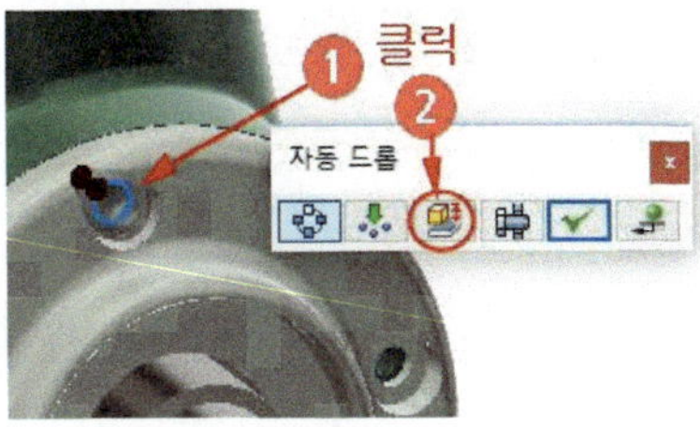

04 삽입될 볼트의 규격으로 M3과 호칭길이 8을 선택하고, 확인을 클릭한다.

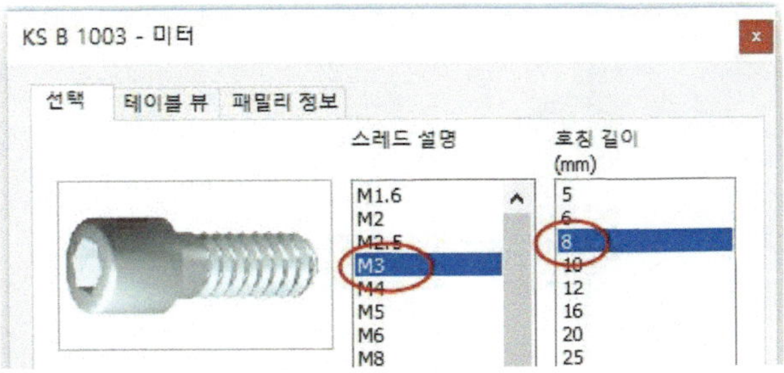

05 볼트가 삽입되었다.

뷰 ⇨ 비주얼 스타일 ⇨ 와이어 프레임 ⇨ 볼트 길이 확인

※ 볼트 크기나 길이 조정은 검색기에서 해당 볼트에 마우스를 대고 오른쪽 버튼 ⇨ 크기변경 ⇨ 볼트 길이 적용 확인

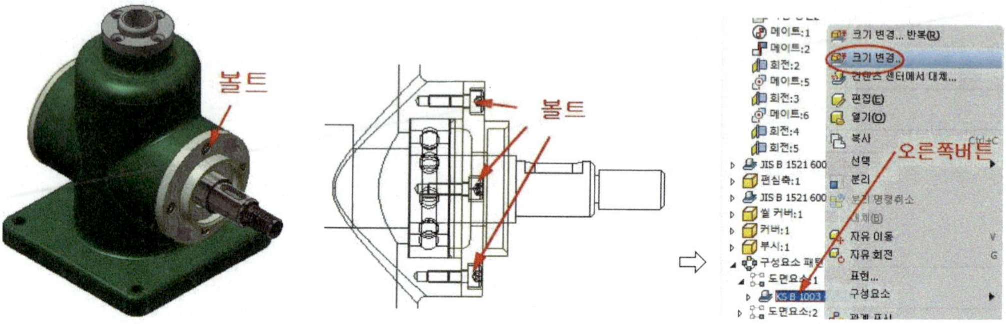

06 측면 커버에도 같은 방법으로 컨텐츠 센터의 볼트를 자동드롭으로 배치한다.

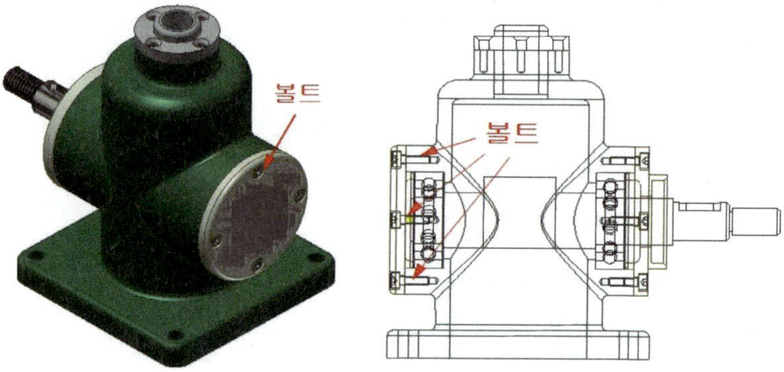

07 상면 부시에도 같은 방법으로 컨텐츠 센터의 볼트를 자동드롭으로 배치한다.

(조임쇠 ⇨ 볼트 ⇨ 카운터 싱크 ⇨ KS B 1023H-미터 ⇨ M3 길이 8)

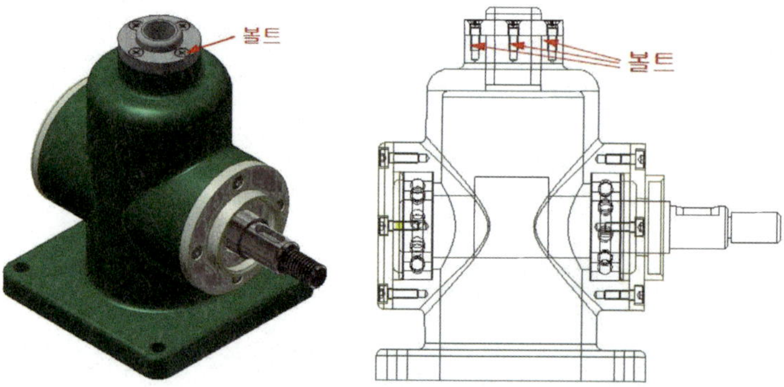

9 컨텐츠 센터에서 배치 - 키 조립하기

01 배치 아래의 화살표(▾)를 눌러 컨텐츠 센터에서 배치( )를 클릭한다.

02 샤프트 부품 ⇨ 키 ⇨ 키-기계 ⇨ 둥금 ⇨ JIS B 1301 키를 더블 클릭한다.

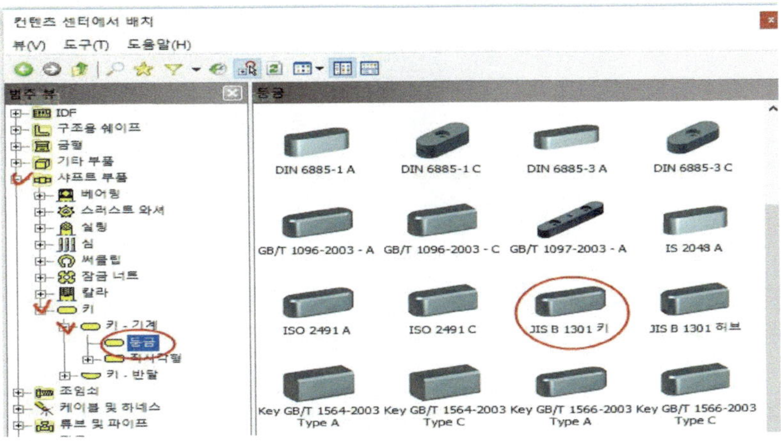

03 JIS B 1301 키 호칭치수 5×5×14를 클릭하고 확인한다.

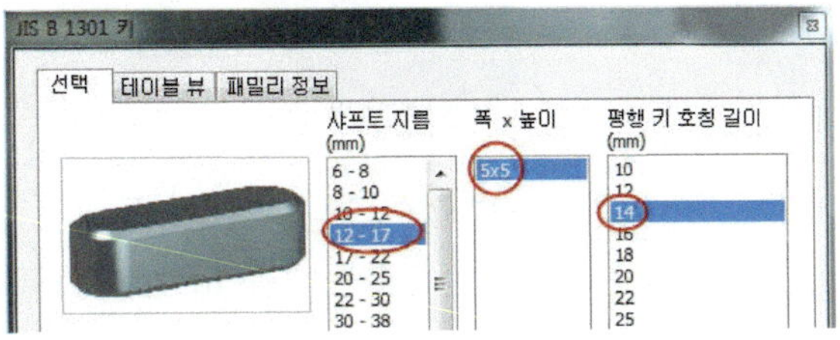

04 구속조건( )의 구속조건 배치 유형 : 메이트( ), 솔루션 : 메이트( )를 활용하여 조립을 한다.

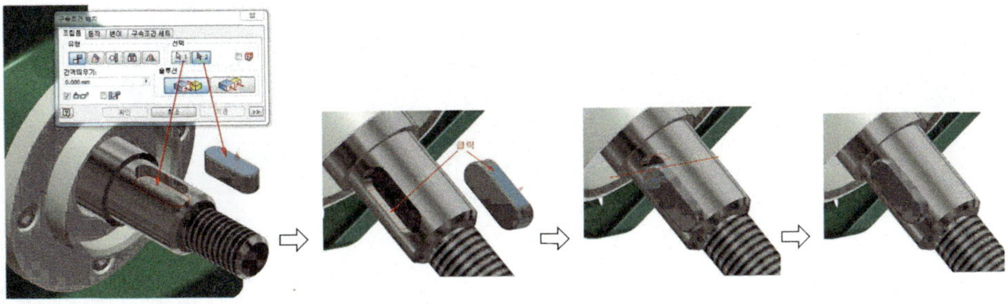

10 기어부분조립품 - 보스, 기어, 볼트 조립하기

01 배치( )를 클릭하여 조립할 보스.ipt 파일을 열기한다.

02 배치( )를 클릭하여 조립할 스퍼기어.ipt 파일을 열기한다.

03 접합 을 실행한다. 연결 : 첫 번째 원점(1)-보스의 단면 모서리, 두 번째 원점(2)-기어의 원통단면 모서리을 클릭한다.

04 유형 : 자동에서 회전으로 설정되고 회전 애니메이트가 재생되며 조립이 된다. 확인을 클릭한다.

05 검색기에서 보스에 마우스를 대고 마우스 오른쪽 버튼을 이용하여 회전1을 억제한다.

06 접합 을 실행한다. 연결 : 첫 번째 원점(1)-보스의 볼트 구멍 모서리, 두 번째 원점(2)-기어의 탭 구멍 모서리을 클릭한다.

07 유형 : 자동에서 회전으로 설정되고 회전 애니메이트가 재생되며 조립이 된다. 확인을 클릭한다.

08 검색기에서 보스에 마우스를 대고 마우스 오른쪽 버튼을 이용하여 회전1을 억제해제 한다.

09 배치 아래의 화살표(▾)를 눌러 컨텐츠 센터에서 배치()를 클릭한다.

10 조임쇠 ⇨ 와셔 ⇨ 스프링 ⇨ KS B 1324를 더블 클릭한다.

11 ❶원형 구멍 모서리를 클릭하여 선택한다. 나타나는 자동드롭 창에서 ❷크기변경을 클릭한다.

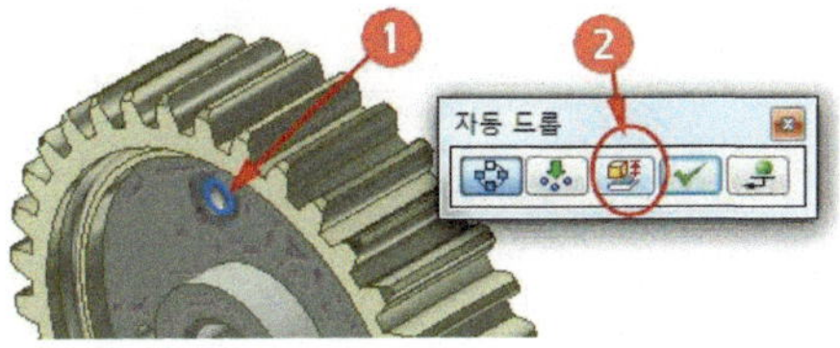

12 와셔의 규격으로 호칭지름 4.5, 높이 1.2을 선택하고, 확인을 클릭한다.

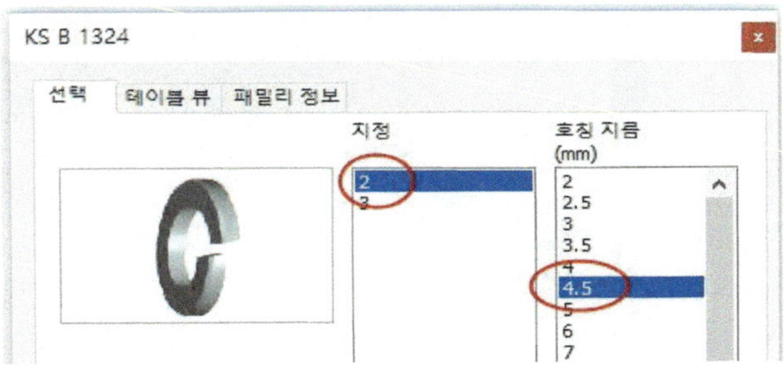

13 컨텐츠 센터에서 배치()를 클릭하고 조임쇠 ⇨ 볼트 ⇨ 소켓머리 ⇨ KS B 1003-미터를 더블 클릭한다.

14 ❶원형 구멍 모서리를 클릭하여 선택한다. 나타나는 자동드롭 창에서 ❷크기변경을 클릭한다.

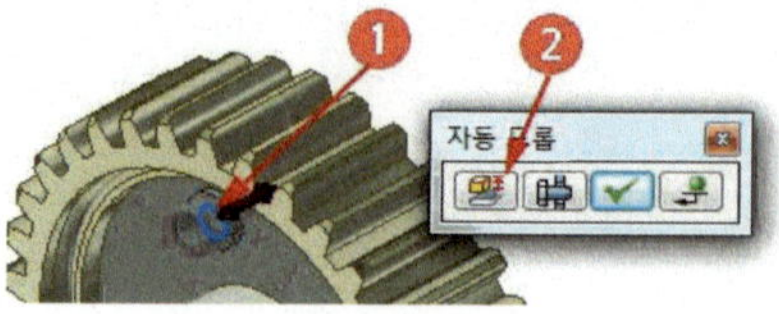

15 삽입될 볼트의 규격으로 M4과 호칭길이 12을 선택하고, 확인을 클릭한다.

16 패턴 구성요소를 이용하여 볼트를 삽입한다.

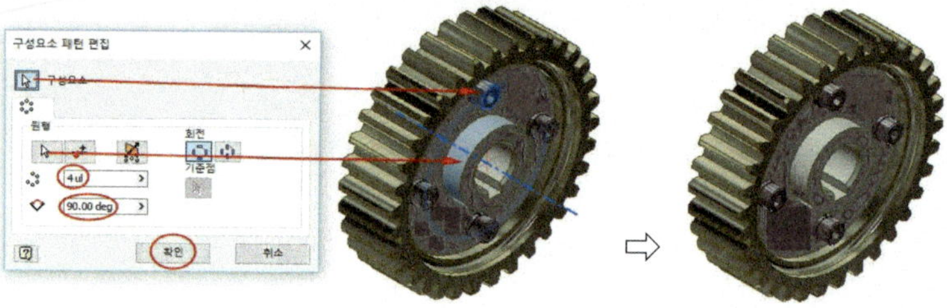

17 기어부분조립품으로 저장한다.

11 슬라이더 부분조립품 - 슬라이더, 와셔, 볼트 조립하기

01 배치( )를 클릭하여 조립할 슬라이더.ipt 파일을 열기한다.

02 배치( )를 클릭하여 조립할 너트.ipt 파일을 열기한다.

03 구속조건( )의 구속조건 배치 유형 : 메이트( ), 솔루션 : 메이트( )를 활용하여 조립을 한다. 유형 : 각도( ) , 솔루션 : 지정각도( )를 활용하여 조립을 한다.

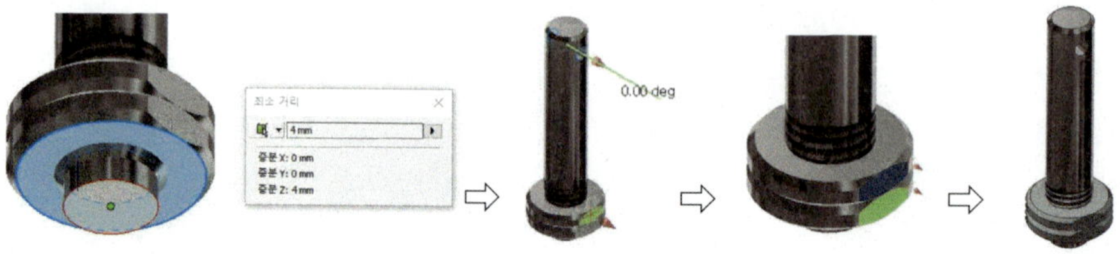

04 배치 아래의 화살표(▾)를 눌러 컨텐츠 센터에서 배치(아이콘)를 클릭한다.

05 조임쇠 ⇨ 와셔 ⇨ 플레인 ⇨ KS B 1326를 더블 클릭한다.

06 ❶원통면과 ❷너트윗면을 클릭하고 나타나는 자동드롭에서 ❸크기변경을 클릭한다.

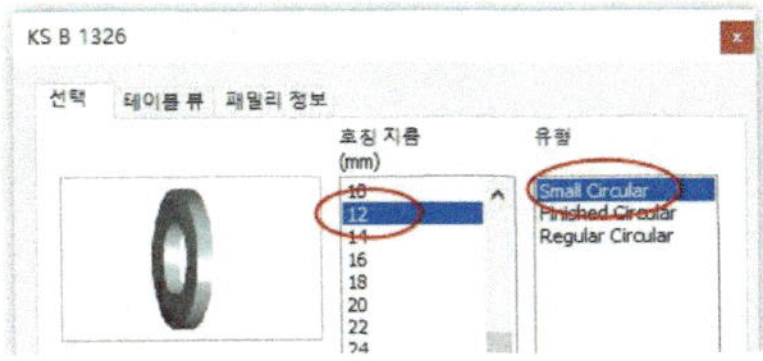

07 와셔의 규격으로 호칭지름 12, 높이 2.5을 선택하고, 확인을 클릭한다.
와셔가 삽입되었다.

08 슬라이더 부분조립품으로 저장한다.

12 슬라이더 부분조립품과 본체조립

※조립의 이해를 위해 본체부품을 1/4 절단하여 표시했다.

01 배치(아이콘)를 클릭하여 조립할 슬라이더 부분조립.iam 파일을 열기한다.

02 구속조건을 실행하여 유형:메이트, 솔루션:메이트로 설정하고, 슬라이더의 원통형 면과 상면부시의 원통형 면을 클릭한다.

03 선택한 원통형 면의 중심축이 서로 일치되면서 조립이 되었다. 적용을 클릭한다.

04 구속조건 배치에서 유형:접선( ), 솔루션:외부( )로 설정한다.

05 첫 번째는 편심 축의 원통형 면과 두 번째는 슬라이더 부분조립의 바닥면을 차례로 클릭한다.

06 선택한 두 면이 서로 접하게 구속이 된다. 확인을 클릭한다.

13 스프링 - 배치 및 조립하기

01 배치( )를 클릭하여 조립할 스프링.ipt 파일을 열기한다.

02 배치될 적당한 위치를 클릭하여 지정하고, 종료를 한다.

03 (중요) 검색기의 스프링 부품을 클릭하고, 마우스 오른쪽 버튼을 이용하여 가변을 선택해서 체크 표시를 한다. 가변( ) 기호가 표시된다.

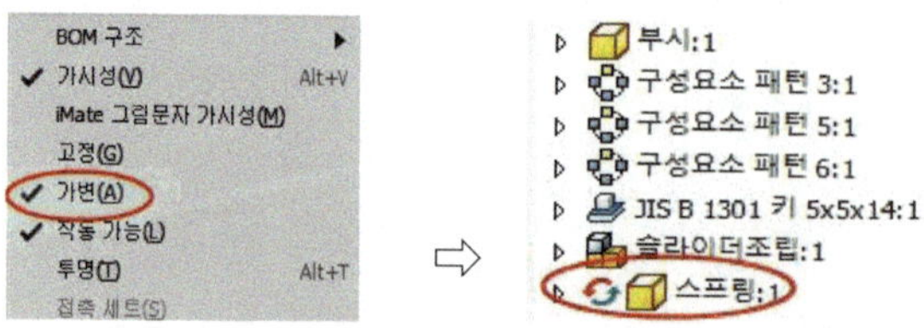

04 구속조건을 실행하여 유형 : 메이트, 솔루션 : 메이트로 설정하고, 축의 원통형 면과 스프링의 중심선

을 클릭한다.

05 선택한 원통형 면의 중심축이 서로 일치되면서 조립이 되었다. 적용을 클릭한다.

06 (중요) 검색기의 스프링 부품의 메이트을 클릭하고, 마우스 오른쪽 버튼을 클릭하여 억제 선택 ⇨ 스프링을 적당한 위치로 옮긴다.

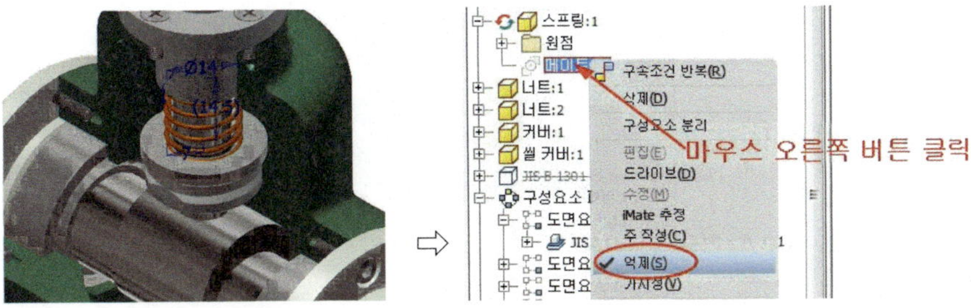

07 구속조건을 실행하여 유형:메이트, 솔루션:메이트로 설정하고, 상면부시의 바닥면과 스프링의 윗선을 클릭한다.(간격을 0.5mm 띄운다. 소선의 지름 1mm)

08 적용을 클릭한다. 선택한 면과 선이 서로 일치되면서 조립이 되었다.

09 구속조건을 실행하여 유형:메이트, 솔루션:메이트로 설정하고, 받침대의 윗면과 스프링의 아랫선을 클릭한다.(간격을 0.5mm 띄운다.)

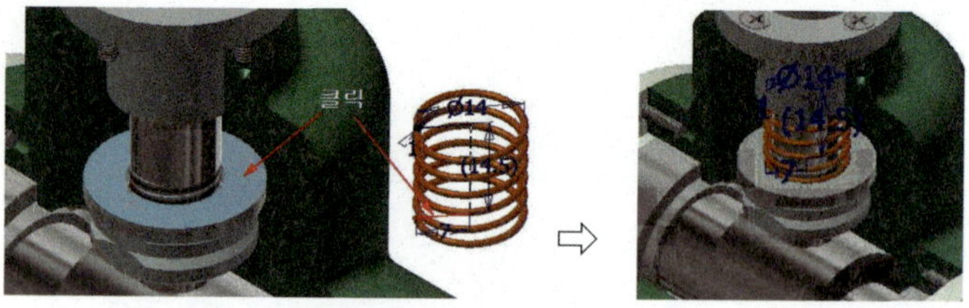

10 적용을 클릭하면 스프링 아랫선과 받침대 윗면이 일치되면서 조립이 된다.

11 (중요) 검색기의 스프링 부품의 메이트을 클릭하고, 마우스 오른쪽 버튼을 클릭하여 억제를 해제한다.

12 편심축이 회전하면서 스프링의 길이에 따라 조립이 되는 것을 볼 수가 있다.

14 기어 부분조립품과 본체조립

01 배치( )를 클릭하여 조립할 기어 부분조립.iam 파일을 열기한다.

02 접합 을 실행한다. 연결 : 첫 번째 원점(1)–보스의 축 구멍 모서리, 두번째 원점(2)–편심축의 모서리을 클릭한다.

03 유형 : 자동에서 회전으로 설정되고 회전 애니메이트가 재생되며 조립이 된다. 확인을 클릭한다.

04 검색기에서 보스에 마우스를 대고 마우스 오른쪽 버튼을 이용하여 회전을 억제한다.

05 키의 측면과 스퍼기어의 키 보스 측면을 클릭한다. 적용을 클릭한다.

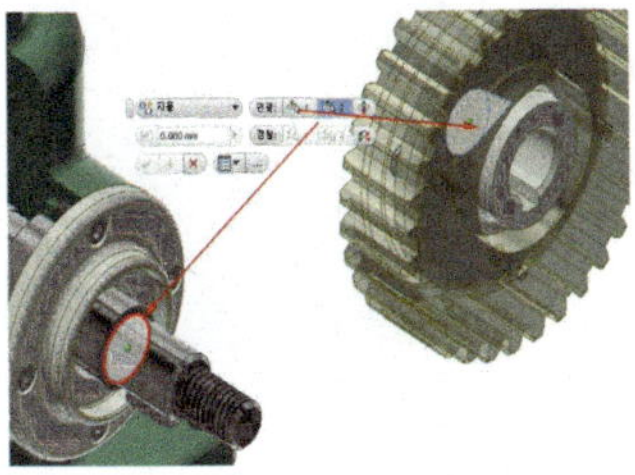

⇨

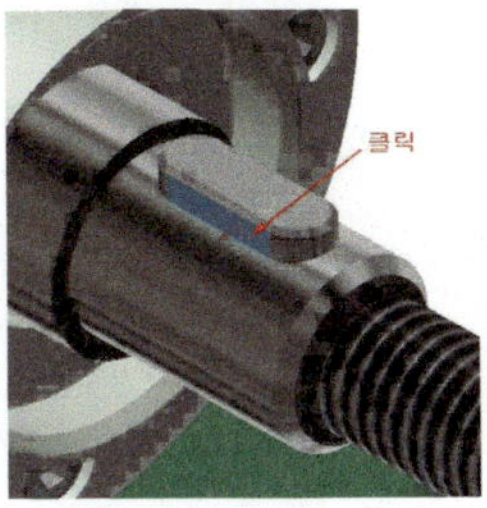

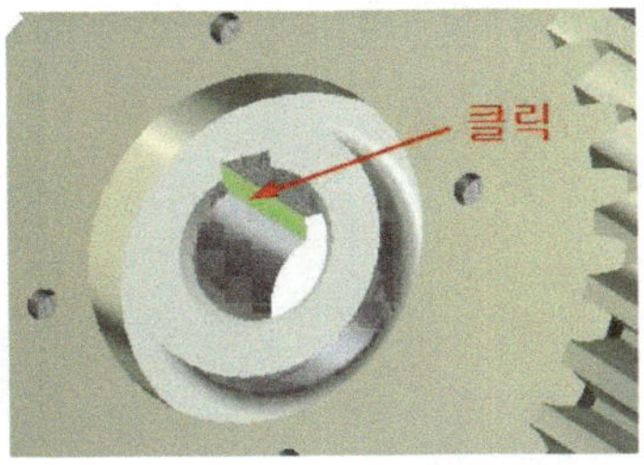

06 검색기에서 보스에 마우스를 대고 마우스 오른쪽 버튼을 이용하여 회전을 억제해제를 한다.

07 컨텐츠 센터에서 배치( )를 클릭하고 조임쇠 ⇨ 와셔 ⇨ 플레인 ⇨ KS B 1326을 더블 클릭한다.

08 ❶원통면과 단면을 클릭하고 나타나는 자동드롭 창에서 ❷크기변경을 클릭한다. 확인을 클릭한다.

⇨

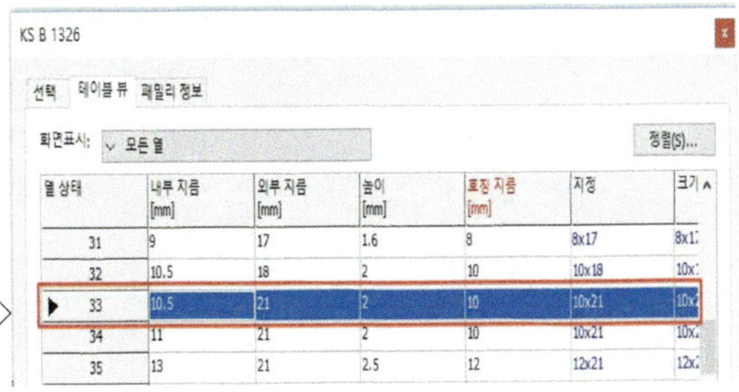

09 컨텐츠 센터에서 배치( )를 클릭하고 조임쇠 ⇨ 너트 ⇨ 육각 ⇨ 6각 잼 너트-미터를 더블 클릭한다.

10 ❶원통면을 클릭하고 ❷와셔 측면을 클릭하여 나타나는 창에서 ❸적용을 클릭한다. 같은 방법으로 너트 배치한다.

11 구속조건을 실행하여 유형 : 각도, 솔루션 : 지정각도로 설정하고, 키의 윗면과 너트의 평면을 클릭하고 각도 0deg 적용. 같은 방법으로 너트 배치한다.(기어부분조립품을 억제하고)

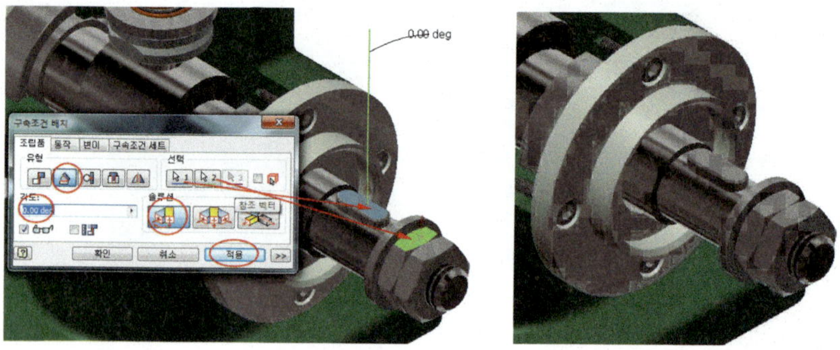

12 기어부분조립품을 억제를 해제한다.

13 편심왕복장치 조립품이 완성되었다.

14 본체부품 1/4 절단을 해제한다.

5.3.2 구속조건 구동하기

스퍼기어가 회전운동을 하면 편심 축에 의해 축이 상,하 운동을 하게 된다. 이때 스프링은 인장과 압축을 반복하게 되는데, 이를 검토해 본다.

01 구속조건을 실행하여 유형 : 각도( ), 솔루션 : 미지정( )으로 설정한다.

02 첫 번째로 본체 형상의 사각돌출 윗면을 클릭한다. 두 번째로 검색기의 편심축의 원점 아래에 있는 XZ평면을 클릭한다.

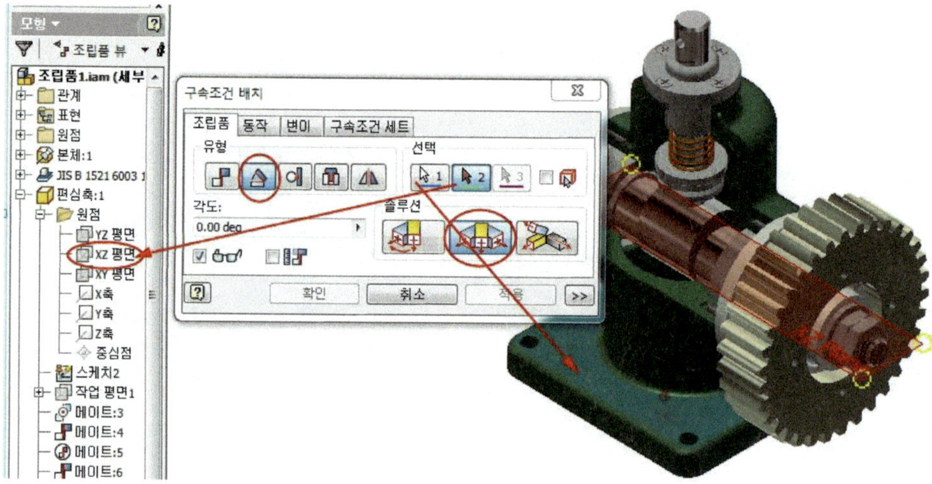

03 각도에 0을 입력하고 확인을 클릭한다.

04 검색기의 편심 축 아래를 확장해서 보면 ( )각도 구속조건이 추가되었다. 각도에서 마우스 오른쪽 버튼을 이용하여 드라이브를 선택하여 실행한다.

05 드라이브 창에서 다음과 같이 설정한다. 자세히(<<) 버튼을 이용하면 추가적인 설정을 한다.

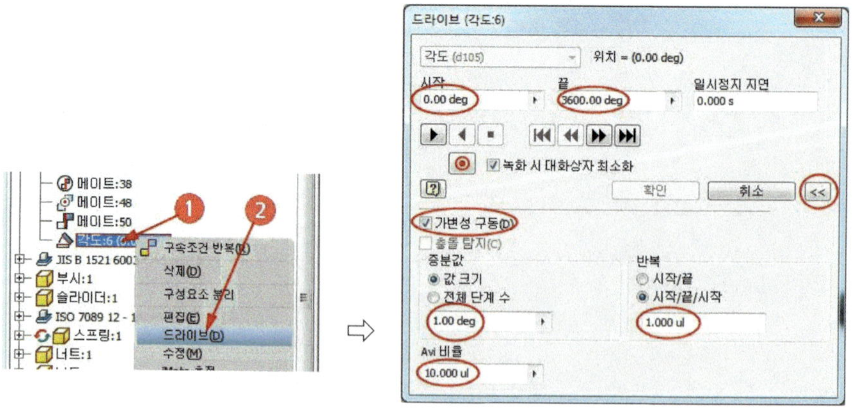

- 시작 / 끝 : 각도의 시작 위치 및 끝 위치를 설정한다. 값을 입력하거나, 측정하거나, 치수 기입한 값으로 설정할 수 있다.
- 가변성 구동 : 구속조건 관계를 유지하면서 그에 맞게 구성요소를 조정한다.
- 충돌 탐지 : 충돌이 탐지될 때까지 구속된 조립품을 구동한다. 탐지된 간섭과 해당 구속조건 값이 표시된다.
- 증분 값 :
  - 값 크기 : 증분 값이 편집 상자에서 지정한 값이 되도록 지정한다. 즉, 애니메이션 구동 속도를 제어한다. (=배속)
  - 전체 단계 수 : 구동 순서를 동일한 단계의 지정된 수로 나눈다.
  - 편집 상자 : 각 증분 값 또는 단계의 수를 설정한다. 값을 측정하거나, 입력하거나, 치수 기입할 수 있다.
- 반복 :
  - 시작/끝 : 시작 값에서 끝 값까지 연동하고 시작 값에서 재설정한다.
  - 시작/끝/시작 : 시작 값에서 끝 값까지 연동한 다음 반전하여 다시 시작 값으로 연동한다.
  - 편집 상자 : 시작/끝의 반복 횟수 및 시작/끝/시작의 순환 횟수를 설정한다. 각 동작은 하나의 순환으로 간주된다.
- Avi 비율 : 기록된 애니메이션에 프레임으로 포함시키기 위해 "스냅샷"을 사용하는 증분 값을 지정한다.
- 제어 버튼

  구동 순서를 진행시키거나 반전시킨다. 구동 순서를 재생 중인 동안에도 대화상자는 열린 상태를 유지한다. 순서를 일시정지하거나 중지하면 값을 변경할 수 있다.
  - ▶ 앞으로 : 관계를 앞으로 연동한다. 시작 및 끝 상자에 모두 값이 있어야 사용할 수 있다. 중지했다가 다시 앞으로 재생할 수 있다.
  - ◀ 뒤로 : 관계를 뒤로 연동한다. 시작 및 끝 상자에 모두 값이 있어야 사용할 수 있다. 중지했다가 다시 뒤로 재생할 수 있다.
  - ■ 중지 : 연동 순서를 일시적으로 중지한다. 값을 편집하고 앞으로 또는 뒤로 다시 재생하거나, 한 번에 한 단계씩 진행하거나, 처음 또는 끝으로 진행할 수 있다.
  - ⏮ 시작으로 이동 : 관계를 시작 값으로 되돌려 관계 연동을 재설정한다. 관계 드라이버를 실행해야 사용할 수 있다.
  - ⏪ 한 단계 뒤로 : 순서에서 관계 드라이버를 한 단계 뒤로 이동한다. 연동 순서를 중단해야 사용할 수 있다.
  - ⏩ 한 단계 앞으로 : 순서에서 관계 드라이버를 한 단계 앞으로 이동한다. 연동 순서를 중단해야 사용할 수 있다.

- ⏭ 끝으로 : 이동 관계 순서를 끝값으로 이동한다.
- ⏺ 레코드 : 구속조건 구동 동작을 보여주는 애니메이션을 작성한다. 애니메이션 이름, 유형 및 특성을 지정한다.

06 ▶ ◀ ■ ⏮ ⏪ ⏩ ⏭ 제어 버튼 중에서 ▶ , ◀ 를 클릭하여 애니메이션을 실행할 수가 있다.

07 녹화 버튼을 클릭한다. 동영상 파일로 만들어준다. ⏺

08 파일 형식은 avi로 설정하고, 파일이름과 저장 위치를 지정한다. 저장을 클릭한다.

09 비디오 압축 코덱 창에서 압축 프로그램은 Microsoft Vide 1로 설정하고, 압축 품질은 100으로 제일 좋게 설정한다.

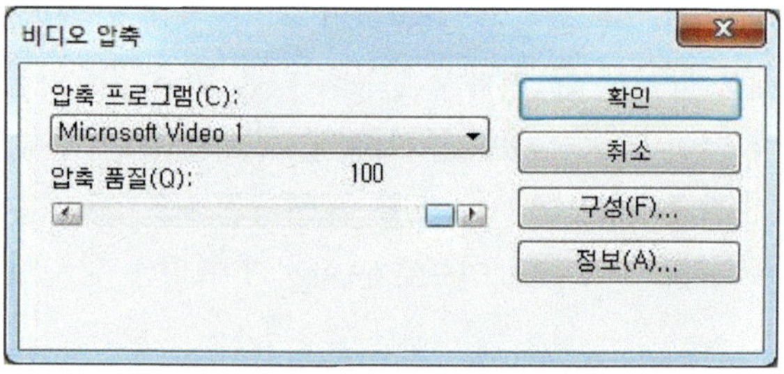

10 확인을 클릭한다. ▶ 를 클릭하면 애니메이션이 구동되면서 녹화가 시작된다.

11 애니메이션 구동이 끝났다. 생성된 Avi 파일을 찾아서 실행해 본다.

Chapter

06

편심 동력 전달 장치

프리젠테이션 작성하기

수검번호	1512345	전산응용기계제도기능사
성　명	홍 길 동	
연장시간	분	
감독확인	인	

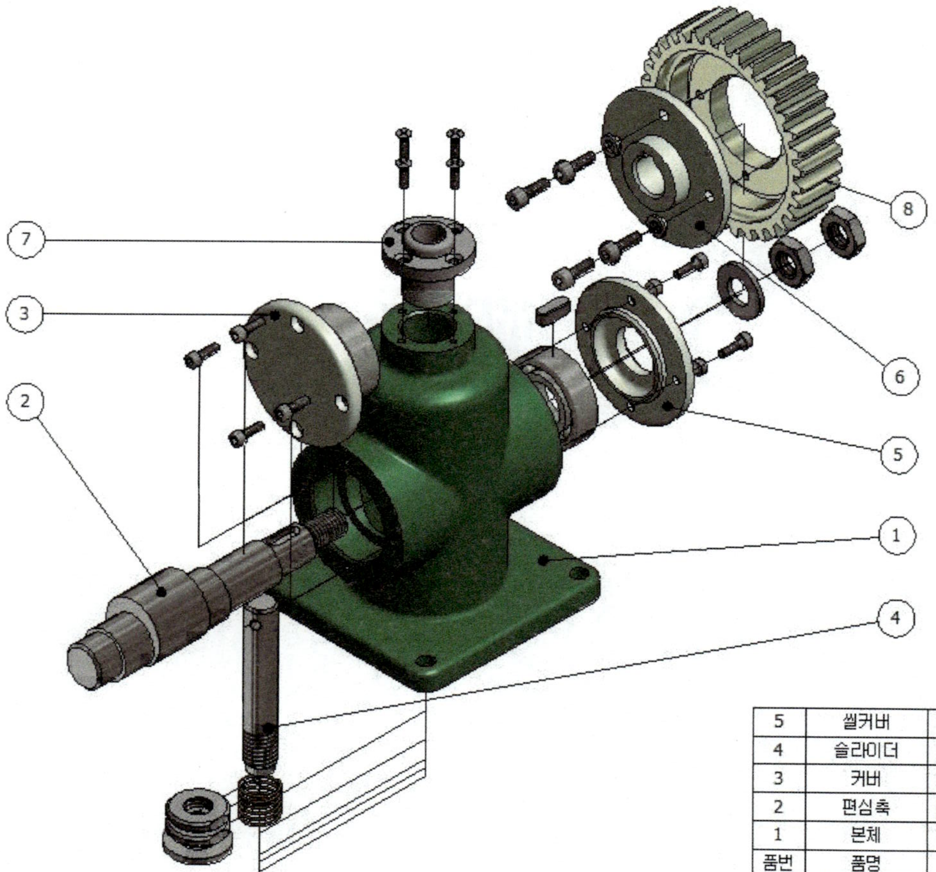

5	씰커버	GC200	1	
4	슬라이더	SM45C	1	
3	커버	GC200	1	
2	편심축	SM45C	1	
1	본체	GC200	1	
품번	품명	재질	수량	비고
작품명	편심동력전달장치		척도	1 : 1
			각법	3각법

6.1 프리젠테이션 작성하기

6.1.1 프리젠테이션 작성

01 바탕화면에 있는 Inventor2017( )를 실행한다.

02 시작하기에서 새로 만들기를 클릭한다.

03 Standard.ipn을 선택하고, 확인을 클릭하여 프리젠테이션 설계를 시작한다.

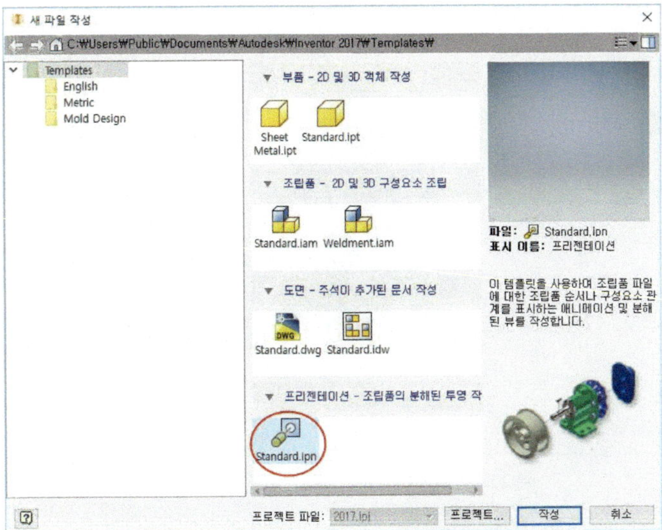

04 프리젠테이션 환경이 나타난다.

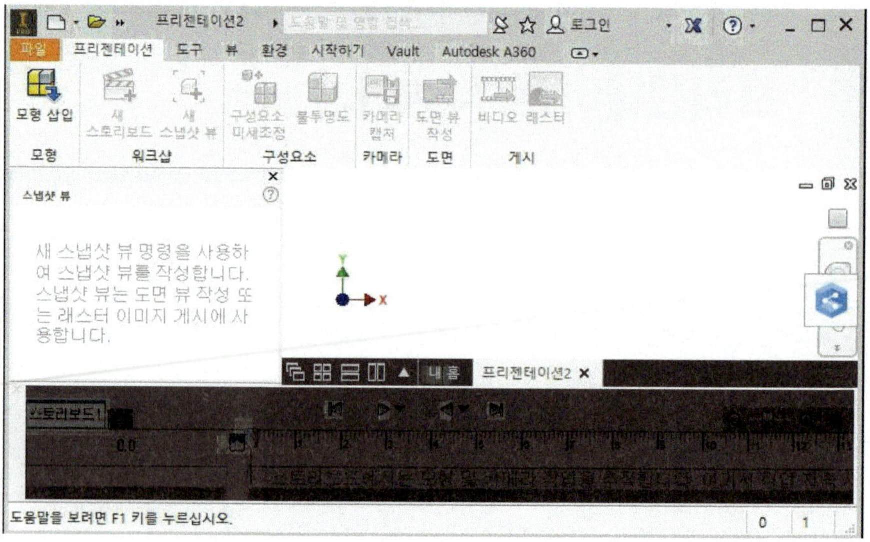

다음 그림은 프리젠테이션 환경을 보여준다.
프리젠테이션 환경은 패널 및 검색기, 그래픽 창으로 구성되어 있다.

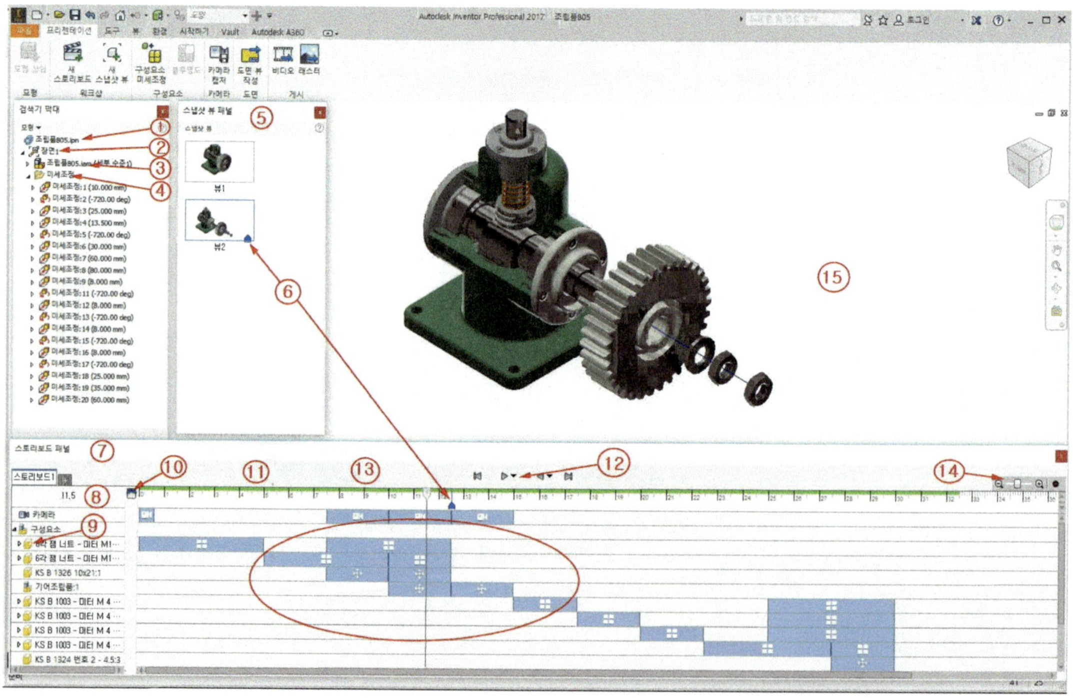

모형 검색기에는 프리젠테이션 전개도에 대한 정보가 표시된다. 모형 폴더에는 구성요소가 나열되고 구성요소 가시성이 표시된다. 미세조정 폴더에는 구성요소 미세조정이 표시되고 트레일 가시성이 나타난다. 현재 전개도, 스토리보드 또는 스냅샷 뷰에 해당하는 미세조정만 표시된다.

① 문서 루트 노드에는 프리젠테이션 문서 이름이 표시된다.
② 전개도에는 연관된 스토리보드에 사용되는 모든 미세조정이 포함된 모형 및 미세조정 폴더가 있다.
③ 모형 노드에는 현재 전개도에 사용되는 조립품이 표시된다. 노드를 확장하여 구성요소 및 해당 가시성 상태를 표시한다.
④ 미세조정 폴더에는 현재 전개도에 대해 수행되는 모든 미세조정이 포함된다.
⑤ 스냅샷 뷰 패널에서는 모형의 스냅샷 뷰가 나열되고 관리된다.
⑥ 스냅샷 뷰는 시간 표시 막대의 지정된 지점에서 모형 및 카메라 정렬을 캡처하며 작성 시 링크된다. 뷰를 편집하고 링크를 끊어 링크된 뷰를 별도로 만들 수 있다. 독립 스냅샷 뷰는 완전히 편집 가능하다.
스토리보드 패널에는 현재 문서에 포함된 스토리보드가 나열된다.
⑦ 스토리보드에는 애니메이션 시간 표시 막대에 배치된 미세조정이 포함되어 있다. 스토리보드를 사용하여 시간 표시 막대에 연결된 애니메이션 및 스냅샷 뷰를 작성할 수 있다.
⑧ 플레이 헤드 위치는 스토리보드 리스트 위에 표시된다.
⑨ 미세조정 된 구성요소가 패널에 표시되고 미세조정 사항이 시간 표시 막대에 표시된다. 미세조정이 여러 개인 구성요소는 미세조정 행이 구성요소 아래에 롤업되어 표시된다. 노드를 확장하여 개별 미세조정에 액세스할 수 있다.
⑩ 크래치 영역은 변경 사항을 스토리보드에 저장하지 않고 카메라 위치 또는 모형 가시성 및 불투명도를 변경하는 데 사용된다. 애니메이션 기록을 시작하기 전에 플레이 헤드를 스크래치 영역에 배치하여 모형을 준비한다.
시간 표시 막대는 각 미세조정의 시작 및 종료 시간을 나타낸다. 일련의 미세조정을 애니메이션으로 실시간 변환한다.
⑪ 미세조정은 모형 정렬 및 카메라 위치의 변경을 나타낸다. 구성요소를 이동 또는 회전하고, 구성요소 가시성 및 불투명도를 설정하고, 카메라 위치를 캡처할 수 있다. 다음 이미지와 함께 시간 표시 막대에 미세조정이 표시된다.

- 카메라 미세조정은 인스턴트 작업이거나 기간이 지정될 수 있다.
- 변환 미세조정은 한 방향으로의 이동을 나타낸다.
- 회전 미세조정은 양의 방향이거나 음의 방향일 수 있다.

- 불투명도 미세조정은 불투명도 값이 변경될 때의 시점을 나타낸다. 이러한 작업은 시간 표시 막대만 채운다.
- 가시성 작업, 켜기/끄기는 시간 표시 막대만 채운다.
- 단일 구성요소에 대한 여러 미세조정을 나타낸다. 스토리보드 패널 노드를 확장하면 편집할 수 있게 미세조정이 표시된다.

⑫ 시간 표시 막대 재생 컨트롤을 사용하여 애니메이션을 앞으로 또는 뒤로 미리 볼 수 있다. 개별 스토리보드 또는 모든 스토리보드를 재생할 수 있다.

⑬ 플레이 헤드가 애니메이션의 현재 시간 위치를 표시한다. 시간 표시 막대의 임의 위치를 클릭하여 플레이 헤드를 해당 시간으로 이동하거나 플레이 헤드를 다른 시간으로 끌 수 있다.

⑭ 시간 표시 막대 축척을 사용하여 시간 표시 막대 증분을 줌 확대/축소한다. 시간 표시 막대를 확장 또는 축소할 수 있다.

⑮ 그래픽 창에는 시간 표시 막대 또는 편집된 스냅샷 뷰의 플레이 헤드 위치에 해당하는 모형 모양 및 카메라 위치가 표시된다.

6.1.2 구성요소 바로가기 메뉴

하나의 조립품으로부터 프리젠테이션 뷰를 만들면, 그 조립품을 위해 검색기에 노드가 생성된다. 조립품의 노드를 확장하면 조립품을 형성하는 각각의 구성요소에 접속할 수 있도록 해준다. 검색기나 그래픽 창에서 구성요소를 마우스 오른쪽 클릭하면 그 구성요소에 대한 편집 옵션을 가진 바로 가기 메뉴를 보여준다.

왼쪽 그림은 미세조정이 없는 구성요소를 보여주고, 오른쪽 그림은 구성요소 미세조정을 보여준다.

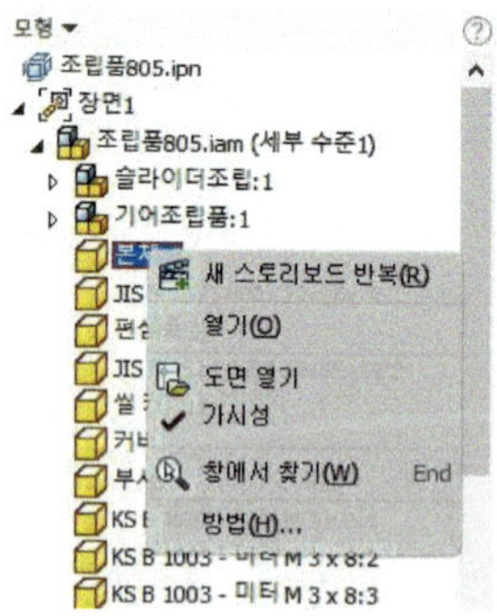

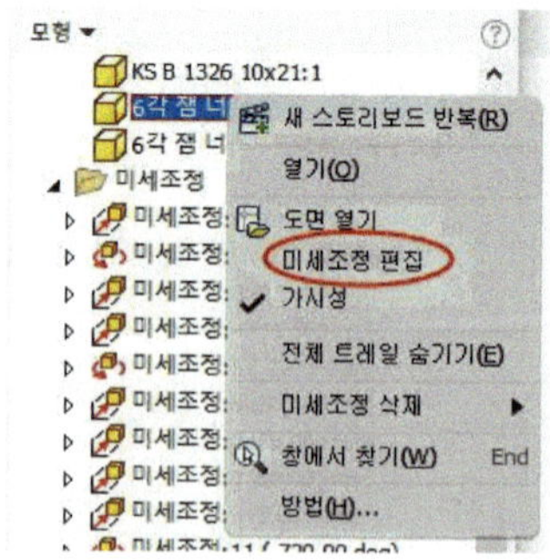

ⓐ **열기** : 분리된 창에 구성요소를 연다.

ⓑ **가시성** : 활동하는 프리젠테이션 뷰에 구성요소의 가시성을 정한다.

ⓒ **구성요소 미세조정** : 구성요소 미세조정 대화 상자를 연다.

ⓓ **미세조정 삭제** : 선택된 구성요소에서 미세조정을 지운다. (미세조정을 가진 경우에만)

ⓔ **트레일 추가** : 선택된 구성요소에 트레일을 추가하여 구성요소가 움직이는 경로를 보여준다. (미세조정을 가진 경우에만)

ⓕ **트레일 숨기기** : 선택된 구성요소에서 트레일을 숨긴다. (미세조정과 트레일을 가진 경우에만)

ⓖ **카메라 저장** : 현재 뷰의 방향과 확대도를 프리젠테이션 뷰에 저장한다. 프리젠테이션 뷰가 도면 뷰로 되기 위해 선택될 때 이 저장된 카메라는 방향으로 이용 된다.

6.1.3 미세조정 바로 가기 메뉴

미세조정이 하나의 구성요소를 위해 만들어 지면, 그 구성요소 아래 모델 검색기에 노드로 저장된다. 미세조정을 선택하면, 편집 상자가 검색기 하단에 열리고 미세조정을 편집할 수 있다. 미세조정을 마우스 오른쪽 클릭하면, 미세조정을 제거하거나 트레일의 가시성을 끌 수 있는 옵션을 가진 바로 가기 메뉴가 열린다.

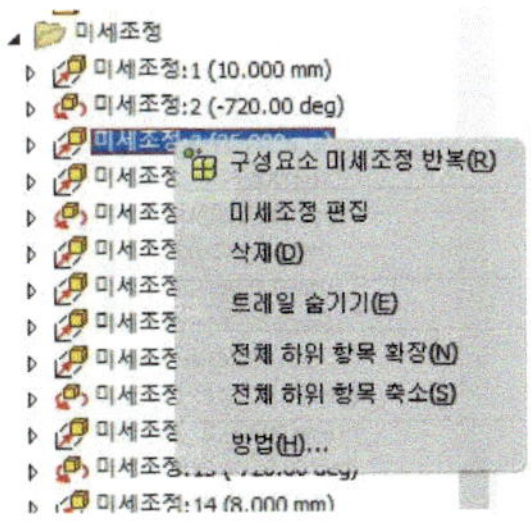

6.2 프리젠테이션 뷰 생성

6.2.1 프리젠테이션 뷰

프리젠테이션 탭 ⇨ 모형삽입을 클릭한다.

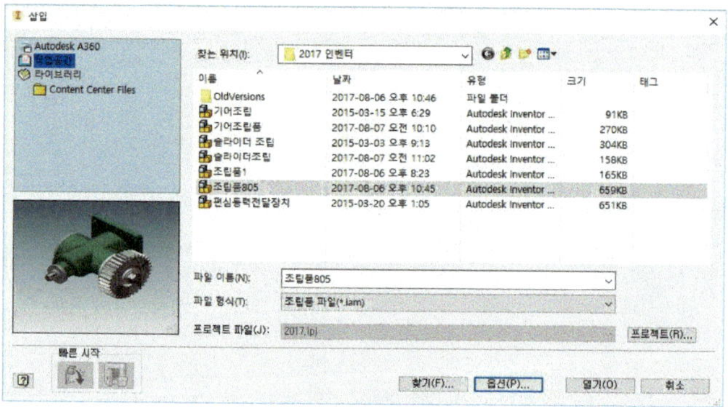

만약 옵션 버튼이 선택되면 파일 열기 옵션 대화 상자에서 원하는 설계 뷰, 위치, 사용할 세부 수준 표현을 선택한다.

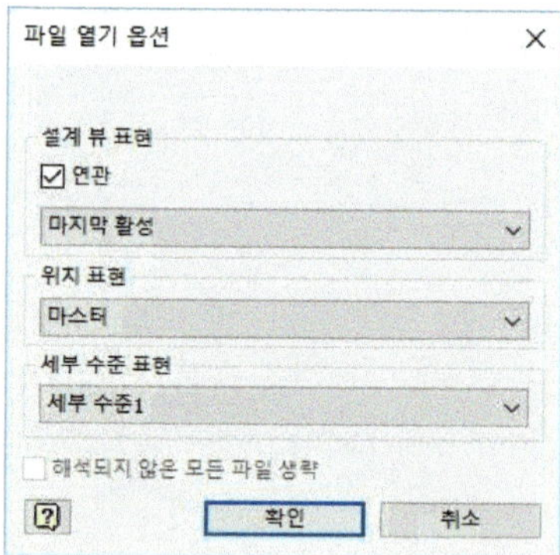

- **설계 뷰 표현** : 화살표를 클릭하여 설계 뷰를 선택한다. 마지막 활성 문서, 마스터, 전체 표시 및 모두 표시 안 함과 같은 기본 설계 뷰를 사용할 수 있다.
- **위치 표현** : 화살표를 클릭하여 파일을 지정된 위치 표현과 함께 연다. 표현에는 비활성화 되어 있는 일부 구성요소의 가시성, 유동 구성요소의 변동 위치 및 기타 표시 속성이 포함될 수 있다.

- **세부 수준 표현** : 파일을 지정된 세부 수준 표현과 함께 열 수 있다. 표현에는 억제되고 경계 상자로 표현된 일부 구성요소의 가시성 및 메모리 소비량을 줄이는 기타 속성이 포함될 수 있다.

6.2.2 구성요소 미세 조정

가. 미세조정 작성 

프리젠테이션 뷰를 만든 후, 아마도 분해도 속의 새로운 위치로 구성요소를 옮기기 위해 구성요소에 미세조정을 추가할 필요가 있다. 구성요소 미세 조정을 이용하여 어느 방향으로든지 구성요소를 옮기거나 회전시킬 수 있다.

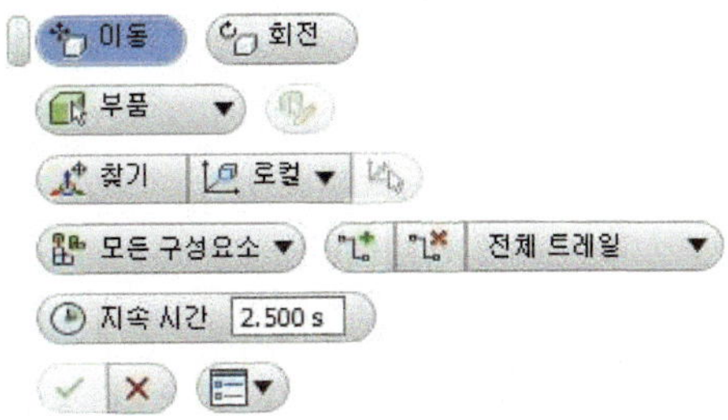

- **방향**

  그래픽 창에서 구성요소를 선택한다. 구성요소 로컬 UCS를 사용하여 미세조정 트라이어드를 표시한다 . 표준(프리젠테이션) UCS을 사용할지 다른 방향을 정의하려면 찾기를 클릭하고 면 또는 모서리를 선택하여 벡터를 재정의할 수 있다.

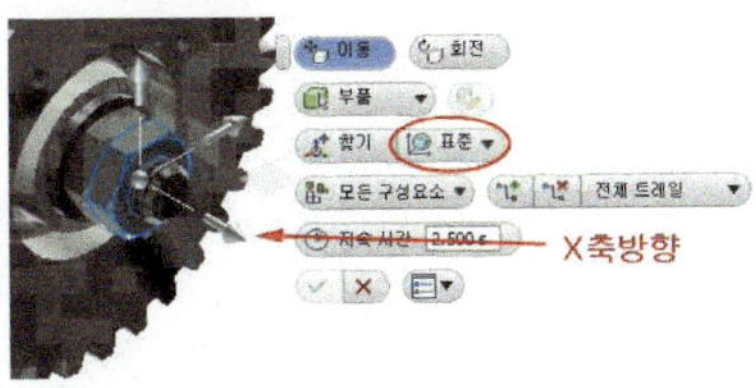

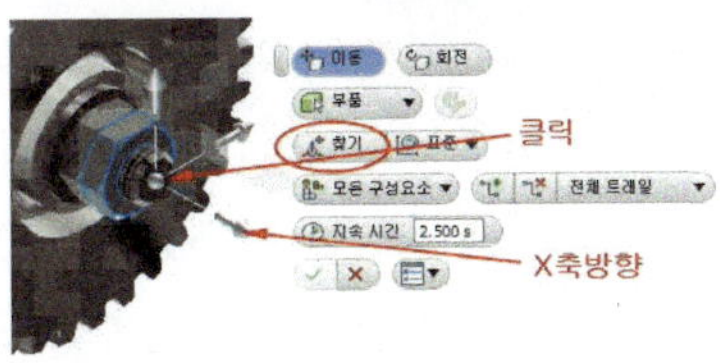

- 구성요소

  구성요소 버튼을 클릭하여 미세조정 할 구성요소를 선택한다. 실수로 다른 구성요소를 선택했다면 CTRL 키를 눌러서 선택을 지우고 다시 구성요소를 선택할 수 있다.

- 트라이어드 조작기

  트라이어드 조작기 및 미니 도구막대를 사용하여 선택한 구성요소를 미세조정 할 수 있다.

  - 선택한 구성요소를 원하는 위치로 이동 하거나 회전 하려면 트라이어드 화살표, 평면, 섹터 또는 원점을 끈다.
  - 정확한 미세조정 거리 또는 각도를 지정하려면 미니 도구막대에서 편집 상자에 값을 입력한다.
  - 현재 미세조정에 포함된 구성요소 유형을 변경하려면 부품 또는 구성요소를 클릭한다.

  선택된 구성요소를 끌어 구성요소 추가/제거 명령을 활성화한 후 (구성요소 추가/제거)을 클릭하고 추가 구성요소를 선택하거나 구성요소를 제거하려면 Ctrl 키를 누른 채로 클릭하여 제거할 구성요소를 선택한다.

나. 미세조정 편집

개별 미세조정 또는 여러 미세조정을 동시에 편집할 수 있다

- 미니도구 막대를 사용한 미세조정 편집

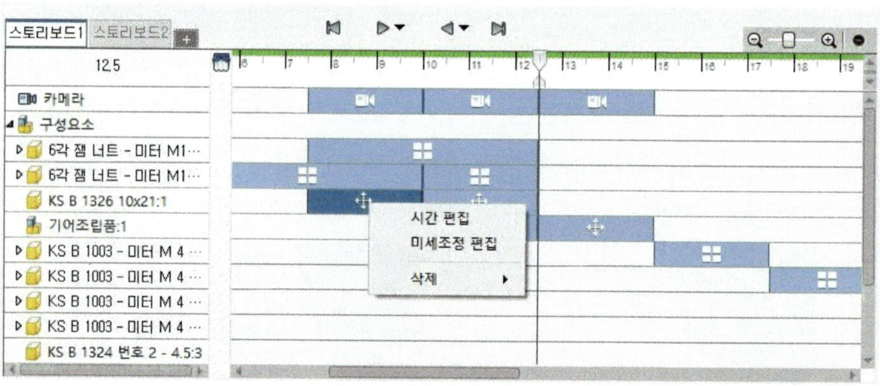

  - 스토리보드 시간 표시 막대에서 미세조정을 마우스 오른쪽 버튼으로 클릭하고 이동하거나 회전한다.
  - 그래픽 창에서 편집하려는 미세조정에 속하는 트레일 선을 마우스 오른쪽 버튼으로 클릭한다.
  - 검색기에서 미세조정 폴더를 확장하여 미세조정 리스트를 표시한다. 미세조정을 마우스 오른쪽 버튼으로 클릭한다.

● 미세조정 미니 도구막대

- 미세조정 거리 및 각도
- 미세조정에 포함되는 구성요소 추가 또는 제거
- 다른 트레일 선 옵션을 선택하여 트레일 선 추가 또는 제거

※ 그래픽 창에서 트레일 선의 끝점을 끌어 미세조정 거리나 각도를 직접 변경한다. 미세조정 그룹에 포함된 미세조정의 경우 그룹의 모든 미세조정에 새 거리 또는 강도가 적용된다.

● 미세조정 삭제

미세조정을 삭제하여 포함된 모든 구성요소에 영향을 줄 수도 있고, 완전히 제거할 수도 있다.

- 모형 검색기에서 미세조정 노드를 오른쪽 버튼으로 클릭하고 삭제를 클릭한다.
- 스토리 보드 패널에서 구성요소를 마우스 오른쪽 버튼으로 클릭하고 삭제를 클릭한다. 모든 미세조정이 삭제되고 구성요소가 원래 위치로 돌아간다.
- 스토리보드의 시간표시 막대에서  또는 을 마우스 오른쪽 버튼으로 클릭하고 삭제를 선택한다.

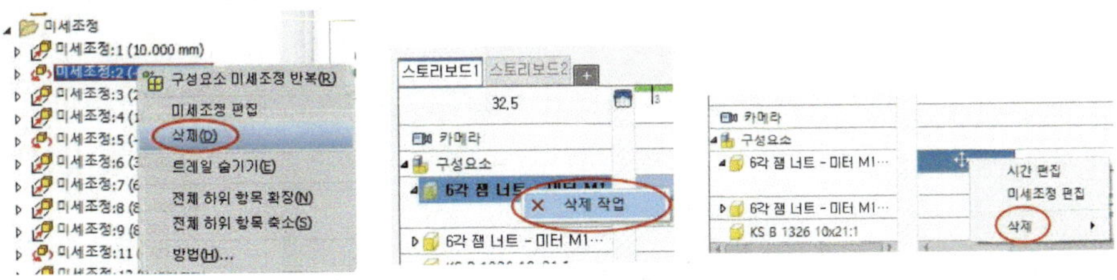

다. 트레일

트레일은 미세조정 경로 및 값을 거리 또는 각도로 가시적으로 표현한 것이다. 미세조정 작업이 기록될 때 생성되며 즉시 표현하거나 나중에 선택적으로 표시할 수 있다.

- 트레일 생성 및 편집

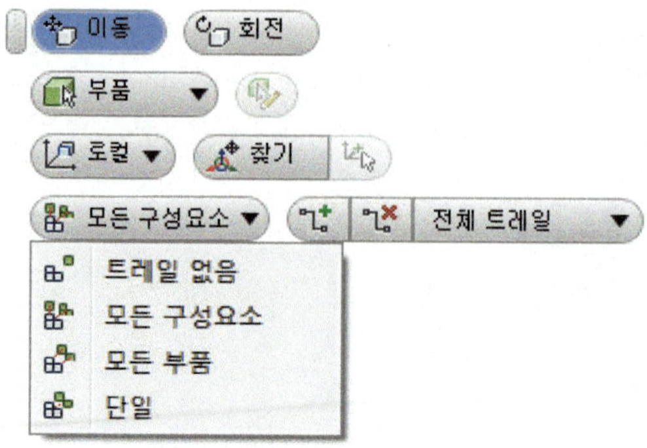

※ 기본적으로 선택된 첫 번째 구성요서에 단일 트레일을 적용하고 다른 구성요소에 대한 트레일을 표시하려면 트레일 추가를 클릭하고 트레일 원점 위치를 선택한다. 기본 트레일을 제거하려면 트레일 삭제를 사용한다.

- 트레일
  - 트레일 가시성 수정 : 모형검색기에서 미세조정 노드 오른쪽 버튼으로 클릭
  - 트레일 표시 또는 트레일 숨기기
  - 그래픽 화면 표시에서 마우스 오른쪽 버튼으로 클릭하고 트레일 세그먼트 숨기기 선택

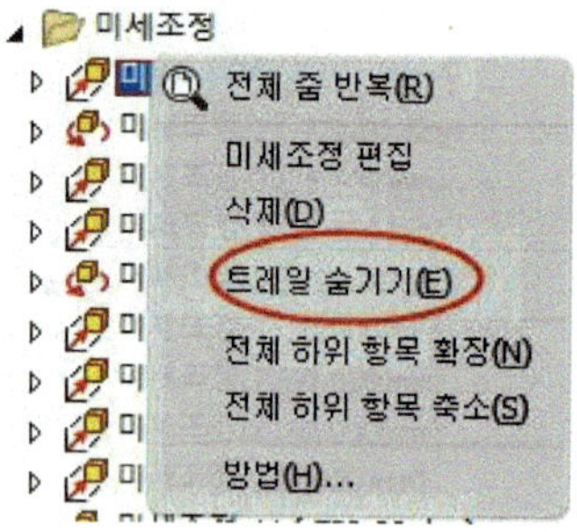

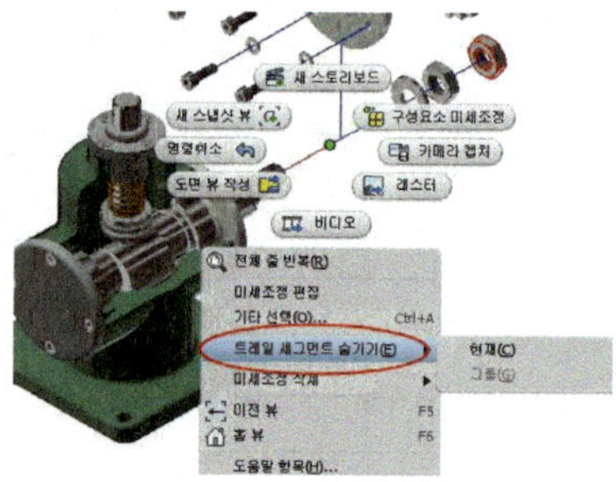

  - 트레일 거리 수정 : 그래픽 화면표시에서 트레일을 선택하고 미세조정 편집를 클릭하고 거리 수정한다.

6.2.3 프레젠테이션 스토리보드

애니메이션은 하나 이상의 스토리보드 시간 표시 막대에 정렬된 작업으로 구성된다. 애니메이션은 비디오를 게시하거나 스냅샷 뷰의 순서를 작성하는 데 사용된다. 구성요소 이동 또는 회전, 구성요소 가시성 또는 불투명도 변경, 카메라 위치 변경 등의 작업을 작성할 수 있다. 스토리보드 시간표시 막대의 플레이 레드 위치에 작업이 추가 된다.

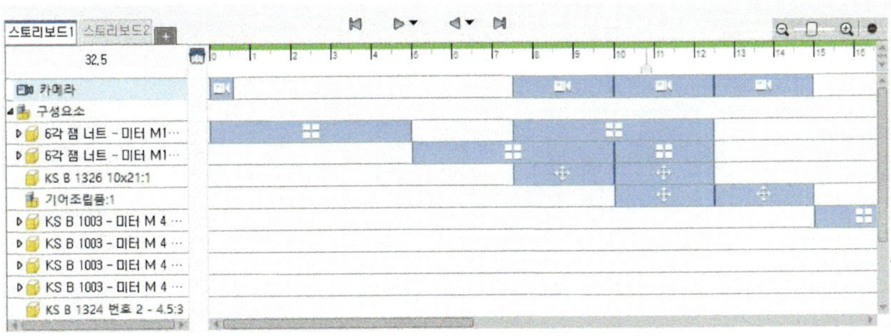

가. 사전 애니메이션 설정

작업을 기록하지 않고 모형 및 카메라의 초기 상태를 설정하려면 플레이 헤드를 스크래치영역으로 끌거나 스크래치 영역 아이콘을 클릭한다.

- 구성요소에 대한 가시성을 변경하려면 그패픽 창 또는 검색기에서 구성요소를 선택하고 마우스 오른쪽 버튼을 클릭한 후 가시성을 클릭한다.
- 구성요소에 대한 불투명도를 변경하려면 그래픽 창 또는 검색기에서 구성요소를 선택하고 불투명도를 클릭한다. 그런 다음 불투명도 미니 도구막대를 사용하여 불투명도 값을 지정한다.

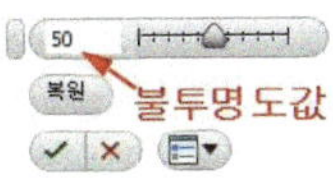

- 카메라 위치를 변경하려면 ViewCube 또는 다른 탐색 도구를 사용하여 카메라 설정을 변경한다. 그런 다음 리본에서 프리젠테이션 탭 ⇨ 카메라 패널 ⇨ 카메라 캡처를 클릭한다.

나. 스토리보드 시간 표시 막대에 작업추가

스토리보드 시간 표시 막대에 작업을 기록하려면 플레이 헤드를 시간 표시 막대의 원하는 위치로 이동한다.

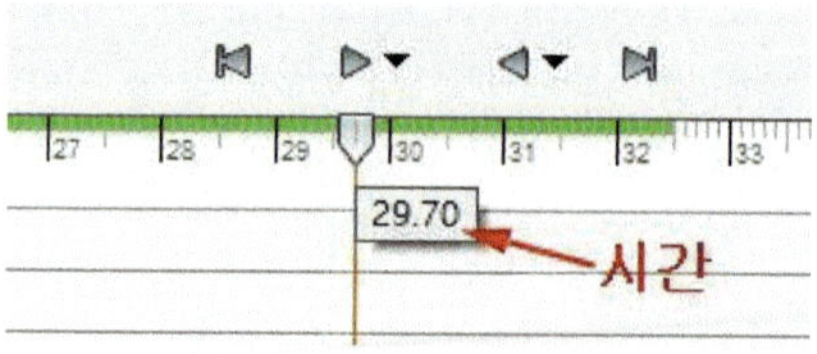

6.2.4 스냅샷 뷰 작성

스냅샷뷰는 구성요소 위치, 가시성. 불투명도 및 카메라 설정을 저장한다. 독립적이거나 스토리보드 시간 표시 막대와 연결되어 있으며 스냅샷 뷰를 사용하여 인벤터 모형에 대한 도면 뷰 또는 래스터 이미지를 작성할 수 있다

가. 시간 표시 막대에 링크된 스냅샷 뷰

스토리보드를 작성하여 스냅샷 뷰 설정을 저장한다. 모형 및 카메라를 정렬하고 시간 표시 막대 맨 끝에 스냅샷 뷰를 작성한다. 또는 모형을 애니메이션으로 작성하고 애니메이션 단계를 보여주는 스냅샷 뷰 순서를 작성한다.

① 구성요소를 이동 또는 회전하고, 구성요소 가시성 및 불투명도를 설정하고, 카메라 위치를 변경하여 원하는 모형 정렬을 설정한다.
② 원하는 모형 및 뷰가 준비되면 리본에서 프리젠테이션 탭 ⇨ 워크샵 패널 ⇨ 새 스냅샷 뷰 를 클릭한다.

애니메이션 시간 표시 막대 끝에 연결된 스냅샷 뷰가 작성된다.

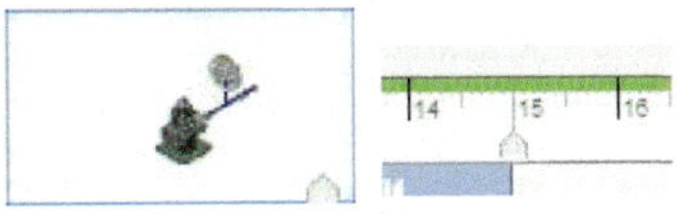

스냅샷 뷰 패널에서 스냅샷 뷰를 선택하면 스토리보드에서 해당 스냅샷 뷰 표시가 강조 표시된다.

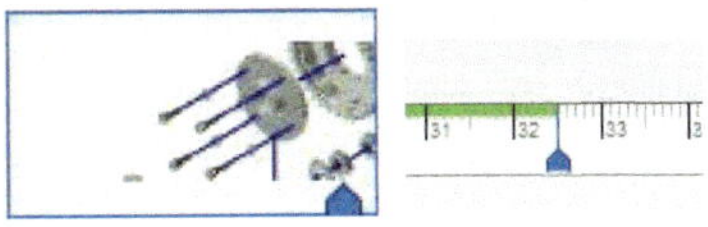

스냅샷 뷰 표식 위로 커서를 가져가면 스냅샷 뷰의 이름이 표시된다.

스토리보드에서 편집한 사항이 링크된 스냅샷 뷰에 영향을 미칠 경우 스냅샷 뷰에 업데이트 아이콘이 표시된다. 이 아이콘은 애니메이션 및 스냅샷 뷰가 동기화되지 않았음을 나타낸다. 업데이트 아이콘을 클릭하면 링크된 스냅샷 뷰가 스토리보드의 편집 내용으로 업데이트된다.

6.2.5 도면뷰 작성

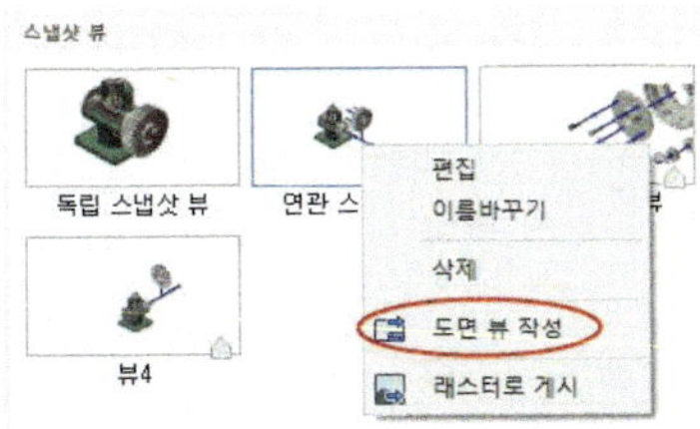

① 스냅샷 뷰 패널에서 뷰를 마우스 오른쪽 버튼으로 클릭하고 도면 뷰 작성을 클릭

② 도면 템플릿 대화상자에서 도면 파일을 작성하는데 사용할 도면 템플릿을 선태하고 확인을 클릭한다.

도면이 열리고 도면 뷰 대화상자에서 IPN 파일 및 스냅샷 뷰가 미리 선택된 상태로 표시된다. 도면 뷰의 미리보기가 그래픽 창에 표시된다.

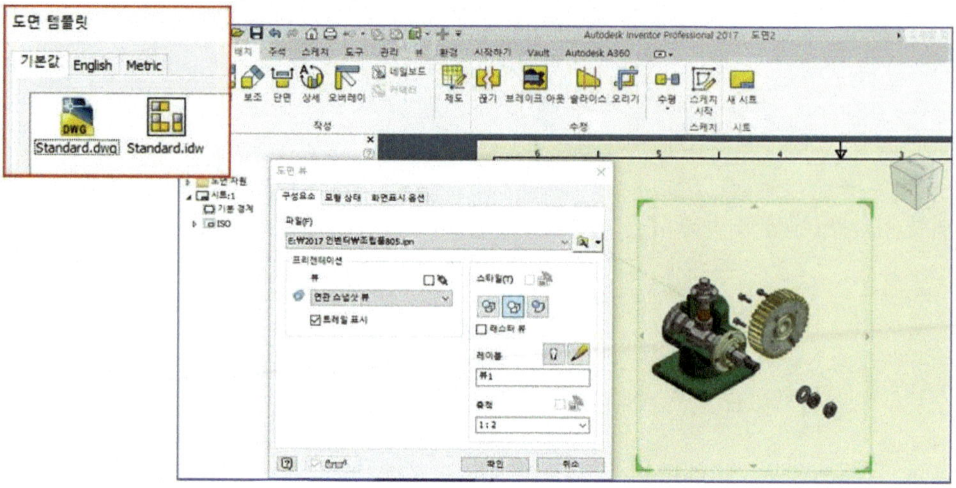

6.2.6 비디오로 게시

리본에서 프리젠테이션 탭 ⇨ 게시 패널 ⇨ 비디오를 클릭한다.

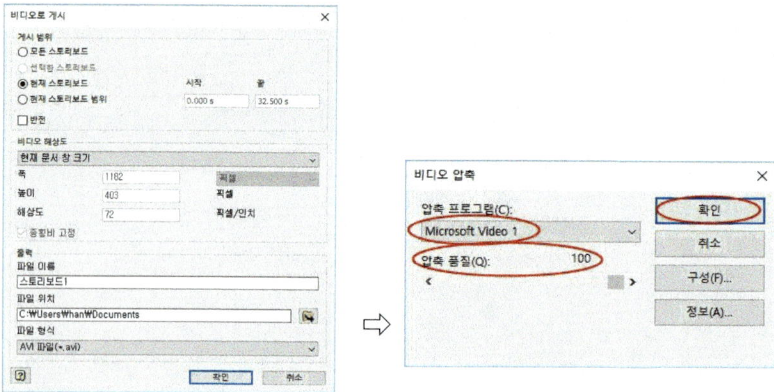

- 게시범위
  - 모든 스토리보드, 현재 스토리보드 또는 현재 스토리보드 범위를 선택한다. 범위에 대해 게시 시간 간격을 지정한다.
  - 반전: 비디오를 거꾸로(끝에서 시작으로 게시)
- 비디오 해상도 : 비디오 출력 창의 미리 정의된 크기를 선택한다. 또는 사용자를 선택하고 사용자 폭 및 높이를 지정할 수 있다.
- 출력 : 출력파일 이름을 입력한 후 파일을 저장할 폴더를 지정한다.

6.2.7 래스터 이미지로 게시 

스냅샷 뷰를 BM,P, GIF, JPEF, PNG 또는 TIFF 이미지에 게시할 수 있다.
뷰탭의 모양 패널에서 이미지에 적용될 비주얼 스타일을 선택하고 진행한다.

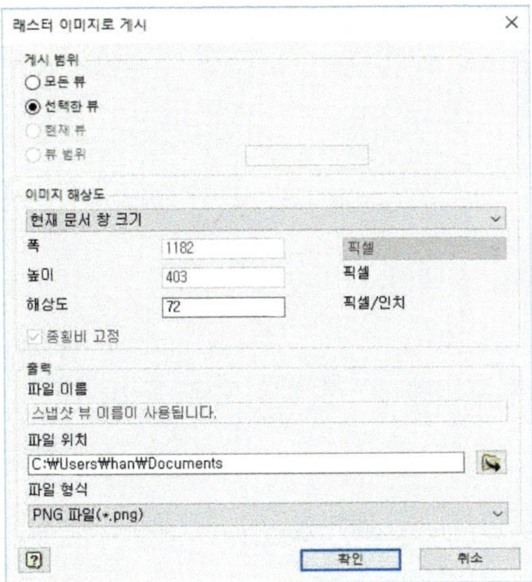

- 게시범위
  - 모든뷰 : IPN 파일에서 사용할 수 있는 모든 스냅샷 뷰를 게시한다.
  - 선택된뷰 : 스냅샷 뷰 패널에서 선택한 뷰를 게시한다.
  - 현재뷰 : 뷰 편집 모드에서 스냅샷 뷰를 게시한다.
- 이미지해상도 : 미리 정의된 이미지 크기를 선택한다. 또는 사용자를 선택하고 리스트에서 단위를 선택한 후 사용자 폭 및 높이를 지정한다.
- 출력 : 파일이 저장될 위치 및 파일 형식을 지정한다.
- 투명배경 옵션이 지원된다. (JPG및GIF 형식 제외)

6.3 프리젠테이션 시작하기

6.3.1 모형삽입

01 파일에서 새로 만들기( )를 선택한다.

02 [Standard.ipn]을 선택하면 프리젠테이션 환경으로 들어간다.

03 프리젠테이션 탭 ⇨ 모형삽입을 클릭한다.

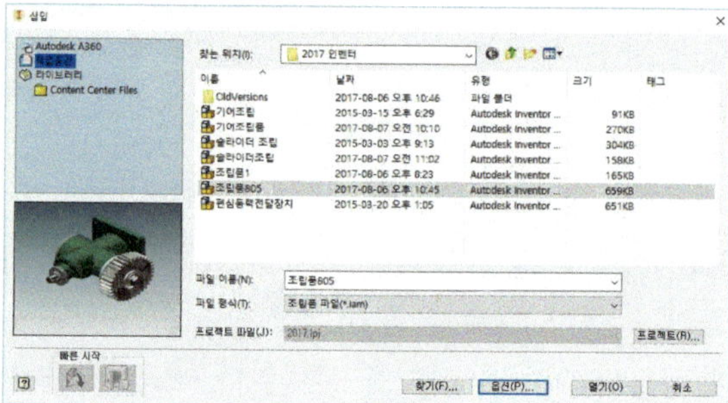

04 스토리보드의 플레이 헤드를 스크래치영역으로 끌어서 모형 및 카메라의 초기 상태를 설정한다. 스토리보드 시간 표시 막대에 모형 및 카메라의 변환 상태를 설정한다.

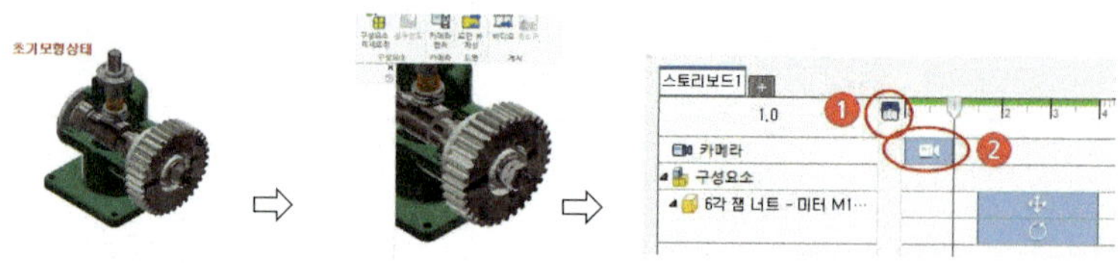

05 리본 : 프리젠테이션 탭 ⇨ 구성요소 패널 ⇨ 구성요소 미세조정 구성요소 미세조정

구성요소 미세조정을 클릭하여 실행하면 아래의 창이 나타난다.

06 부품 ▼는 분해시킬 부품을 지정하는 옵션으로 6각 잼 너트를 선택한다.

07 변환은 이동으로 방향은 표준의 X로 설정한다. 분해 거리를 8을 입력하고 적용(✔)을 클릭한다.

08 구성요소 미세조정 ⇨ 부품 ▼ ⇨ 6각 잼 너트를 선택한다. 변환은 회전으로 방향은 표준의 X로 설정한다. 회전각도를 -720˚을 입력하고 적용(✔)을 클릭한다.

09 스토리보드의 시간표시 막대에서 [이동] 또는 [회전]을 마우스 왼쪽 버튼으로 클릭하고 이동하여 편집한다.

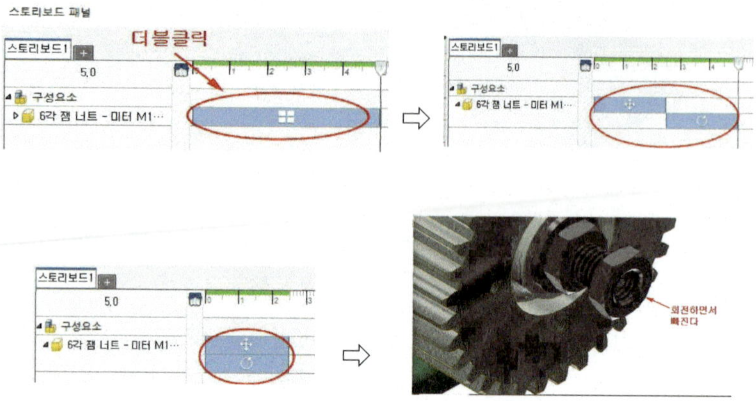

10 구성요소 미세조정 ⇨ 부품 ⇨ 6각 잼 너트를 선택한다.

11 변환은 이동으로 방향은 표준의 X로 설정한다. 이동 거리를 40을 입력하고 적용(✔)을 클릭한다.

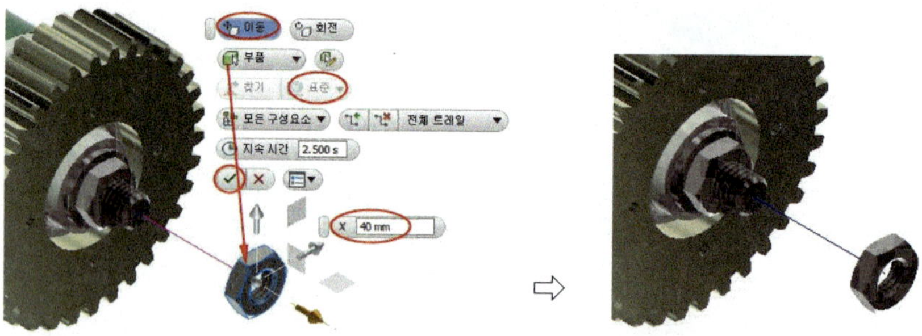

12 나머지 부품들도 조립과 분해의 순서대로 사용자가 작성한다.

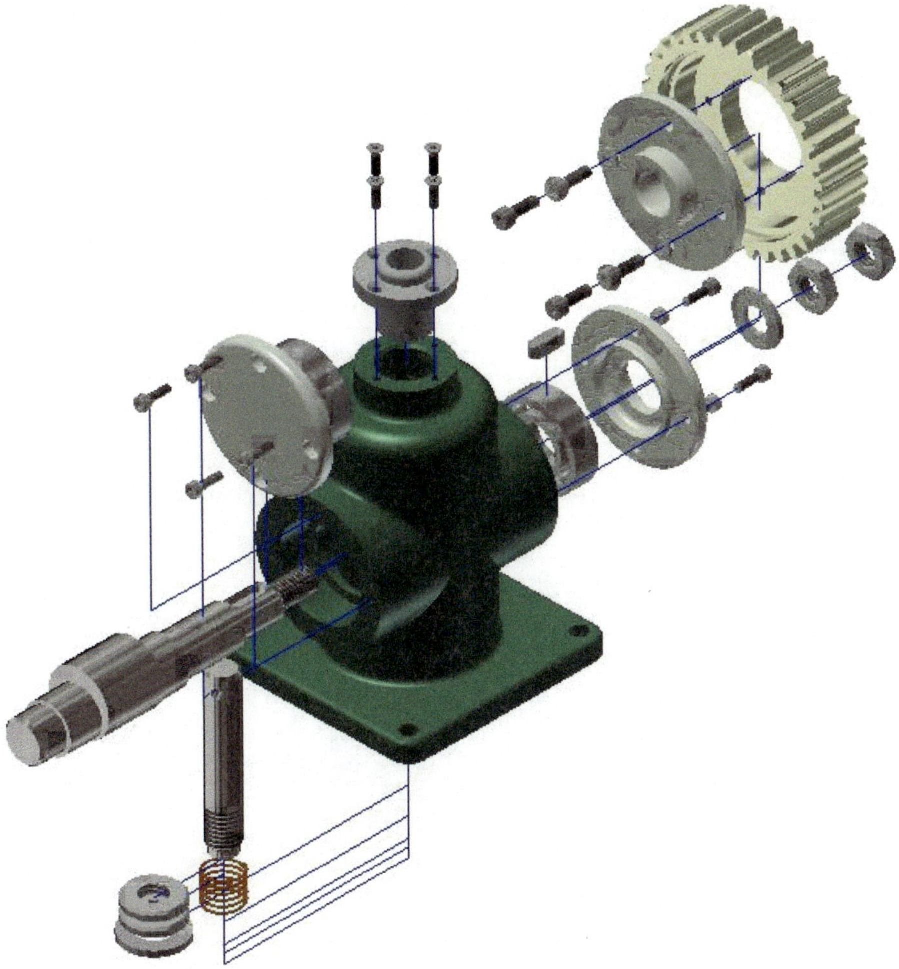

13 스토리보드 시간 표시 막대에 플레이 헤드를 시간 표시 막대의 원하는 위치로 이동하여 구성요소 작업의 시작 또는 종료시간과 카메라 작업의 시간을 편집한다. 구성요소 미세조정 또는 카메라 설정을 편집한다.

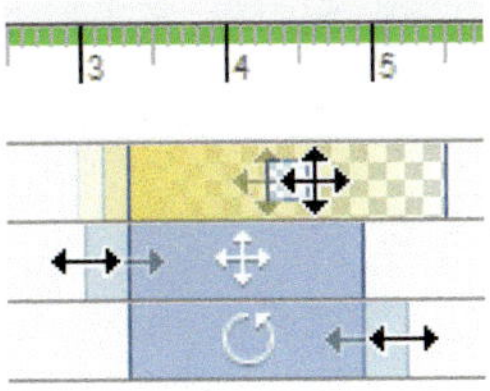

14 동작에서 앞으로, 뒤로 재생 버튼을 클릭하여 분해, 조립 과정을 확인한다.

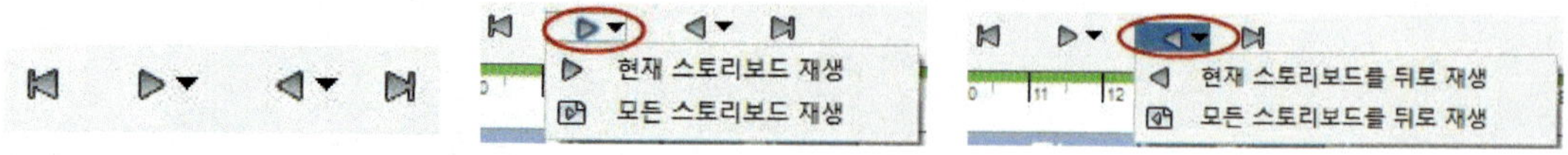

- 스토리보드 시작으로 이동
- 스토리보드 끝으로 이동

15 스토리보드 시간 표시 막대에서 애니메이션 순서를 이동 버튼을 클릭하여 분해, 조립 과정을 재설정할 수 있다.

16 동영상 제작을 위해 리본에서 프리젠테이션 탭 ⇨ 게시 패널 ⇨ 비디오를 클릭한다.

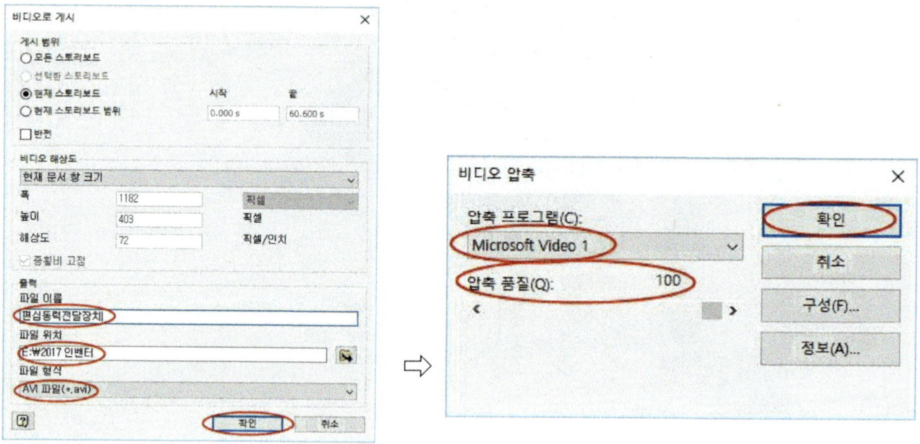

17 저장시킬 파일이름과 위치 및 파일형식(avi)을 입력하고, 확인을 클릭한다.

18 확인을 클릭하면 비디오 게시 대화상자가 실행되면서 녹화가 시작된다.

19 비디오 게시 대화상자가 실행이 끝나면 확인를 클릭하고 닫는다.

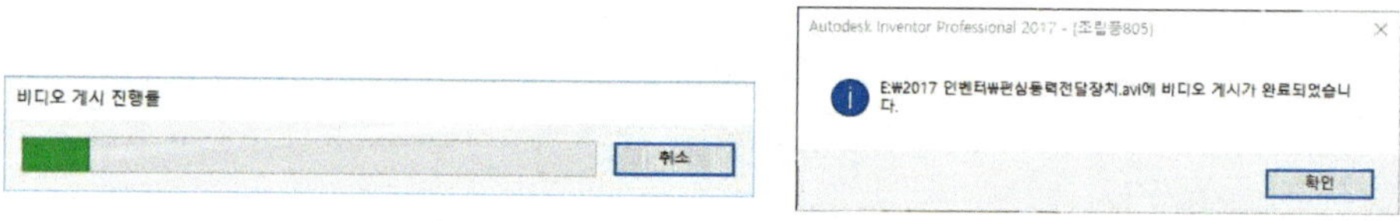

20 저장된 동영상 파일(편심동력전달장치.avi)를 실행한다.

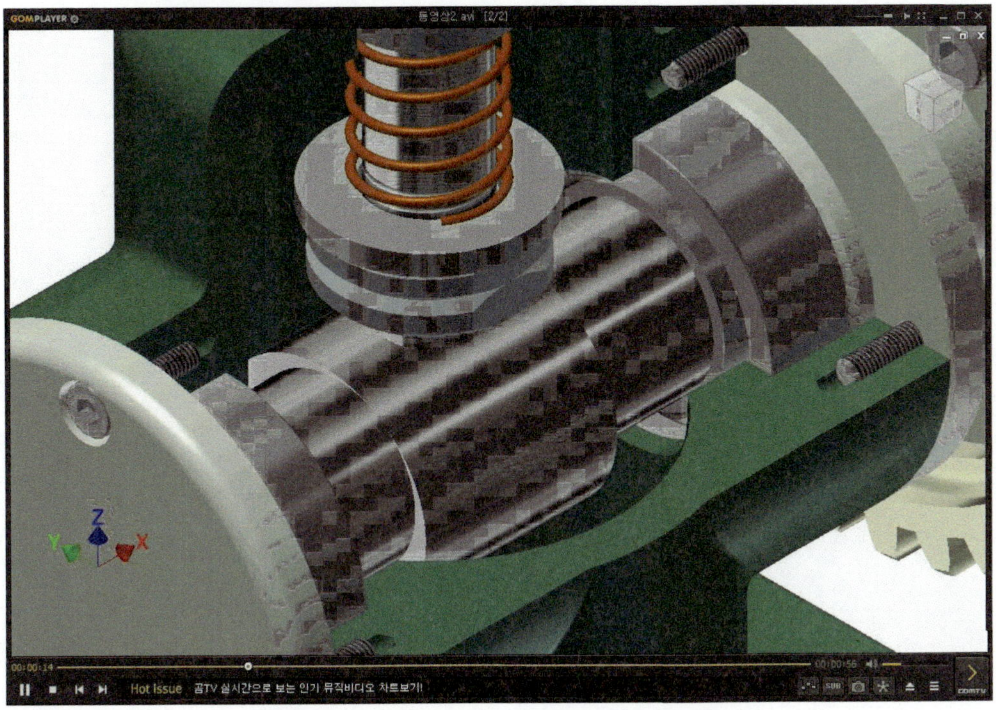

Chapter

07

편심 동력 전달 장치

도면 작성하기

00 Inventor 시작하기

01 바탕화면에 있는 Inventor2017( )를 실행한다.

02 시작하기에서 새로 만들기를 클릭한다.

03 Standard.idw을 선택하고, 확인을 클릭하여 도면 작성을 시작한다.

04 도면 환경이 나타난다.

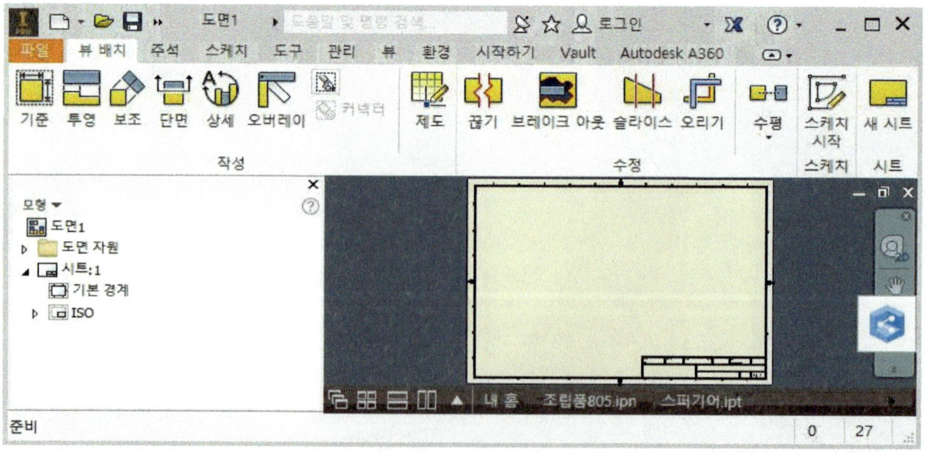

7.1 도면 환경 설정하기

7.1.1 기본 설정 변경하기 -각법, 경계, 표제란 작성

01 관리 탭의 스타일 편집기를 클릭하여 실행한다.

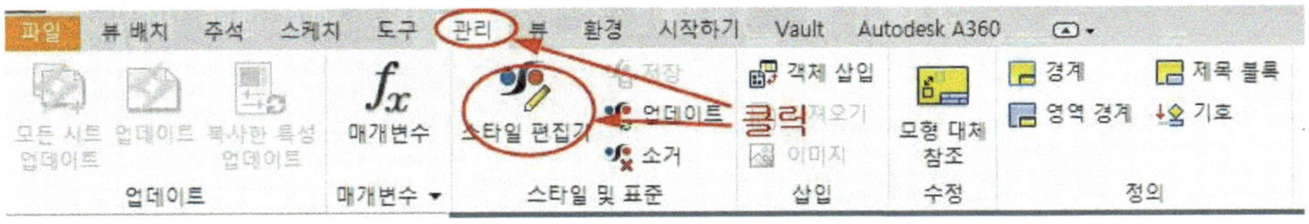

02 기본 표준(ISO)의 뷰 기본 설정에서 투영 유형을 삼각법으로 설정한다. 저장과 종료 버튼을 클릭한다.

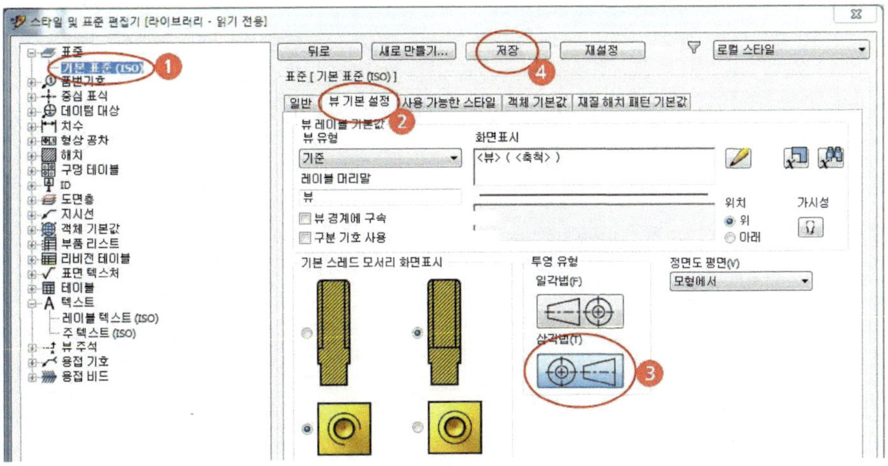

03 검색기의 시트:1에서 마우스 오른쪽 버튼을 이용하여 시트 편집을 클릭한다.

04 시트(도면) 크기를 A2로 변경하고, 확인을 클릭한다.

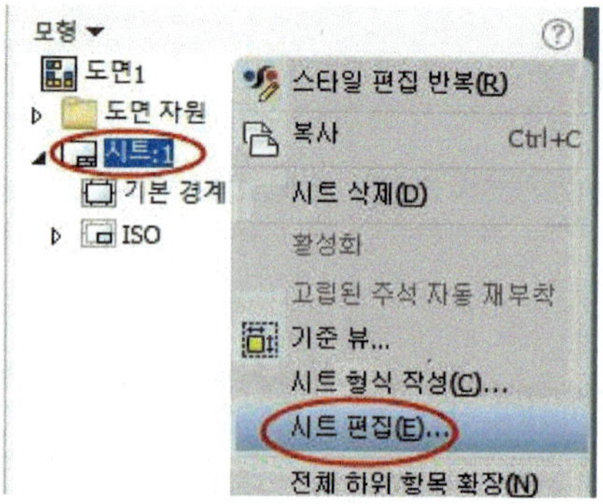

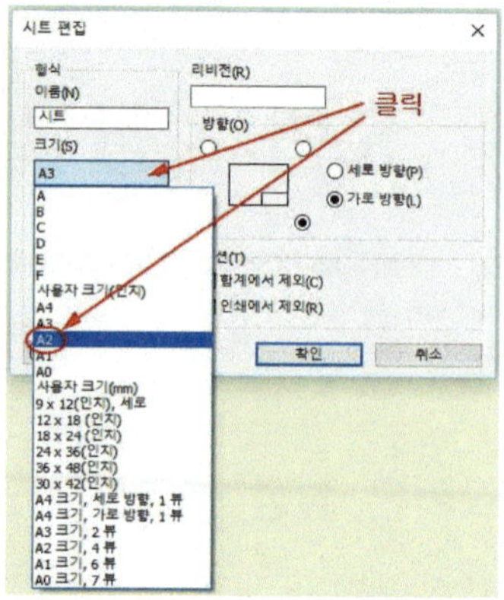

05 검색기의 ISO를 마우스 오른쪽 버튼을 이용하여 삭제를 한다. -표제란(제목블록) 삭제

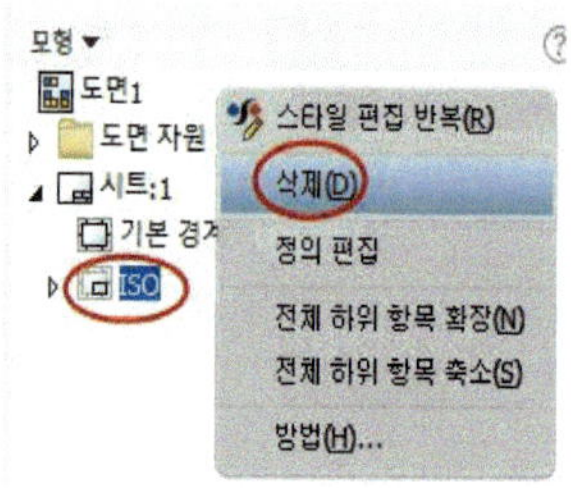

06 검색기의 기본 경계도 삭제를 한다. -도면 경계(테두리) 삭제

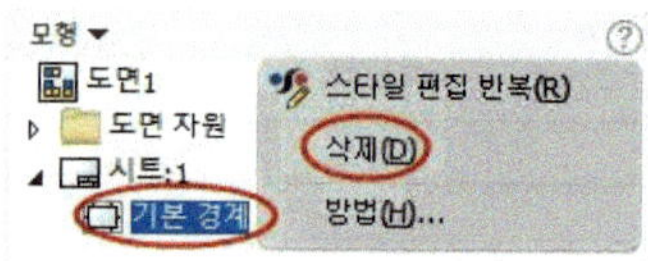

07 검색기 도면 자원 아래에 있는 경계에서 마우스 오른쪽 버튼을 이용하여 새 경계 정의를 클릭한다.
-사용자가 테두리를 직접 작성한다.

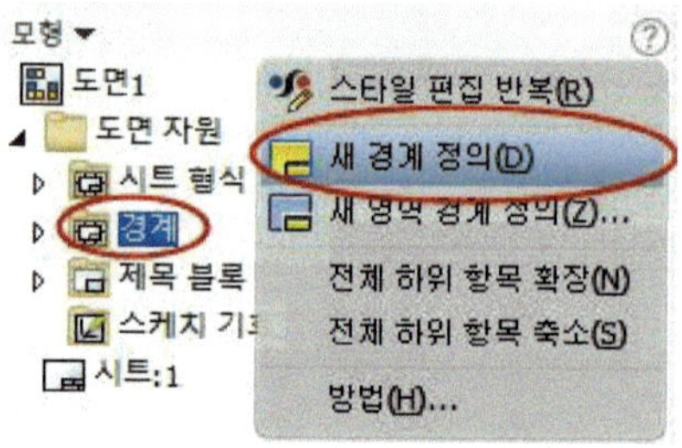

08 직사각형( )으로 도면 테두리를 그리고, 치수 10을 입력하여 여백을 설정한다.

09 선( )으로 중심마크를 작성한다.

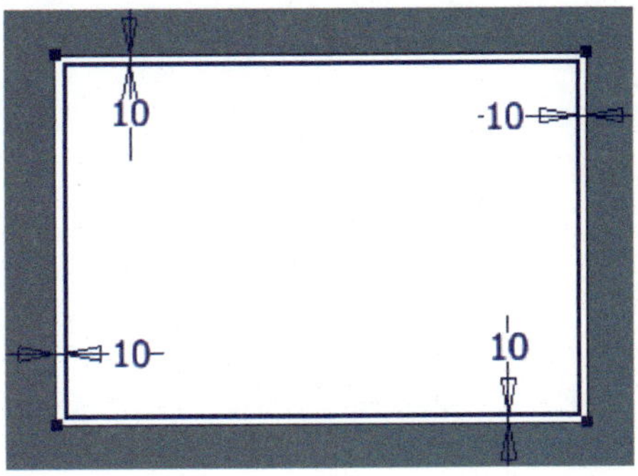

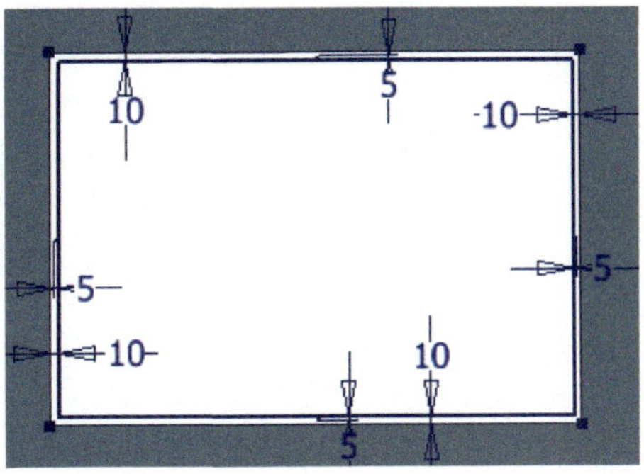

10 계속해서 선과 치수를 이용하여 왼쪽 상단부에 수검란을 작성한다.

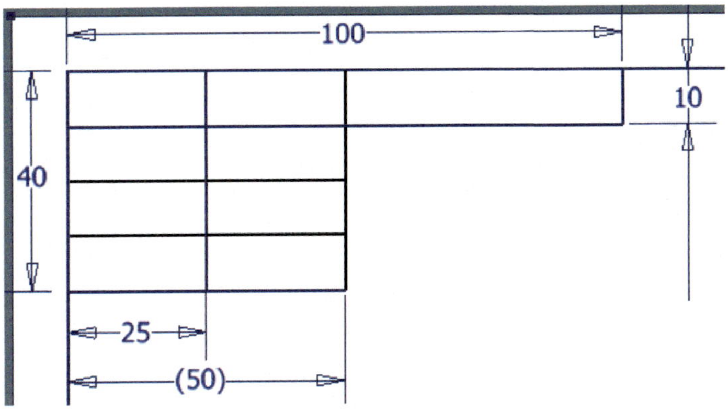

11 텍스트(**A**)를 이용하여 문자가 들어갈 두 구석을 드래그를 하여 지정한다.

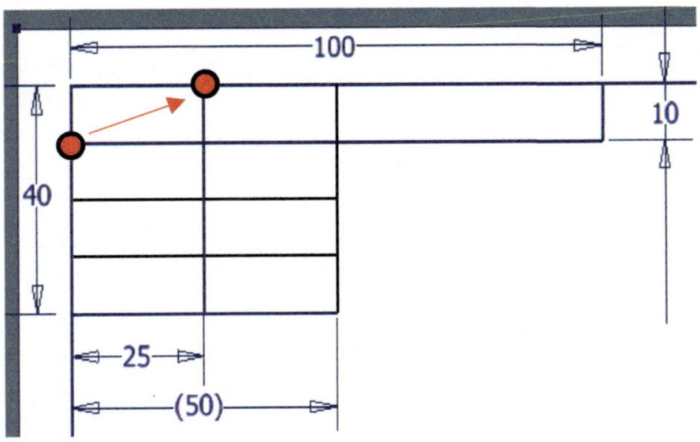

12 중심/중간 자리 맞추기, 크기 : 3.15로 문자를 입력하고, 확인을 클릭한다.

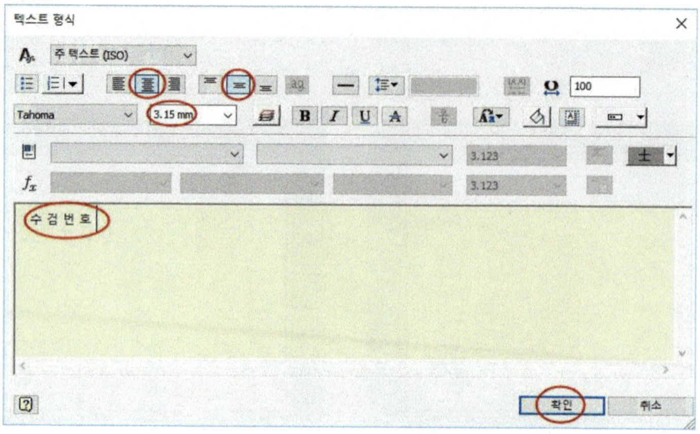

13 문자가 입력되었다.

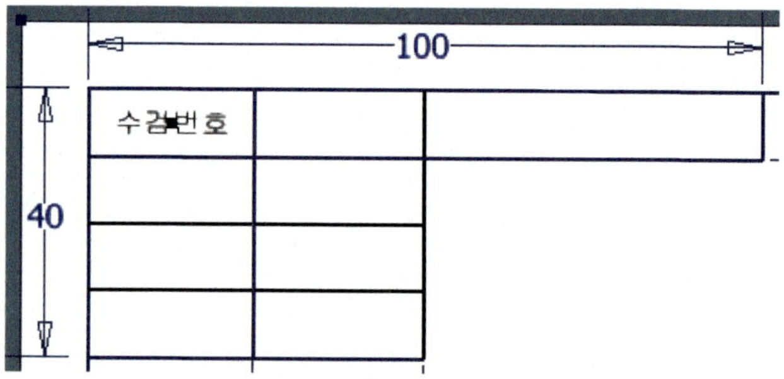

14 나머지 부분도 수검란에 맞게 텍스트 기능으로 문자를 입력한다.

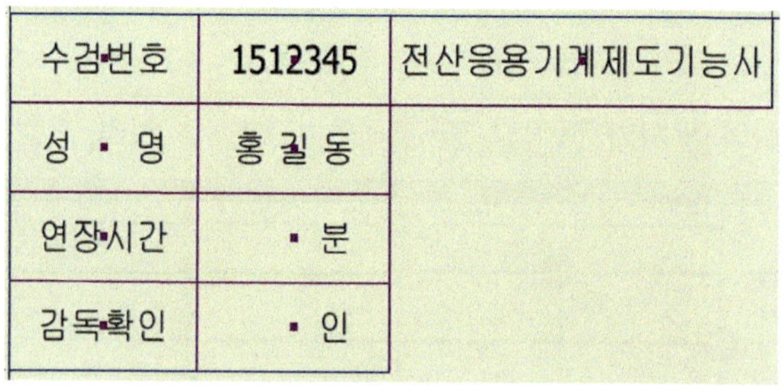

15 도면경계, 수검란을 작성하였다면 스케치 마무리를 클릭한다. 경계에 대한 이름을 입력하고, 저장을 클릭한다.

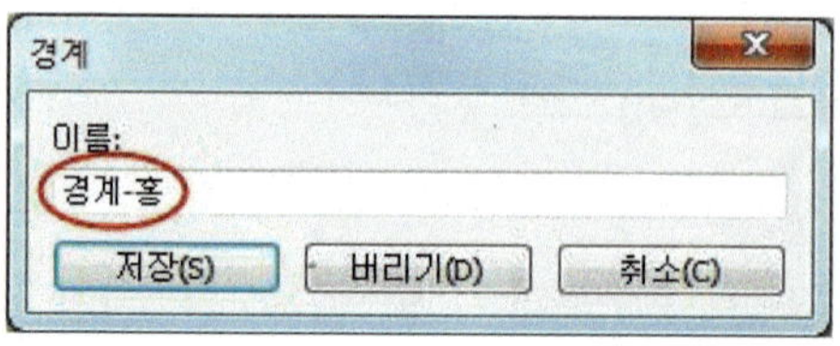

16 검색기의 경계 밑에 작성한 경계가 나타남을 볼 수 있고, 마우스 오른쪽 버튼을 이용하여 삽입을 클릭한다.

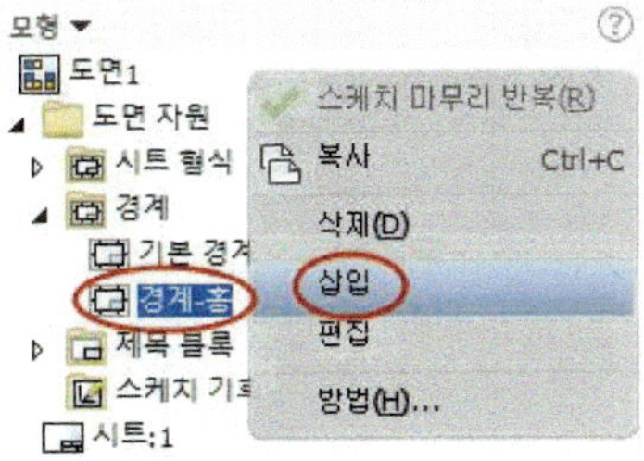

17 검색기 도면 자원 아래에 있는 제목블록에서 마우스 오른쪽 버튼을 이용하여 새 제목블록 정의를 클릭한다. - 적당한 위치에 표제란 부분을 작성을 한다.

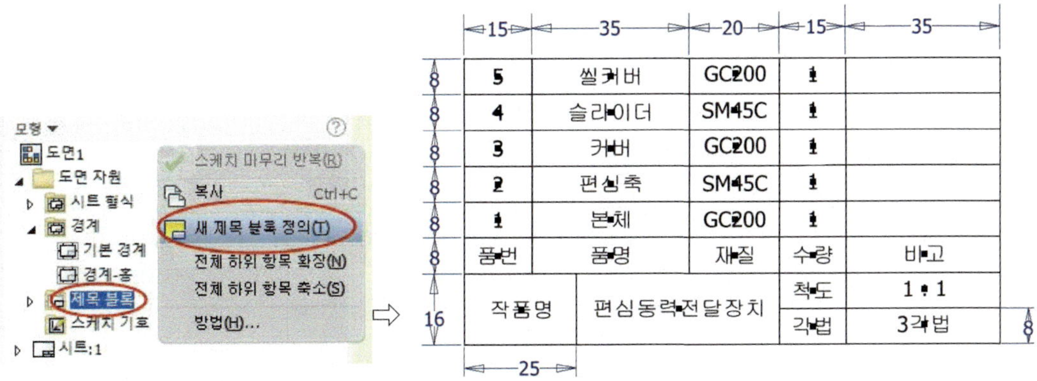

18 표제란을 작성하였다면 스케치 마무리를 클릭한다. 제목블록에 대한 이름을 입력하고, 저장을 클릭한다.

19 검색기의 제목블록 밑에 작성한 제목블록이 나타남을 볼 수 있고, 마우스 오른쪽 버튼을 이용하여 삽입을 클릭한다.

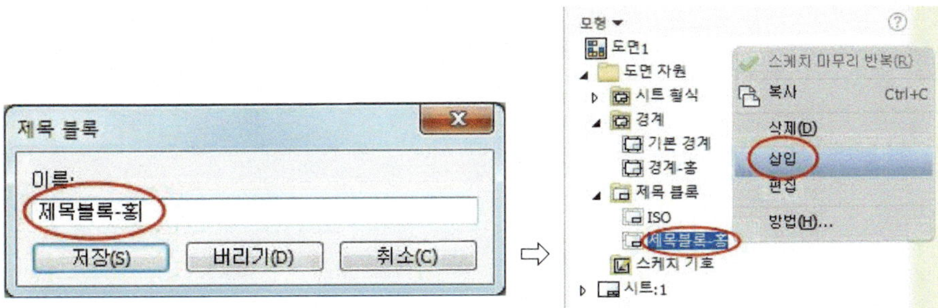

20 작성한 경계와 제목블록이 화면에 삽입된다.

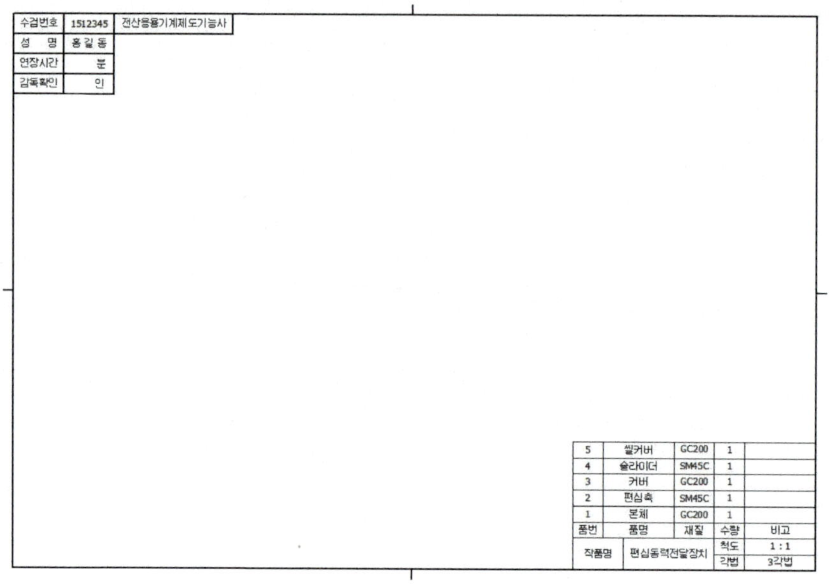

21 도면층 편집하기

- 출력할 때 선의 두께를 주기 위해 도면층을 편집한다.

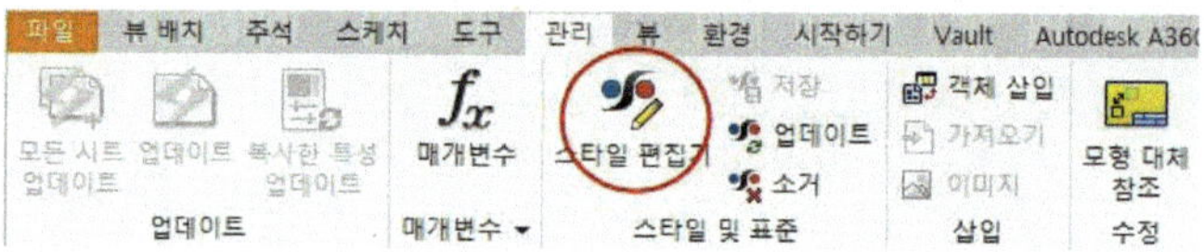

- 스타일 편집기를 클릭하여 실행한다.
- 스타일 및 표준 편집기 창에서 도면층 하위항목에서 아무 항목이나 클릭한다.

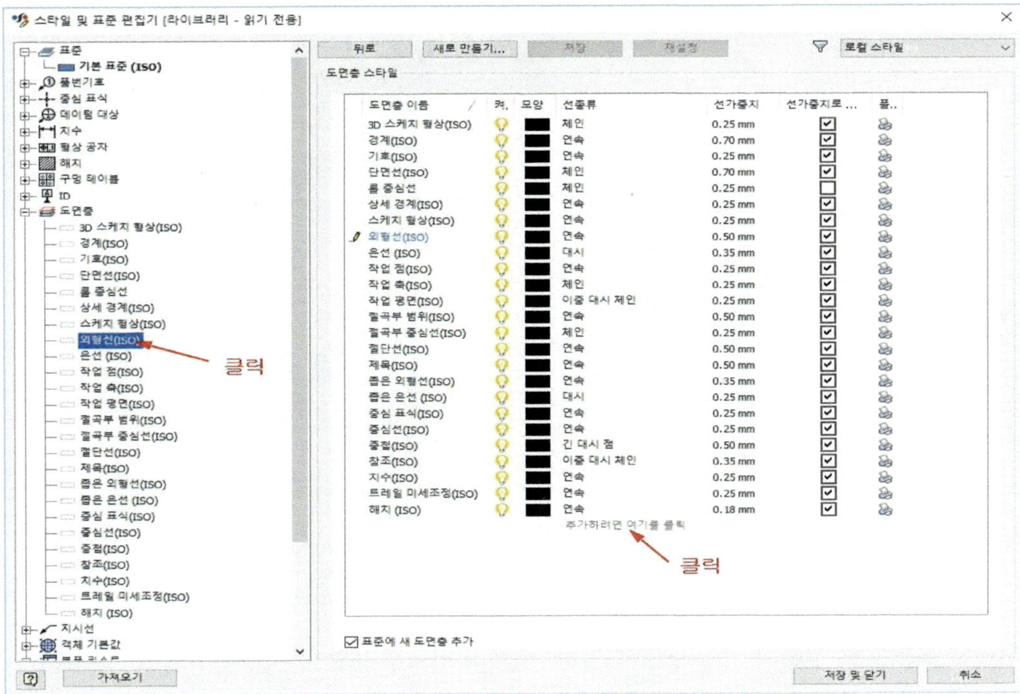

- 도면층 스타일창에서 하위항목에서 아무 항목이나 클릭하고 하단에 추가하려면 클릭 부분을 필요한 만큼 클릭한다.
- 새로 생성된 도면층의 이름, 선의 종류, 선 가중치를 다음과 같이 AutoCAD에서 많이 사용하는 도면층과 같이 편집한다.

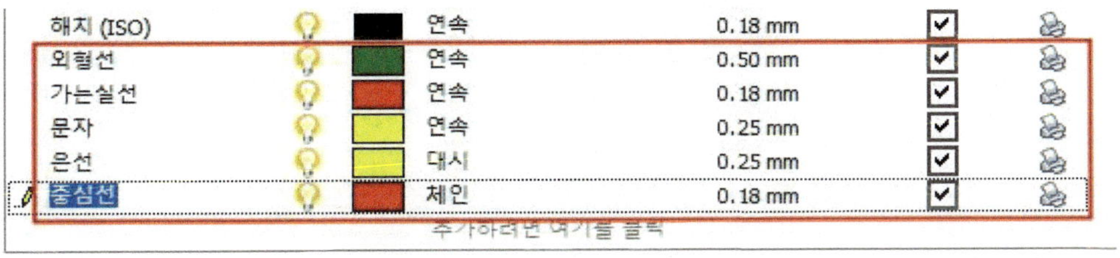

- 저장 및 닫기을 눌러 편집사항을 저장한다.

22 도면층 적용하기

작성한 경계와 제목블록의 스케치 요소에 도면층을 적용한다.
먼저 경계 항목을 마우스 오른쪽 버튼으로 편집한다.

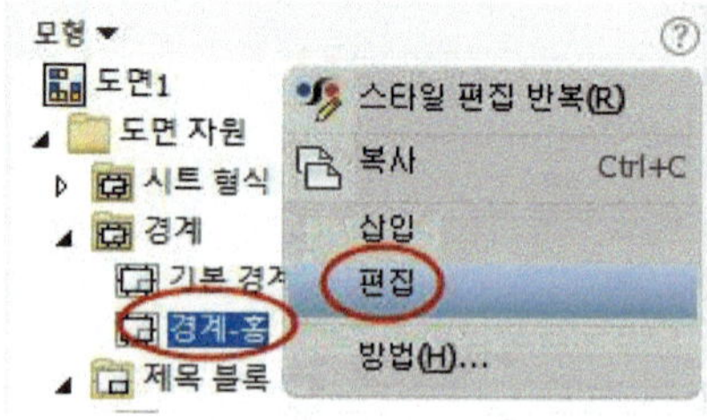

- 빨간색으로 표시된 선을 선택하고 주석탭에서 도면층을 바꾼다.

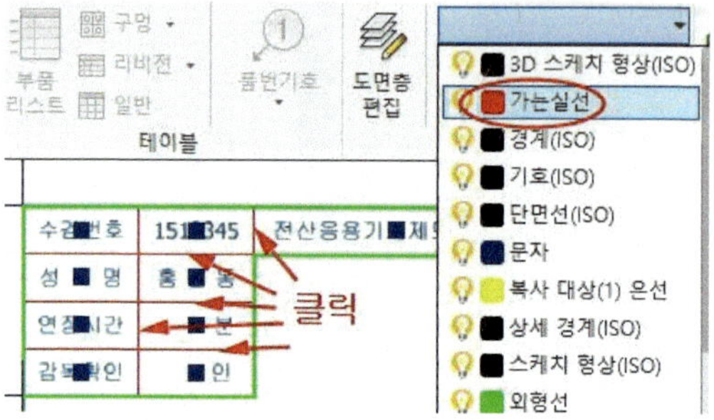

- 녹색으로 표시된 문자를 모두 선택하고 주석 탭에서 도면층을 바꾼다.

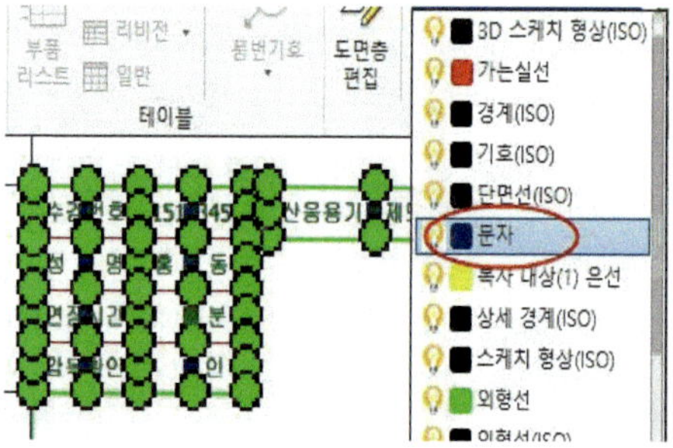

- 녹색으로 표시된 선을 선택하고 주석탭에서 도면층을 바꾼다.

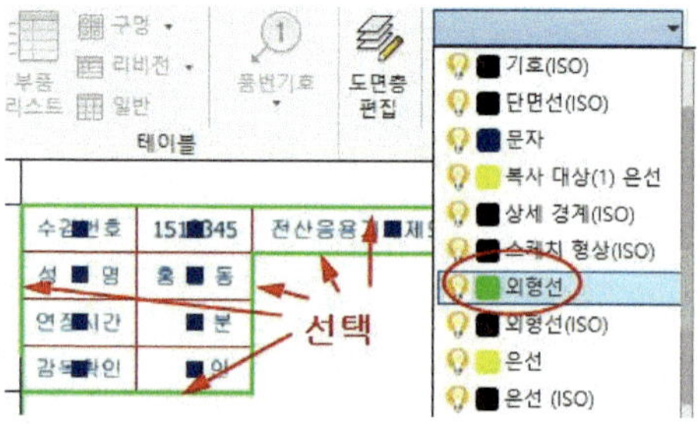

- 중심마크 등 선을 선택하고 주석탭에서 도면층을 바꾼다.
- 스케치를 마무리해서 저장한다.

- 제목블록 항목을 마우스 오른쪽 버튼으로 편집한다.

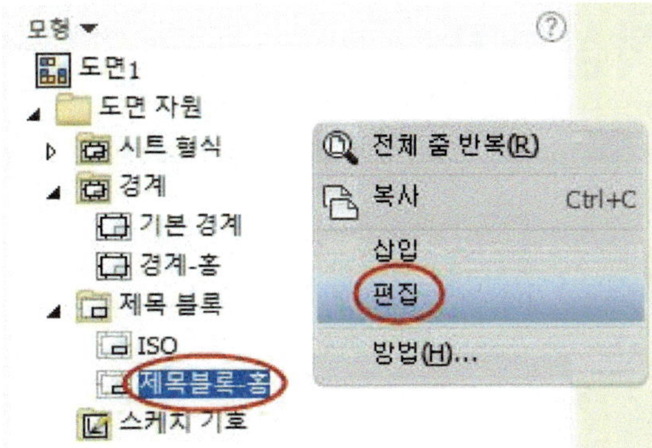

- 경계선, 가는 실선, 문자 등을 선택하고 주석탭에서 도면층을 바꾼다.

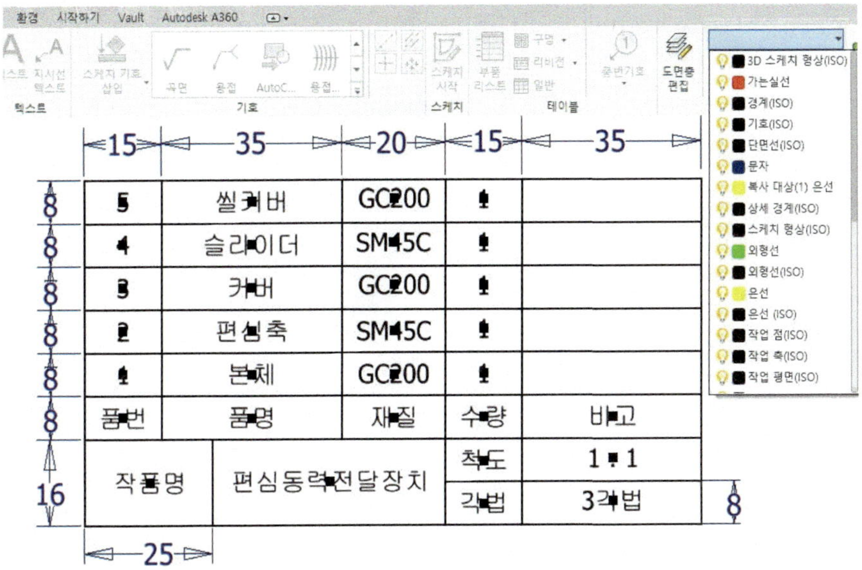

- 스케치를 마무리해서 저장한다.

7.2 뷰 작성하기

7.2.1 기준뷰(정면도) 작성하기

01 뷰 배치 탭의 기준( )을 클릭한다.

02 기존파일열기( )를 클릭하여 도면화 시킬 본체.ipt 파일을 선택해서 열기를 한다.

03 View Cube을 사용하여 정면도로 배치시킬 방향을 설정한다.

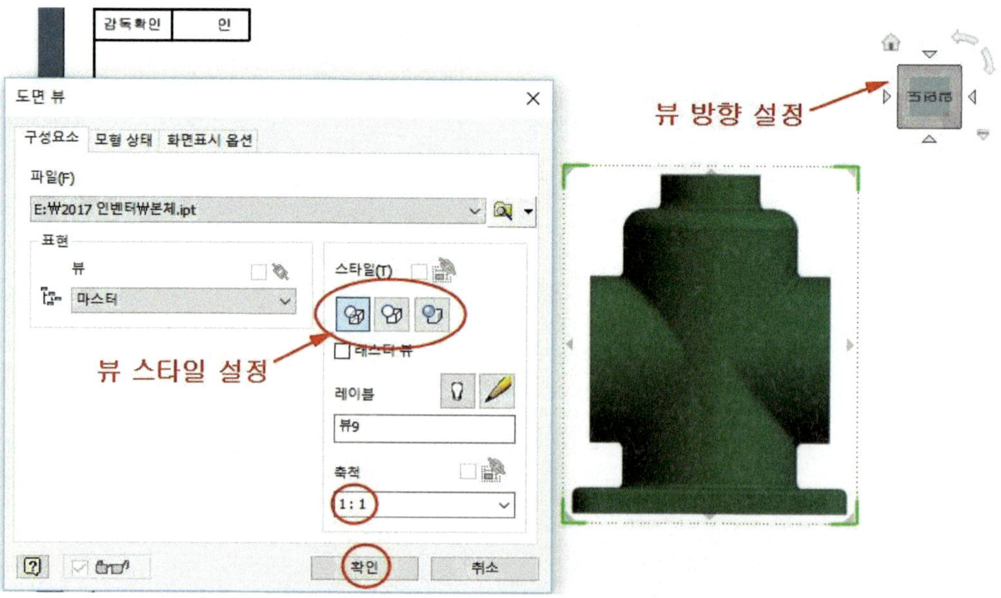

04 기준뷰의 위치를 클릭하여 지정하면 기준뷰(정면도)가 배치된다.

05 계속해서 측면도와 평면도, 등각투상도의 위치를 클릭해서 지정하고, 마우스 오른쪽 버튼을 이용하여 작성을 클릭한다.

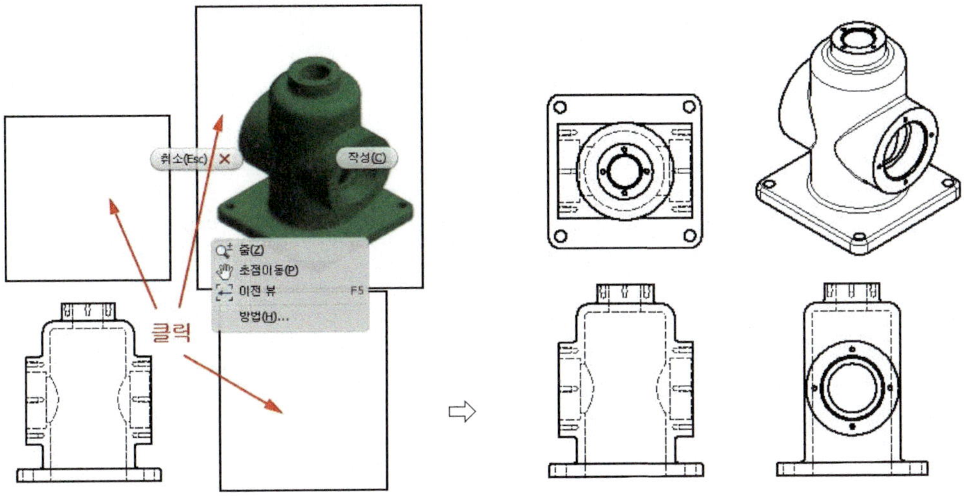

06 3각법에 의한 기본적인 뷰가 배치된다.

7.2.2 뷰 속성 및 위치 변경하기

01 해당 뷰에 마우스를 가까이 가져가면 빨간색 테두리가 나타난다. 테두리 위에서 마우스 왼쪽 버튼을 누른 채 드래그하면 원하는 위치로 이동할 수 있다.

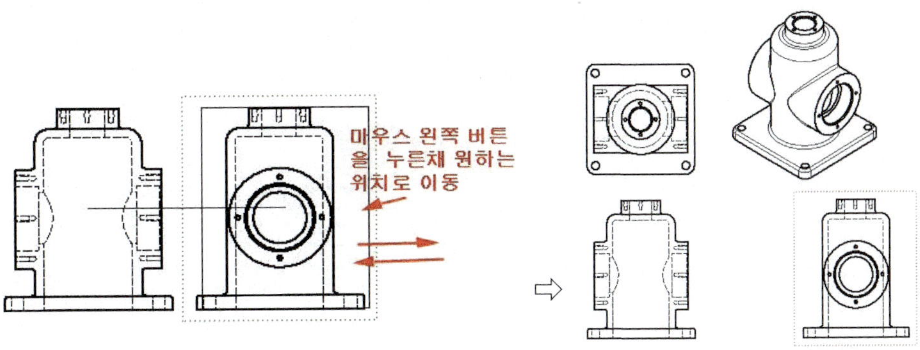

02 기준(정면도)뷰에서 마우스를 가까이 가져가면 빨간색 테두리가 나타난다. 이때 뷰를 더블클릭하거나 뷰에 마우스 오른쪽 버튼을 누르고 뷰 편집을 클릭한다.

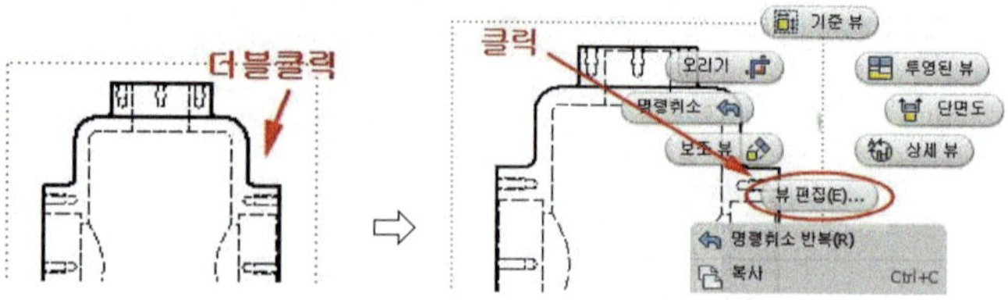

03 나타나는 도면 뷰의 구성요소 탭의 스타일에서 은선 제거( )를 선택한다.

04 화면표시 옵션 탭에서 접하는 모서리에 체크 표시를 하고, 확인을 클릭한다.

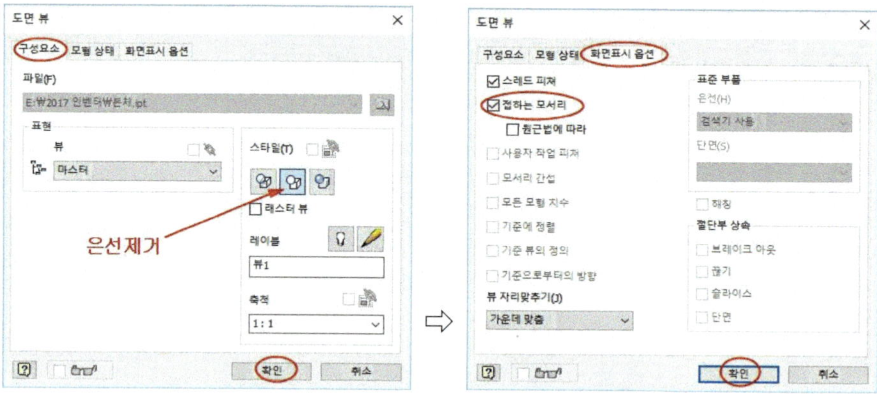

05 기준뷰의 은선제거 및 접하는 모서리 표시 옵션으로 나머지 측면도와 평면도 및 등각투상도의 옵션이 모두 바뀌었다.

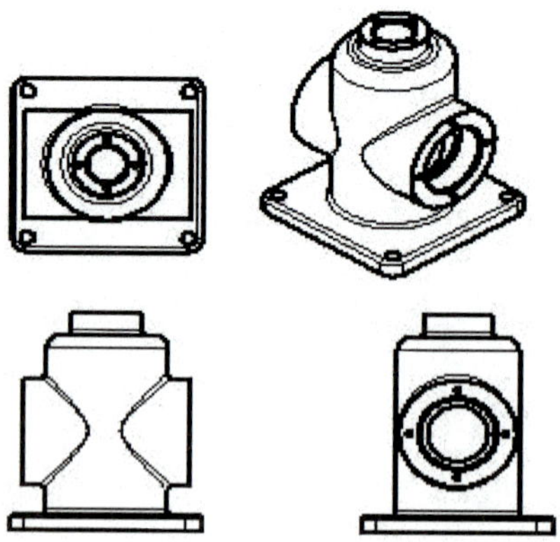

7.2.3 투상뷰(측면도, 평면도) 작성하기

01 뷰 배치 탭의 투영( )을 클릭하고, 기준이 되는 뷰를 선택한다.

02 마우스를 오른쪽으로 이동시켜 클릭한다. 측면도의 위치를 지정한다.

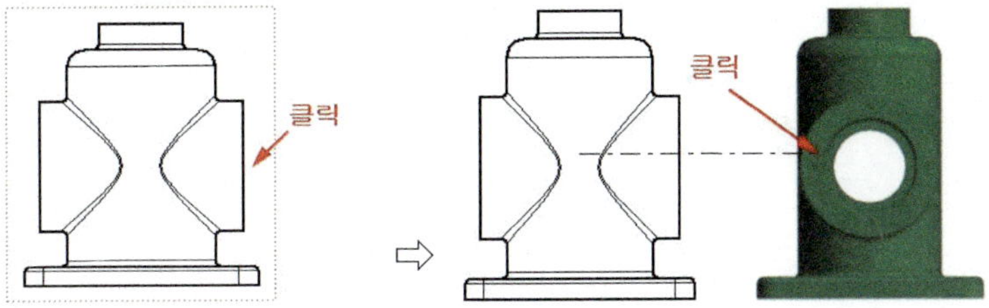

03 마우스를 위로 이동시켜 클릭한다. 평면도의 위치를 지정하며, 마우스 오른쪽 버튼을 이용하여 작성을 클릭한다.

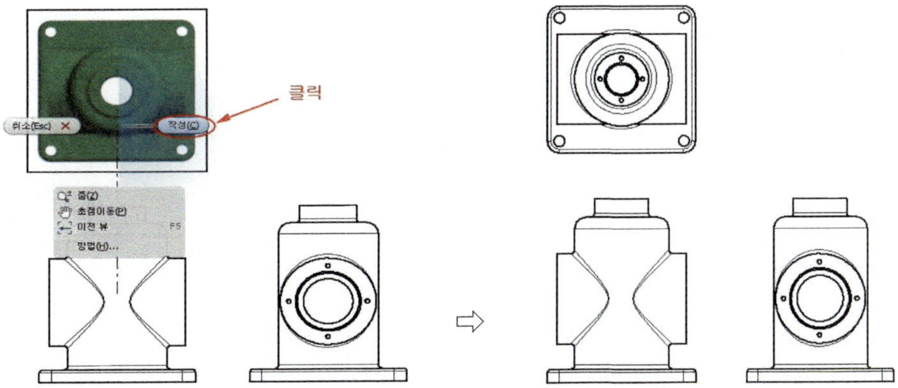

7.2.4 단면도 작성하기

01 뷰 배치 탭의 단면( )을 클릭하고, 기준이 되는 뷰를 선택한다.

02 전단면도를 작성하기 위해 아래 그림처럼 선을 작성하고, 마우스 오른쪽 버튼을 이용하여 계속을 클릭한다.

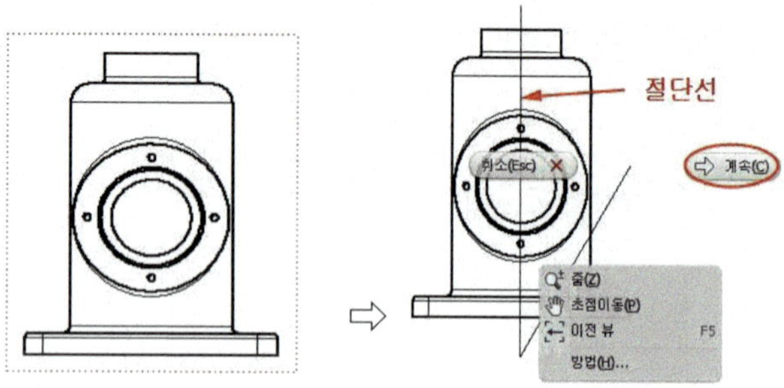

03 단면도 창이 나타난다. 단면도의 위치를 지정하면 전단면도가 작성된다.

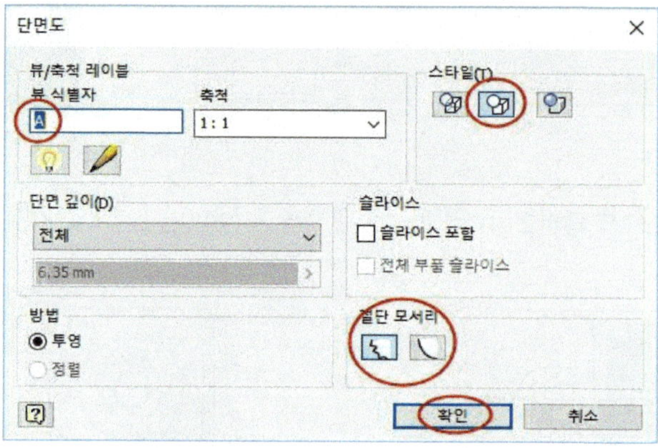

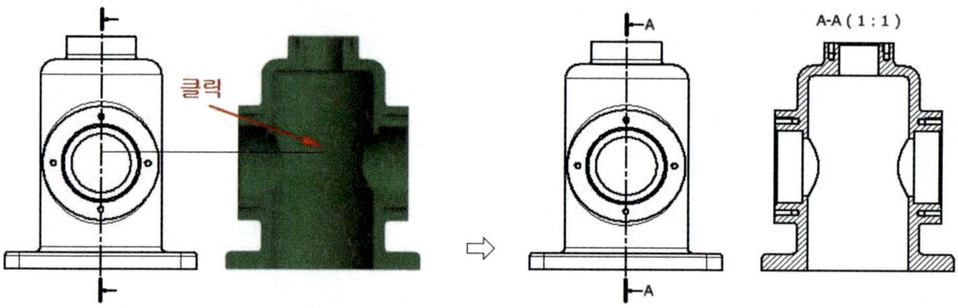

04 뷰 배치 탭의 투영( )을 클릭하고, 전단면도를 기준으로 선택한다. 대각선 방향으로 클릭하여 등각투상도를 작성한다.

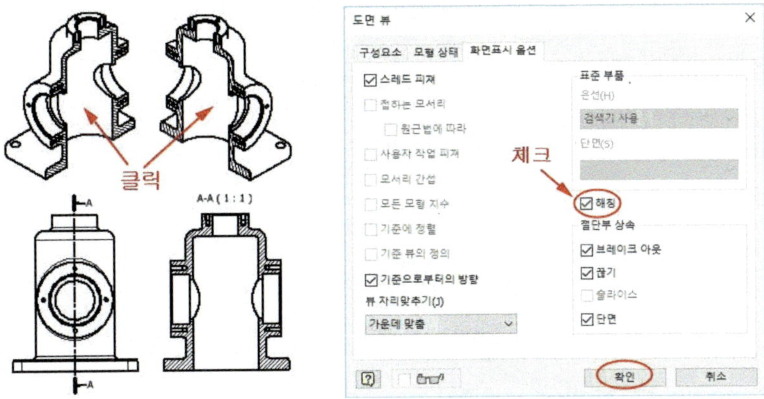

05 작성된 전단면의 등각투상도를 더블클릭하여 도면 뷰 ⇨ 화면표시 옵션 탭의 해칭에 체크를 확인한다.

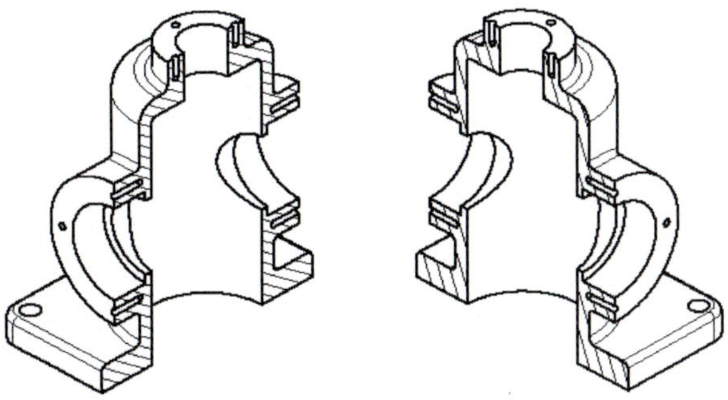

06 뷰 배치 탭의 단면( )을 클릭하고, 기준이 되는 뷰를 선택한다.

07 반단면도를 작성하기 위해 아래 그림처럼 단면선을 작성하고, 마우스 오른쪽 버튼을 이용하여 계속을 클릭한다. 단면도의 위치를 지정하면 반단면도가 작성된다.

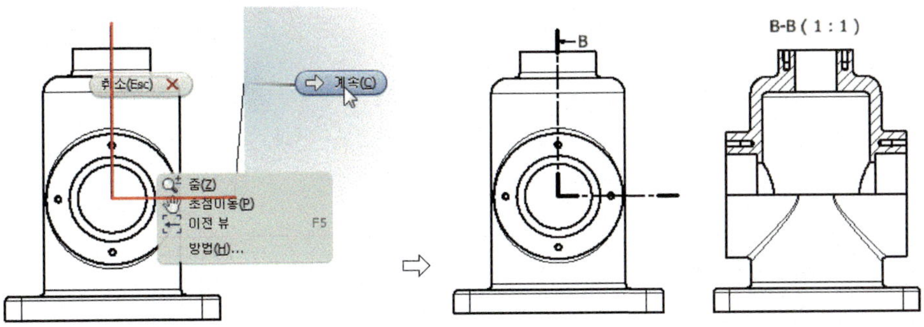

08 뷰 배치 탭의 투영( )을 클릭하고, 반단면도를 기준으로 선택한다. 대각선 방향으로 클릭하여 등각투상도를 작성한다.

09 작성된 반단면의 등각투상도를 더블클릭하여 화면표시 옵션 탭의 해칭에 체크를 확인한다.

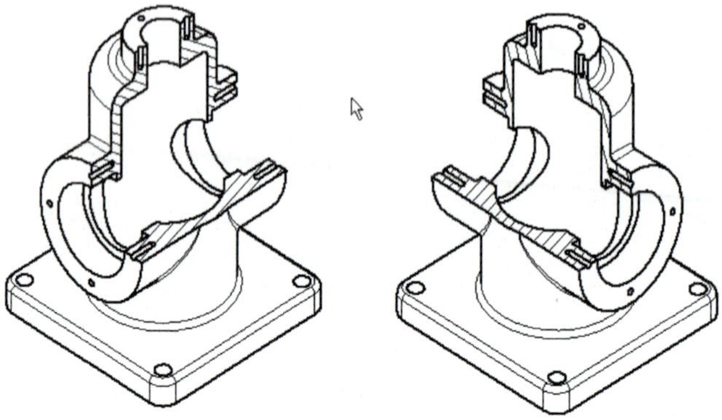

7.2.5 조립도 및 분해도 배치하기

01 기준( )을 이용하여 편심동력전달장치.iam의 조립품을 배치할 수 있다.

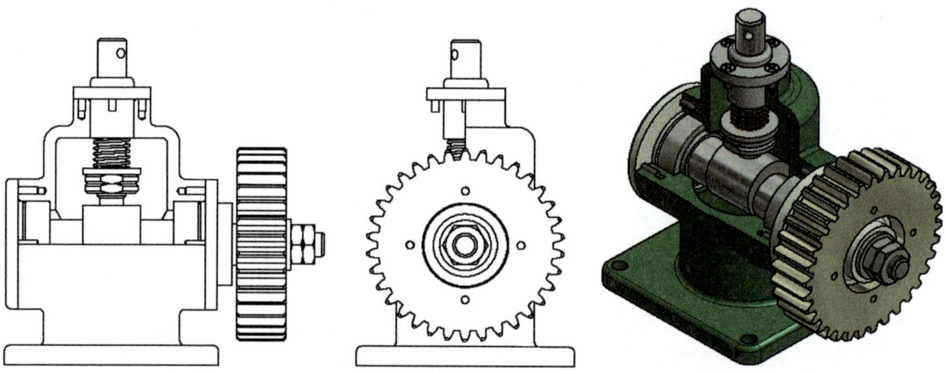

02 기준( )을 이용하여 편심동력전달장치.ipn의 프리젠테이션을 배치할 수 있다.

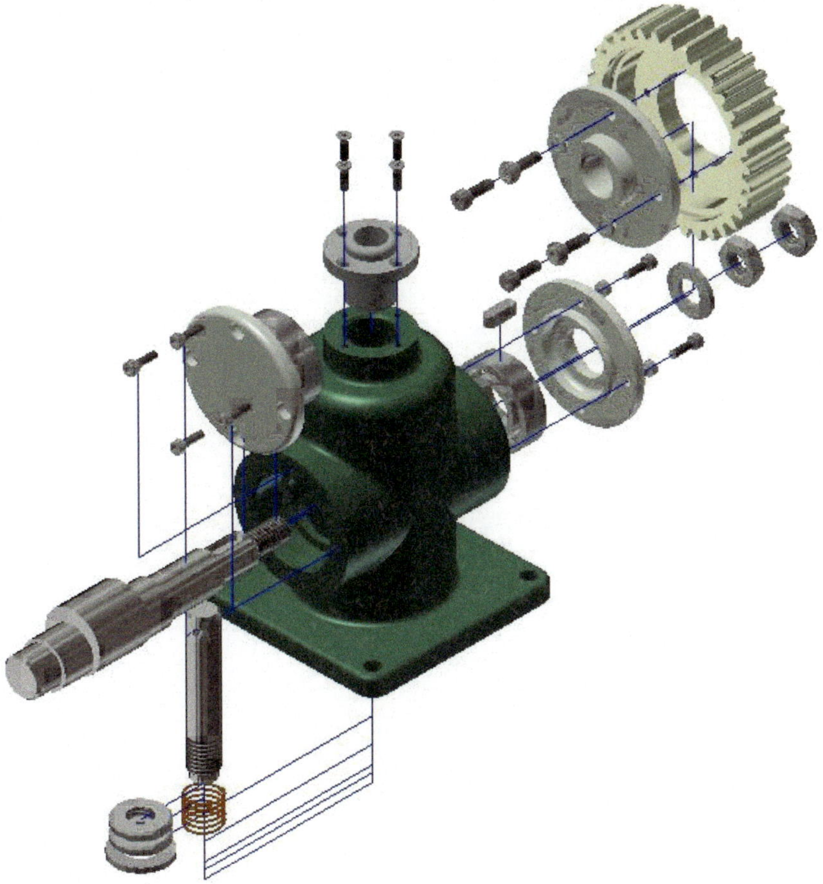

7.3 주석 작성하기

01 주석 탭을 클릭하여 치수, 텍스트 및 각종 기호나 주석을 도면에 기입할 수 있다.

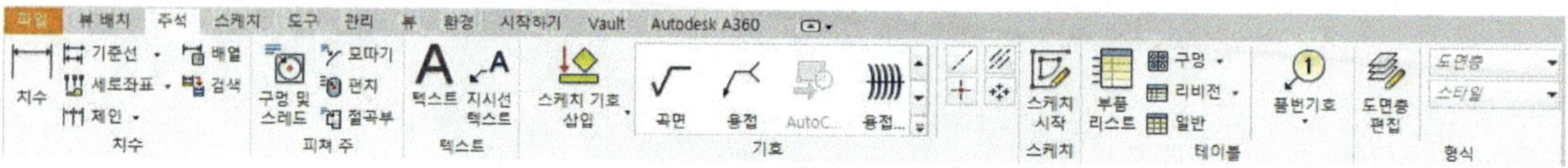

7.4 AutoCAD 파일로 내보내기

01 인벤터에서 도면을 작성하였다면 추가적인 작업을 위해 AutoCAD(*.dwg / *.dxf) 파일로 변환할 수 있다.

02 파일 ⇨ 다른 이름으로 저장 ⇨ 다른 이름으로 사본 저장을 클릭한다.

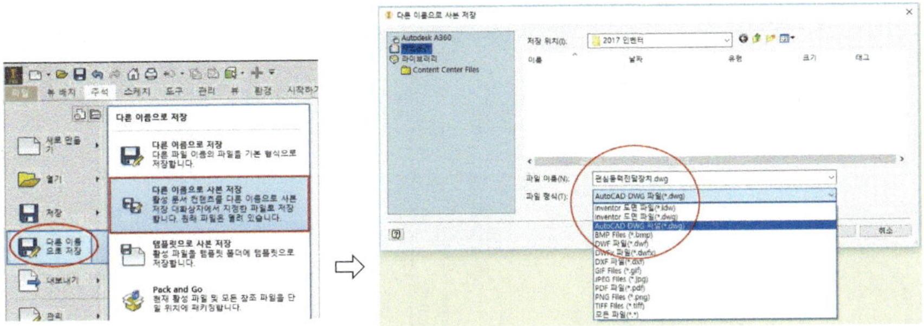

03 AutoCAD 파일로 변환하기 위해서는 파일 형식을 DWG파일(*.dwg)로 지정한다. 파일이름과 저장 위치를 지정하고, 저장을 클릭한다.

04 AutoCAD에서 저장시킨 편심동력전달장치.dwg 파일을 열기한다.

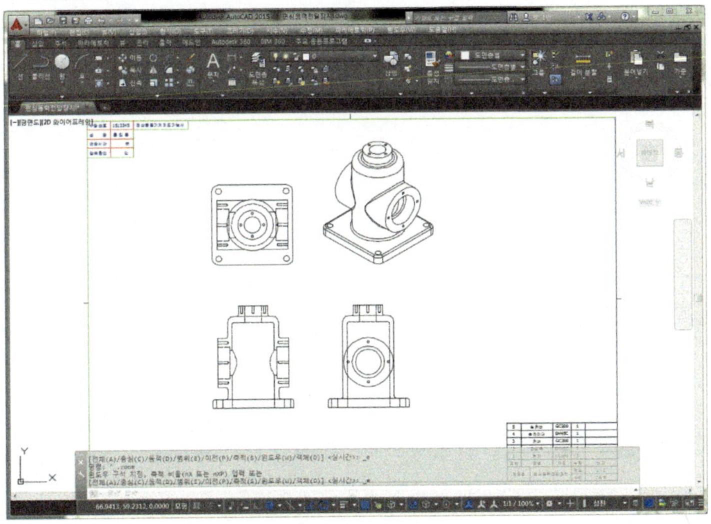

7.5 본체 도면화 작업

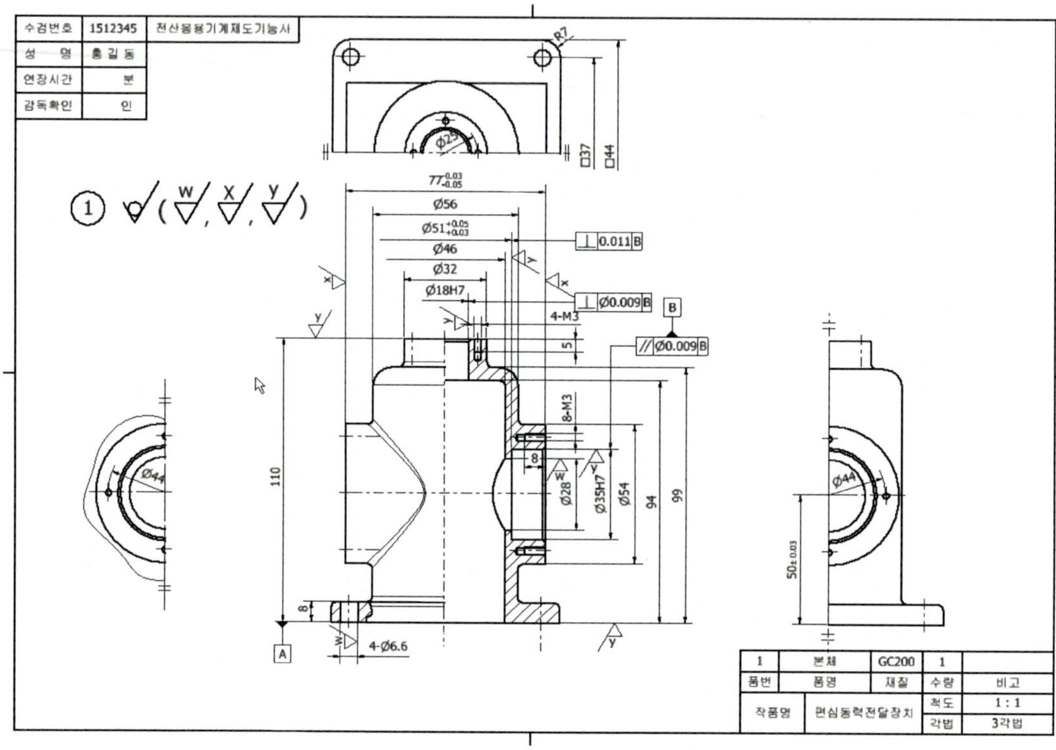

01 도면 파트에서 만들었던 경계-홍.idw를 선택한다.

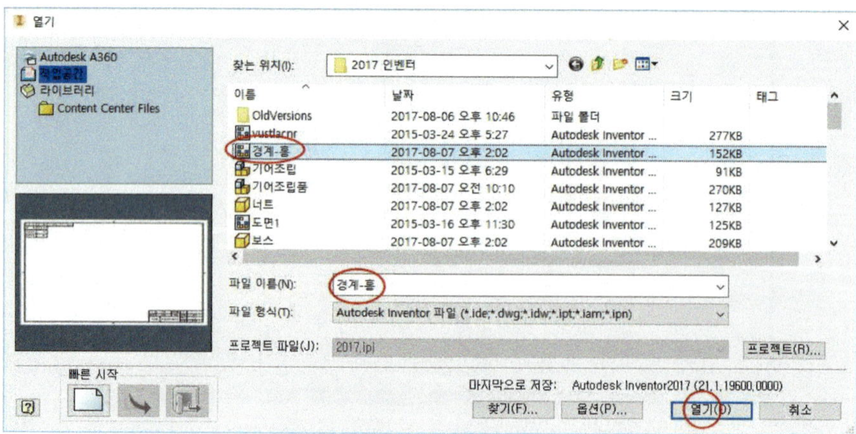

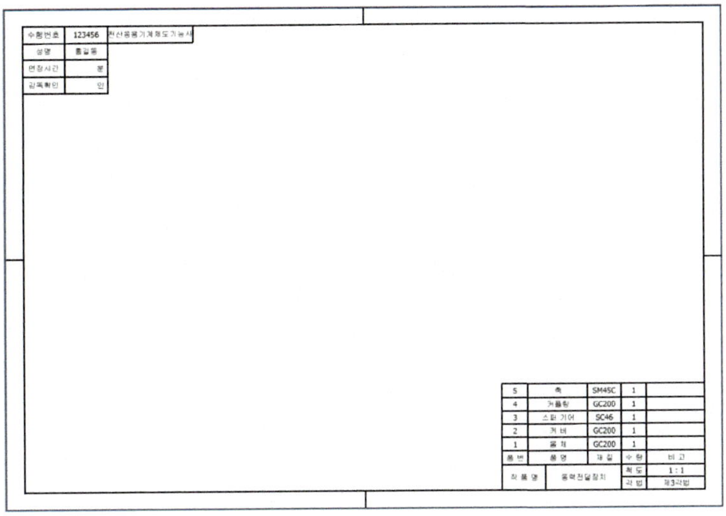

02 관리 탭의 스타일 편집기를 클릭하여 실행한다.

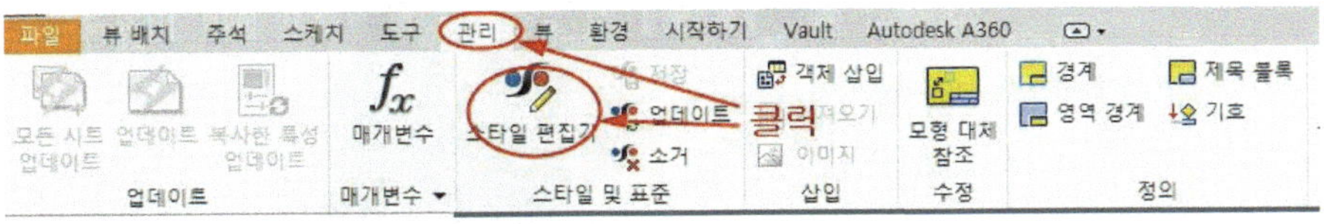

03 기본 표준(ISO)의 뷰 기본 설정에서 투영 유형을 삼각법으로 설정한다. 저장과 종료 버튼을 클릭한다.

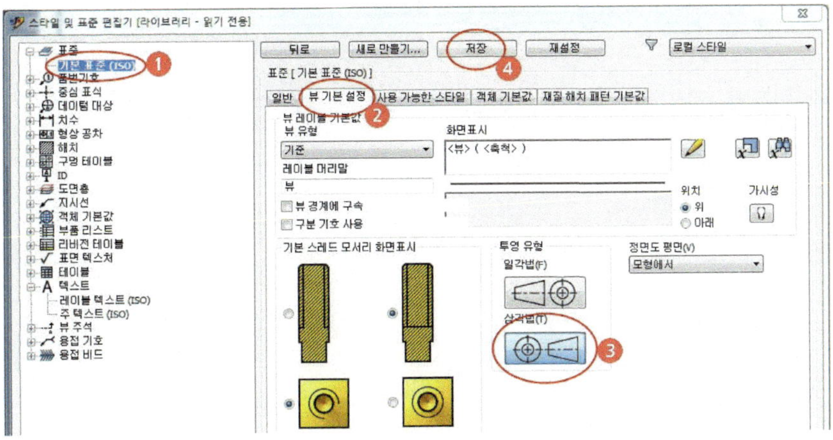

04 뷰 배치 탭의 기준( )을 클릭한다.

05 기존파일열기( )를 클릭하여 도면화 시킬 본체.ipt 파일을 선택해서 열기를 한다.

06 View Cube을 사용하여 정면도로 배치시킬 방향을 설정한다.

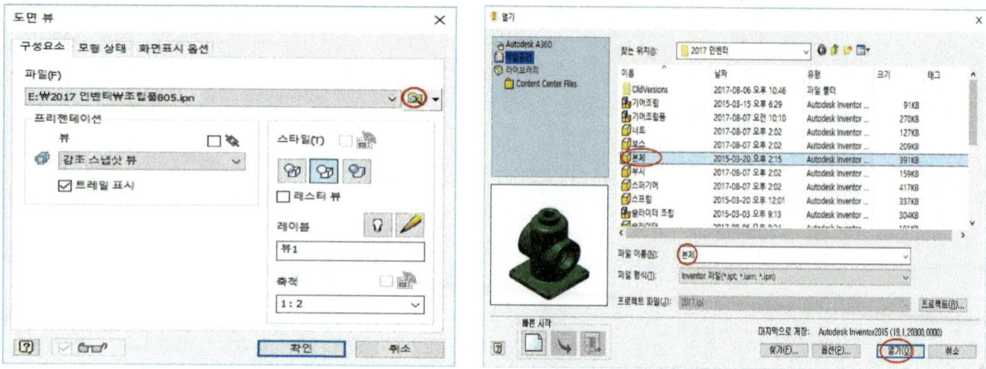

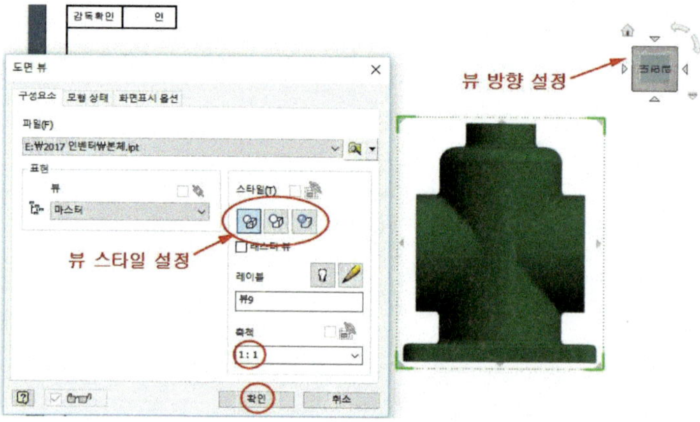

07 기준뷰의 위치를 클릭하여 지정하면 기준뷰(정면도)가 배치된다.

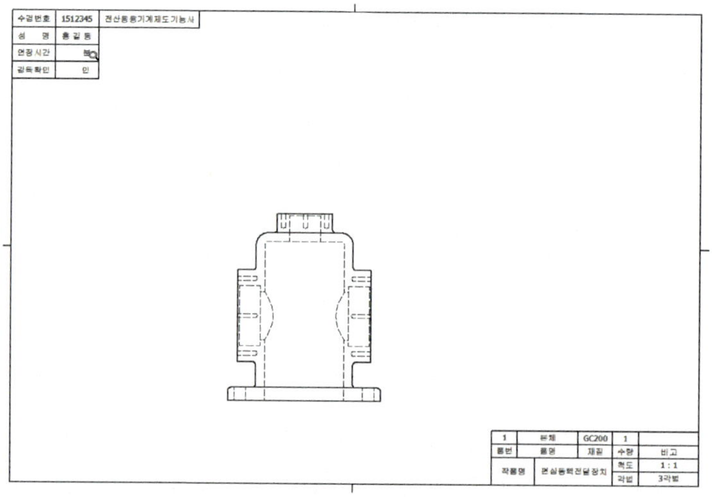

08 도면 뷰 패널에서 투영( )을 선택한다.

기준 뷰를 기준으로 측면도의 위치를 클릭해서 지정하고, 마우스 오른쪽 버튼을 이용하여 작성을 클릭한다.

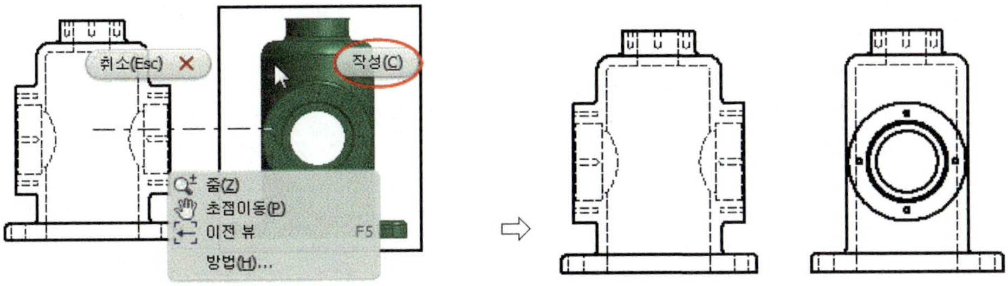

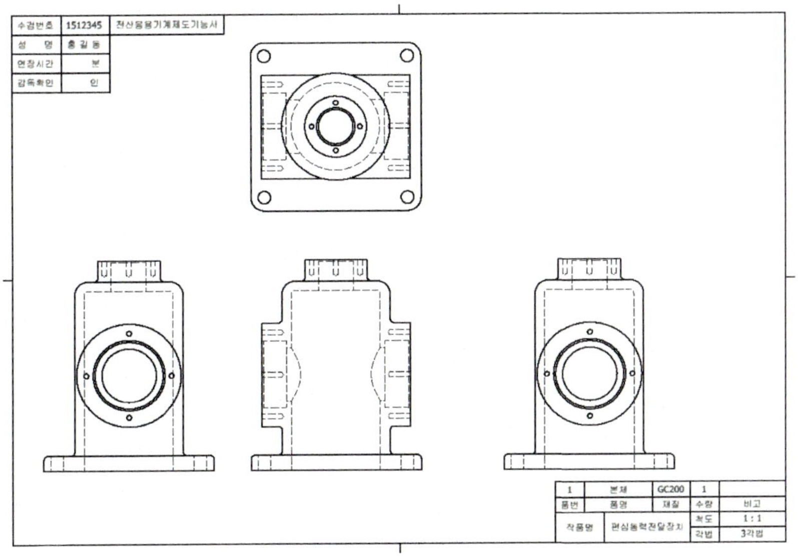

09 기준 뷰를 선택하고 스케치 시작( )을 클릭하고 아래 그림처럼 직사각형을 작성한다. 스케치 마무리(✔)한다.

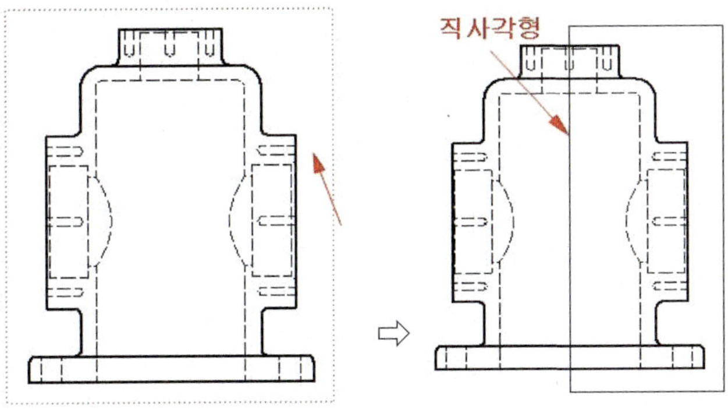

10 브레이크 아웃( )를 클릭하고 기준 뷰를 선택한다.
브레이크 아웃 창이 나타나면 프로파일은 스케치를 선택하고, 깊이는 끝 구멍을 그림과 같이 선택한다.

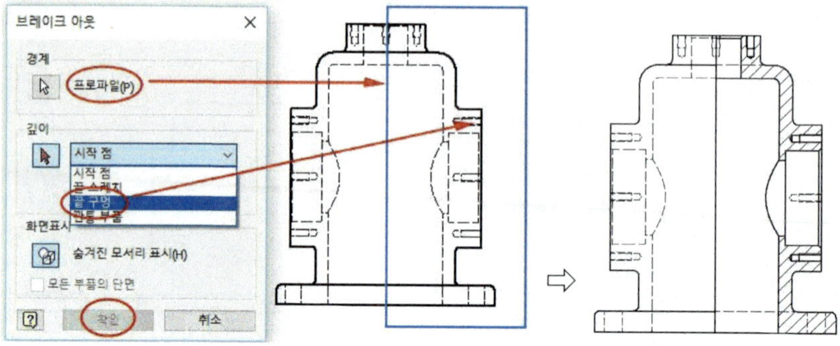

11 단면선을 선택하여 오른쪽 버튼을 클릭해 가시성 체크를 해지시킨다. 선이 숨겨진 것을 확인할 수 있다.

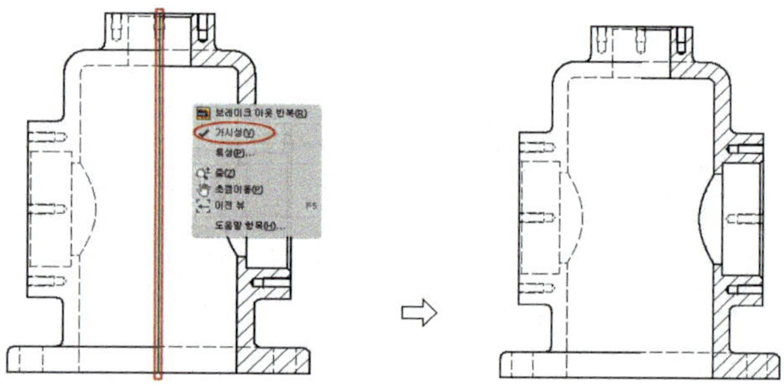

12 다시 기준 뷰를 선택하여 도면 스케치 패널을 실행시킨다. 스플라인( )을 선택하여 그림과 같이 스케치한다.

13 스케치 마무리( )를 클릭하고 도면 스케치 패널을 종료한다.

14 브레이크 아웃( )를 클릭하고 기준 뷰를 선택한다. 브레이크 아웃 창이 나타나면 프로파일은 스케치를 선택하고, 깊이는 끝 구멍을 그림과 같이 선택한다.

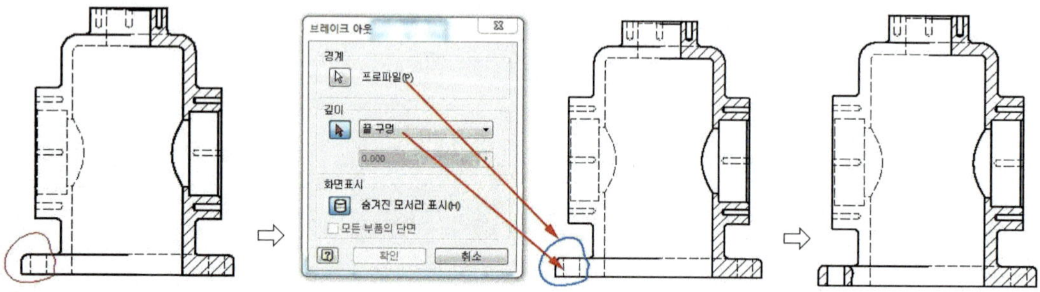

15 도면 주석 패널에서 중심선(⁄)을 선택하여 그림과 같이 중간점을 클릭하고, 오른쪽 버튼을 이용하여 작성을 클릭한다.

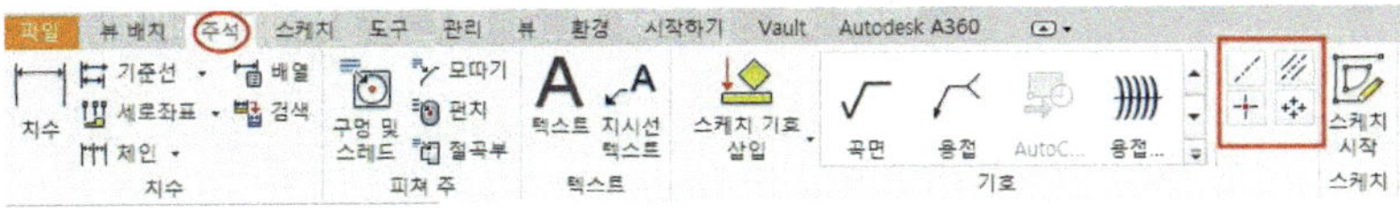

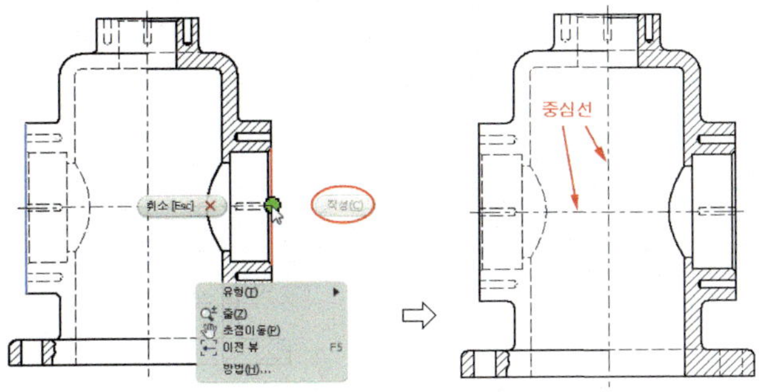

16 도면 주석 패널에서 중심선 이등분(⫽)을 선택하여 그림과 같이 이등분할 선을 선택한다. 아래 그림과 같이 중심선을 작성한다.

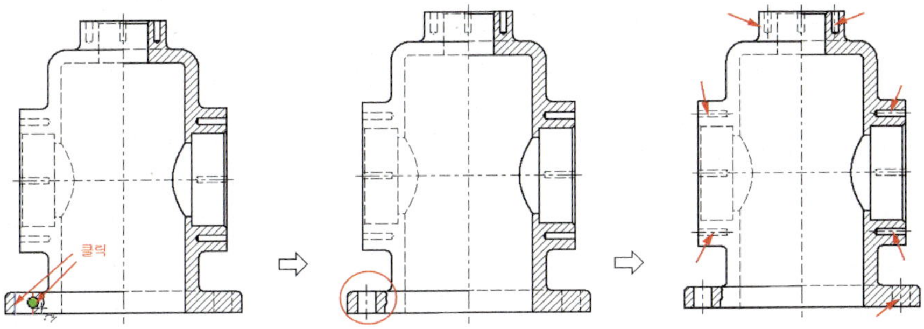

17 기준(정면도)뷰를 더블클릭한다. 나타나는 도면 뷰의 구성요소 탭의 스타일에서 은선 제거( )를 선택한다. 화면표시 옵션 탭에서 스레드 피쳐, 접하는 모서리에 체크 표시를 확인한다.

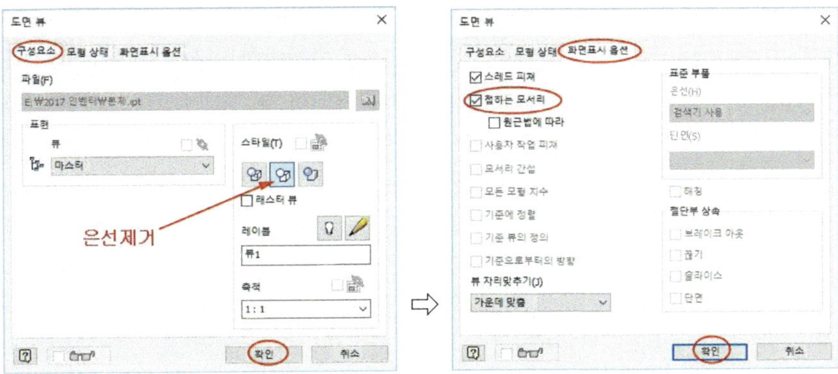

18 기준뷰의 은선제거 및 접하는 모서리 표시 옵션으로 나머지 측면도와 평면도 및 등각투상도의 옵션이 모두 바뀌었다.

19 우측면도 뷰 편집 ⇨ 뷰 배치 패널에서 오리기( )클릭하고 그림과 같이 사각영역을 지정한다.

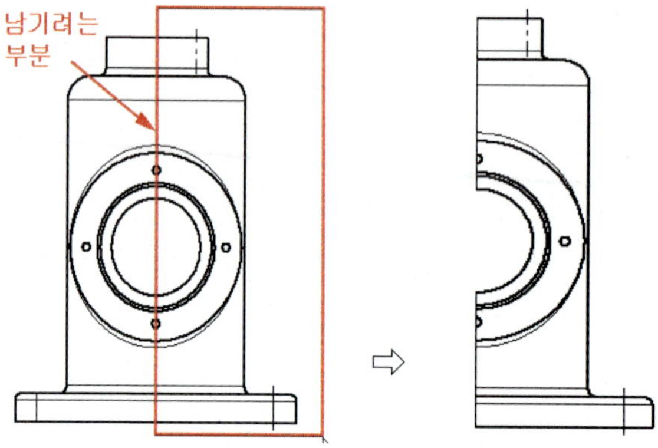

20 단면선을 선택하여 오른쪽 버튼을 클릭해 가시성 체크를 해지시킨다.

21 도면 주석 패널에서 중심선( )을 선택하여 그림과 같이 중심선을 작성을 한다.

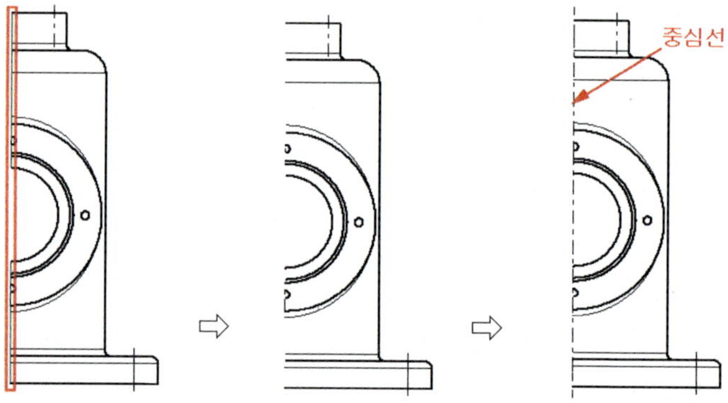

22 주석 탭 ⇨ 기호 패널 ⇨ 중심 패턴( )을 클릭 ⇨ ①패턴의 중심을 정의할 모서리를 선택 ⇨ ②패턴의 첫 번째 피처를 클릭 ⇨ ③④원하는 모든 피처가 추가될 때까지 피처를 계속 클릭한다.

※ 닫힌 원형 중심선 피처를 작성하려면 시계방향 또는 시계 반대 방향으로 순서대로 피처를 클릭한다.

23 마우스 오른쪽 버튼을 클릭하고 작성을 선택한다.

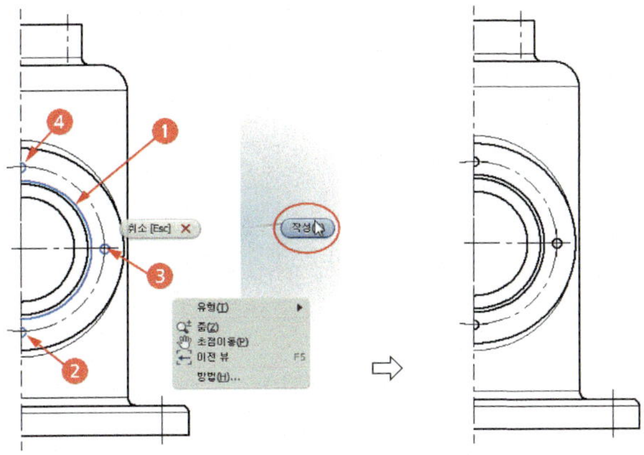

24 우측면도 뷰을 클릭하고 스케치 시작( )을 클릭한다. 선( )사용하여 그림과 같이 대칭 표식을 작성한다.

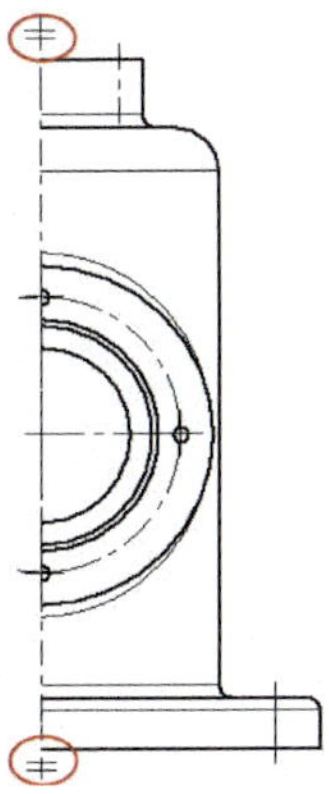

25 평면도 뷰 편집 ⇨ 뷰 배치 패널에서 오리기( )클릭하고 그림과 같이 사각영역을 지정한다.

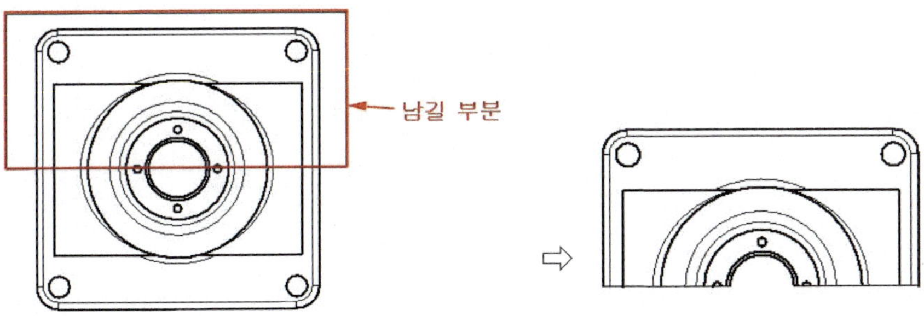

26 단면선을 선택하여 오른쪽 버튼을 클릭해 가시성 체크를 해지시킨다.

27 도면 주석 패널에서 중심선( )을 선택하여 그림과 같이 중심선을 작성을 한다.

28 우측면도 뷰을 클릭하고 스케치 시작( )을 클릭한다. 선( )사용하여 그림과 같이 대칭 표식을

작성한다.

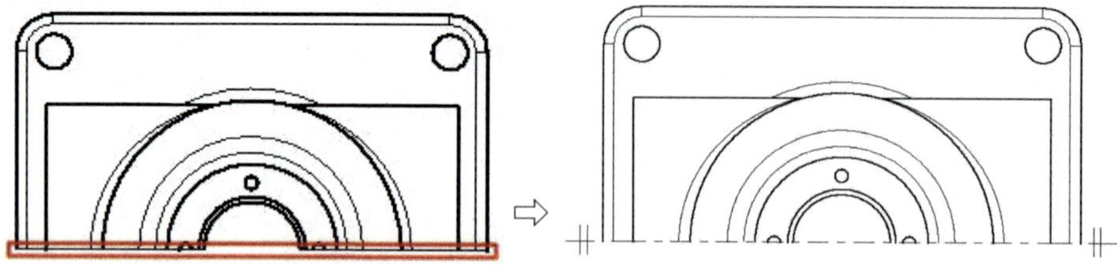

29 주석 탭 ⇨ 기호 패널 ⇨ 중심 패턴(+)을 클릭 ⇨ ①패턴의 중심을 정의할 모서리를 선택 ⇨ ②패턴의 첫 번째 피쳐를 클릭 ⇨ ③④원하는 모든 피쳐가 추가될 때까지 피쳐를 계속 클릭한다.

30 마우스 오른쪽 버튼을 클릭하고 작성을 선택한다.

31 주석 탭 ⇨ 기호 패널 ⇨ 중심 표식(+)을 클릭 ⇨ 중심을 정의할 피쳐를 클릭 ⇨ 원하는 모든 피쳐가 추가될 때까지 피쳐를 계속 클릭한다.

32 마우스 오른쪽 버튼을 클릭하고 작성을 선택한다.

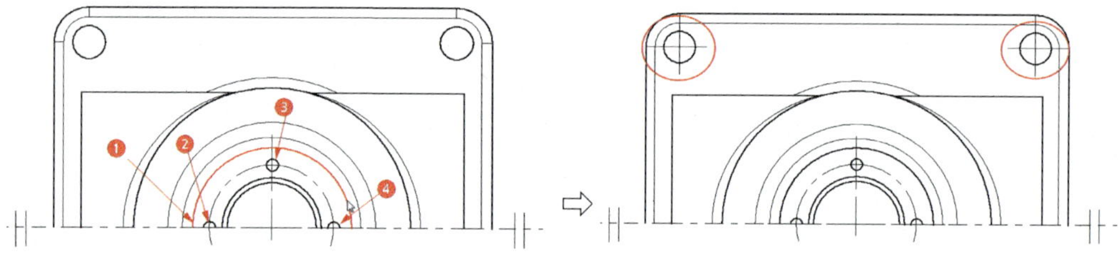

33 좌측면도 뷰 편집 ⇨ 뷰 배치 패널에서 오리기( )클릭하고 그림과 같이 사각영역을 지정한다.

34 단면선을 선택하여 오른쪽 버튼을 클릭해 가시성 체크를 해지시킨다.

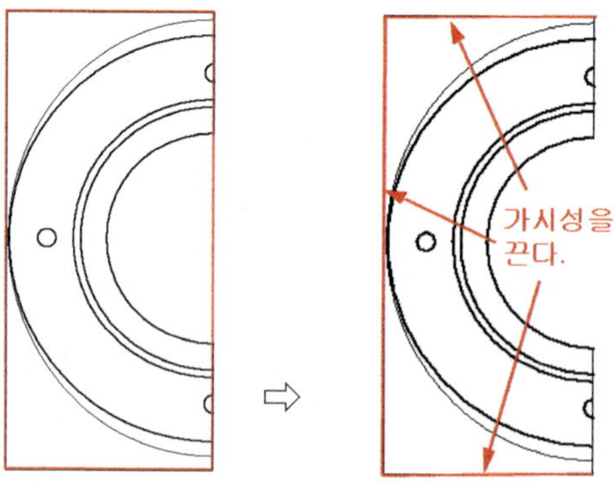

35 다시 좌측면 뷰를 선택하여 스케치 패널을 실행시킨다. 스플라인( )을 선택하여 그림과 같이 스케치 한다.

36 스케치 마무리( )를 클릭하고 도면 스케치 패널을 종료한다.

37 도면 주석 패널에서 중심선( ),중심 패턴( )을 선택하여 그림과 같이 중심선을 작성을 한다.

38 좌측면 뷰를 선택하고 스케치 시작( )을 클릭하고 아래 그림처럼 선( )을 사용하여 대칭 표식을 작성한다. 스케치 마무리( )한다.

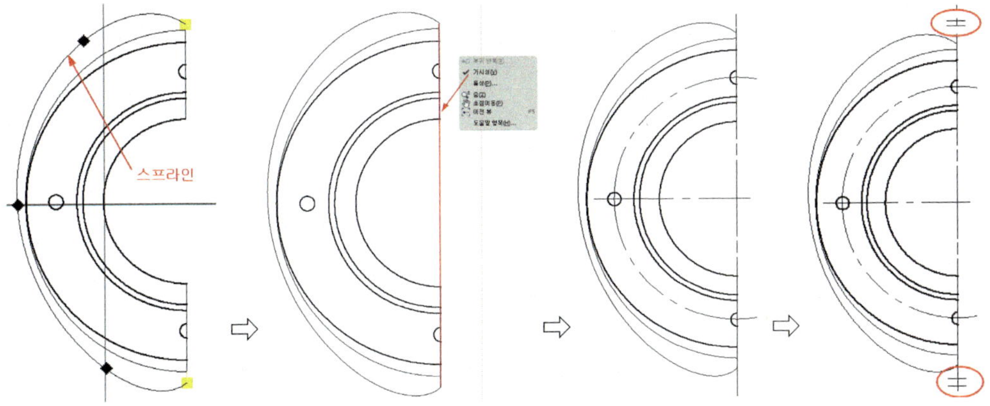

39 관리 탭의 스타일 편집기를 클릭하여 실행한다. 설정한다.

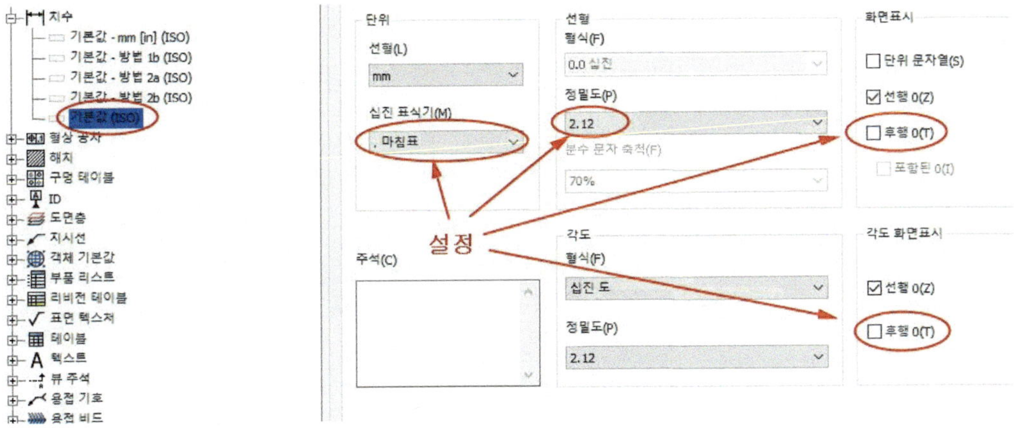

40 도면 주석 패널에서 치수()를 선택하여 스케치에서 기입했던 방법과 동일하게 치수를 기입한다.

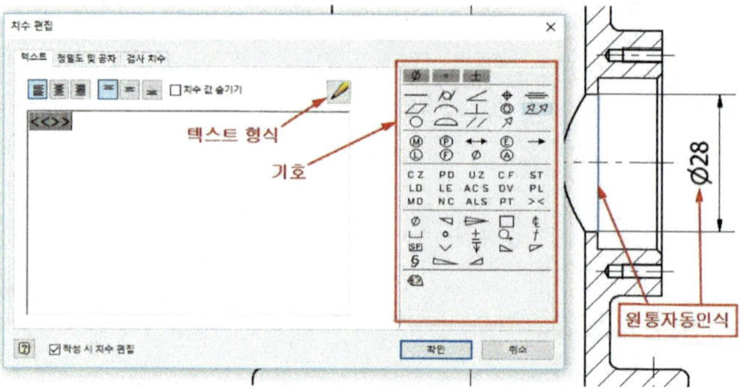

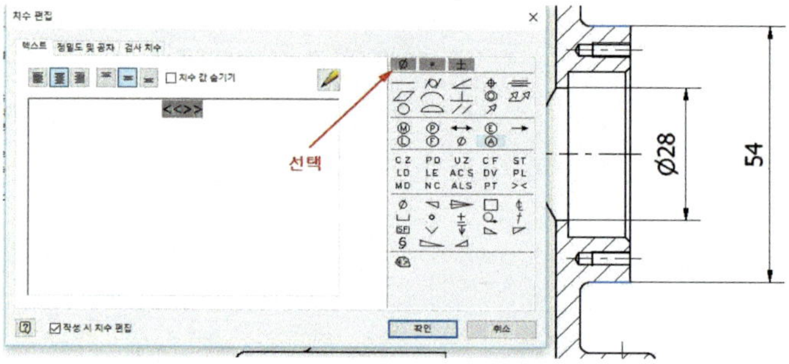

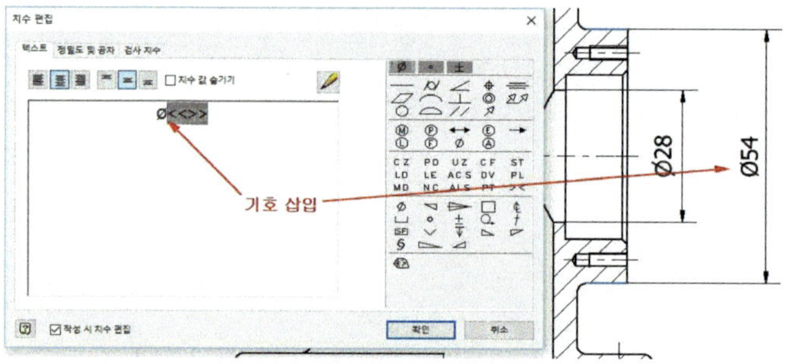

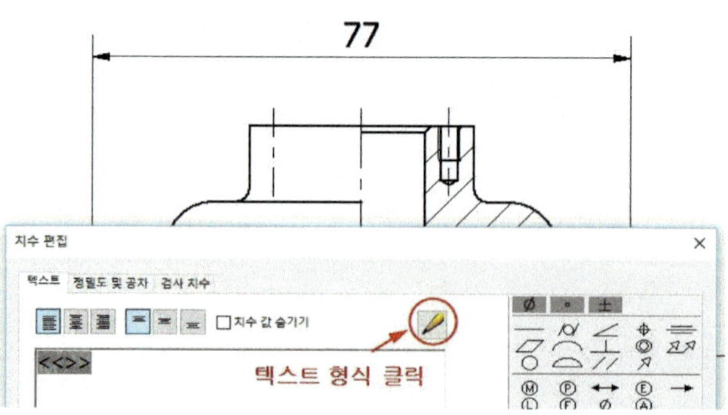

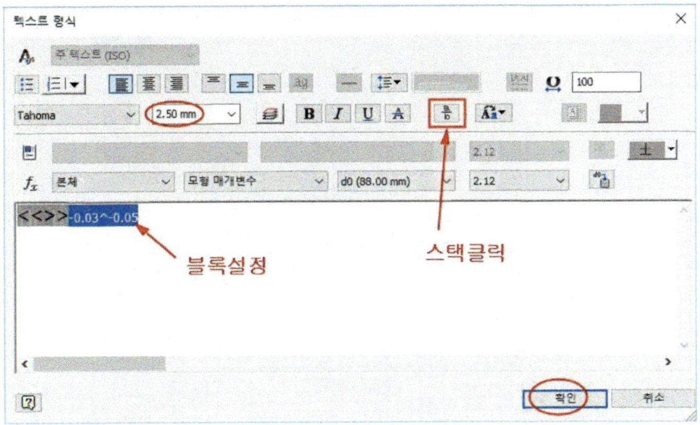
텍스트 형식
주 텍스트 (ISO)
Tahoma
2.50 mm
본체
모형 매개변수
d0 (88.00 mm)
2.12
<<>>-0.03^-0.05
블록설정
스택클릭
확인
취소

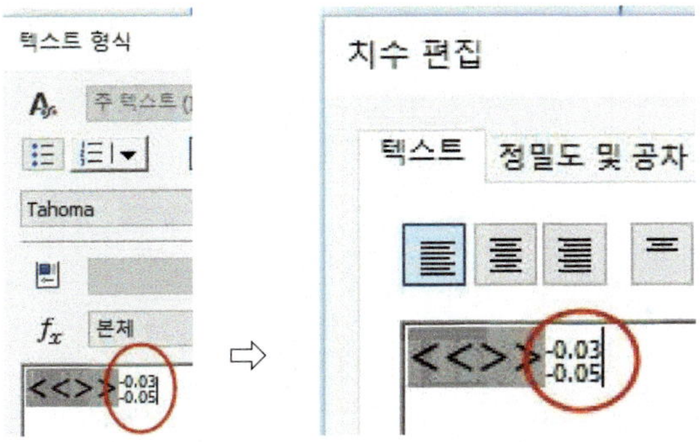
텍스트 형식
Tahoma
본체
<<>>-0.03 -0.05
치수 편집
텍스트
정밀도 및 공차
<<>>-0.03 -0.05

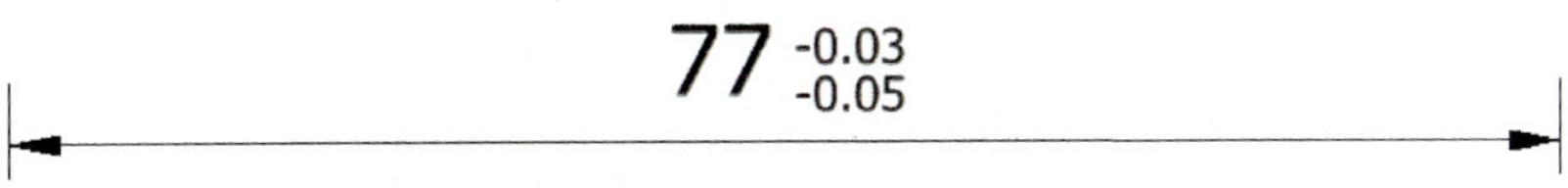
77 -0.03 -0.05

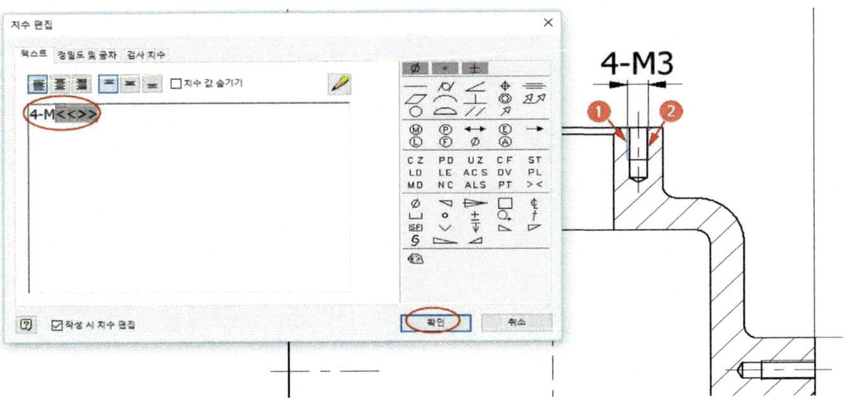
치수 편집
텍스트
정밀도 및 공차
검사 치수
치수 값 숨기기
4-M<<>>
작성 시 치수 편집
확인
취소
4-M3
1
2

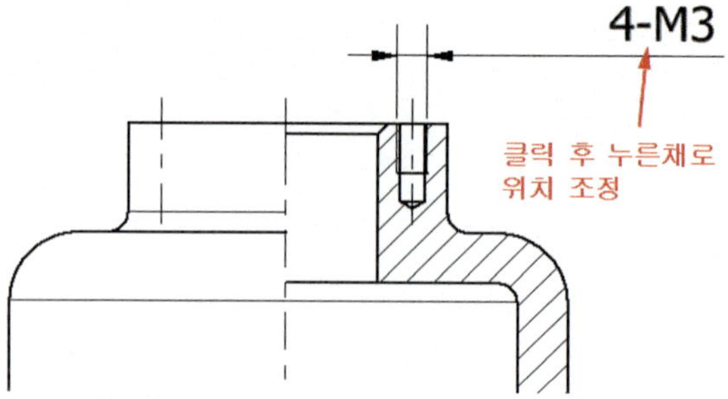
4-M3
클릭 후 누른채로
위치 조정

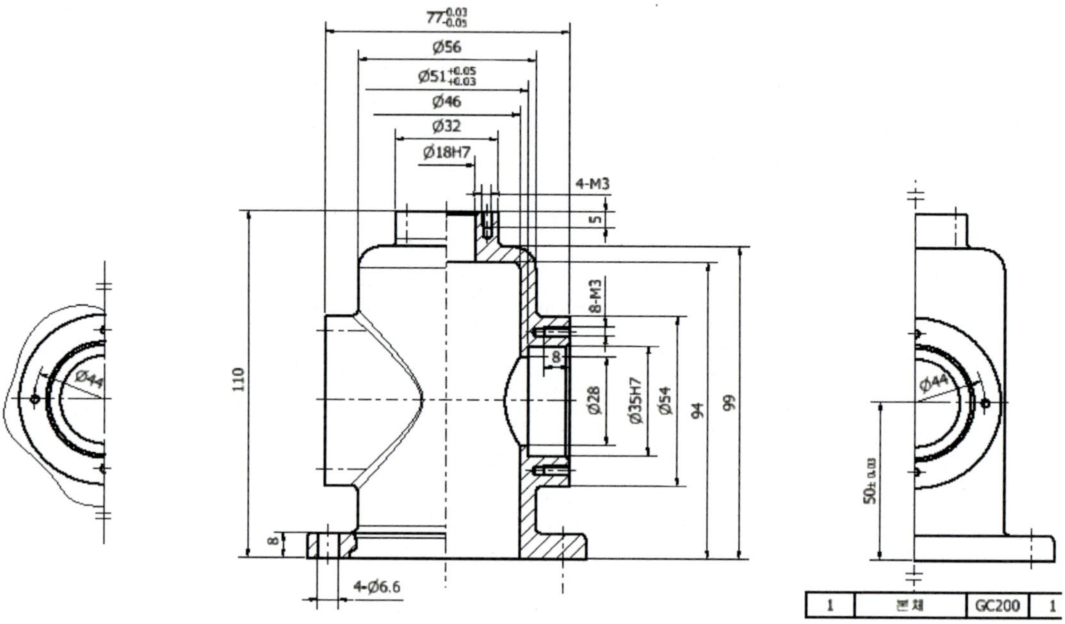
77-0.03 -0.05
Ø56
Ø51+0.05 +0.03
Ø46
Ø32
Ø18H7
4-M3
5
8-M3
8
Ø28
Ø35H7
Ø54
94
99
110
8
4-Ø6.6
Ø44
50± 0.03
1
본체
GC200
1

41 치수()선택하여 선형 대칭할 치수를 선택 후 오른쪽 버튼을 클릭하면 치수 유형에서 선형 대칭, 선형지름을 사용하여 치수를 기입한다.

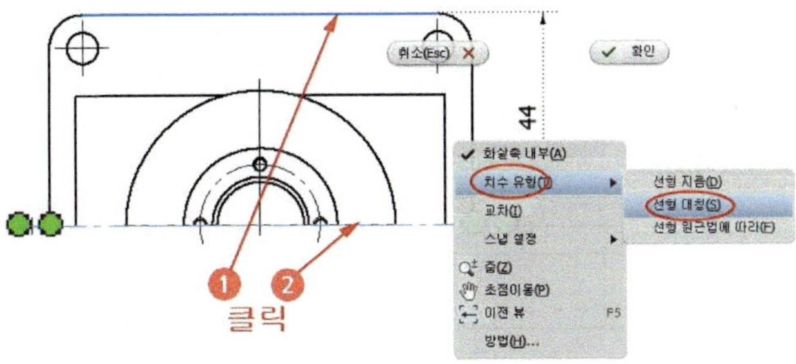

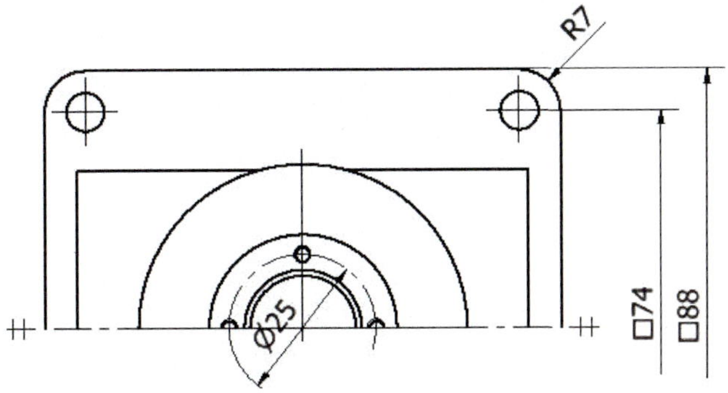

42 위과 같은 방법으로 치수를 표기할 때 오른쪽 버튼을 이용하여 치수 옵션이나 치수 유형을 변경할 수 있다.

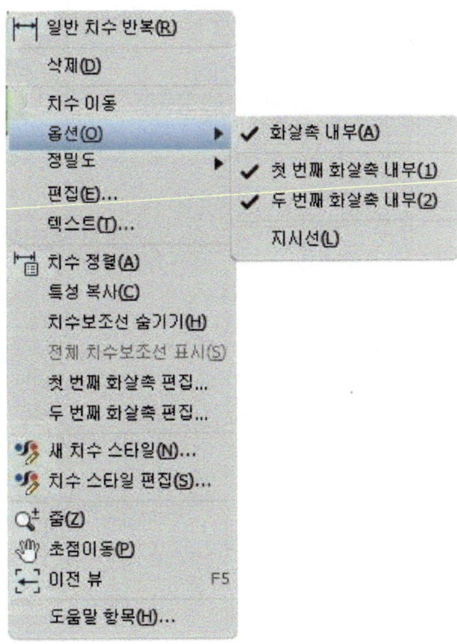

43 치수(⊢⊣)를 이용하여 도면과 같은 치수를 기입할 수 있다.

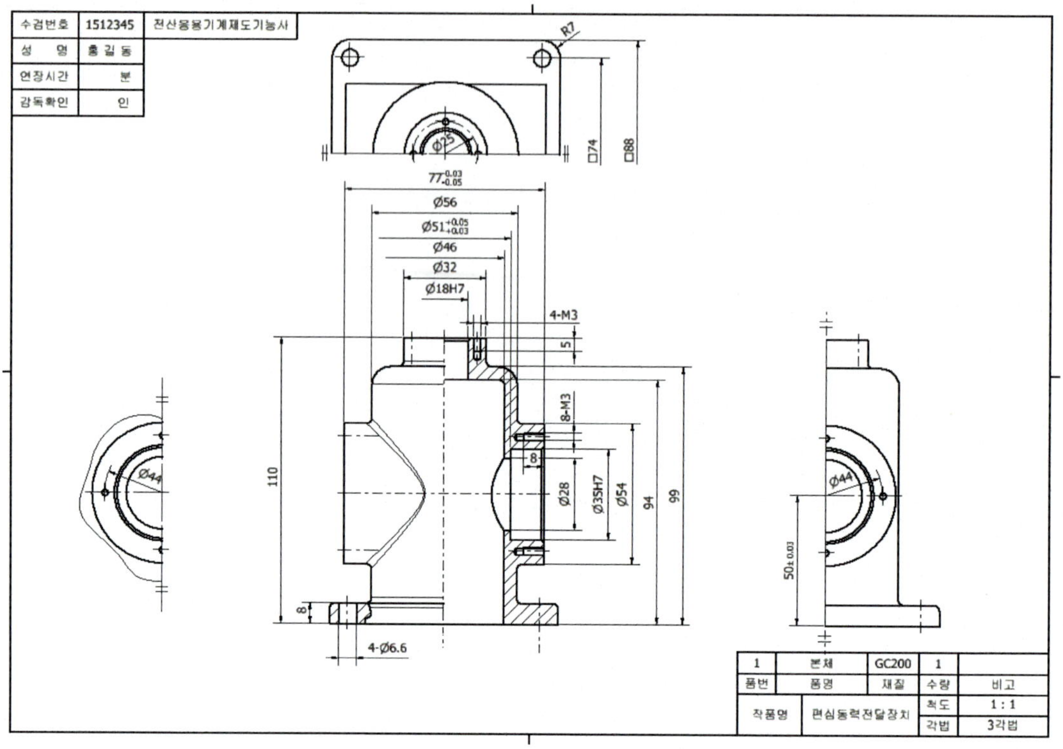

44 편집할 치수를 더블 클릭하면 치수 편집창이 나타난다. 사용자가 사용할 기호나 치수를 편집할 수 있다.

45 정밀도 및 공차도 치수 편집창에서 편집이 가능하다.

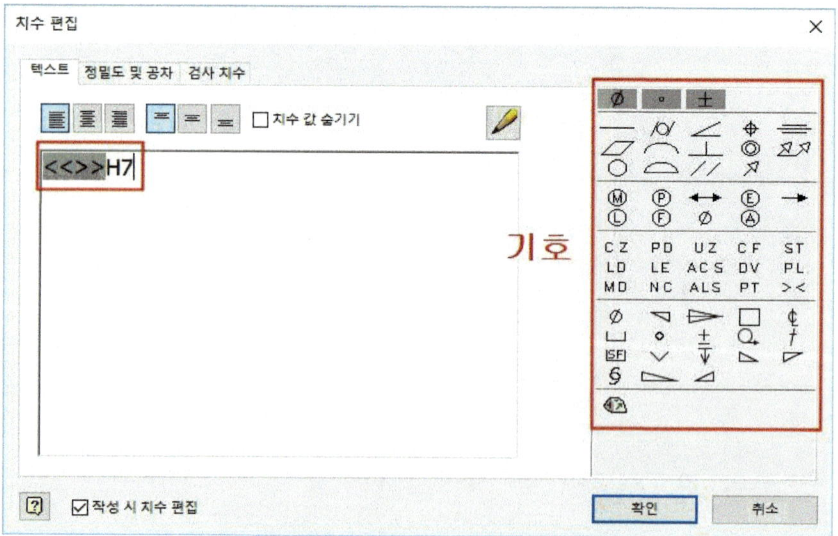

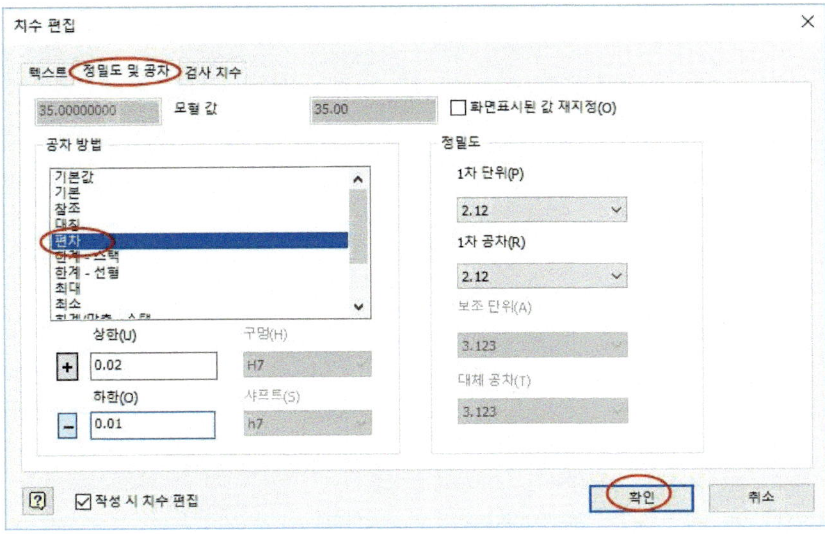

46 관리 탭의 스타일 편집기를 클릭하여 실행한다. 설정한다.
표면텍스처에 표준참조를 ISO 1302-2002를 ISO 1302-1978로 설정한다.

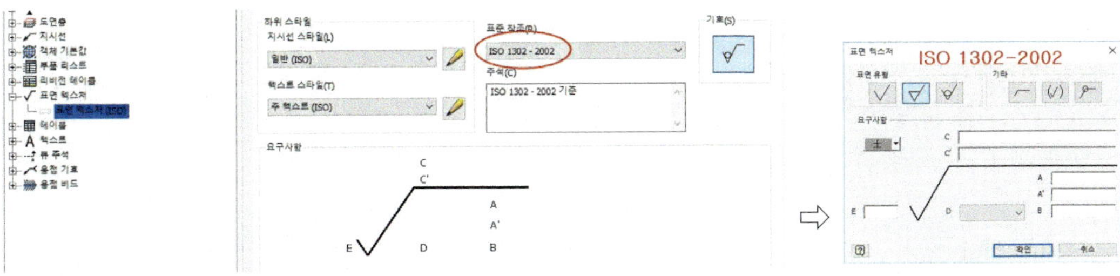

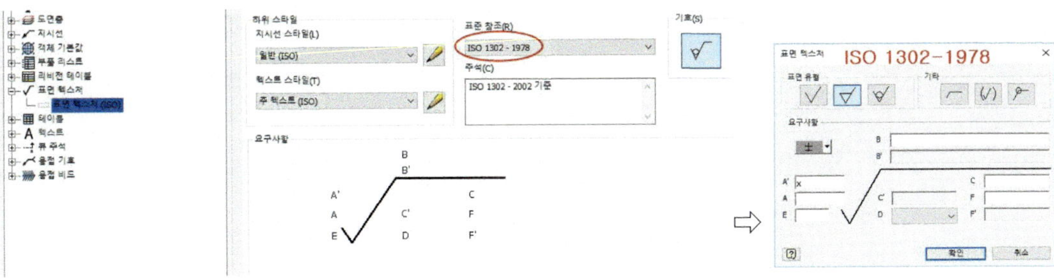

47 표면 텍스쳐에 2.5, 5를 표준에 추가하기 위하여 텍스트도 2.5, 5를 표준에 추가해야한다. (표면 텍스쳐 크기는 텍스트 크기에 연동되기 때문에)

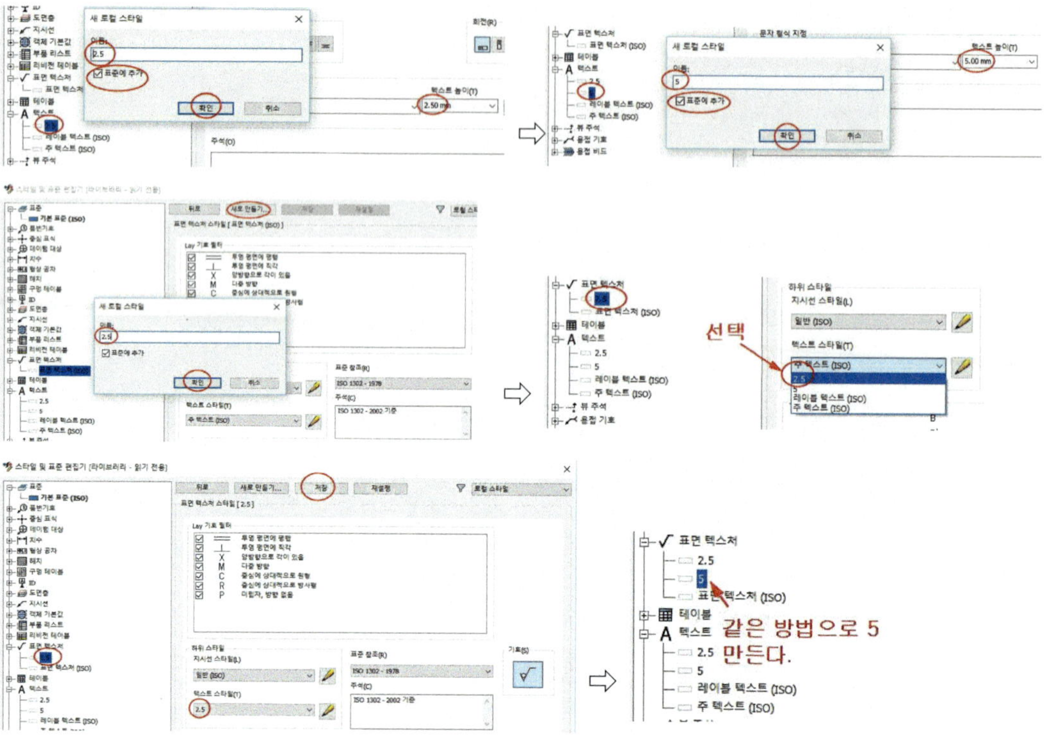

48 곡면(√‾)을 클릭하고 형식에서 √2.5 표면 거칠기를 선택하고 표시가 들어가야 할 곳에 클릭하고 아래와 같이 표면 거칠기 표시를 한다.

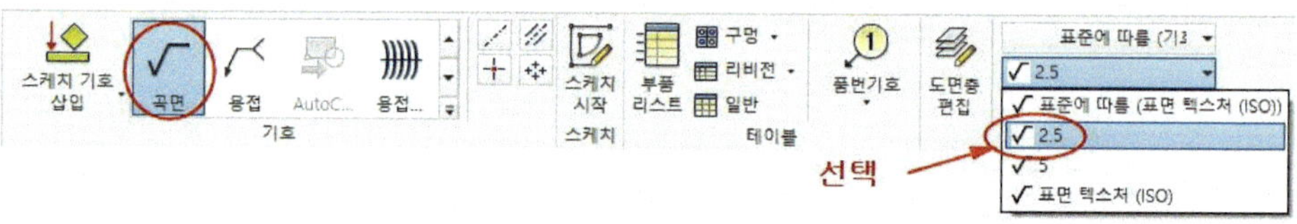

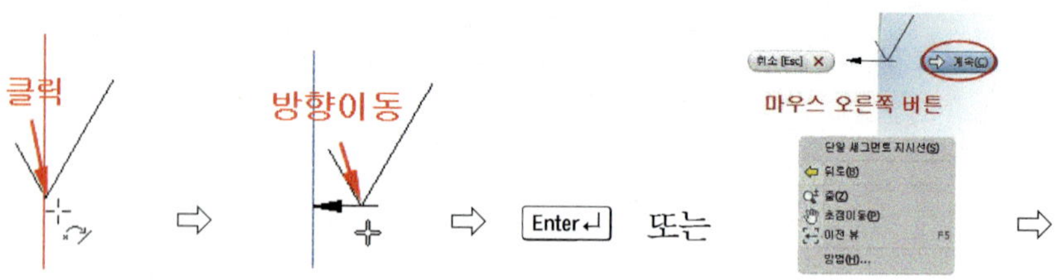

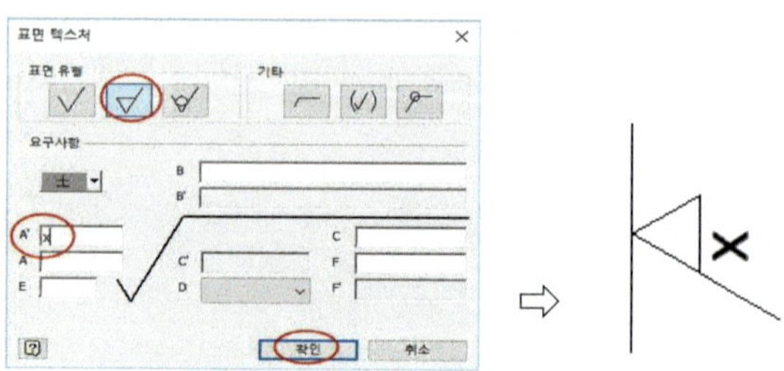

49 도면에 표시된 것처럼 나머지 뷰에도 거칠기 표시를 한다.

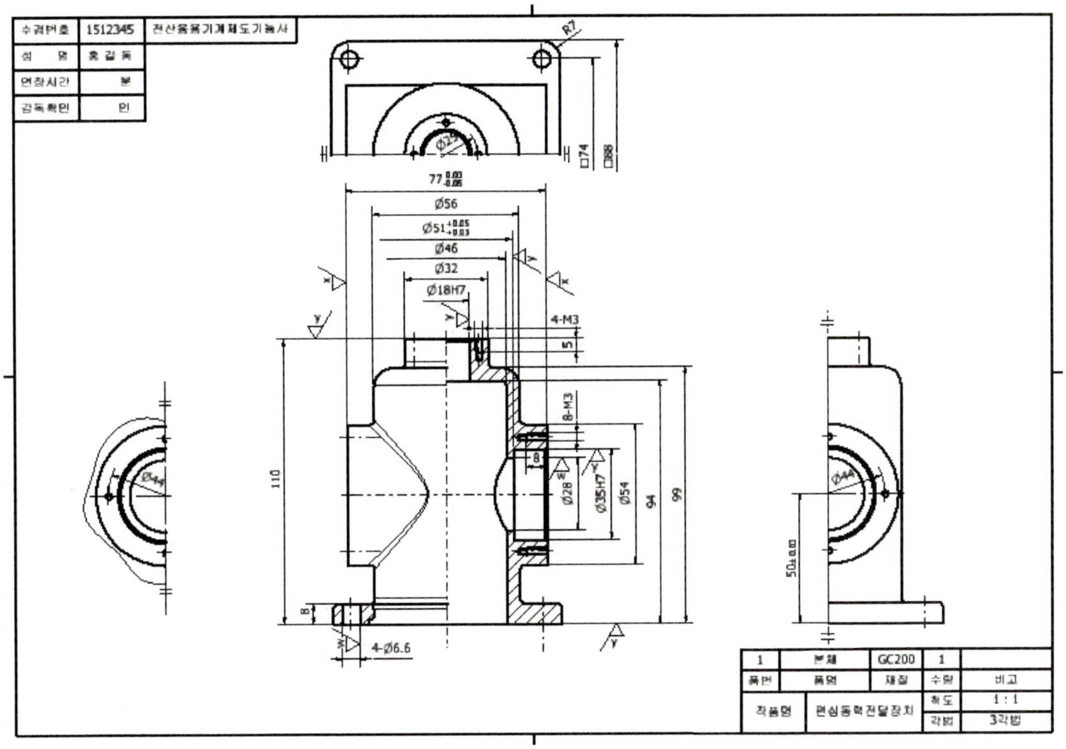

50 리본에서 주석 탭 ⇨ 기호 패널 ⇨ 데이텀 식별자(A)를 클릭하고 데이텀 식별자 기호(A)를 기입한다. 데이텀 A를 작성한다.

51 데이텀 형상공차(⊕.1)클릭하여, 그림과 같이 차례대로 클릭 후 오른쪽 버튼에서 계속을 클릭한다. 필요한 형상 공차를 기입할 수 있다.

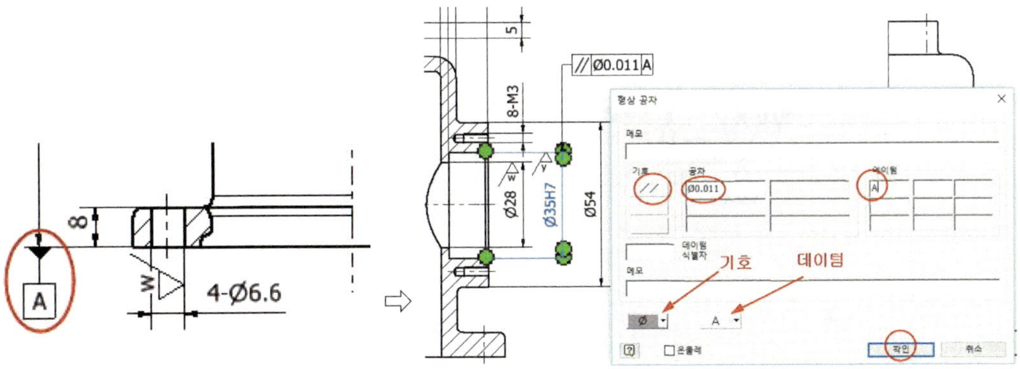

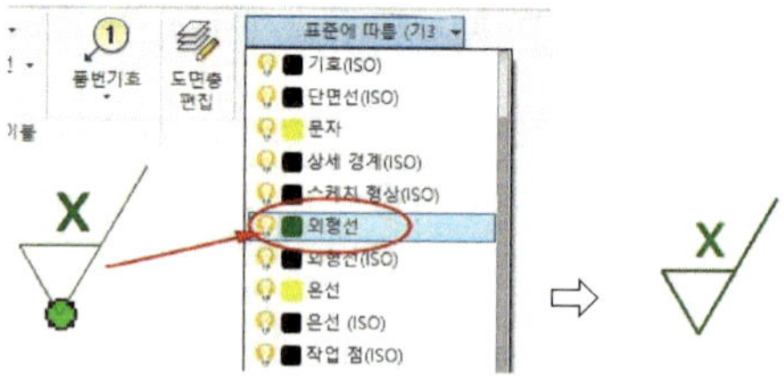

57 텍스트(A)를 이용하여 그림과 같이 스케치한다.

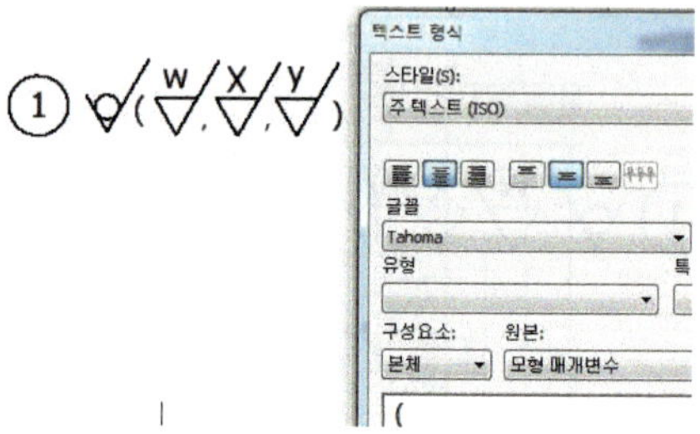

58 본체 도면이 완성되었다.

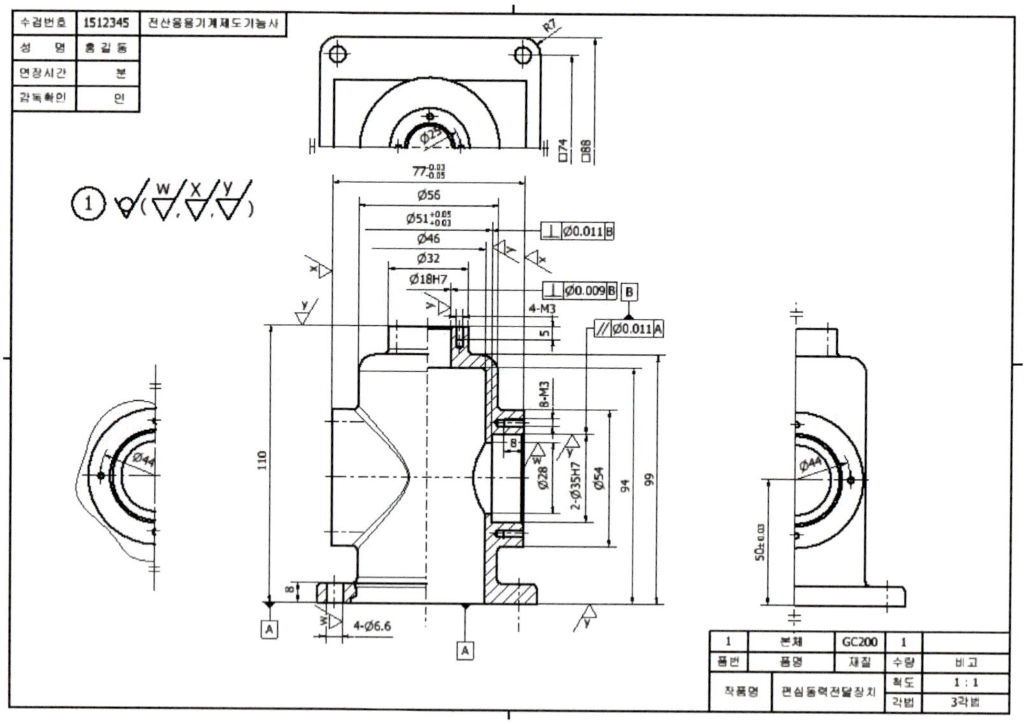

7.6 편심축 도면화 작업

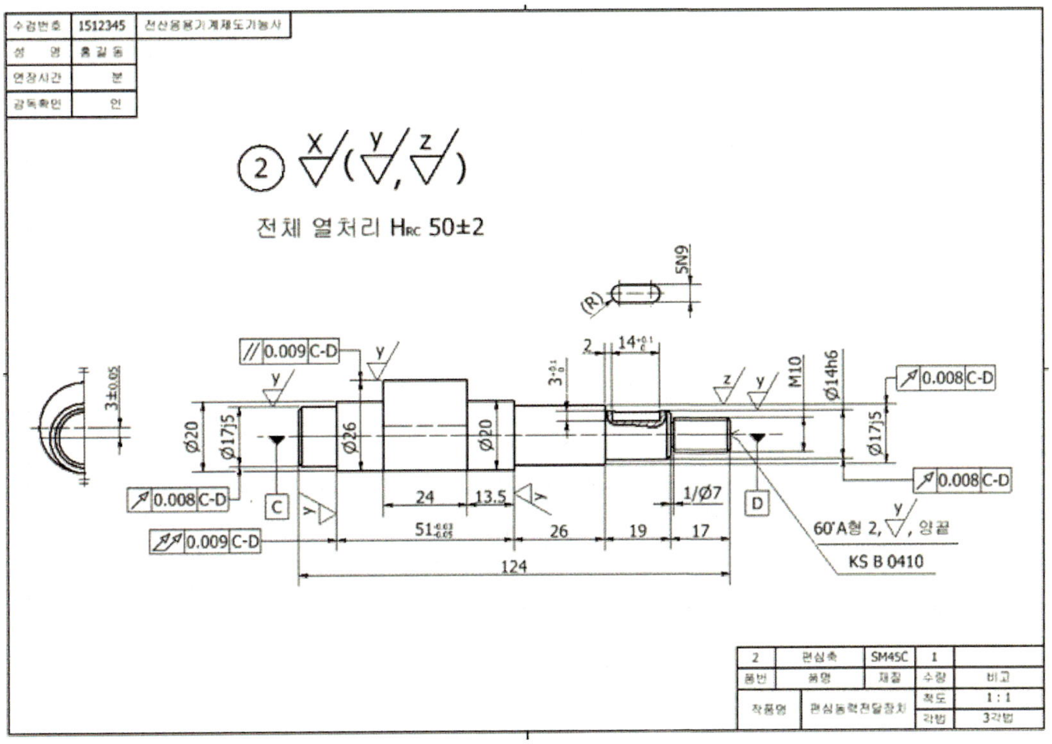

01 도면 파트에서 만들었던 경계-홍.idw를 선택한다.

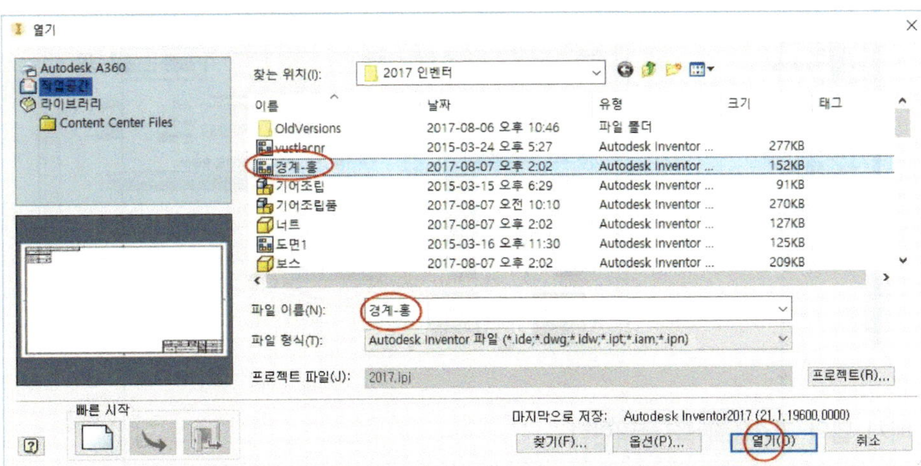

08 도면 뷰 패널에서 투영( )을 선택한다.

기준 뷰를 기준으로 평면도의 위치를 클릭해서 지정하고, 마우스 오른쪽 버튼을 이용하여 작성을 클릭한다.

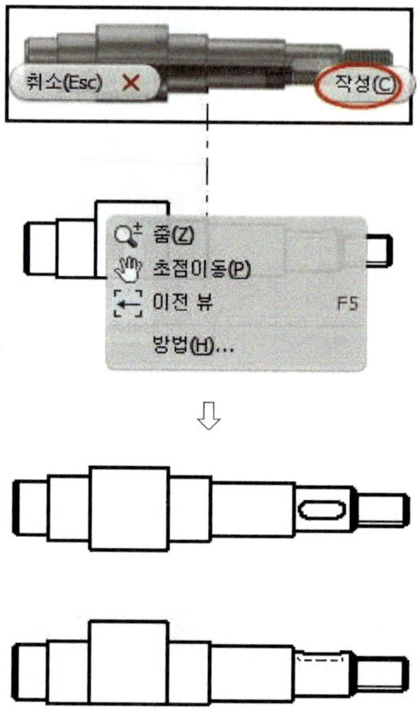

09 오리기( )⇨뷰 선택 ⇨ 사각영역 설정 ⇨ 숨겨야 되는 라인은 선택하여 오른쪽 버튼을 클릭하여 가시성을 해지시킨다.

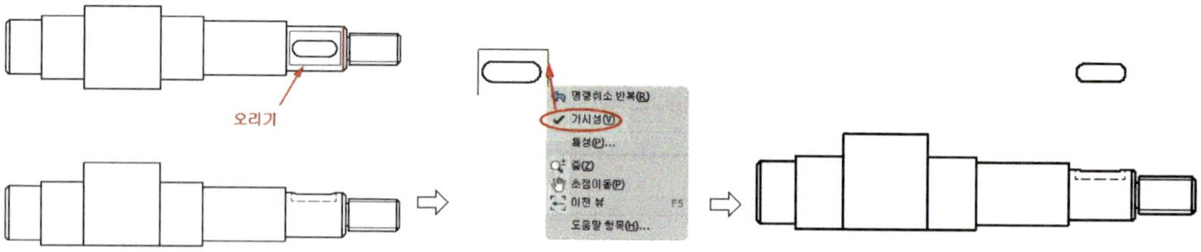

10 기준 뷰를 선택하고 스케치를 클릭한다.

11 스플라인( )을 선택하여 그림과 같이 스케치한다.

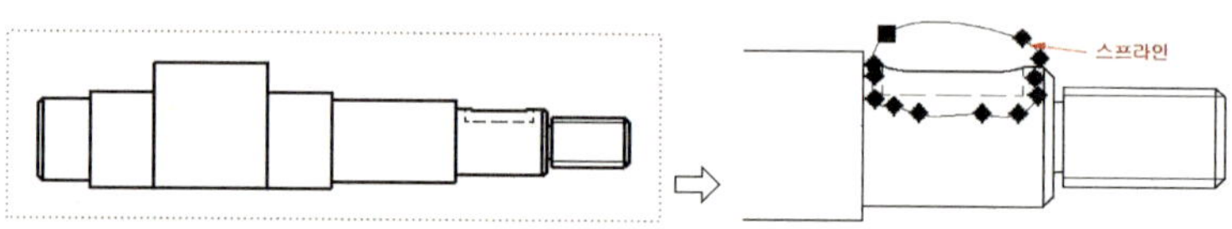

12 도면 뷰 패널에서 브레이크 아웃(아이콘)을 선택 후 기준 뷰를 클릭한다. 프로파일은 스케치를 선택하고, 깊이는 [시작점]를 선택한 후 그림과 같이 선택한다.

13 해치선을 선택하고 해치 스타일 편집을 이용하여 해치 모양을 바꿀 수 있다.

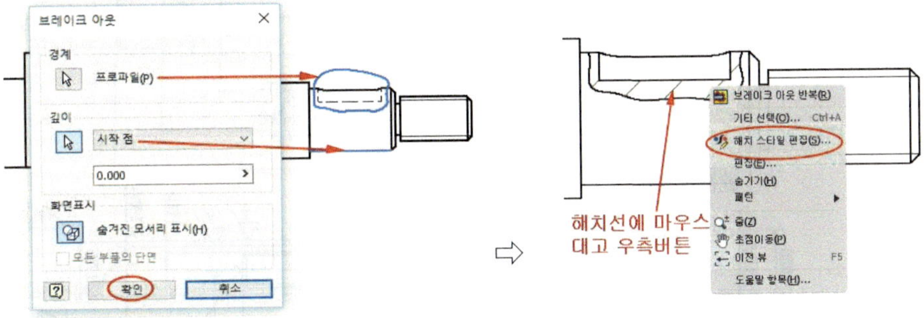

14 브레이크 아웃(아이콘) 뷰가 완성 되었다.

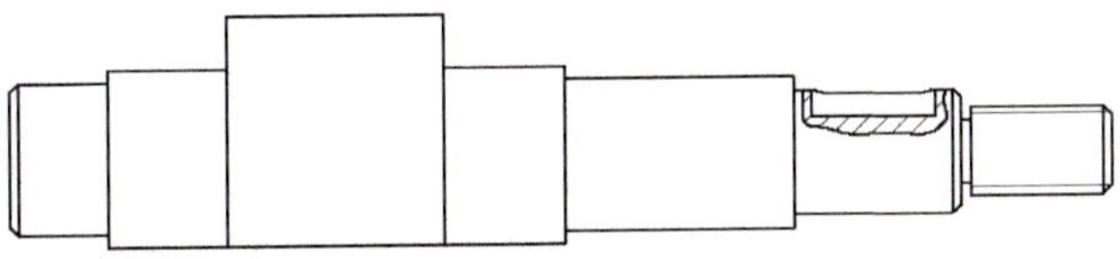

15 도면 뷰 패널에서 투영(아이콘)을 선택한다.
기준 뷰를 기준으로 좌측면도의 위치를 클릭해서 지정하고, 마우스 오른쪽 버튼을 이용하여 작성을 클릭한다.

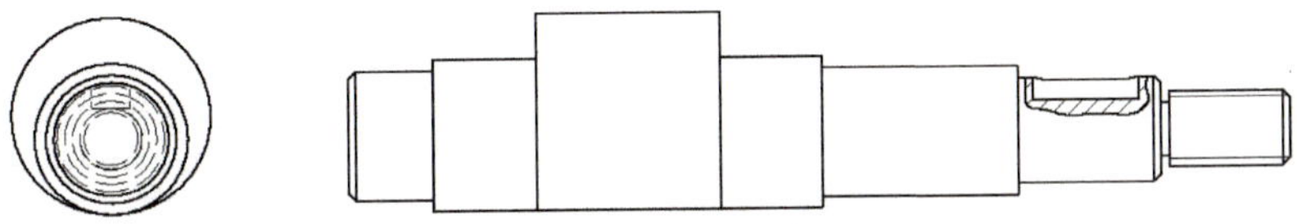

16 좌측면도를 더블클릭해서 나타나는 도면 뷰의 구성요소 탭의 스타일에서 기준으로부터의 스타일 지정(아이콘)을 끄고 은선 제거(아이콘)를 선택한다.

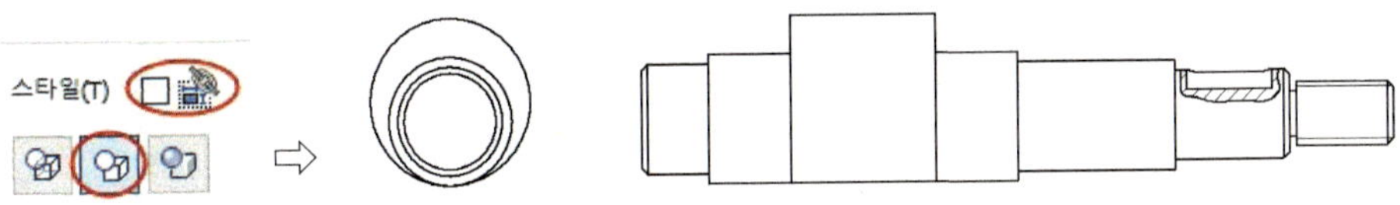

03 도면이 그림과 같이 작성되었다.

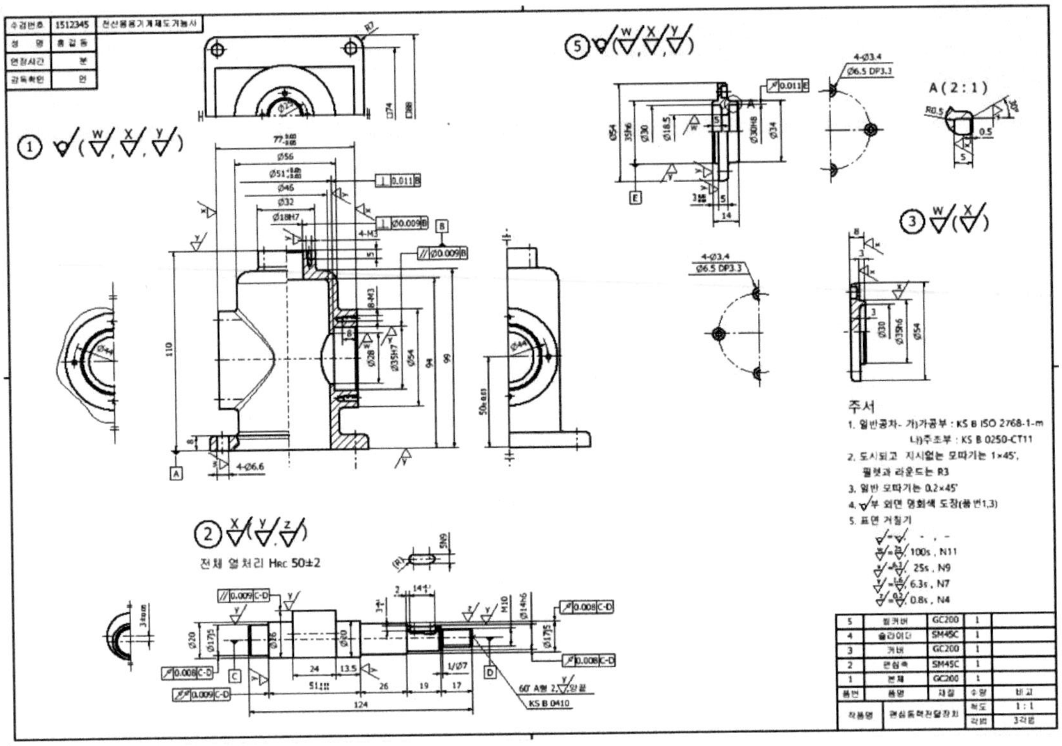

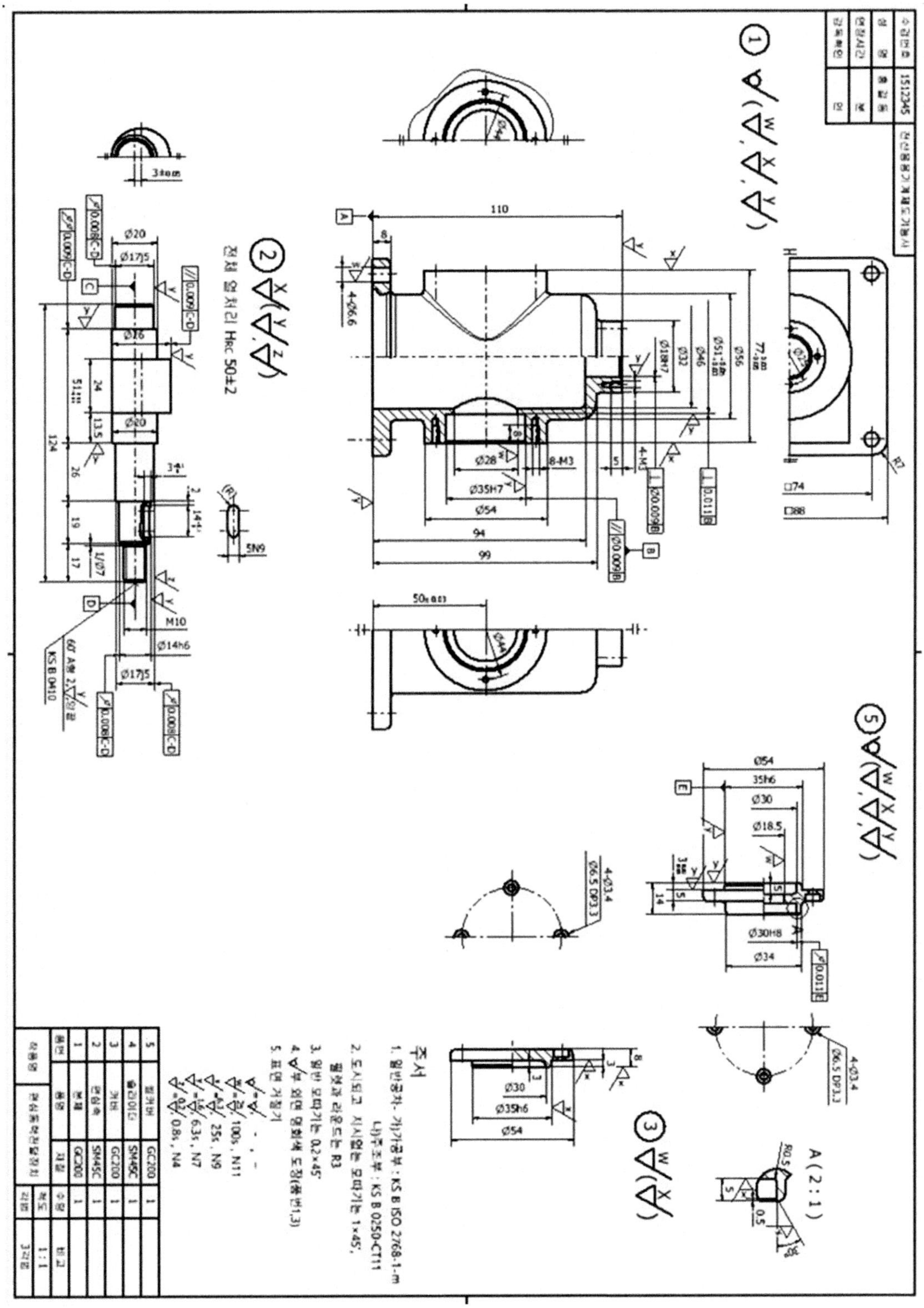

7.9 모형도 도면화 작업

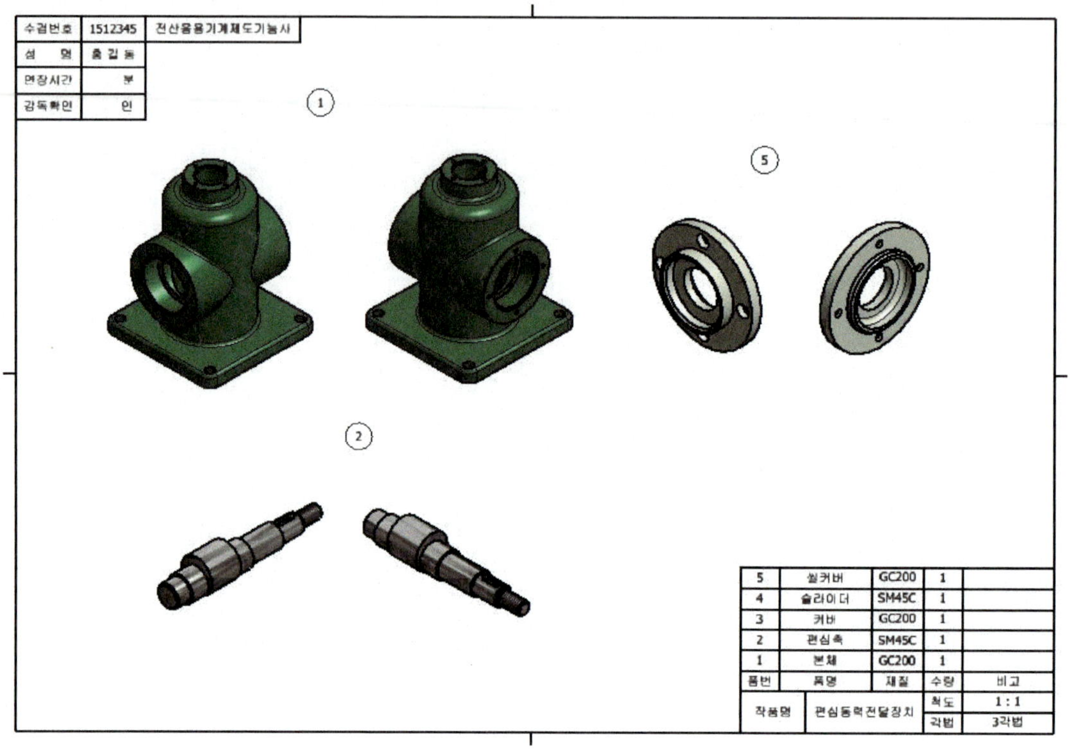

01 도면 파트에서 만들었던 경계-홍.idw를 선택한다.

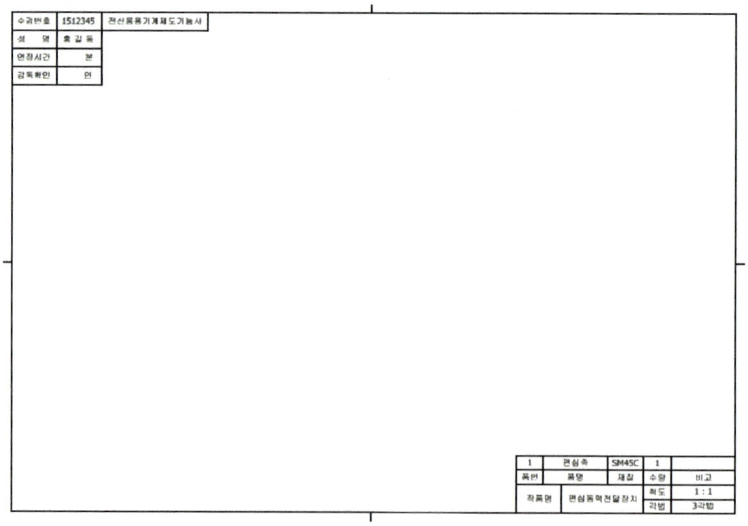

02 리본 메뉴에서 관리 ⇨ 스타일 및 표준 ⇨ 스타일 편집기를 선택한다.
관리 탭의 스타일 편집기를 클릭하여 실행한다.

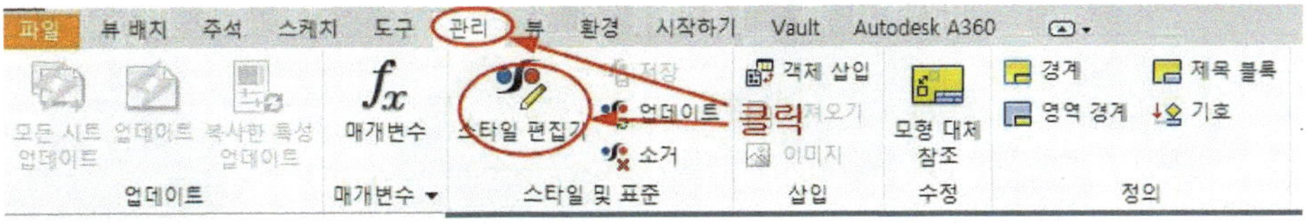

03 기본 표준(ISO)의 뷰 기본 설정에서 투영 유형을 삼각법으로 설정한다. 저장과 종료 버튼을 클릭한다.

04 뷰 배치 탭의 기준( )을 클릭한다.

05 도면 뷰에서 구성요소 ⇨ 기존파일열기( )를 클릭하여 도면화 시킬 본체.ipt 파일을 선택해서 열기를 한다.

06 뷰 큐브 를 이용하여 정면도로 배치시킬 뷰 방향을 설정한다.

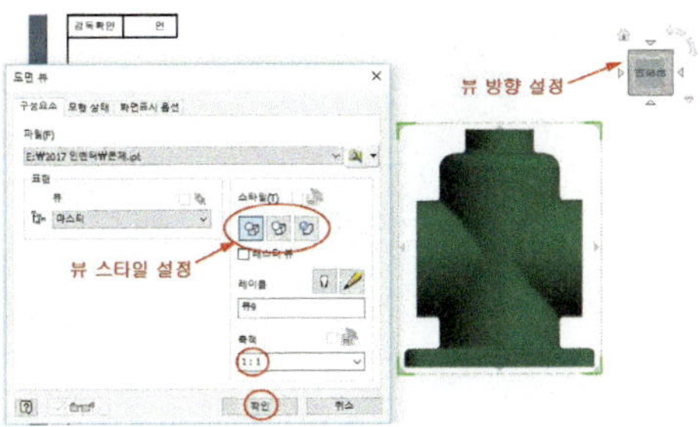

07 기준뷰의 위치를 클릭하여 지정하면 기준뷰가 배치된다.

08 도면 뷰 패널에서 투영( )을 선택한다.

09 기준 뷰를 기준으로 등각투영의 위치를 클릭해서 지정하고, 마우스 오른쪽 버튼을 이용하여 작성을 클릭한다.

10 기준 뷰를 더블 클릭해서 억제하고 등각투영의 위치를 조정한다.

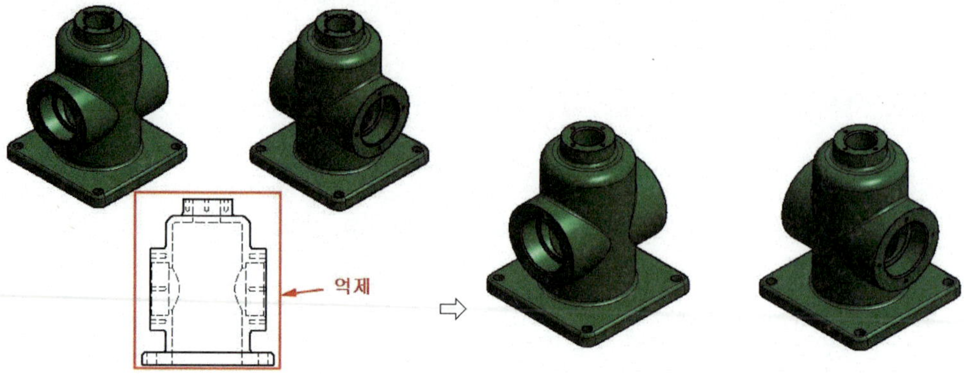

11 편심축, 씰커버도 같은 방법으로 배치한다.

12 부품번호를 붙인다.

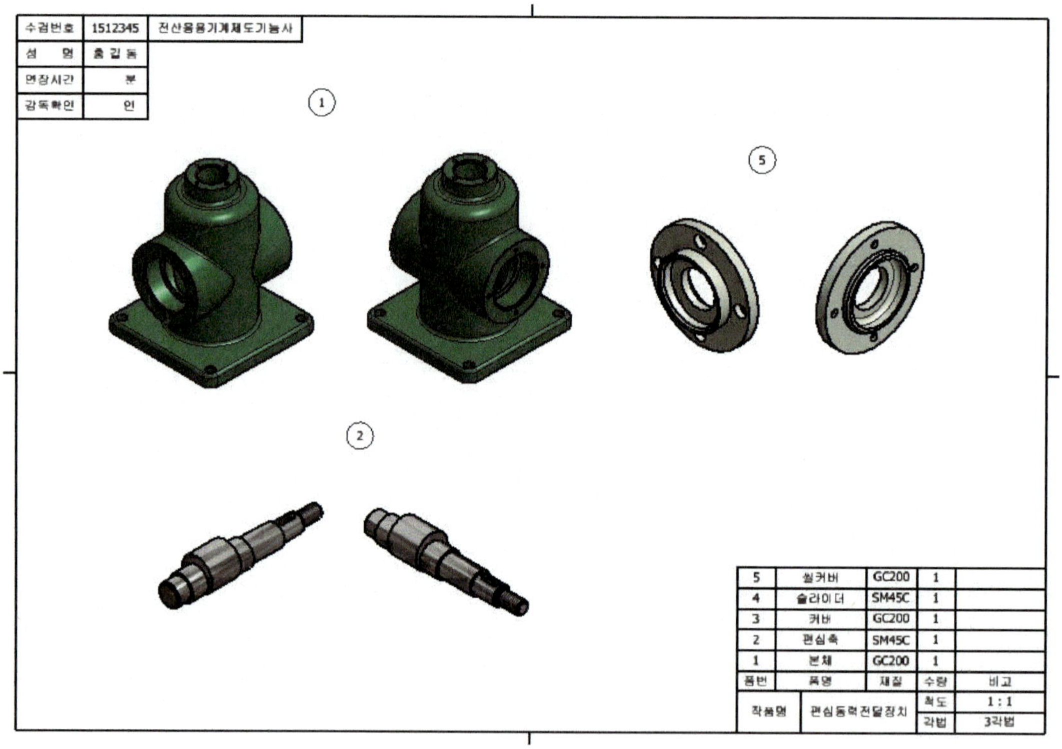

수검번호	1512345	전산응용기계제도기능사
성 명	홍 길 동	
연장시간	분	
감독확인	인	

5	씰커버	GC200	1	
4	슬라이더	SM45C	1	
3	커버	GC200	1	
2	편심축	SM45C	1	
1	본체	GC200	1	
품번	품명	재질	수량	비고
작품명	편심동력전달장치		척도	1 : 1
			각법	3각법

Chapter

08

모형 및 도면인쇄

모형이나 도면을 인쇄하거나 플롯할 때 옵션을 설정한다.

8.1 도면 인쇄

단일시트나 연속시트 또는 활성 도면의 모든 시트를 인쇄하거나 플롯한다.
도면에 있는 시트를 인쇄하거나 플롯하는 옵션을 설정한다.

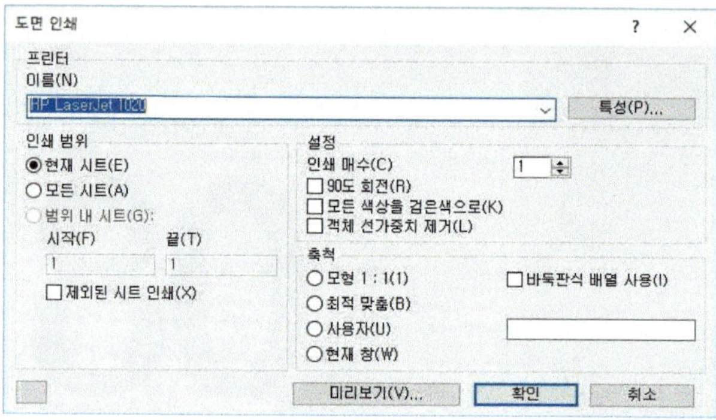

- 프린터
  - 이름 : 프린터 또는 플로터를 지정한다. 프린터 또는 플로터를 변경하려면 화살표를 클릭하고 리스트에서 선택한다.
  - 특성 : 용지 크기 및 방향을 설정하는 데 사용되는 인쇄 설정 대화상자를 연다.
- 인쇄 범위

  인쇄할 시트를 지정한다.
  - 현재 시트 : 도면에 있는 활성 시트를 인쇄한다.
  - 모든 시트 : 도면에 있는 모든 시트를 인쇄한다. 시트 편집 대화상자에서 인쇄에서 제외 옵션이 선택된 시트를 인쇄하려면 제외된 시트 인쇄를 선택한다.
  - 범위 내 시트 : 시트범위 시작 및 끝 상자에 지정된 시트 범위를 인쇄한다.
  - 제외된 시트 인쇄 : 이 옵션이 선택되면 시트 편집 대화상자에서 인쇄에서 제외 옵션이 선택된 시트를 인쇄한다. 인쇄에서 시트를 제외하려면 확인란의 선택을 취소한다.

- 설정

  컬러, 흑백, 선가중치 및 회전에 대한 재지정을 지정한다. 인쇄 설정은 인쇄할 때 적용된다.
  - 인쇄 매수 인쇄할 인쇄 매수를 설정한다. 상자에 숫자를 입력한다.
  - 90도 회전 : 용지 위에 있는 도면의 방향을 90도 변경한다.

- 모든 색상을 검은색으로 : 도면을 흑백으로 인쇄한다. 포함된 이미지와 음영처리된 뷰는 여전히 컬러로 인쇄된다.
- 객체 선 가중치 제거 : 도면의 선 가중치 설정을 무시하고 모든 선 가중치를 동일하게 인쇄한다.

● 축척

도면에 지정된 시트 크기와 프린터 또는 플로터에 있는 용지 크기 간의 축척을 설정한다.

- 모형 1:1 : 시트와 용지를 동일한 축척으로 설정한다. 용지가 지정된 시트 크기보다 작으면 시트의 일부는 인쇄되지 않습니다.
- 바둑판식 배열 사용 : 여러 페이지를 인쇄하기 위해 도면을 바둑판식으로 배열할지를 선택한다. 여러 페이지 인쇄를 위해 대형 도면을 바둑판식으로 배열하도록 지정한다. 인쇄된 페이지의 정렬을 위해 페이지 구성에 등록 표시를 인쇄할 수 있다. 페이지 식별자에는 도면 이름, 시트 이름 및 페이지 순서를 유지할 수 있도록 테이블 셀 번호가 포함된다.
- 최적 맞춤 : 시트 축척을 용지 크기로 설정한다.
- 사용자(모형 : 용지) : 사용자 축척을 설정한다. 상자에 원하는 축척을 입력하거나 화살표를 클릭하여 리스트에서 축척을 선택한다.
- 현재 창 : 전체 도면의 축척을 용지 크기에 맞게 조정한다.

☞ 도면이 너무 커서 한 시트에 표시할 수 없는 경우 도면인쇄 대화상자의 축척 상자에서 모형 1:1을 선택한 다음 바둑판식 배열 사용 확인란을 선택한다.

☞ 필요한 경우 미리보기를 클릭하여 페이지가 어떻게 인쇄될지 검토한다. 검토해 보고 이상이 없으면 인쇄(P)아이콘을 클릭하거나 닫기 아이콘을 클릭하고 도면인쇄 대화상자에서 확인을 클릭하여 인쇄한다.

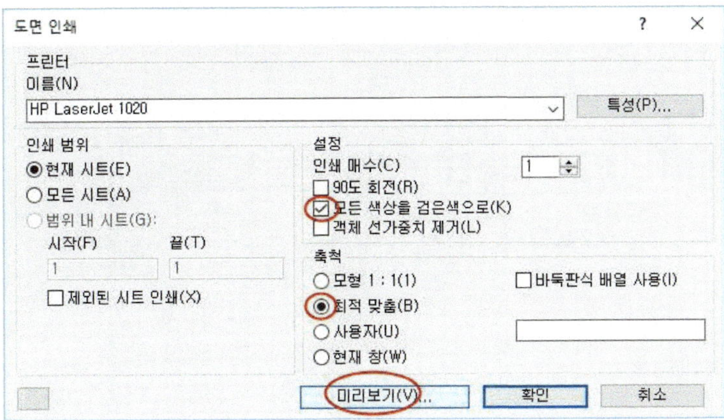

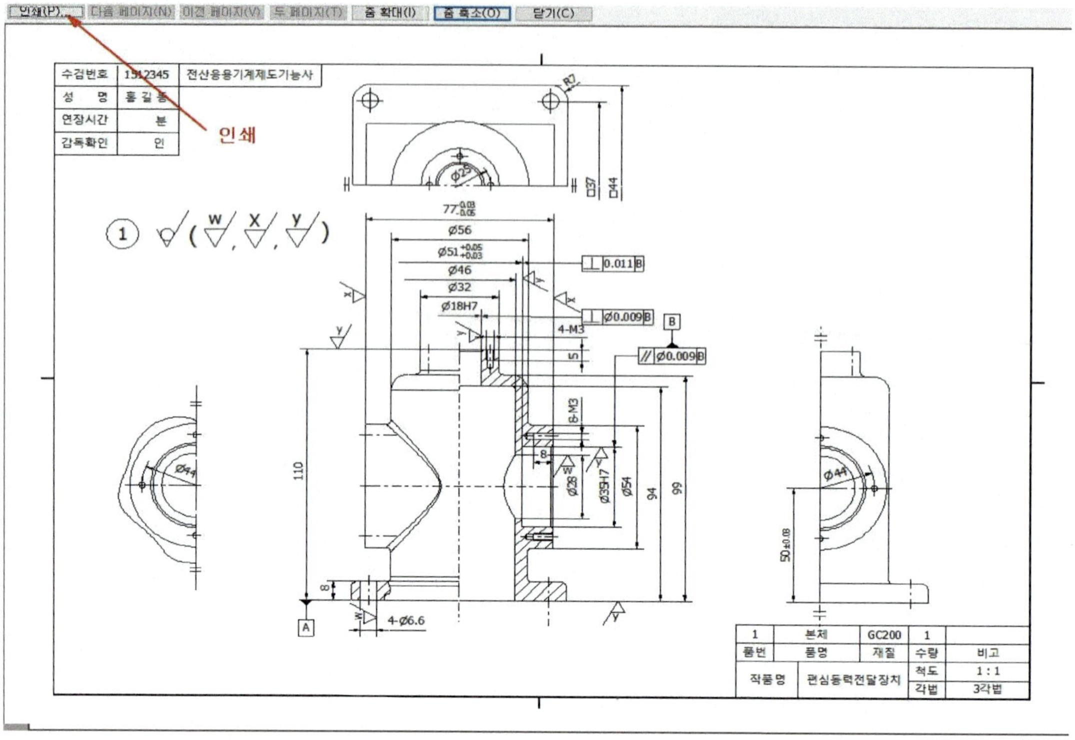

인쇄(P)... 다음 페이지(N) 이전 페이지(V) 두 페이지(T) 줌 확대(I) 줌 축소(O) 닫기(C)
인쇄
수검번호 1512345 전산응용기계제도기능사
성 명 홍길동
연장시간 분
감독확인 인
1 본체 GC200 1
품번 품명 재질 수량 비고
작품명 편심동력전달장치 척도 1:1
각법 3각법

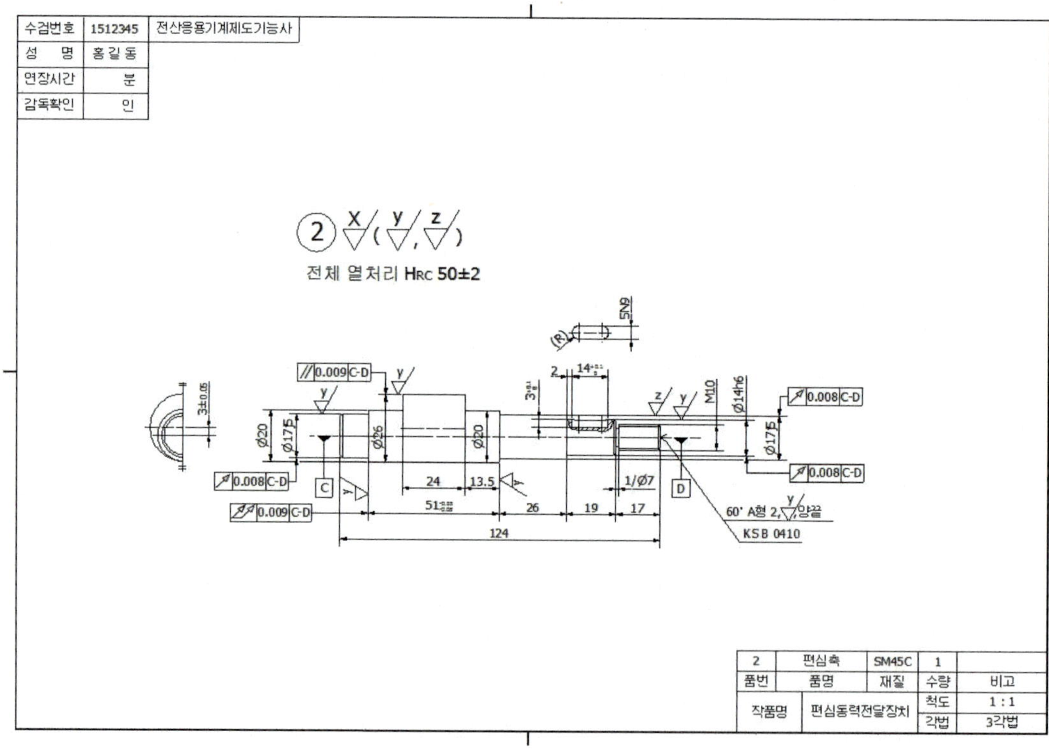

수검번호 1512345 전산응용기계제도기능사
성 명 홍길동
연장시간 분
감독확인 인
전체 열처리 HRC 50±2
60° A형 2, 양끝
KS B 0410
2 편심축 SM45C 1
품번 품명 재질 수량 비고
작품명 편심동력전달장치 척도 1:1
각법 3각법

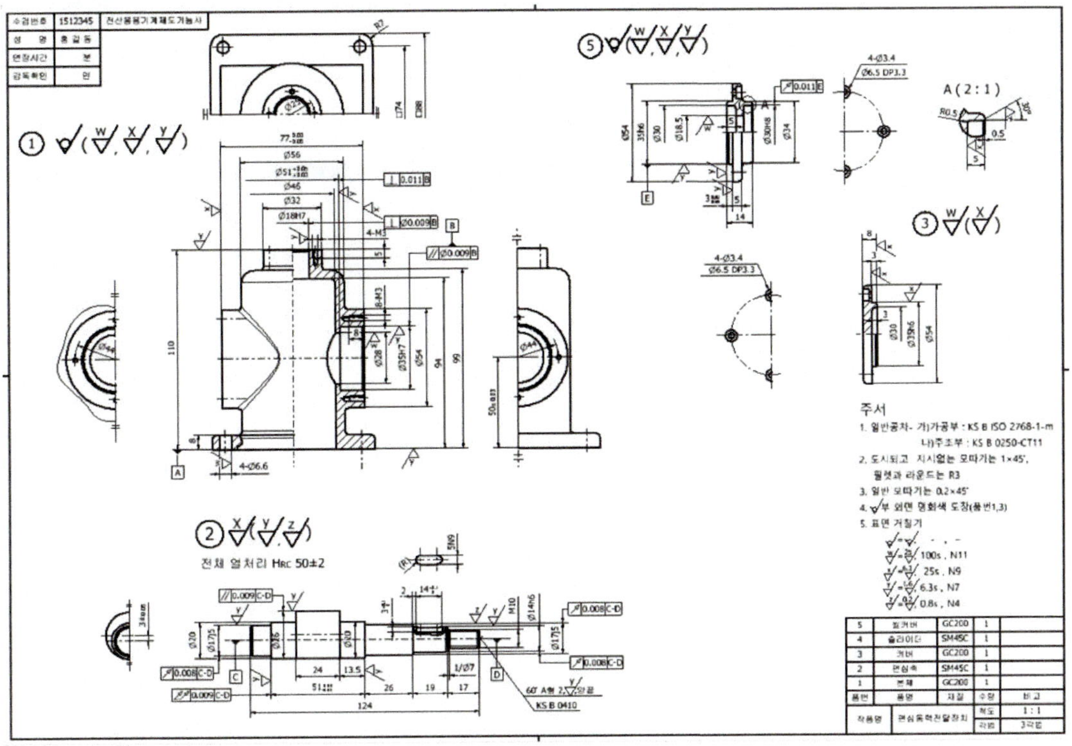

수검번호	1512345	전산응용기계제도기능사
성 명	홍길동	
연장시간	분	
감독확인	인	

①

⑤

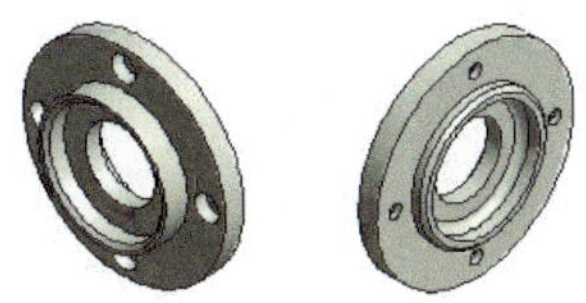

②

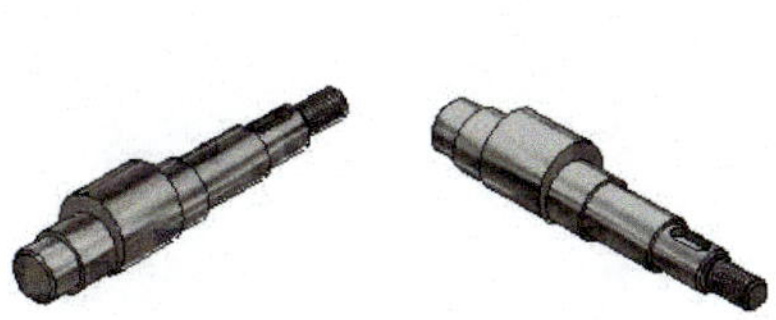

5	씰커버	GC200	1	
4	슬라이더	SM45C	1	
3	커버	GC200	1	
2	편심축	SM45C	1	
1	본체	GC200	1	
품번	품명	재질	수량	비고
작품명	편심동력전달장치		척도	1 : 1
			각법	3각법

8.2 모형 인쇄

활성 모형의 전부 또는 일부를 인쇄하거나 플롯 하는 옵션을 설정한다.

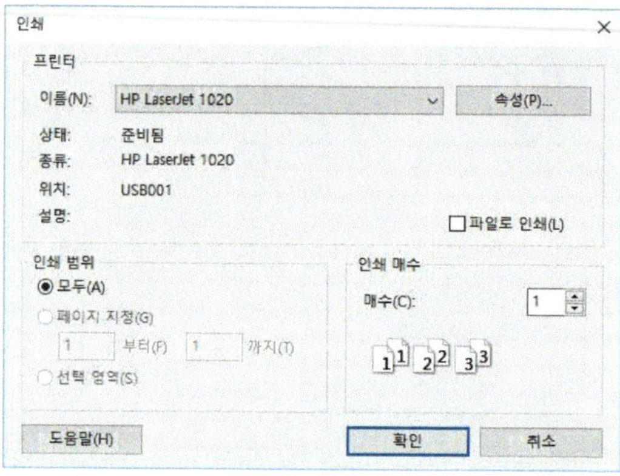

- 프린터
  - 이름 : 프린터 또는 플로터를 지정한다. 프린터 또는 플로터를 변경하려면 화살표를 클릭하고 리스트에서 선택한다.
  - 속성 : 용지 크기 및 방향을 설정하는 데 사용되는 인쇄 설정 대화상자를 연다.

- 인쇄 범위

  인쇄할 페이지 범위를 설정한다. 모형에 대해 그래픽 창에 표시된 모형의 일부만 인쇄됩니다(전체 옵션만 사용할 수 있음).

- 인쇄 매수

  인쇄할 인쇄 매수를 설정한다. 인쇄 매수를 입력하거나 위 또는 아래 화살표를 사용하여 원하는 매수를 선택한다.

Chapter

09

실습 과제 도면

V-벨트전동장치1

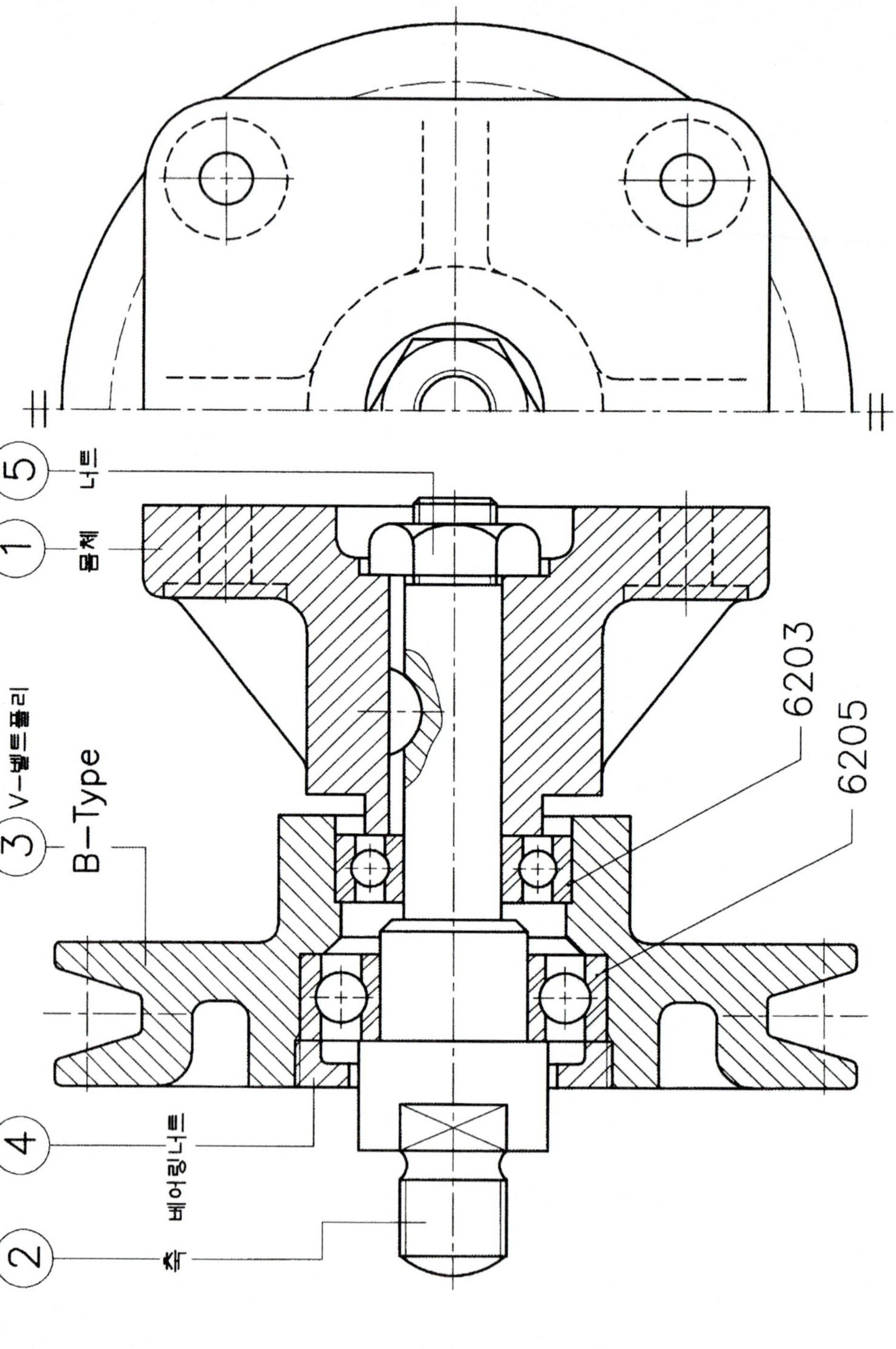

기어박스

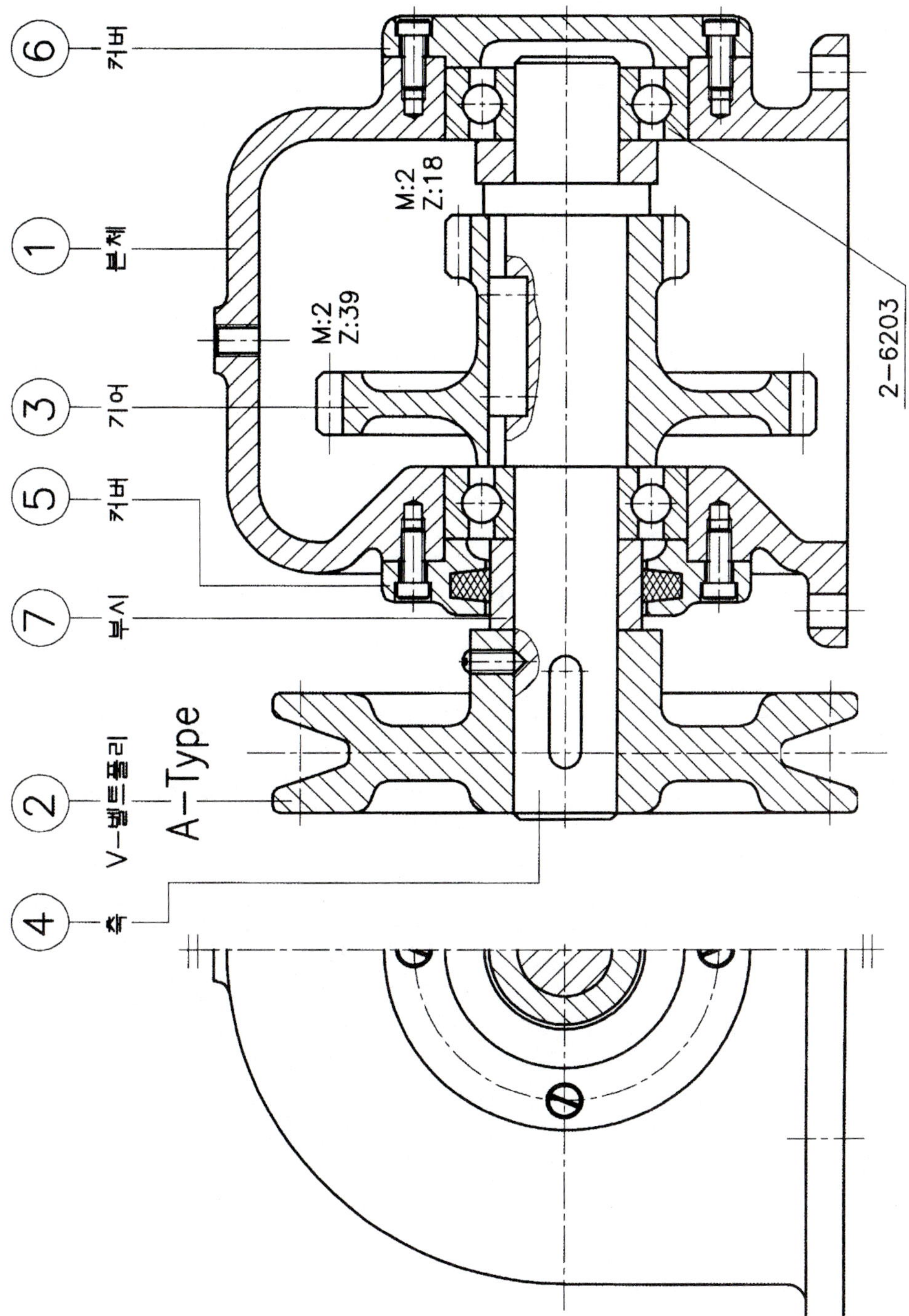

V-벨트전동장치2

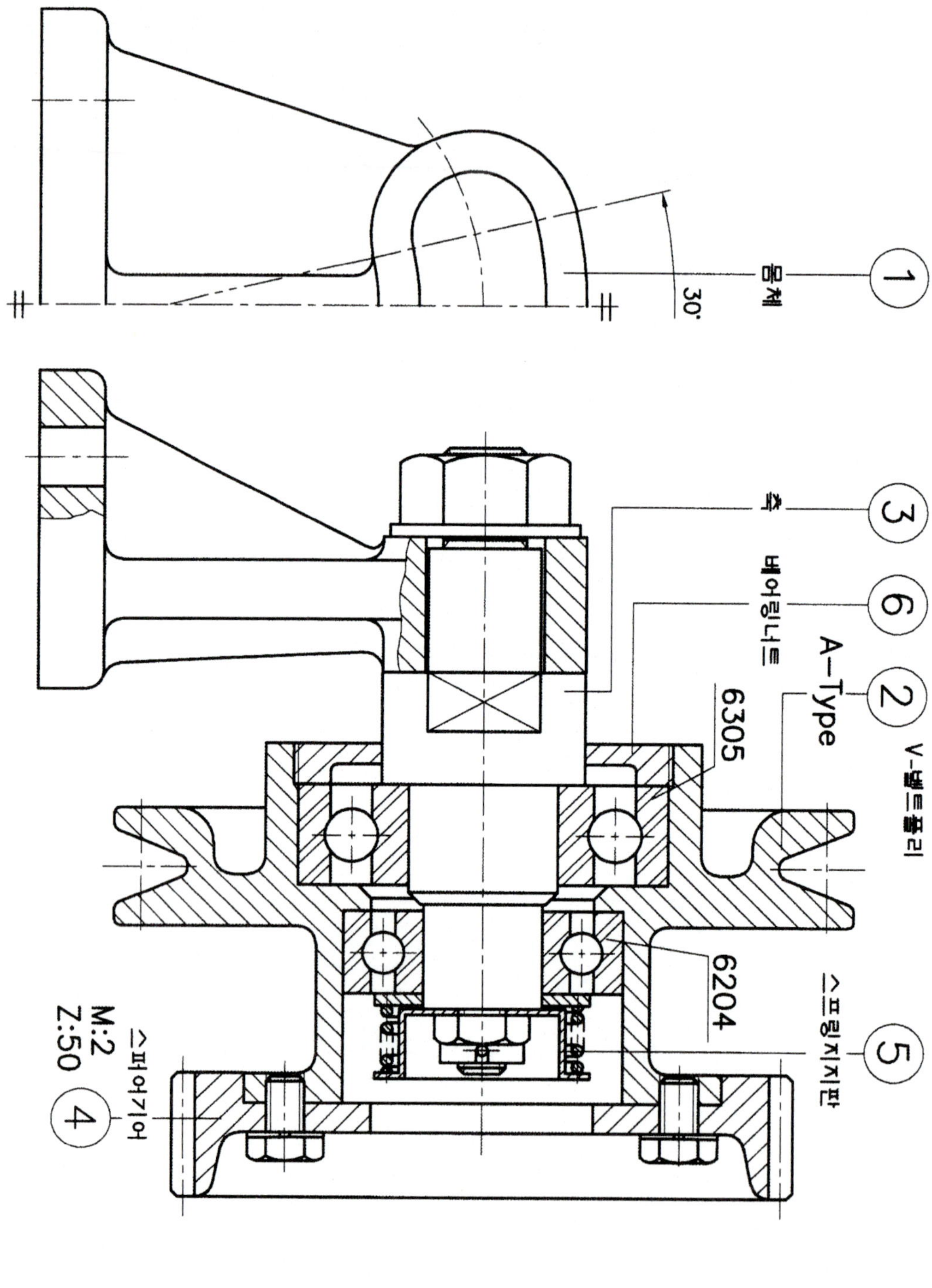

기어펌프

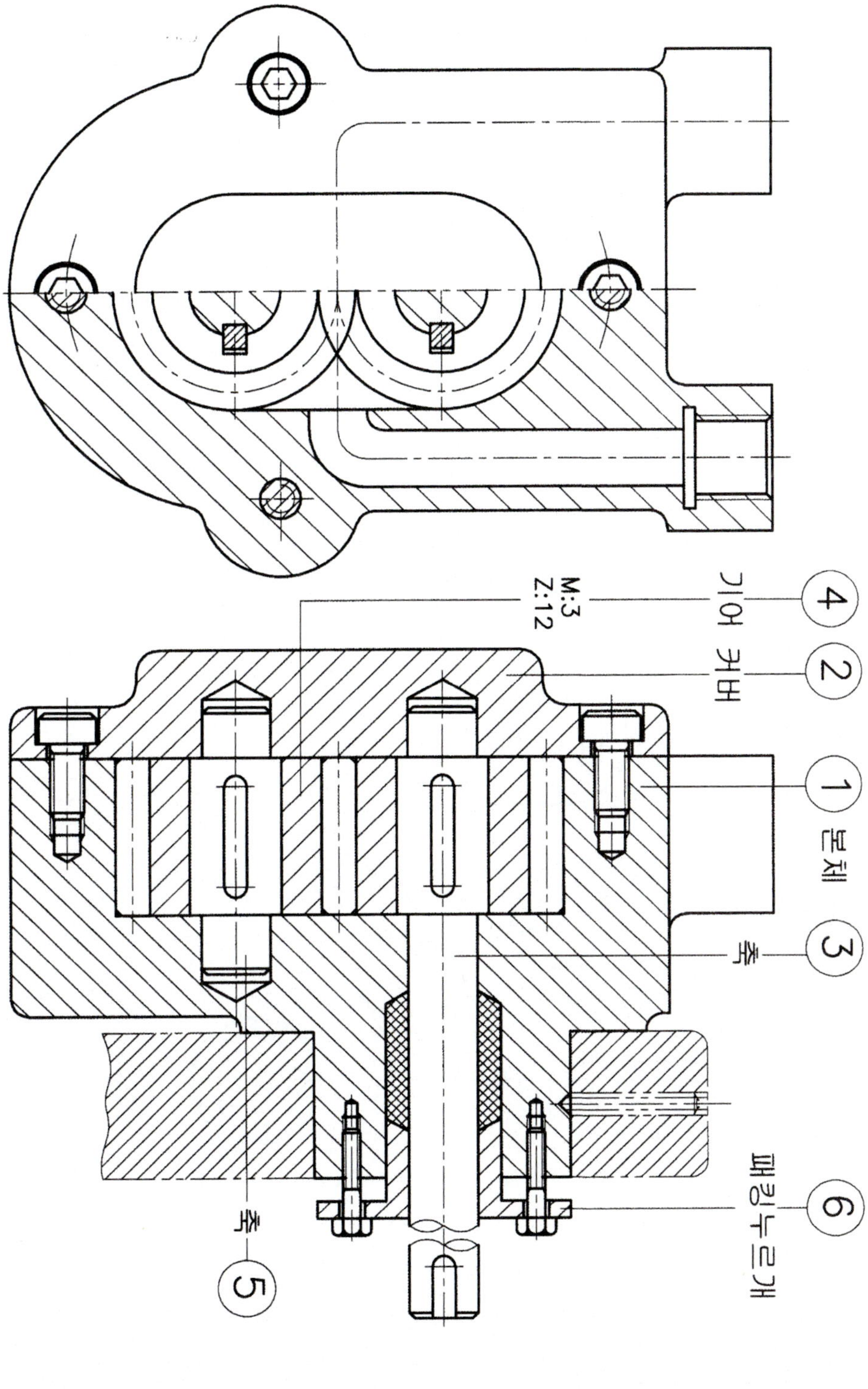

실린더펌프

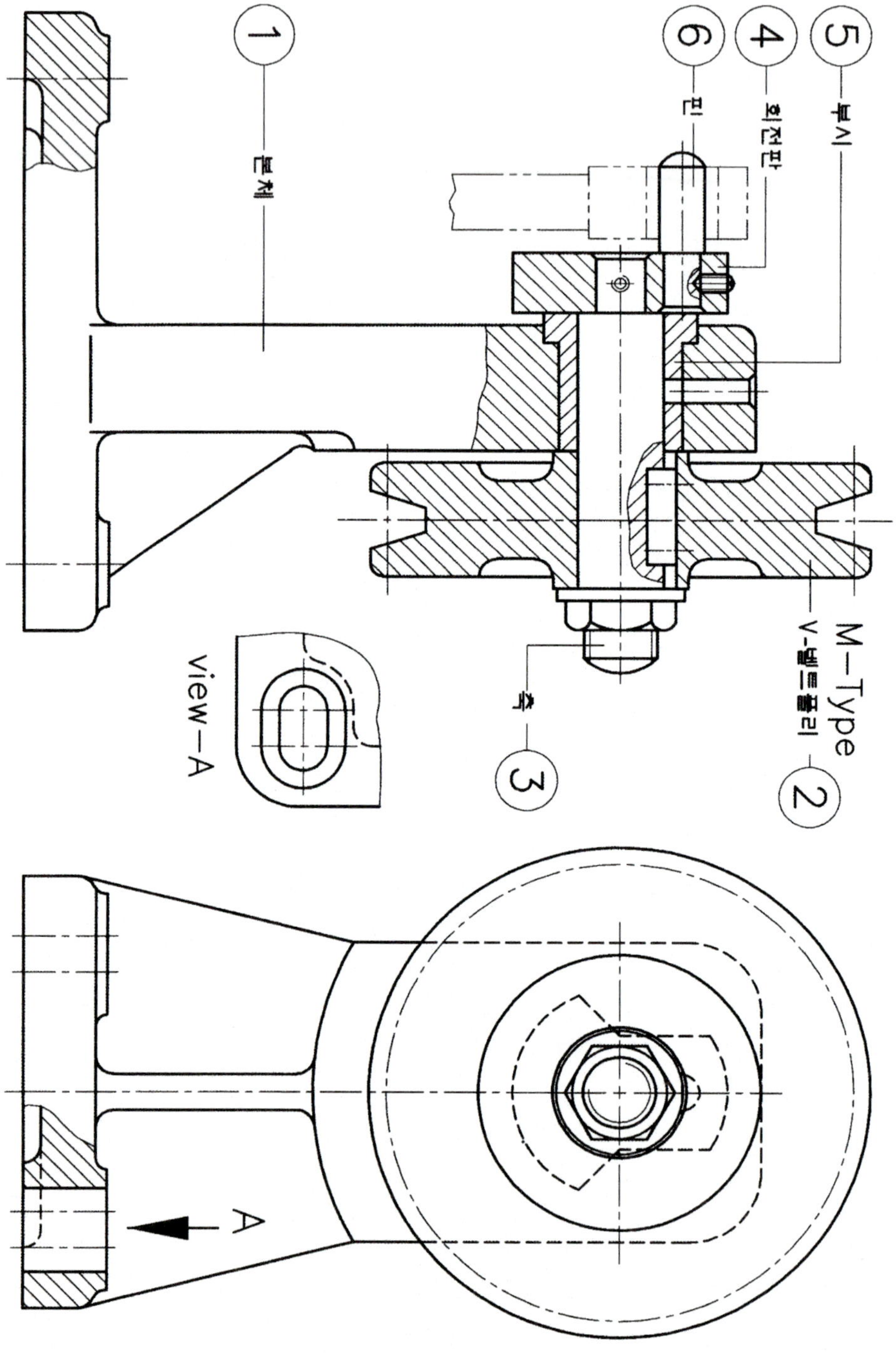

편심구동장치1

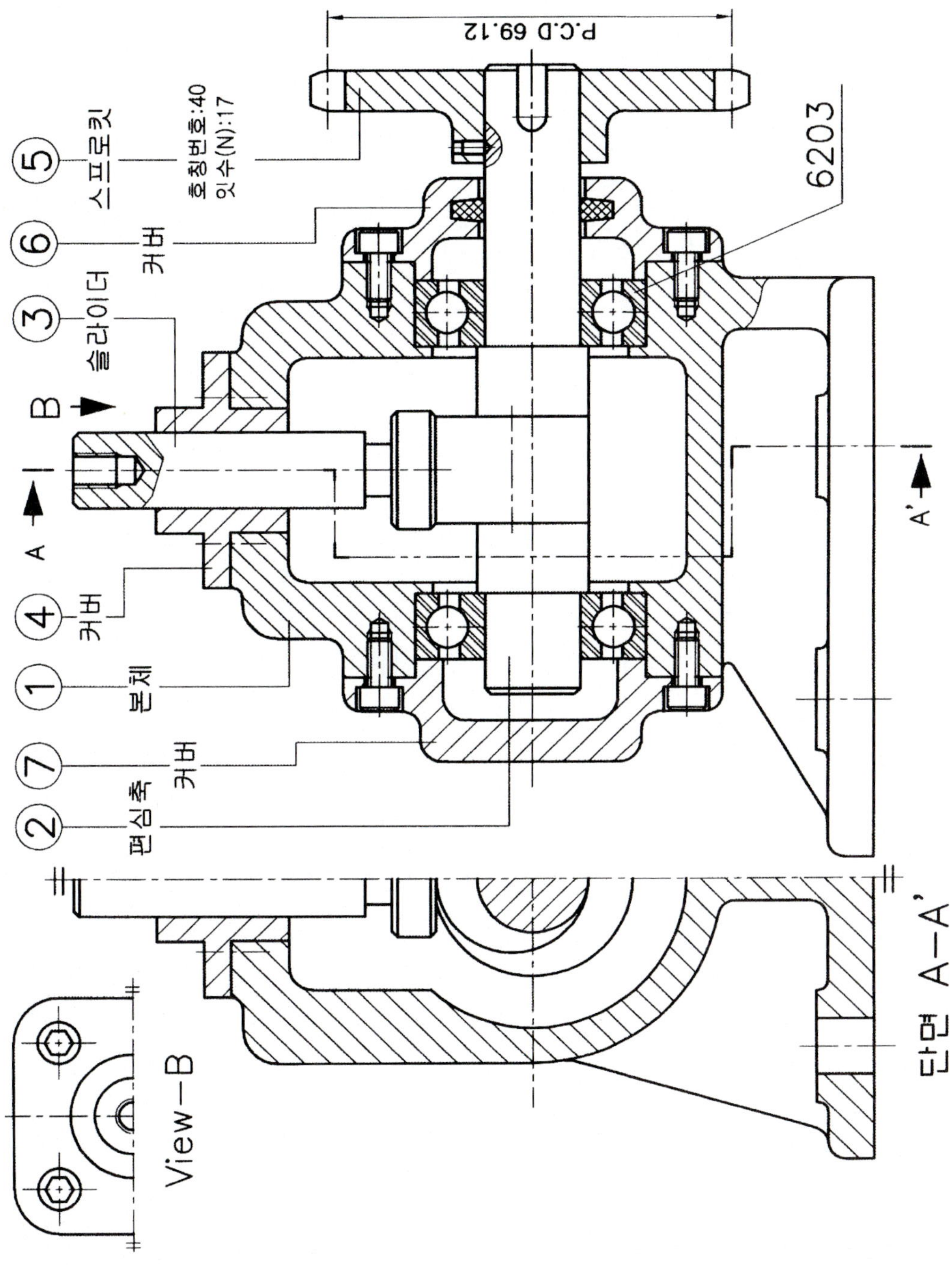
P.C.D 69.12
6203
⑤ 스프로킷
호칭번호:40
잇수(N):17
⑥ 커버
③ 슬라이더
B
A
A'
④ 커버
① 본체
⑦ 커버
② 편심축
단면 A-A'
View-B

▌ 편심구동장치2

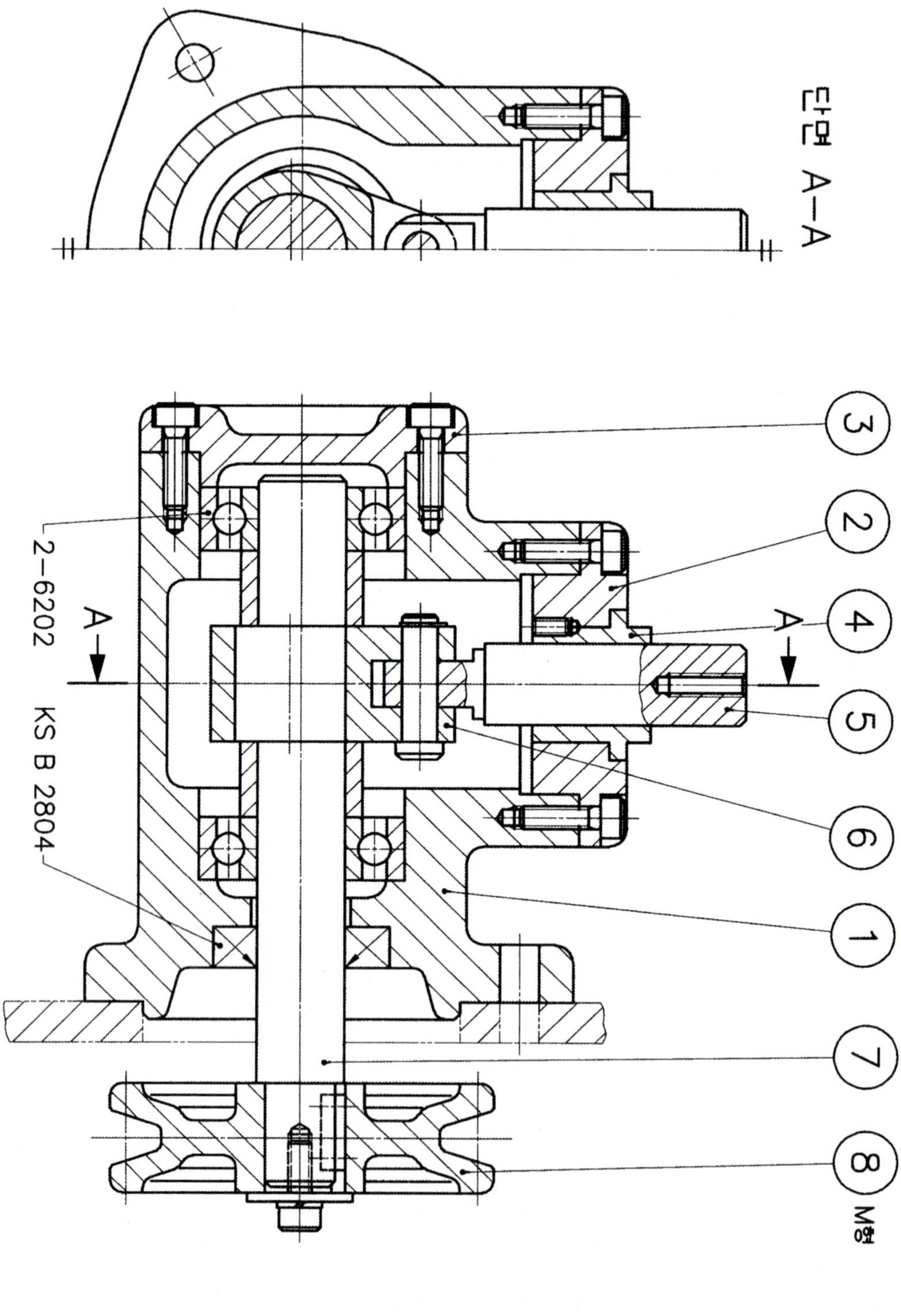

▌동력전달장치1

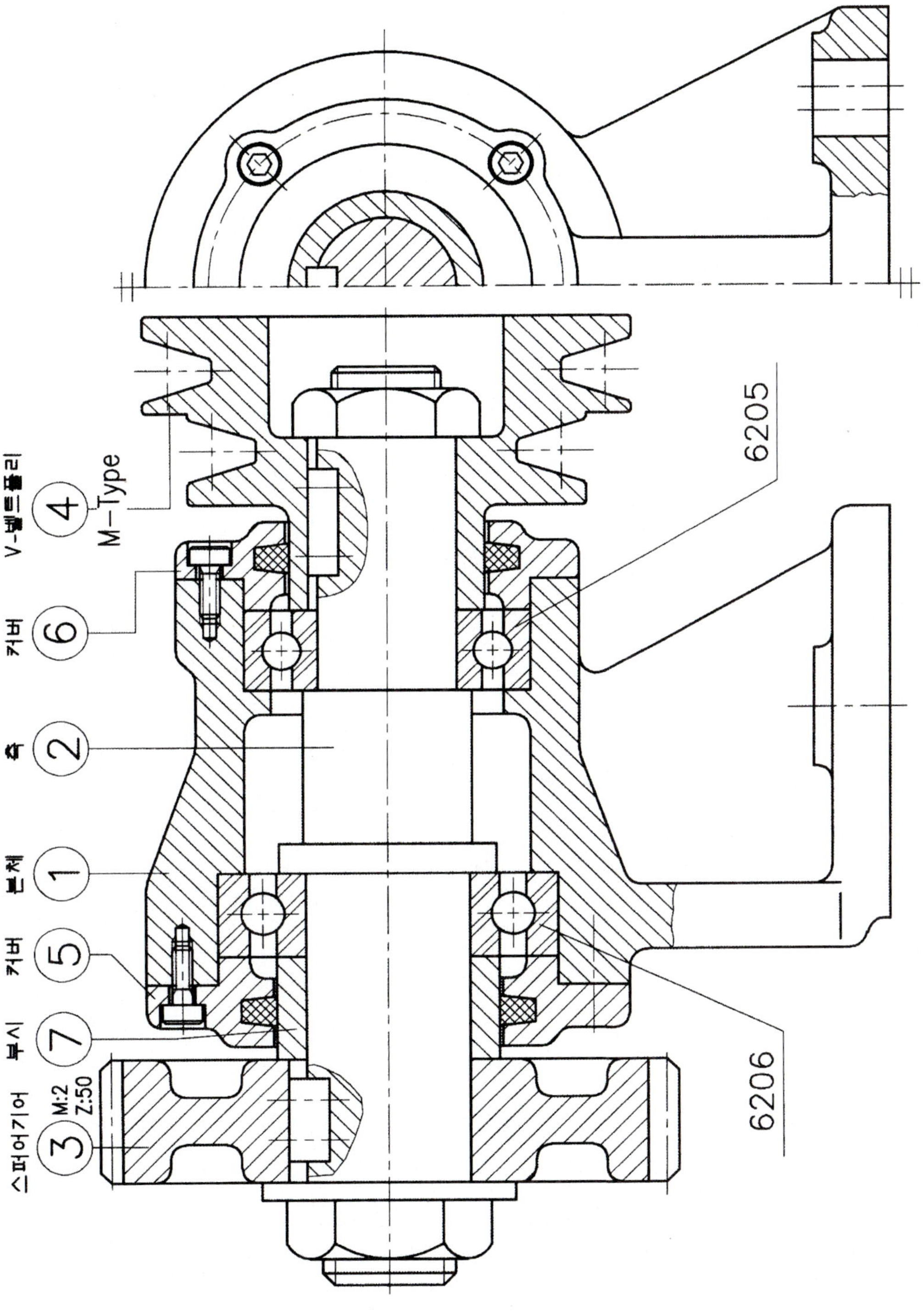

▌동력전달장치2

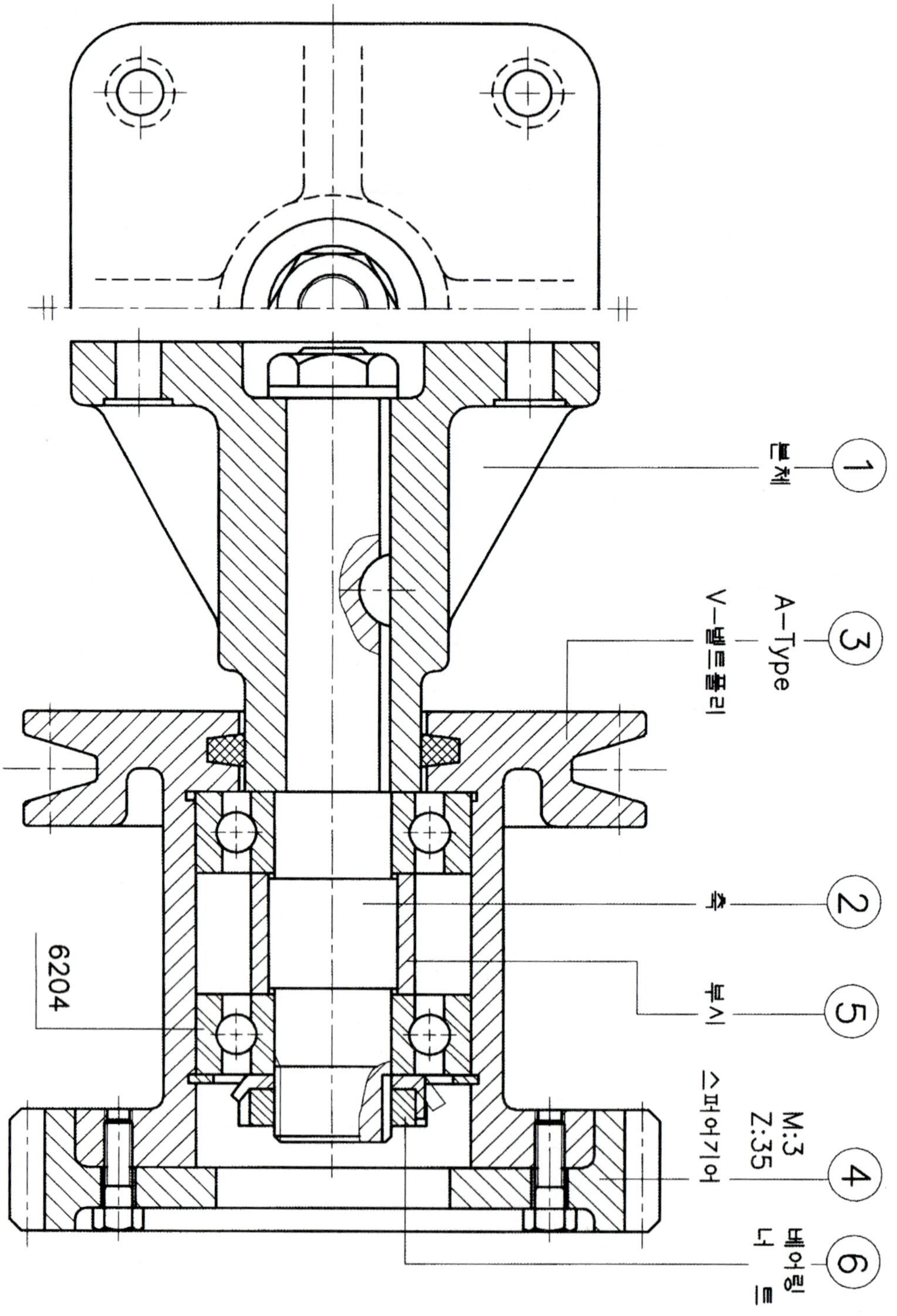

편심구동펌프

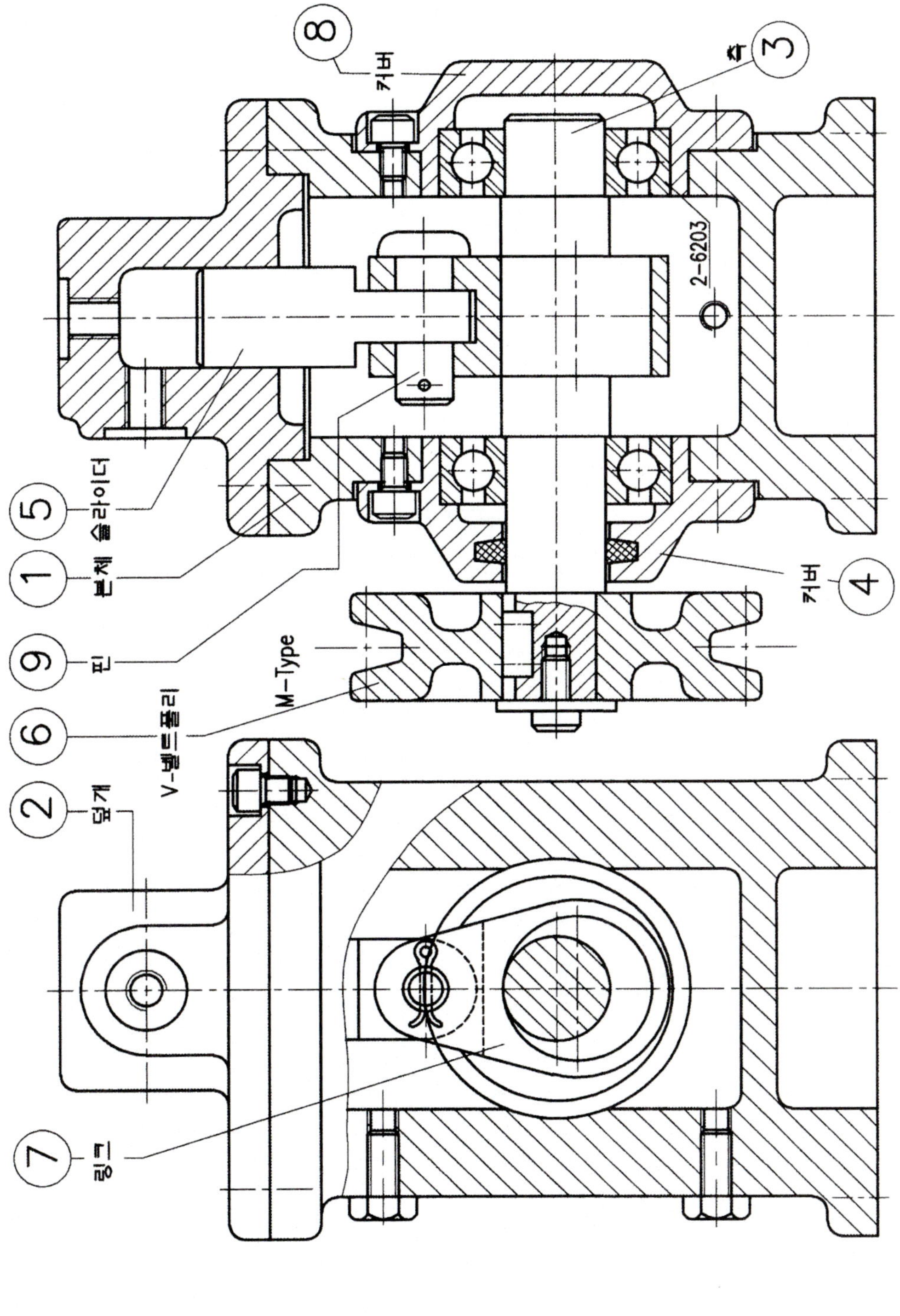

동력전달장치3

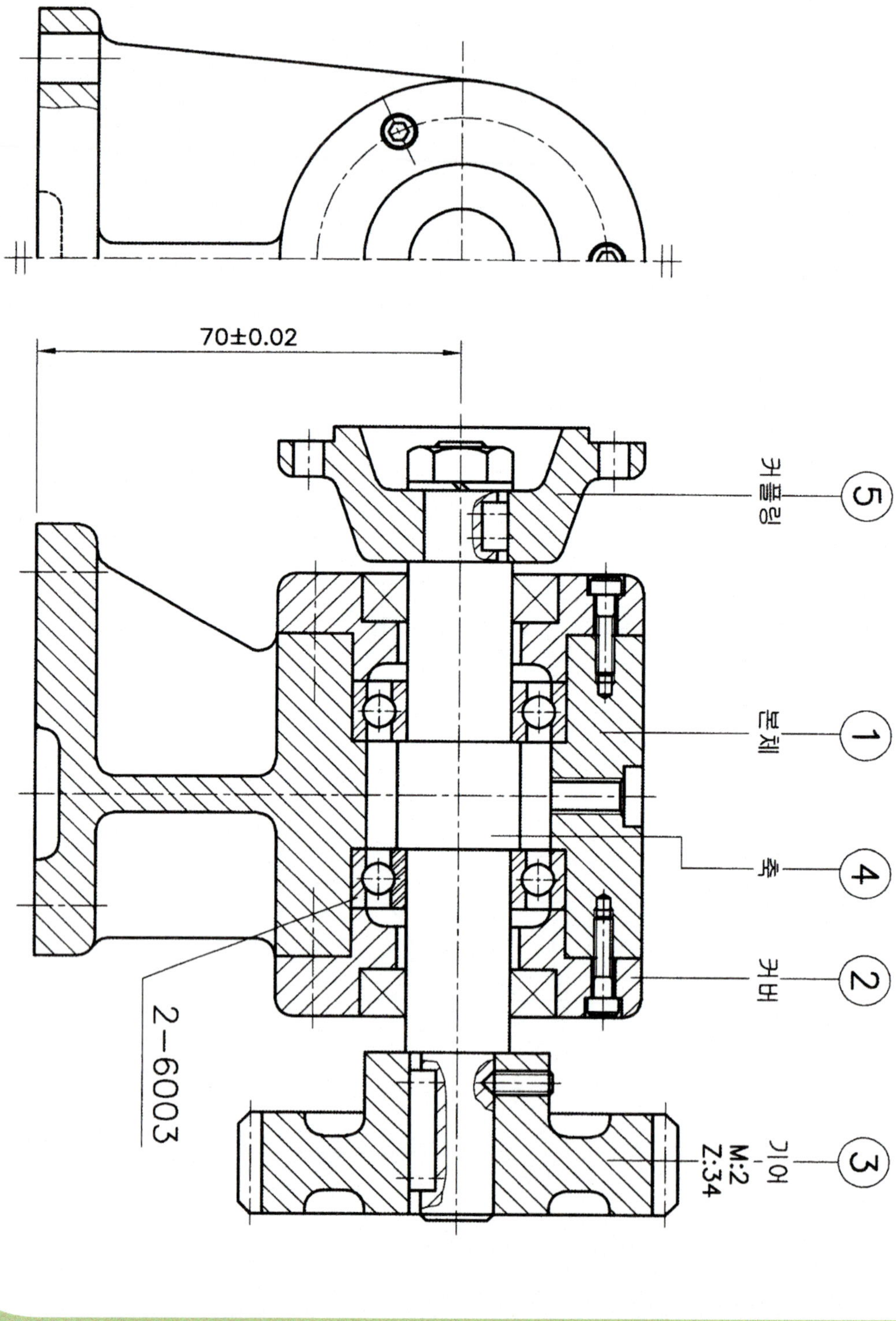

펀칭머신

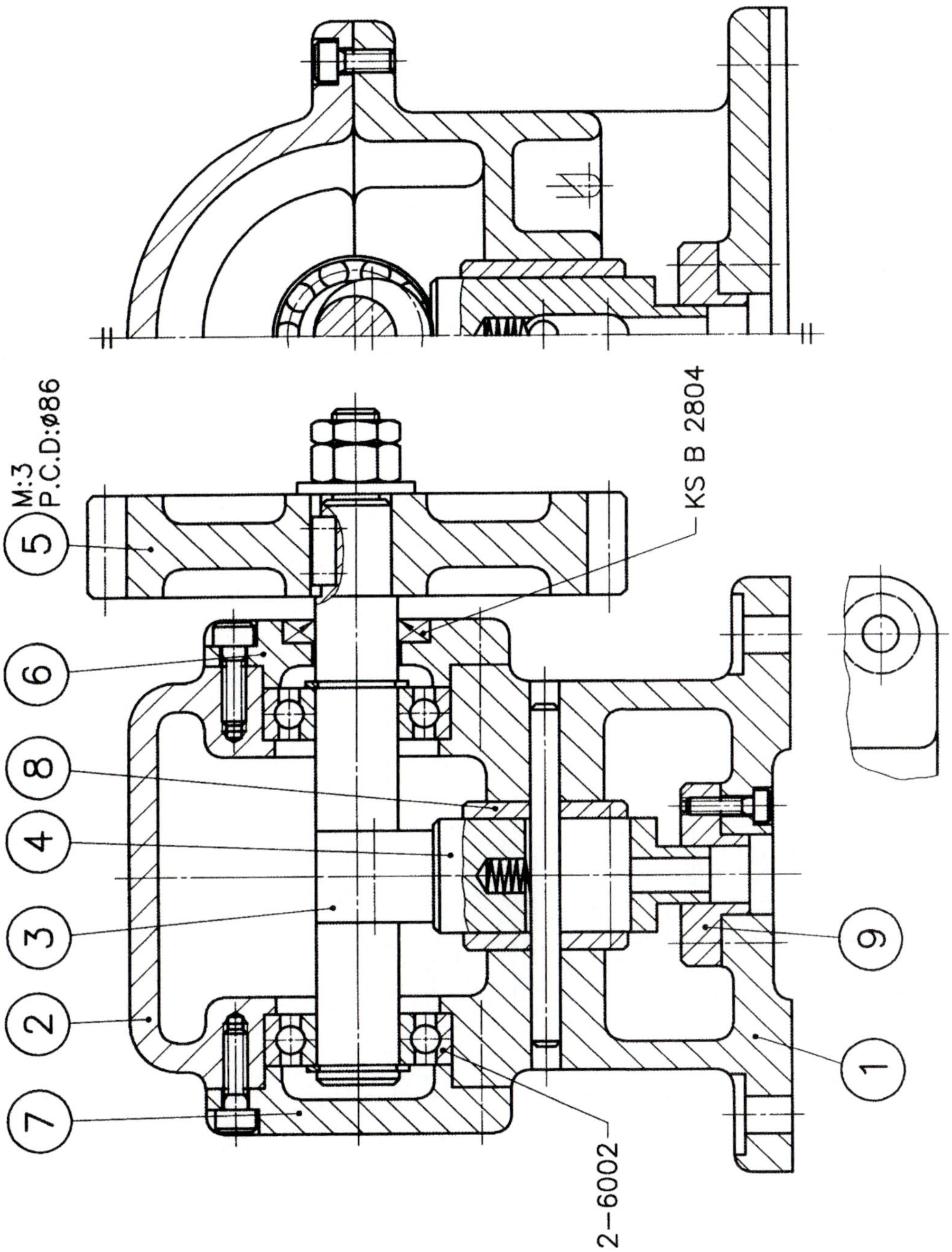

랙과 피니언

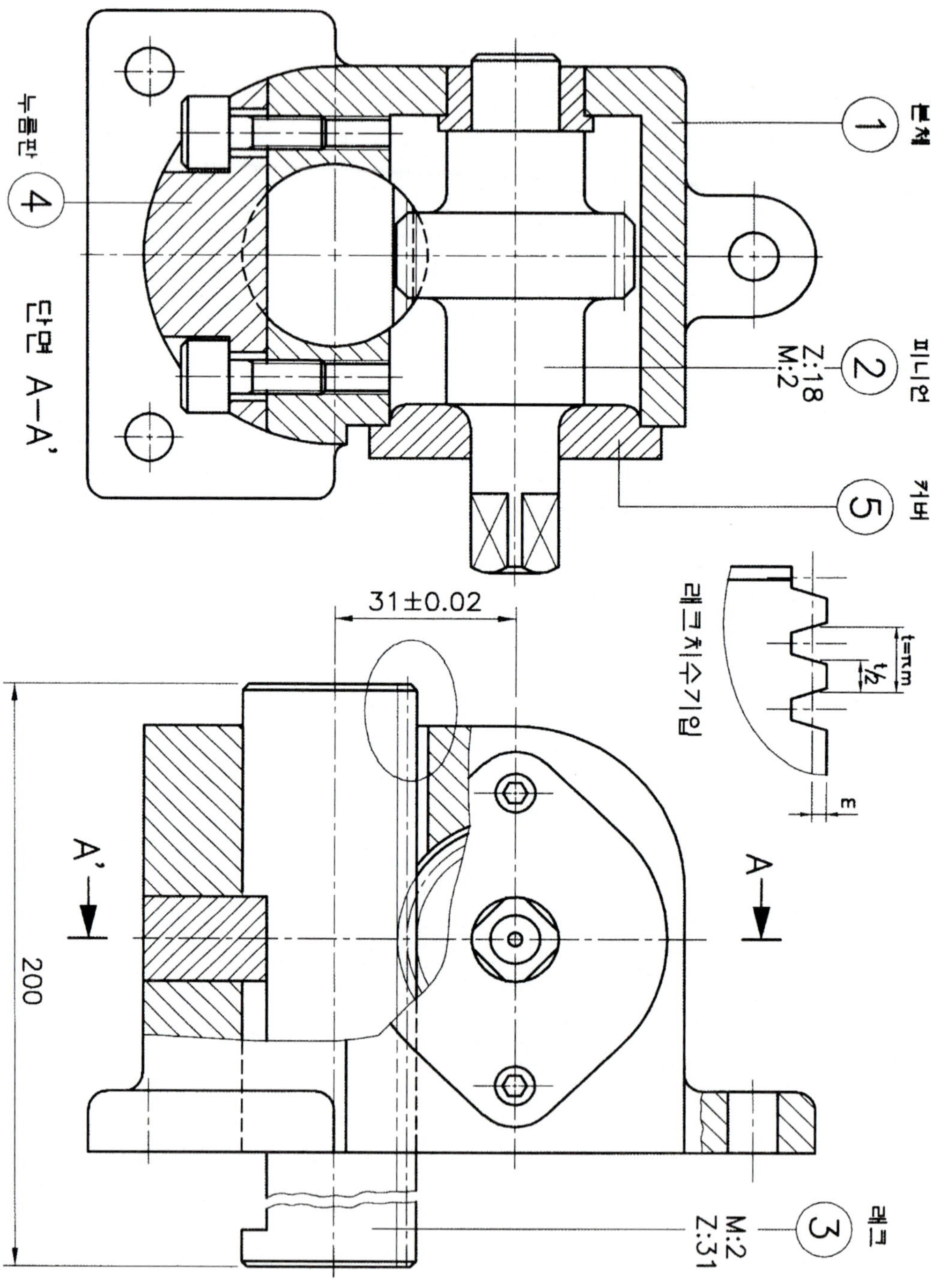

1 본체
2 피니언 Z:18 M:2
3 랙크 M:2 Z:31
4 누름판
5 커버
단면 A—A'
31±0.02
200
A
A'
랙크치수기입
t=πm
t/2
m

바이스1

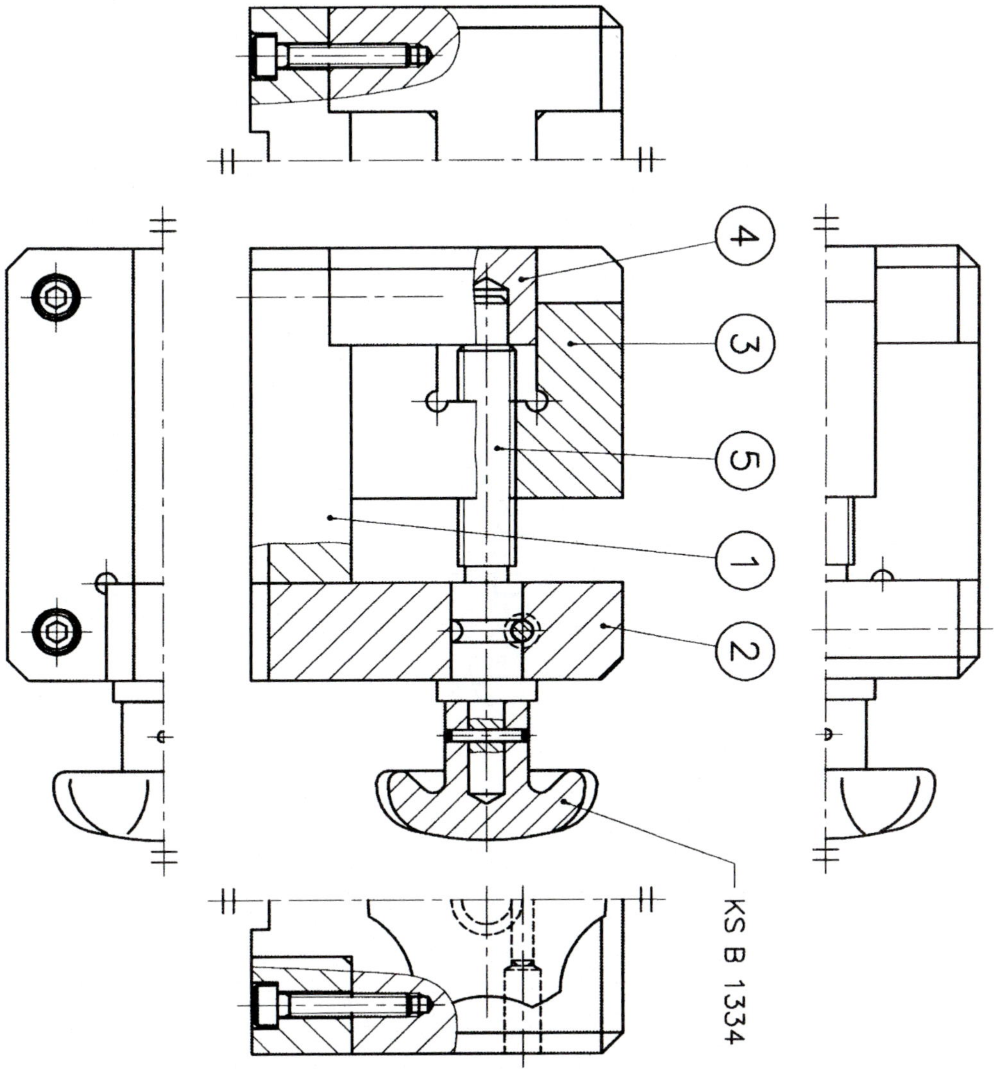

바이스2

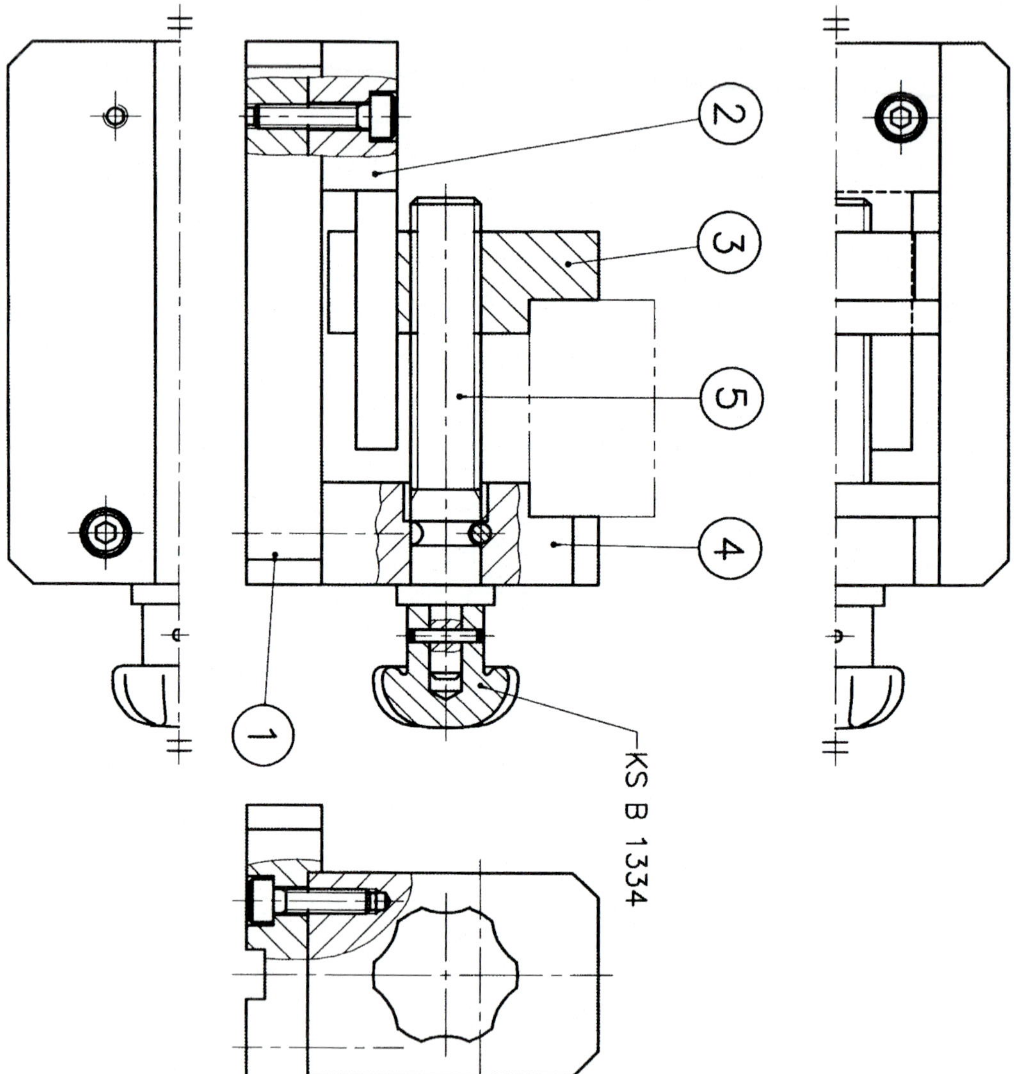

동력변환장치

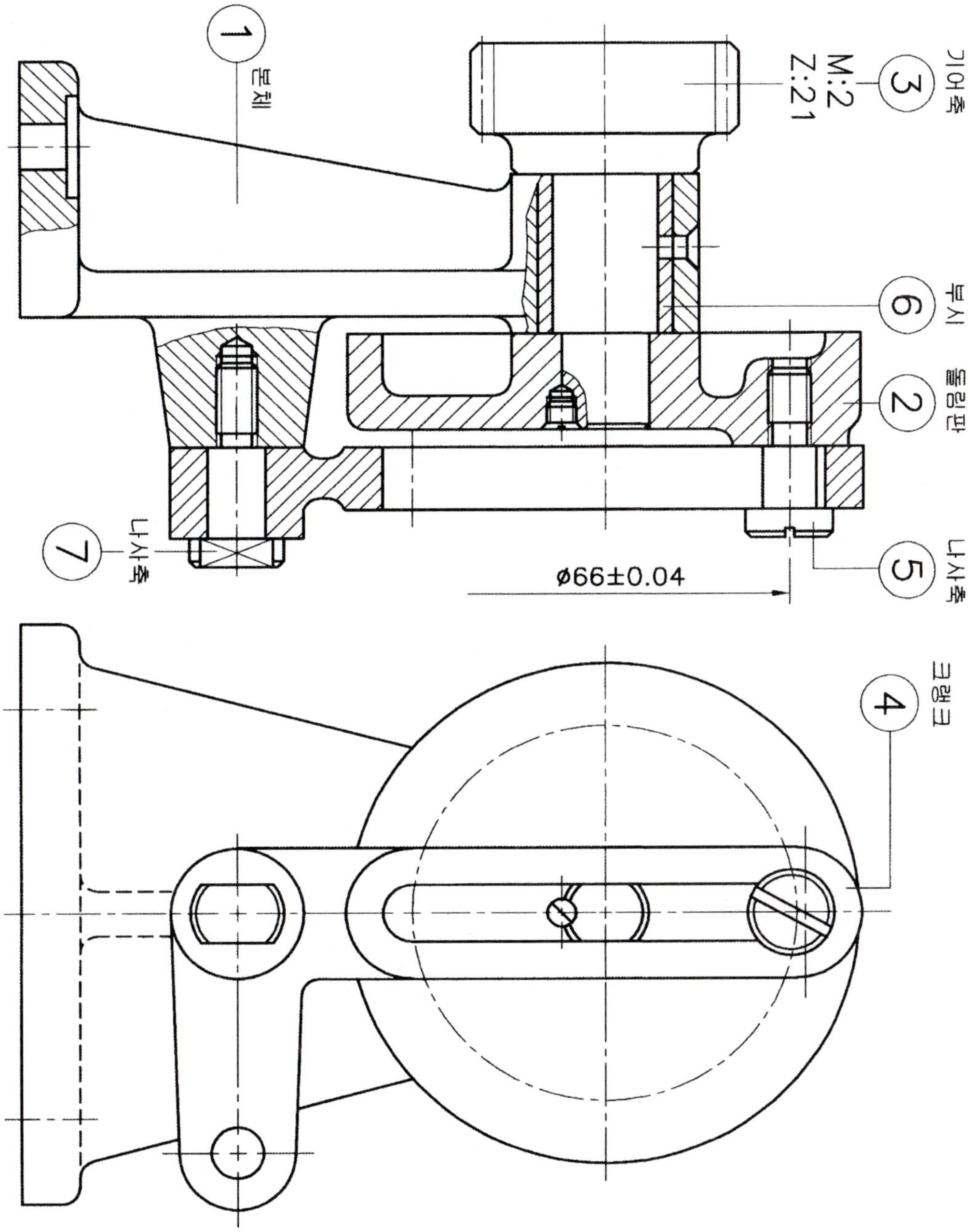

드릴지그1

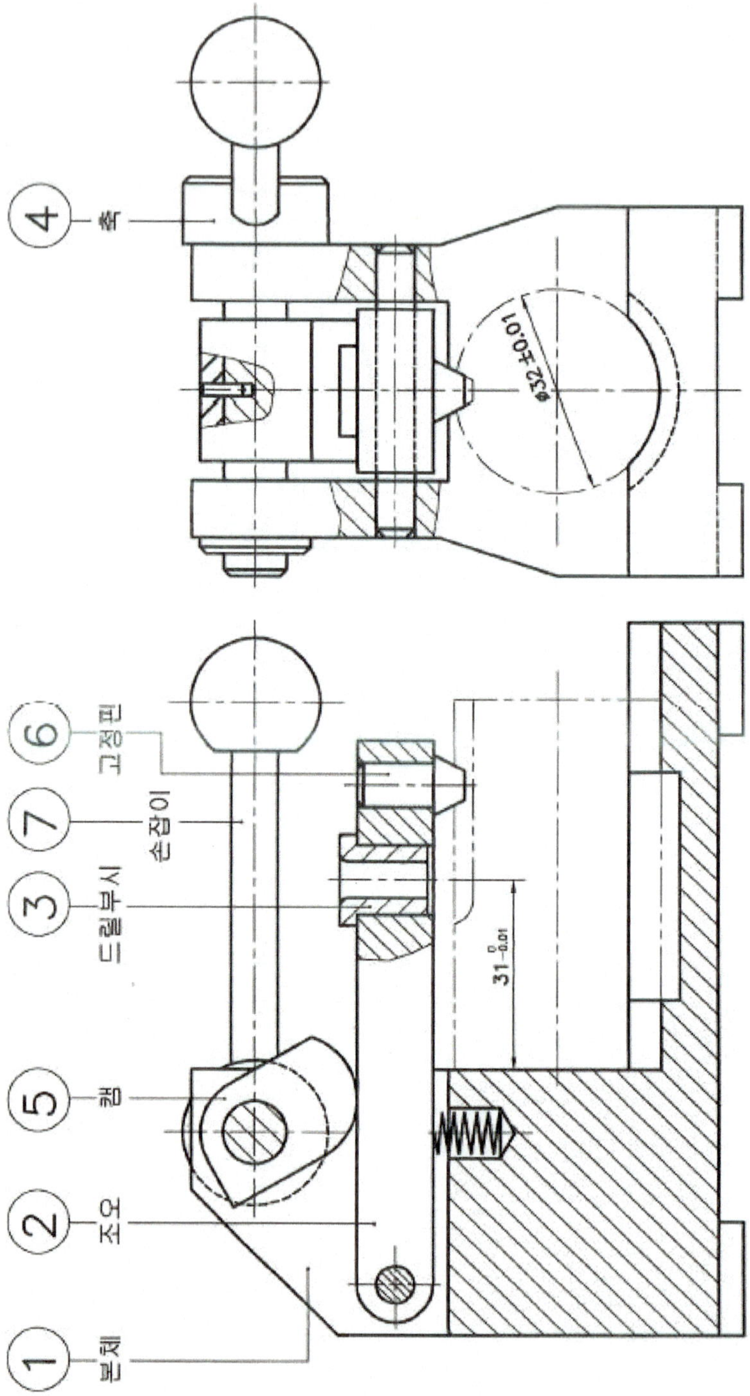

드릴지그2

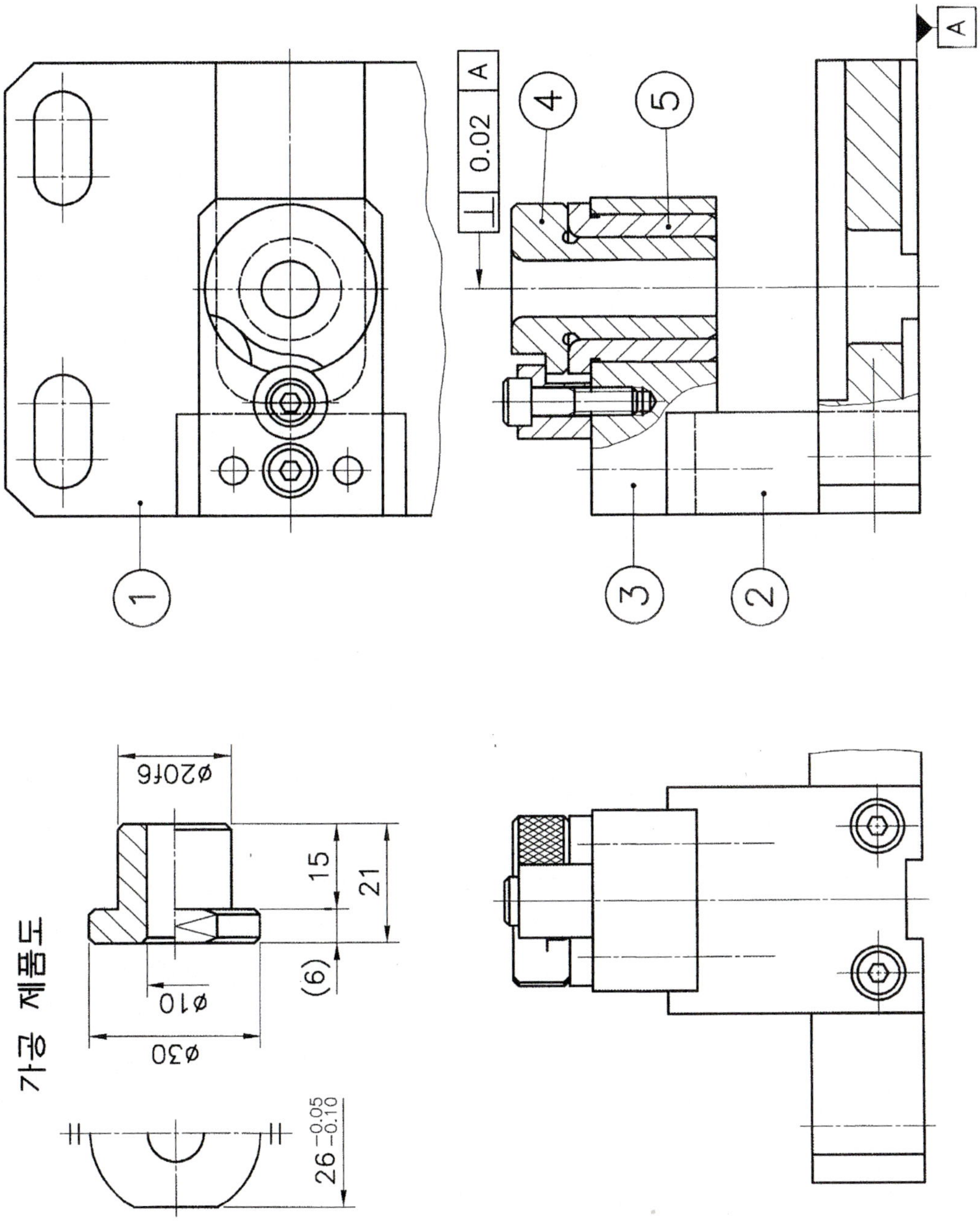

2D 도면작업 & 3D 형상모델링을 위한

인벤터 활용 (ver.2017)

1판 4쇄 2022년 8월 15일

저 자 한규상
발행인 송광헌
발행처 복두출판사
주 소 서울특별시 영등포구 경인로82길 3-4
센터플러스 807호
(우) 07371
전 화 02-2164-2580
FAX 02-2164-2584
등 록 1993. 11. 22. 제 10-902 호

정가 : 22,000원
ISBN : 979-11-5906-299-5 93550

한국과학기술출판협회 회원사

* 본 도서의 자료 업데이트가 있을 경우 본사 홈페이지 자료실에 업로드 됩니다. 정기적으로 들러서 유익한 자료를 받아가시기 바랍니다.